——— 民族学社会学译丛 ———
主编｜王延中 方勇 尹虎彬 执行主编｜刘泓

国家、民族与移民
迈向权力史

État, Nation et Immigration
vers une histoire du pouvoir

【法】热拉尔·诺瓦里埃尔 著
陈玉瑶 译

中国社会科学出版社

图字 01-2016-7645

图书在版编目(CIP)数据

国家、民族与移民：迈向权力史/(法)热拉尔·诺瓦里埃尔著；陈玉瑶译．—北京：中国社会科学出版社，2017.5(2017.10 重印)
ISBN 978-7-5161-9842-1

Ⅰ.①国… Ⅱ.①热…②陈… Ⅲ.①世界史 Ⅳ.①K1

中国版本图书馆 CIP 数据核字(2017)第 025273 号

出 版 人	赵剑英
责任编辑	安　芳
责任校对	周　昊
责任印制	李寡寡

出　　版	中国社会科学出版社
社　　址	北京鼓楼西大街甲 158 号
邮　　编	100720
网　　址	http://www.csspw.cn
发 行 部	010-84083685
门 市 部	010-84029450
经　　销	新华书店及其他书店
印　　刷	北京明恒达印务有限公司
装　　订	廊坊市广阳区广增装订厂
版　　次	2017 年 5 月第 1 版
印　　次	2017 年 10 月第 2 次印刷
开　　本	710×1000　1/16
印　　张	19.75
插　　页	2
字　　数	334 千字
定　　价	78.00 元

凡购买中国社会科学出版社图书，如有质量问题请与本社营销中心联系调换
电话：010-84083683
版权所有　侵权必究

译者的话

《国家、民族与移民》是法国当代著名历史学家热拉尔·诺瓦里埃尔（Gérard Noiriel）在国家—民族研究领域的一部论文集，也是该领域一部典型的跨学科研究成果。在这本书中，作者不仅讨论了国家—民族研究的学科定位和方法论原则，而且展示了这些方法论指导下的具体实证研究范例（如民族与民族主义、移民、公民民事信息登记制度等）。其最大的亮点，在于细致而翔实地向读者解释了如何理解和研究现代国家—民族的建构历程。

本书前四章凝结了作者对国家—民族研究的学科定位问题的诸多思考以及对法国整个历史学现状的反思。在这一部分，作者分别从横向的学科联合交叉（社会—历史学）和纵向的时间延展角度（过去/现在历史学）为国家—民族研究进行了方法论定位。

首先，作者将自己的国家—民族研究定位于社会—历史学领域。这一定位是针对1930年代法国著名历史学家吕西安·弗夫尔的论断而言的，弗夫尔认为，历史学领域全部都是"社会的"。作者认为这种说法存在缺陷，因为这样一来所有历史学家就都可以宣称自己在从事"社会"史研究。作者提倡的社会—历史学是对这一缺陷的弥补：社会—历史学家不将现实分成多个层面（"社会的""政治的"等），他们更愿意根据实际定义其研究领域，将其视为多种学科有机结合的场所。从作者在本书后半部分对移民、共和国公民民事信息登记制度的建立等问题的分析看，这是一种综合运用政治学、社会学和历史学的多学科联合方法，目的是认清问题的真实面目。在这种思考框架下，学科只是工具而不是目的。

第二，作者还将自己的研究称为"过去/现在"历史学。法国传统历史学研究并不包括对较近过去的研究。第二次世界大战的爆发改变了这一情况：人们对第二次世界大战和纳粹主义抱有越来越多的了解意愿，于是

"现时"历史学在 1970 年代末期呈现出制度化趋势，表现为现时历史学研究所的创立。而作者提出的"过去/现在"历史学与现时历史学的不同之处就在于，它不对某一时段感兴趣，而是对某个问题感兴趣，意在探究过去与现在之间的关联。在学科依托上，关于"过去/现在"关系的思考定位于跨学科领域，或者说是多学科的联合，因此已经脱离了现时历史学专注于某一时段的研究框架。

这两个研究视角都是在法国原有史学研究方法的基础上进一步发展而来。因此，作为中国读者，尤其是对法国史学研究传统并不十分了解的读者，在理解这两个视角时难免出现"雾里看花"之感。此外，作者在对自己的这两个视角进行阐述和解释时，实际上也没有展现出有如后面章节研究具体问题时的明晰逻辑，这难免会影响读者对其主要观点的把握和理解。

在国家—民族研究方面，尽管学者很关注，但是民族或民族主义、国家—民族等问题并没有在法国得到非常深入的研究。正如本书中提到的，在法国，国家—民族问题在近半个世纪内不合常理地被政治史学忽略，被社会学研究边缘化。

个中原因，恐怕与法国学界对学科归属问题抱有的固执有关。那就是当新的社会现象凸显之时，学界首先要做的是搞清该现象所属的学科领域。

如此看重学科归属，是因为学科归属的确定，将意味着研究者应该使用的学科工具有哪些，这些学科工具就是研究方法。从作者的叙述中，我们看到，对于国家—民族现象，法国学界在很长一段时间内始终没能将其划入一个令所有人满意的学科领域，也没能找到让多数人认可的分析工具。由于无法挑选出公认的科学的研究工具，学者们在这个现象面前踌躇不前，导致该领域研究出现欠缺甚至忽视。这些恐怕就是法国在国家—民族研究领域活力欠缺的原因。

就像作者自己说的："历史学的进步往往是通过接受新的命名实现的。"其实，这句话不仅仅适用于历史学。研究方法的正确、严谨可以使论证更具说服力，但如果对工具的性质过于执着（是否属于本学科领域）则是舍本逐末。国家—民族建构是人类社会相对新近的现象，研究新的对象，当然需要研究方法的创新。

那么我们应该怎样研究国家—民族现象？从第五章开始，作者分别通过不同专题展示了大革命以后法兰西国家—民族建构的艰辛历程。通过这些研究，我们能更加深刻地认识和理解上述研究方法的优势和特点：既透过历史看现时，又打破学科壁垒联合政治学、社会学和历史学共同为研究同一现实服务。

译者认为，在这些章节中，第十章关于共和国公民民事身份信息登记制度建立过程的分析最为精彩。作者生动展示了现代公民生活中人们习以为常的各种"常规"当初在国家—民族建构初始阶段作为新观念、新举措，是怎样被推行到整个社会，进而成功塑造全体公民的民族认同的。愿读者能像作者一样享受这一探索之旅，感受历史与现实之间那复杂迷人的关联。

最后，由于本书涉及学科广泛，知识背景复杂，以译者之力尚难做到驾驭得当、"达雅"兼备，翻译不当之处，尽请指出。

陈玉瑶
2016.9.21

告读者

19世纪，现代历史学的诞生使历史书写风格呈现多样化。从奥古斯丹·梯也里①的（Augustin Thierry）《法国史通信》（*Lettres sur l'histoire de France*）到费尔南·布罗代尔②（Fernand Braudel）的《历史随笔》（*Écrits sur l'histoire*），当然，其间还包括夏尔·塞尼奥博③（Charles Seignobos）的《政治学与历史学研究》（*Études de politique et d'histoire*）以及吕西安·弗夫尔④（Lucien Febvre）的《为历史学而斗争》（*Combats pour l'histoire*），这些法国历史学家——这里不可能一一列举——通常会将他们从前以文章或讲座形式呈现的主要研究作品集中在一本著作中。本书沿用的正是这种历史学传统。书中既呈现了研究历程的每一步，也对一些论据进行了深化，我希望这些论据能展示出我在权力关系史方面的兴趣。

本书的历史书写形式存在一定局限性，不具有"传统"手法的历史学著作中所看到的匀质性和连续性。出于对读者的尊重，这些文章会以其原初状态呈现，而不是削足适履地合为一本"论文"。因此我想通过前言来阐明我的研究思路，而不是通过它进行"总结"。本书收集的这些文章最初发表在不同地方，它们的写作背景截然不同，这足以赋予它们某种特殊意义。本书仅在涉及格式错误时稍有改动，还去掉了过多的情况描述。在同类著作中，早期作品的历史背景与集册出版之间存在时间差是很常见的。比如，提倡建立一门真正的移民史学的那几章在今天就不具有十五年前那样的时效性，因为那种观点已经获得部分胜利。由于一大批年轻学者

---

① A. Thierry, *Lettres sur l'histoire de France*, Garnier Frères, 1866 (1ʳᵉ éd. 1827).
② F. Braudel, *Écrits sur l'histoire*, Flammarion, 1969.
③ C. Seignobos, *Études de politique et d'histoire*, PUF, 1934.
④ L. Febvre, *Combats pour l'histoire*, A. Colin, 1953.

的投身参与，移民已经完全成为法国历史学的一个领域。为了使这一历程更为清晰，我在这些章节中补充了一些参考资料，不求详尽，但却很好地说明了这些进步。另外一个促使我将这些早期研究纳入本书的理由是，在它们所涉及的所有问题中，有好几个仍是今日历史研究的重点。例如，如果忽视移民在当代法国社会流动史（histoire de la mobilité sociale）中所起的作用，我们就不能理解将民众阶层融合到国家—民族（État-nation）中的国家战略。我希望这些成熟的思想能够促使年轻历史学家们倾向于研究此类问题。

本书中有两篇文章拥有与其他文章不同的地位：第八章，以共产主义与移民之间的关系为中心，它融合了 1987 年所作的两篇较短的论文，于是我又重新撰写了好几个篇章使其与整体更协调；第三章，主要致力于民族（nation）问题，这是一个全新的研究，它融入并扩展了我先前关于此问题的思考。十多年来，我经常论及民族问题，但始终没有一个机会能以一种足够的协调性让我全面论述。当我准备在 2000 年 6 月 2 日全知大学（Université de tous les savoirs）讲授关于"民族的历史建构"这门课时，我意识到了这些空隙所在，在这次讲座期间，我的研究结出了一些成果，但由于版面问题没能全部发表在那次讲座的论文集中，那本论文集只收录了讲座[1]的部分内容。今天，我把它们以完整的面貌呈现给读者。

---

[1] G. Noiriel, "La construction historique de la nation", in Y. Michaud (dir.), *Qu' est-ce qu' une société?* Université de tous les savoirs, vol. 3, Éditions Odile Jacob, 2000, pp. 739 – 748.

目 录

前言　从政治的社会史学到权力关系的社会—历史学 …………（1）

第一编　历史学要点

第一章　"政治"社会史学是否可能？ …………………………（3）
　　"历史学—社会科学"与"社会史学" ……………………（3）
　　一个社会史学概念及其使用："同化" …………………（16）

第二章　"过去/现在"
　　　　——一种与现时历史学不同的方法 …………………（24）
　　从社会史学到社会—历史学 ………………………………（24）
　　所有历史都于现在书写 ……………………………………（29）
　　"大事件"问题 ………………………………………………（32）
　　出现于现在的过去 …………………………………………（36）

第三章　法国移民，荒废的历史 ……………………………（42）
　　不合理的对象 ………………………………………………（42）
　　几个研究假设 ………………………………………………（46）
　　一些方法论问题 ……………………………………………（55）

第四章　民族、族体、民族主义
　　　　——一种比较社会—历史学 …………………………（61）
　　民族思想的去神圣化 ………………………………………（61）
　　民族独立斗争 ………………………………………………（87）

社会的民族化 ……………………………………………………（94）

第二编　差异共和国：国民与外来者

第五章　一个概念的社会—历史学
　　　　——"nationalité"在19世纪的使用 ………………（113）
　词汇的产生 ………………………………………………（116）
　被法律掌控的 nationalité ………………………………（124）

第六章　从"慈善雇佣"到"家长主义"
　　　　——法国冶金工业劳工管理形式的调整 …………（133）
　达成共识的管理：慈善雇佣 ……………………………（133）
　中断 ………………………………………………………（141）
　家长主义："慈善雇佣"与"管理"之间的过渡 …………（144）

第七章　工人移民空间分布
　　　　——1830—1930 ……………………………………（153）
　多样的居住格局：移民空间分布类型学草图 …………（154）
　空间逻辑不足以解释外来者的分布 ……………………（158）
　移民或社会空间在法律上的建构 ………………………（160）
　身份、进程与市场 ………………………………………（164）

第八章　共产主义、政治传统与移民
　　　　——研究的基本要素 ………………………………（169）
　对"工人传统"问题的再思考 ……………………………（170）
　移民过程与共产主义 ……………………………………（173）
　"第二代"的决定性角色 …………………………………（178）

第九章　不存在"移民出身"的年轻人 ……………………（182）
　法国的两种"传统" ………………………………………（182）
　扭转指示标还不够 ………………………………………（184）
　连恐惧都受"社会影响" …………………………………（185）
　换种方式提出移民问题 …………………………………（188）

第三编 法兰西社会的国有化

第十章 公民的认同
——共和国公民民事信息登记制度的建立 …………(193)
1792年9月20日法令的要点 ……………………………(193)
公民社会的建立及其困难 ………………………………(197)
认同的社会—历史学要素 ………………………………(205)

第十一章 民族表象与社会类别
——以政治避难者为例 ……………………………………(216)
问题的出现 …………………………………………………(216)
一种社会类别的史前史：七月王朝统治下的避难者 ……(223)
如何"代表"外来者？ ………………………………………(229)

第十二章 福利国家与"生活世界的殖民化"
——以1910年《工人与农民退休法》为例 ………………(240)
问题的提出 …………………………………………………(240)
《工人与农民退休法》要点 ………………………………(241)
该研究提出的一些问题 ……………………………………(247)

第十三章 监控人员流动还是鉴别个体身份？
——对法兰西第一到第三共和国护照史的梳理 …………(256)
适用于前工业世界的机制 …………………………………(257)
被文书掌控（不好）的身份 ………………………………(263)
机制的危机及其被放弃的过程 ……………………………(266)

第十四章 移民身份识别的治安实践及其对权力关系史的重要性
——对"长时段"的思考 ……………………………………(274)
移民问题的历史学要点 ……………………………………(274)
面对面的权力关系 …………………………………………(278)
国家—民族中的警察与迁移者，或远距离身份识别的胜利 ……(281)

前言 从政治的社会史学到权力关系的社会—历史学

研究历程

达尼埃尔·罗什（Daniel Roche）有一部著作专门研究 18 世纪"文科共和主义者"（Républicains des letters），在该著作的前言中，他坦言自从 1960 年代以来，"在社会科学知识传播方面，专题论文集已经成为扩大某种知识传播的工具，而此前，这种知识要么只存在于特定的、狭小的学术期刊和研讨会范围，要么是为《杂文集》（les Mélanges）和《学术讨论会文集》（les Actes de colloque）为数极少的读者们准备的"。他还说，这些专题论文集不仅可以概述"一门学科或一本著作的内容梗概"，还可以为历史学家谋得一个反思其研究历程及其与同一领域其他专家之间关系的机会。这就（实现了）"我们与前、后学者之间暗含的对话。在我看来，教授、前辈和大师们的主要作用就是引发对话。以各种原因拒绝这种对话，在我看就是破坏我们职业的根基所在"①。

本书定位于达尼埃尔·罗什所开拓之框架，他阐明了历史学家这一职业的含义，我完全同意他的这一观点，尽管该观点在我们学科内部并不太流行。当我们审视历史学的过去和现在时，我们观察到重视交流与对话的历史学家总是寥寥无几。当然，许多人高调而又强烈地呼吁讨论的必要性，但又有多少人能自问，是否知道，要想在我们学科内部开展一场真正的、科学的讨论，需要满足哪些条件？我认为，所有对话都需要努力予以

---

① D. Roche, "Avant-propos. De l'histoire sociale à l'histoire des cultures: le métier que je fais", in *Les Républicains des letters. Gens de culture et Lumières au XVIII e siècle*, Fayard, 1988, pp. 7 – 9.

清晰化，为的是消除误解、修正错误、具体指出所有存在争议之处。为了做好这项清晰化工作，历史学家应首先充分利用批判这一工具，该工具赋予本学科一种科学维度，同时，历史学家还应将批判工具运用于自己的实践及研究领域。反思自身的经历，就是在自己的研究历程中勾勒出学习的轨迹、知识欠缺程度以及以往工作中存在的漏洞。总而言之，反思自己，就是学着变得谦逊，承认无论一位学者的产出多么丰富，他能够给科学进步带来的知识都是**有限**的。这种谦逊本身就构成了开始对话的一个不可或缺的条件，因为我认为，当我们首先指出自身限度时，我们也就有权指出别人的局限。因为此种观点指导下的学术交流不再是沙龙式讨论，而是同一领域内相互尊重的专家之间的论据交流，并且恰恰因为他们相互尊重，才可直截了当地各抒己见。历史学家们展开讨论，并不是出于简单的讨论乐趣，他们重视交流，也重视彼此对历史事实的观点。某种知识要想能经久不衰，还应该经得起同行人的批评。

达尼埃尔·罗什在其前言中所捍卫的职业理想，是我们学科内一种脆弱而又边缘的传统的延伸。它解释了为何在每一代历史学家中都会出现很高亢的、呼唤讨论之重要性的声音。当吕西安·弗夫尔写道："科学的进步是争论的结果"① 时，当马克·布洛克（Marc Bloch）引用帕斯卡尔的话写道："圣人从不沉默"② 时，他们都在表明《年鉴》（*Annales*）学派的奠基人正在捍卫这种讨论准则。到了19世纪最后几年，历史学家保尔·拉孔布（Paul Lacombe）又写道："我坚持认为我们既是与我们同心同见之人的弟子，又是与我们唱反调的人的门徒。"③他想让人们分享这样一个信念，那就是学术界不是政界，批判的目的不是使对手荣誉扫地，不是怀疑其研究工作的合法性，而是授之以荣誉，向他表明，由于他的观点被争论过，所以是得到认真对待的。

每当感到形势发生变化时，感到年轻人越发困难地理解历练前辈们的时局以及他们曾遇到过的重要问题时，我都会产生一些想法，这些是我想在前言部分谈及的最后一点，那就是对本研究领域的知识作一"总结"。

---

① L. Febvre, "De 1892 à 1933. Examen de conscience d'une histoire et d'un historien", 法兰西中学的公开课，1933年12月13日，后又被收录进 *Combats pour l'histoire*, A. Colin, Agora, 1992, p. 16 (1ʳᵉ éd. 1953)。

② M. Bloch, *L'Étrange défaite*, Gallimard, Folio histoire, 1990, p. 57 (1ʳᵉ éd. 1953)。

③ P. Lacombe, *De l'Histoire considérée comme science*, Hachette, 1894, p. XⅣ.

达尼埃尔·罗什追忆了自 1960 年代以来现代文化史的急剧变化。我认为这些变化在当代历史中仍然意义重大。除了对整个历史学研究产生过影响的那些大变动（如计量经济与社会史学 [histoire économique et sociale quantitative] 的衰落以及研究领域的碎片化）之外，当代已成为重要制度性变革发生的场所，尤其以"现时"（le temps présent）历史学的出现为标志。今日，"现时"已成为史学研究的一个新"时段"，即"1939 年至今"。在 1970 年代，我刚开始职业生活之时，当代史曾以一种"大而全"的面貌呈现，充满着政治学或方法论方面的对立，今天它被分成多个时段，这些时段所描绘的世界之间并没有真正的关联。19 世纪史学形成了一个体系[①]，对第三共和国（1870—1939）历史的研究也试图特立独行。最终，"现时"历史学带着自己的研究机构、学者网络、发表物、关注点及自己的问题自成一体。这些制度性变化带来的后果之一，就是十多年来，法国大革命不再是主要的"源泉"（partage des eaux）。现在，1939—1945 年这一历史阶段填补了这一功能，"回忆重点"从前聚焦在大革命，现在则转向"维希政府"。[②]

历史学要点与经验问题

在我 1980 年代初发表的一百多篇文章中，我选取了十五篇最能代表我研究历程的文章。我过去一直相信学术交流首先要通过期刊途径，期刊是最好的学术自治之地，是同一领域专家介绍自己工作成果并交流观点的"公开场所"。然而，尤其是当涉及某些敏感主题时，像移民或民族主义（nationalisme），历史学家总是不能摆脱记忆问题。他要直面自身的公民身份维度。这就是为什么在职业生涯之初，我也写一些书，但这两类作品（文章和书）总是联系紧密。过去，我经常将我的著书放在一种足够宽泛的框架下（长时段、民族范围）去撰写，同时突出被研究的历史问题的重要性，以求能更好地认识现在。但要理解这些书的架构、背后隐含的要点、提出的认识论及方法论问题，恰恰需要阅读我的所有文章。我认为，

[①] 显然要归功于从《1848 年社会》（société d'histoire de 1848）到《19 世纪社会》（société d'histoire du XIXe siècle）的转变。

[②] 关于这种转变及其重点，参见 G. Noiriel, Les origines républicaines de Vichy, Hachette, 1999.

本书中收录的文章最能代表我的研究历程。

为了能够展现原来文章之间的关联,我将它们分为分别对应三大学术领域的三部分,自1980年代以来,我一直在这三个领域中进行研究,这三部分研究阐释了两类重点问题:第一类属于历史学范畴,它体现在关于社会史"危机"的争论中。第二类是经验论范畴,涉及对影响当代社会的大变动的分析,这些分析使我一次又一次地不断发掘现代性的两大面相:工业革命(及其对人员流动的影响)和政治革命(以1789年的中断为帷幕,政治革命的决定性后果之一就是社会的民族化)。但主题的合并可能打乱了年代顺序,因此我希望读者们留意这些文章的最初发表时间,这对理解它们的写作背景以及所反映的问题是必不可少的。这方面是我想在前言中详述的。

1980年代后半期发表的文章标志着我第一阶段工作的结束。这些研究都围绕工人世界的社会史展开,其中贯穿两种相互关联的思考:一方面,让移民史成为法国史学研究的合法对象,这是目标;另一方面,反思社会史地位的同时,建议对其重新定义,以求结束"社会"与"政治"的对立性划分。在该阶段,争议的焦点之一曾是:这个新的史学研究领域的对象是什么。此后才被确定为移民(immigration)。来自社会史领域的历史学家们在探讨这个问题之初便将其放入1960年代背景,那时主要是历史人口统计学研究移民,其重点曾主要放在空间流动上。研究移民的历史学家对特殊共同体(往往研究者本人就来自这一共同体)抱有兴趣。历史学家力图勾勒出迁徙网络的形成史,分析迁徙者的计划,阐释促使他们迁徙的背景、他们在新环境中的适应问题以及如有必要,分析他们与源共同体之间的关联。这些内容构成了一个极其有趣的研究领域,可以在长时段内加以思考。[①] 但是如果想要突出移民问题特殊性,就不能将其放在同样的框架下。今天,人们使用"immigré"这一术语不仅指代改变生活地点的个体,还指法律意义上的"外国人"(étranger)。换种说法,就是不拥有法兰西国籍的个体。因此,研究移民即意味着着重指出,国家在两百年来的移民进程中所扮演的越来越突出的角色。这也意味着我们要认真对待民族内部的同化和/或整合以及排斥问题(因为这两种现象,整合与排斥,总是相互勾连)。阐释法兰西国家在同化移民进程中所起的强有力

---

① 参见下列丛书 Y. Lequin (dir.), *La Mosaïque France*, Bordas, 1988。

的作用和对"族民专制"（tyrannie du national）的强调，即强制要求每个个体都拥有一个国籍，都是从科学角度进行的观察。我在分析这些问题时作出的评价，有对共和国的赞扬①，也有对民族的揭露②，它们在我的研究中只反映一种一般性关注，我无法回答这类问题，因为它们不是历史学家感兴趣的话题。

1990年代初发表的论文展现了一种越发令人烦恼的忧虑：如何用社会科学工具探讨民族问题？这一度是一个很难的问题，因为这里遇到了两方面阻碍。一方面，就像后来我们看到的那样，政治史学是19世纪初的一种"范式"，它使一些集体行为人（acteurs）如国家、民族、阶级等享有优先权，因此应该拒绝政治史学假设。若从民族现象的"社会"维度去思考，则需要解构这些实体以重新找回那些"有血有肉"的个体。那时我所感兴趣的问题包括：1789年以后，法国逐渐成为一个国家—民族，这一事实对居民的日常生活，尤其在"人民"中间产生了怎样的影响？这种变化给个体或集体认同带来了哪些变化？民族的成功对个体或集体的存在产生了哪些新的影响？另一方面，民族的社会史学碰到了这样的事实：社会科学在太长时间内忽视了这个研究领域，因而留给历史学家的分析工具寥寥无几。

关于社会—历史学

为了解决以往研究中遇到的问题，我曾尝试变换一些社会学概念，想用这个办法来避开一些概念，因为它们原本是为研究国家和社会群体（groupes sociaux）而创造的。为了能解释清楚，我更愿意放弃"社会史学"（histoire sociale）标签，转而站在"社会—历史学"（socio-histoire）旗帜之下，这面旗帜是我从现代主义同行们③那里借来的表达方式。它的优点在于十分清晰地指明了历史学与社会学之间的关联。对读者来说，标签问题可能是次要的，但在我们学科，其实其他学科也一样，命名的问题

---

① 参见 F. Lorcerie, in D. Martin (dir.), *Carte d'identité. Comment dit-on nous en politique?* Presse de la FNSP, 1994.

② D. Schnapper, "La nation et l'étranger", *Philosophie politique*, 3, 1993.

③ 多年来，罗歇·沙尔捷（Roger Chartier）一直在社会科学高等研究院（EHESS）主持一个名为"文化实践的社会—历史学"（Socio-histoire des pratiques culturelles）研讨班。

就是权力的问题。正如我在本书第一章指出的，社会史学出现危机的原因之一，就在于其研究领域在最近几十年间被淡化了。如果像吕西安·弗夫尔在1930年代所说的，历史学领域全部是"社会的"，那么所有历史学家就都有权宣称自己在从事"社会"史研究。社会—历史学家则不将现实分成多个层面（"社会的""政治的"等），他们更愿意根据*实用*标准定义自己的研究领域，将其视为多种能力有机结合的场所。他们介绍自己时称自己为接受过社会学训练的历史学家，这意味着一段特殊的学习经历，意味着与社会学家有某种固定关联，意味着要发表的文章可以被社会学期刊接受，等等。这非但不会禁止他们与其他学科（尤其是人类学与政治学）联合，反而刚好相反。但是，对社会—历史学家而言，社会学的特殊之处在于其研究*对象*。除了学派之分，该学科的特点实际上是对"社会纽带"问题的重视，也就是日常行为范畴内个体与个体之间的关系问题。这就是许多社会学家对历史学家们谈论的"被物化的"实体（entités《réifiées》）提出异议的原因。在这一层面上，社会—历史学与微观历史学相近，但前者在一个关键之处又同后者截然不同：社会—历史学家实际上并不优先研究小型共同体，"微观"对他们没有特殊吸引力。我们甚至可以肯定，在社会—历史学试图理解当代社会"现代性"（modernité）的构成时，它最关注的是个体之间的*间接*关联，不管这种关联是金钱（资本主义）还是权力（国家—民族）。

  在方法论方面，本书收录的研究表明，社会—历史学可以根据研究问题的不同，将重点放在"大事件"（参见第十二章，该章主要探讨1910年的《工人与农民退休法》）或"长时段"上。永远将"基本原子"（atomes élémentaires）（马克斯·韦伯）也就是个体作为研究起点，并思考将他们联结在一起（或分开）的诸多关联。这样一来，我们便可以对人口统计学家所使用的空间划分（尤其是省级行政划分）和统计学家使用的行政类别（catégories administratives）（比如国籍）提出疑问，还可以为从前关于"阶级""集团"和"共同体"概念的历史学争论再次注入新的活力。最后，我努力展示了比较法的重要性。只有将难民史上对比鲜明的两个时段加以比照，才有可能厘清今日难民法的主要特点（参见第十一章）。本研究的局限之一在于比较的维度在空间上延伸得不够广。本书仅限于典型的法国本土这片六边形土地，这个缺陷我希望能在接下来几年加以修正。

社会—历史学并不是作为一种"有可能颠覆"历史学的新范式出现，而是在呼吁一种科学传统，这种传统深化了20世纪初以来由社会学奠基者（他们同时也是历史学家，如马克斯·韦伯、爱弥尔·迪尔凯姆）勾勒出的框架。这一框架自第二次世界大战以来曾被引入历史学科，在法国由马克·布洛克介绍给大家，在德国则是由奥托·欣策（Otto Hintze）。今天，社会—历史学已成为许多国家社会科学研究的一种潮流，无论是在美国、德国，还是南美……然而，当代法国历史学家却对社会—历史学不太感兴趣。①正是这种情况促使我自1990年代初以来特别注重与社会学家、政治学家、经济学家或人类学家建立工作关系。于是，就形成了一个以《发生》（Genèses）杂志和"社会—历史学"丛书为主要阵地的多学科地带。这要感谢Belin出版社的支持。②众人的努力使社会—历史学成了政治学的一个重要而充满活力的组成部分。我确信，年轻的历史学家、社会学家或人类学家目前正在进行的大有前途的工作将会使这个新的研究领域更加清晰明确，而以上这些人将会拥有比今日更高的荣誉。

权力关系

本书还收录了一些更新近的研究，它们反映了我研究历程的新方向——权力问题。我所说的"权力关系的社会—历史学"与当今所有的政治史学形式都不同，主要因为它试图理解在社会关系重建过程中，权力所起的历史作用。在这里使用的"权力"一词与米歇尔·福柯（Michel Foucault）的定义一致，它包括了历史上人类为左右其他而赋予自己的所有可能性。这种思路与社会—历史学所倚仗的基本原则完全相吻合：将个体作为研究核心并审视他们之间的关系。这就是"权力关系"（relations de pouvoir）的指向，它与政治史学相对立，后者从"权力"中看到的是一种征服工具或一个压迫因子（agent d'oppression）。如此定义的权力关系包含两类社会行为。第一，是某些个体对其他个体施行统治的所有现

---

① 这里应该区分一下19世纪历史学家（在他们看来，社会—历史学与社会史学之间的关系是真实存在的。）与20世纪历史学家的不同。我们感到，越是接近"现时"，人们越不关注社会—历史学。

② 在学术界，社会—历史学是取得社会科学深入学习文凭（DEA）以及高等师范学校社会科学高级研究院（ENS‑EHESS）社会科学研究室集体研究的主要方向之一。

象，从马克斯·韦伯到皮埃尔·布尔迪约（Pierre Bourdieu），社会学在阐释这类现象方面具有决定性贡献。站在他们的角度看，我的任务十分重要。第二，还要强调一个事实，那就是权力关系也可通过个体之间的连带性关联被具体化。关于这一点，社会—历史学家肯定会想到爱弥尔·迪尔凯姆的教导，从"机械团结"（solidarité mécanique）到"有机团结"（solidarité organique），他对这一转变的思考对历史学家十分重要。读者将在本书第四章看到，我试图连接这种统治／团结的双重维度，以解读民族国家的社会—历史建构。

为了把这一研究领域同政治史学清晰地区分开来，有必要回顾一下勒内·雷蒙（René Rémond）给政治下的定义。"政治就是与获得、行使和运用权力相关的行为：由此，政党才具有政治属性，因为政党的目标及加入政党动机是获得权力。但并不是任何权力都具有政治指向。1968年以来对权力概念的滥用及其应用范围的扩展，已经导致了它的分解。一切都有可能是权力关系：在教学中、家庭中、人与人之间的关系中。"[①] 勒内·雷蒙所构想的政治史学认为，只有以取得国家权力为目的的活动才值得研究，因此这一定义是在断然地将纯政治以外的所有权力关系全部抛开。这就是为什么到目前为止，法国政治史学始终忽略一些在国际历史研究革新历程中起重要作用的问题（比如男性对女性的统治史[②]、欧洲对殖民地人民的征服史[③]，等等）。要想正确理解这些问题，就应将重点放在权力的人际维度上。在人类历史上，权力关系构成了社会管理的基本形式之一，家庭关系、宗教关系、村民关系等——在它们建构的、个体于其中生活的多种集团范围内——都可被视为权力关系。

由于我是在研究移民史过程中发现的这些问题，因此在这方面，我只对与国家—民族有关联的权力关系感兴趣。所以我很关注米歇尔·福柯所说的"权力关系的国家化"（étatisation des relations de pouvoir）进程，这一现象绝对是我国当代历史的核心。由于获得了"人民主权"外形，国家权力自从法国大革命以来就在社会关系重建和个体与集体认同重构中起着决定性作用。要开发这个新领域，就得从法学家那里借用一些工具，再

---

① R. Rémond (dir.), *Pour une histoire politique*, Seuil, 1988, p. 381.
② 参见 J. W. Scott, *Gender and the Politics of History*, Columbia University Press, 1988。
③ 这一问题是许多期刊文章的核心主题，这些期刊在"文化研究"领域问世已有近20年。

勾勒出一个跨越历史学、社会学和法学的跨学科框架。我过去曾在档案材料的实证研究中努力实现这些设想。于是，在研究大革命时期的同时，我对国家化进程的开端、语言的制度化（nationalité 概念的产生）和人员流动（通过护照的使用）进行分析。关于集体认同的历史思考也源于同一框架，该框架使我得以研究 1910 年法令对重新定义"工人阶级"产生的冲击以及在"难民"的社会建构过程中国际法的角色。我还论述了国家—民族的出现对社会统治形式重组的影响，其中包括国家不在场的情况，比如家长主义。（参见本书第六章）

在此，需要说明的是，本书绝不宣称历史学的"一切"或许都是"权力"。从权力关系角度审视这一社会史研究框架能为理解过去提供哪些助益，了解这些才是我的目的。近半个世纪以来，历史学家们都试图通过宣布"一切都是社会的""一切都是话语（langage）的""一切都是政治的"等，将其专业领域加以合理化。马克斯·韦伯则更加理智一些，他捍卫知识的"前景主义"（perspectiviste）这一概念，用人们可以接受的多种角度来理解世界。这些不同的角度并不能从科学上加以证明，它们只是出于社会出身、制度立场和历史学家的个人经历的不同而形成的个人偏好。如果说有些人对权力关系感兴趣，而另一些人却否认这一对象的恰当性或对此漠不关心，那么这并非偶然。对过去所持的不同看法应该可以在学科内部并存，并且每个研究框架都应占据一个它可以重新回来的位置。

记忆—历史与问题—历史

还要着重指出政治史与权力关系的社会史的另一个区别。沿着米歇尔·福柯和皮埃尔·布尔迪约对知识与权力之间关系的分析轨迹，社会—历史学家试图了解统领一门学科的制度逻辑是怎样影响该学科所生产的知识类型的。这类思考并未得到历史学家的欣赏，因为他们认为这样做实际上是在揭发某些东西。应该承认，在那些贴有 1968 年遗风标签的著作中，这种危险的确存在。但本书提出的思路并不以对权力的"揭发"为目的，其唯一的抱负是搞清楚我们的学科如何运转以及作为学科基础的各种原则与具体实践在多大程度上相符合。今天，历史知识的各种形式所依赖的权力形态均建立在民主规范之上。比如，法国历史学家内部已达成一个广泛共识：他们宣称那些在科研中不尊重共和国基本价值观的大学教员们（这是一些否定主义者的情况）应该被法庭起诉并被革职。在我看来，有关该问题的近期争论，已经为关于知识与权力关系的集体思考带来了重要贡献。我们希望能扩大这种讨论，让其他问题也加入进来。近年来，我不仅在思考历史学家们如何看待"多元论"（pluralisme）与"辩论"（débat），同时也在思考以上这些问题。说到"多元论"和"辩论"，我想多费些笔墨以求消除一些误会，正是这些误会使我得以展开分析，尤其是针对维希政权的那部分。①

我们学科内部所有赞成多元主义的历史学家都能接受研究领域、方法和问题域（questionnements）的多样化。在更普遍的意义上说，尊重多元主义就是承认，历史本身只是关于过去的知识的两大形式之一，而另一种形式则是记忆。持"多元论"观点的历史学家并不寻求将这两类知识等级化，而只想理解是什么使它们产生差别。19世纪末期，卫理公会教徒式的历史学家曾为区分历史知识与集体记忆而提出"客观性"这一标准，他们坚决捍卫历史学的"职业化"，宣布只有使用"史学方法"对所有可用档案材料认真研究，才能得出无可辩驳的科学事实。一些个体或集团所拥有的集体记忆在这些历史学家看来必然是主观而带有偏见的。20世纪初以来，他们的观点遭到了哲学家和社会学家批判，后两者指责这类历史学家混淆了客观存在的"客观性"和公证、客观的"客观性"（objectivité et impartialité），在这些哲学家和社会学家看来，要想让历史成为一门真正的科学，并不需要让它拥有一种"方法"，研究者也无需明确表态，历史学应该有能力建构它的研究内容，而不是从"常识"那里去借用。两次世界大战期间，这些批评曾被《年鉴》学派的奠基者们重拾起来，在为"问题—历史"辩护的同时，他们指出，对史实的叙述很狭窄地受限于历史学家想从档案材料中寻找的问题类型。其结果便是：对提问艺术的追求就超过了对方法的追求，而方法是可以使历史研究具有学术价值的。就在那一时期，加斯东·巴舍拉尔（Gaston Bachelard）写道："首先，应该会提出问题。在学术生活中，无论如何，问题是不会自己提出来的。"②

这场历史学争论之所以这么出名，是因为"卫理公会教徒式"历史

---

① G. Noiriel, *Les origines républicaines* ⋯, op. cit.
② Gaston Bachelard, *La Formation de l'esprit scientifique*, vrin, 1938, p. 14.

学家与《年鉴》学派奠基者由此走向了对立。另外，我回忆这场争论的目的，就是想让大家知道，历史学自治（autonomie）（还有多元主义）问题是如何被提出来的。围绕客观性（impartialité）和史学方法的严格使用的这场争论，标志着独立于集体记忆之外的史学自治进程的第一阶段，这一阶段已在19世纪末完成。第二阶段则贯穿整个1930年代，《年鉴》学派捍卫的是这样一种观点：历史事实是基于社会科学范畴的某个问题而被建构出来的。这两种不同层面的自治，同时也是探索历史研究的两种不同方式，为了区分这两者，我对记忆—历史与科学—历史（最好称为问题—历史）进行了分辨。但是，正如我多次提到的那样，史学研究要想取得进步，就需要两者兼顾。举一个近期的例子，有些政客建议成立一个专门委员会，调查阿尔及利亚战争期间发生的大屠杀，我觉得这应是由现时历史学家承担的任务，因为他们之中有些人从前曾研究第二次世界大战期间对犹太人财产的掠夺。在承担这项任务的同时，历史学家还为我们学科在政界、媒体和舆论中树立威望做出了贡献。

然而，承认记忆—历史的重要性，也不妨碍我们反思其局限性和自身矛盾。在近期研究中，我特别留意到，当所有历史研究都围绕单一的记忆维度[①]展开讨论时，多元主义就面临着危险。当研究的问题涉及较近的过去时，记忆—历史就明显占据中心地位，因为探讨的问题从字面上就吸引公众、政客和记者。于是，问题—历史——相对于社会和政界人士质疑过去的方式来说，问题—历史则保有一段反思的间隔——由于缺少使命感，就面临着被边缘化甚至消失的危险。记忆—历史与问题—历史实际上承担着不同的社会功能，这些功能通常都是互补的，但又有一部分是矛盾的。在第二章中，我会试着展现本学科这两种倾向是如何思考处于现在的过去的。对于记忆—历史来说，批判性分析（或专业意见）主要针对被政界人士有意建构的记忆部分，通常是在涉及有必要回应某些要求时才出现，比如一些公民迫切地想要了解，我们集体过去发生的这方面或那方面的事。至于问题—历史，则试图展示过去如何对我们的信仰、抗议、幻觉产

[①] 记忆—历史的过度膨胀有助于巩固法国历史编纂学的本土特点。政客们和舆论界的关注点实际上都建立在本民族基础之上。这愈发凸显出我们对其他国家历史缺乏好奇心的弊端，就像卡特琳娜·科克里-维德罗维奇（Catherine Coquery-Vidrovitch）在其此类标题的文章中指出的那样（"为法国大学中的世界史申辩"，"Plaidoyer pour l'histoire du monde dans l'université française"，*Vingtième siècle*，janv.－mars. 1999）。

生影响,这三者有助于将实际上很抽象的社会现实的某些面相变得"自然",这些面相则来自早已被我们丢到回忆中的旧的统治形式。在这种框架下,问题—历史的社会功能就在于追溯现代的"起源"或"系谱",以帮助公民更好地勾勒出其所处世界中的精要所在。①

为了对这些问题的重要性作一个更加具体的阐释,我将举两个例子,它们会在本书各部分广泛展开。第一个例子涉及法国政府最近为了简化行政手续所采取的一些措施,尤其是将1953年建立的民事身份信息卡予以取消的做法。这一改革被其拥护者视为共和国信任公民的证据,是迈向个人自由充分发展的前进一步。② 在问题—历史框架内,既不涉及对这些行政措施的反对及反对理由,也不涉及对它们的赞成。大家将会在阅读我专门探讨这些问题的章节(尤其是第十、十一、十三章)中看到,这一特殊事件仅在再度置身于"身份证"的长久历史中时才有意义。法国大革命以来的这段历史表明,公民身份的两大原则之间存在紧张关系。一方面,根据个体自由理念制定了公民自由流动法。技术进步速度越快,人员的空间流动越是频繁。另一方面,平等与司法民主原则要求行政机构总要有办法识别出那些既作为人,又作为权利拥有者的个体的身份。在这种条件下,行政简化手段只有在行政机关此前已经掌握身份鉴别的其他方法的前提下才能实行。大家将会看到,19世纪,第三共和国就曾经赋予公众自由部分合法性,废除了国内护照和工人证。但这些措施的原因主要在于以下事实:到了铁路时代,再也不可能将旅行者"放在眼皮底下"监督了。需要将建立在直接监管之下的权力关系替换为一种依仗中央数据库与身份证技术的间接管控模式。现在,政府取消民事身份信息卡是因为新技术手段(如信息技术、互联网、遗传学)使得远距离识别个体身份比"证件"时代更加有效。通过阐明现代个体身份鉴别形式之产生,问题—历史启发了公民对技术革新引发的社会管控新形式的思考。

为了区分记忆—历史与问题—历史的社会功能,我想列举的另外一个

---

① 这种框架也接近于米歇尔·福柯提出问题化(problématisation)概念时所主张的框架。关于此问题,他想与历史学家们展开一场对话,但不幸的是没有一个"现时历史学"专家予以回应。他其实应该从美国寻找讨论的素材。参见 R. Castel 有趣的关注,《问题化概念作为历史阅读模式》(*La notion de problématisation comme mode de lecture de l'histoire*),收录在 G. Goldstein (ed.), *Foucault and the Writing of History*, Cambridge, Basil Blackwell, 1994。

② *Le Monde*, 13 octobre 2000.

例子是移民。有时在解释当下问题方面，这两种看待过去的方法实际上存在冲突。由于政界人士与记者对记忆—历史很感兴趣，该学派代表常常受邀解析现时问题（哪怕这些历史学家根本没有研究过要辩论的问题）。在1980年代，许多历史学家都是这样卷入有关移民的政治辩论中的。被极右势力煽动的公众舆论认为，来自马格里布的移民未能融入法国社会是由于伊斯兰教的特殊性。被邀请参与该"问题"讨论的一些声誉很高的历史学家实际上为强化这种看法起到了推波助澜的作用，他们断言：过去，移民曾很好地融入进来，而今天的情况则不同，新的外来者过于明显地将自己排除在"日常法兰西特性"之外（参见第二章）。我所有关于移民的研究都是出于这样一种考虑，那就是要证明这实际上是一个被错提的问题。利用爱弥尔·迪尔凯姆的社会学以及当代社会学家，如阿布代尔马来克·萨亚（Abdelmalek Sayad）的研究成果，我试着将"整合"概念问题化。[1] 正是通过这种方法，我才可以肯定，这些移民"问题"不能通过移民的祖籍，而是要通过法国社会近期的变化来解释。我将很多精力投入到批判这种移民种族化观点（参见第十一章）中，因为在我看来，一些历史学家赞成某种根本不符合"共和国传统"的看法，这会在公民中间引起很大的危险。

注重讨论的准则

从最初的研究开始，我就努力遵守"注重讨论的准则"，它是我们内部民主良好运行的保障。这就是为什么，正如本书中不少章节所反映的那样，我强烈希望在我们学科内部展开辩论。在实践中，这些努力从未能产生效果，这就是我反复强调而且有时某些批评过于激烈的原因（今天我还在为此感到遗憾）。我想利用这本"论文集"唤回当初那种精神：思考如何进行对话。首先，我始终坚持史学研究的自治，因为经验证明，当代历史学家之间的研讨往往遭到政界某些标准的"浸染"：交流论据之后就开始揭发或平反。因此，即便他们并不"热衷于评判"，也不能阻止收效的产生。受到批判的历史学家会发现，这些分歧中存在一些对其本人的质

---

[1] 参见 A. Sayad, *La Double Absence. Des illusions de l'émigré aux souffrances de l'immigré*, Seuil, 1999。

疑。当我们努力遵守另一种对于思想交流而言不可或缺的原则时,这种现象更是极不合理地变得愈发严重。该原则就是,应指名道姓地说出我们所研究的文本的作者是谁。但更为常见的是,历史学家的批判往往聚焦于某些匿名权威:"《年鉴》学派""大事件史"(histoire événementielle),等等。社会—历史学家不能因为担心会"解构"集合实体,就停留在自家门口,踌躇不前。在这个个人主义世界中,抨击一些存在于纸上的集体(第二章)更加没有意义。我们每个人对*自己的*研究都心里有数。因此,我确立的第一条规则就是,利用一些个人著作开启一场批判性对话,要注明他们的名字,这是基本形式的尊重。这种思考促使我首先在与我有分歧的历史学家主办的期刊上开展批判。大家将在本书后半部分(第八章)看到,我列举了自 1980 年代至我本人也成为《共产主义》(*Communismes*)杂志的编委成员期间,与斯特凡娜·库尔图瓦(Stéphane Courtois)的历史学概念的分歧所在。我曾在勒内·雷蒙及其合作者主办的《20 世纪》(*Vingtième siècle*)杂志中公开地表达对这些主办者所捍卫的政治历史学概念的看法。在同一时期,我也在《年鉴》杂志上发表文章,用以说明为何我不同意编委们之前一段时间所提出的观点。[①] 不幸的是,这种用心很少被理解。用批判方式进行揭发的习惯强化了这样的观点:指出与我们观点不一致的那位历史学家的姓名,就是意图使其丧失威信。在这样的情况下,又怎么能对历史学领域中的公开讨论如此之少感到惊讶呢?

---

① 参见, G. Noiriel, "Pour une approche subjectiviste du social", *Annales, ESC*, 6, nov. - dec. 1989(此题目是由该期刊选定的)。

第一编

历史学要点

第一章 "政治"社会史学是否可能？

科学的进步是争论的结果。

吕西安·弗夫尔《为历史学而斗争》

法国历史学传统围绕两个对立阵营成形于1930年代。其中一个阵营以《年鉴》学派及高级研修学校（École pratique des hautes études）（第六分部［VIe section］）为中心，他们自认为是"经济与社会史学"的捍卫者；另一个阵营是以索邦大学为中心的"政治史学"信徒。这场竞争——时至今日仍很敏感，就像勒内·雷蒙主编的著作所说明的那样，为政治史学（histoire politique）"恢复名誉"，才是目标[①]——妨碍了真正的政治社会史学的出现。近期雅克·勒高夫（Jacques Le Goff）提出"重新定义社会领域，重新讨论历史学与社会科学之间的关系"，[②] 如果我们能够达到这个要求的话，那么我们将在本章中看到，这个新的研究领域是有可能的。

"历史学—社会科学"与"社会史学"

在上文提到的勒内·雷蒙的著作中，作者还是将最崇高的敬意献给了《年鉴》：他开篇就重拾起该杂志创刊者首先提出的概念划分，即历史学界内部"经济与社会史学"与"政治史学"的划分。更有甚者，作者将

[①] R. Rémond (dir), *Pour une histoire politique*, op. cit.

[②] J. Le Goff, "Préface à la nouvelle édition", *La Nouvelle histoire*, Bruxelles, Éditions Complexe, 1998, p. 17.

《年鉴》学派曾用以驳斥传统政治史学的所有方法与论题（problématique）都看作是不容争议的：长时段、计量史学，尤其是"多学科性"（pluridisciplinarité）。所有关于"新政治史学"的阐述最终为以下观点提供了依据：从事新政治史学研究的人也可以使用"新史学"工具。他们用建立在选举单基础上的序列，代替了建立在公民民事信息基础上的人口统计学序列，用这种方法开展"长时段"的政治计量史学。既然《年鉴》学派要求恢复所有社会科学，那么"新政治史学"就让所有读者目睹其"多学科"美德：语言学、制图术、心理学，甚至精神分析法都和谐地结合在一起，最终让我们目睹"完整历史学"①（l'histoire totale）的涅槃。有这样远大的抱负的确是件好事。"（历史学的）一切都是社会的！"吕西安·弗夫尔在为第一代《年鉴》学派学者们使用过的副标题"万能捕捞器"（attrape-tout）进行辩解时说道。"不！"勒内·雷蒙回复道，"一切都是政治的！"在今日法国，选民数量多于就业人口这一事实，表明"政治"要比"经济与社会"更具优势。因此，"没有哪个历史学要比参与政治生活的历史学更全面"②。

除了研究内容以外，"《年鉴》模式"被提升到了制度性水平高度。国家政治科学基金会（Fondation nationale des sciences politiques）"曾扮演过令新政治史学诞生并充分成长的决定性角色，就像高级研修学校的第六分部一样，该分部之所以形成社会科学高级研修学校，也出于同样的原因：为促进法国经济与社会史发展做出过决定性贡献。这两个例子表明了先锋研究机构的作用，在这些机构中汇集了来自不同领域的专家，他们友善相处，交流思想与经验"；由此，所有"社团主义区隔"③（cloisonnements corporatistes）都被无可挽回地否定了。如果说本书所做的各种努力

---

① 然而我们应该注意的是，政治史学是多学科家族的一个贫弱的家长，尤其是受皮埃尔·布尔迪约启发下创建的那一学科，尽管该学科对历史学抱有兴趣，尽管提出的问题是恰当的；尤其参见 M. Dobry, *Sociologie des crises politiques*, Presse de la FNSP, 1986; B. Lacroix, "Ordre politique et ordre sociale", in J. Leca et M. Grawitz (dir.), *Traité de science politique*, t. 1, PUF, 1985, pp. 469 - 565; M. Offerlé, "Illégitimité et légitimation du personnel politique ouvrier en France avant 1914", *Annales ESC*, juillet 1984, "Le nombre des voix; électeurs, partis et électorats socialistes à la fin du XIXe siècle en France", *Actes de la recherche en sciences sociales*, mars 1988; 还要阅读同一期中，A. Garrigou, "Le secret de l'isoloir"。

② R. Rémond, *op. cit.* p. 29.

③ Ibid., pp. 27 et 33.

没能展示出当代政治史学的独创性与活力，那么我们有理由怀疑，在三四十年前被推崇为典范的改革计划，是否能够激发出不断激荡着、碰撞着、革新着的新使命。连《年鉴》现任负责人也认为，这种改革面临着某种快要窒息的绝境，这与人们几年来谈论很多的"历史学危机"不无关系。①

我不打算在这里分析计量史学与"长时段"历史学的局限②，仅想探讨"多学科性"在当前的使用中出现的问题。许多历史学家承认，"历史学危机"的基本诱因之一在于研究对象的无尽碎片化。安德烈·科维萨尔（André Corvisart）向来不是学科开放的热衷者，他指出，"若把握不好多学科性，就会面临走向杂烩状态的危险，历史学将熔化于其中。"③ 弗朗索瓦·菲雷（François Furet）也作过类似评论："社会科学从历史学领域借来的知识仅增加了学科的多样性，没有使知识的统一变得简洁，这些借来之物给学科多样化带来了几乎无尽的灵活性以及方法论上兼收并蓄的可能，但这种兼收并蓄并不是知识增长的代称。"④ 问题并不是由大量借用其他学科的概念或方法导致的，而是由从其他学科的表面化借用过程中时常伴随的混淆与错觉造成的。

在我看来，当今法国社会科学出现"危机"的基本原因之一在于，社会科学高等研究院没能克服自身定位之弊端，它介于普通学校体系与大学体系之间，仍以一种传统学科逻辑以及拉斯帕（Raspail）大道54号⑤制定的制度性统一理想为基础。正如莫里斯·艾马尔（Maurice Aymard）所说，布罗代尔式⑥计划可被视为从历史学的基本联合要素——"时

---

① "Histoire et sciences socials, un tournant critique?", *Annales ESC*, mars-avril 1988；也可参考达尼埃尔·罗什发出的警告，"Les historiens aujourd'hui, remarques pour un débat", *Vingtième siècle*, 12, oct.-déc. 1986. 在 R. 沙尔捷（R. Chartier）的著作中可以找到有关这场辩论的更多内容，R. Chartier, *Au Bord de la falaise*, Albin Michel, 1998，还有 G. Noiriel, *Sur la "crise" de l'histoire*, Belin, 1996。

② G. Noiriel, "Pour une approche subjectiviste du social", Belin, 1996.

③ A. Corvisart, *Sources et méthodes en histoire sociale*, SEDES, 1980, p. 29.

④ François Furet, *L'Atelier de l'histoire*, Flammarion, 1982, p. 9.

⑤ 指"人文科学团体基金会"（Fondation Maison des sciences de l'homme），创立于1963年，与国家政治科学基金会的模式相似，旨在促进人文社科领域的国际多边合作。——译者注

⑥ 布罗代尔（Braudel），法国历史学家，以研究工业化前的欧洲经济史著称。——译者注

间"① 出发，反对知识碎片化威胁、促进人文科学统一的一种坚持不懈的努力。然而，这项计划可能会改变法国普通学校与大学整体制度性设计，因而仅是一种空想而已。尽管几十年来反对"社团主义"（corporatisme）的批评之声不断，但今天的人们依然心知肚明，自己并不能作为"历史学家"被国家科研中心（CNRS）或大学录取，必须按照惯例通过历史学大学教师资格会考（agrégation）才行，尽管这种会考与科学研究没什么关系，我们只能说到这里了。半个世纪之前，吕西安·弗夫尔曾严厉指责说："大学教师资格会考带来了区隔，会引起学术界不同领域的名流之间进行'毫无价值的争吵'（querelles de boutons）。"② 大学教师资格会考在年轻人的头脑中实际上产生了一种决定性影响（答题的修辞技巧、"死记硬背"地学习、熟悉一些前几代的伟大历史学家），这种影响对该领域特有的"经验论思维方式"（tournure d'esprit empiriste）（与推崇理论与抽象思维的哲学大学教师资格会考相反）贡献颇多。③ 对其他社会科学学科的基本了解以及这些学科所需要的理论修养往往并不是在那一阶段习得。时间越久，做到以上这一点的历史学家就越少。一方面，是由于其职业生活不再给他留下多余的空间去做这些；另一方面，尤其是随着年纪变大，面对学习新事物过程中应有的必要质疑，他变得越发退缩。"一个时代来临了"——巴舍拉尔说道，但并不是就历史学而言——"在这个时代，思想更加青睐那些宣称自己知道的人，而不青睐那些宣称不知道的人；更加喜欢答案，而不是问题。在保守天性的统治下，思想的增长停滞了。"④ 此外，随着知识的增长，随着研究人员及研究机构数量的增多，科研工作被不断分割，使所有综合的尝试都成为幻想。大战（la Grande Guerre）刚结束，马克斯·韦伯就开始强调："现在，真正决定性和重要的著作一定是专业著作"；由此才需要"说自己目光狭窄"——这句话可能会吓到

---

① M. Aymard, "Fernand Braudel", dans A. Burguière (dir.), *Dictionnaire des sciences historiques*, PUF, 1986.

② L. Febvre, *Combats pour l'histoire*, op. cit. p. 294.

③ 在大学教师资格会考之前，硕士论文撰写可算是学生对科研的第一次接触，它开启了"实战经验"的大门。实际上，最常见的是，未来的历史学家们直接与文献资料接触，而不是首先进行理论学习。该领域的潜规则是，通过熟悉昏暗的天地和满是灰尘的档案，在"科研实践"中学习。

④ G. Bachelard, *La Formation de l'esprit scientifique*, op. cit. p. 15.

那些崇拜"多学科性"的现代信徒们。①

在我看来，今天的"历史学危机"之所以存在，是因为对"多学科性"的迷恋已使我们忘却两个基本制约（学习与专业化），没有它们，任何可以称得上"行业"的东西都不可能存在。难道这样说来，历史学向其他"社会科学"敞开大门就是一种幻想或欺骗么？从整体上对此作出解答是不可能的。我认为，实际上，通过仔细探究这一问题，我们可以区分出历史学家对"多学科性"的三种使用方式。第一种仅限于引用（根据不同场合，马克思、福柯等），多可理解为作者个人意图（向他人显示自己学识渊博）。第二种使用，也是最普遍的，主要是方法（参见启发社会学家的那些问卷技术）或一些研究主题〔"社会性"（sociabilité）、"精英"……〕的借鉴。历史学家对于"多学科性"的第三种使用方式，我称为"翻译"②，显然是最重要和产出最多的（正是这种使用方式确保了《年鉴》学派在第二次世界大战后的成功），该方式主要在两个领域得到了证明：人口统计历史学（histoire démographique）和经济史学。正如弗朗索瓦·菲雷注意到的，人口统计历史学"已经纯粹而简单地引入了一些人口统计学概念，并建立了旧制度人口统计学，完全就像当代人口统计学者重建人口历史学（histoire des populations）那样。路易·亨利（Louis Henry）以及彼得·拉斯莱特（Peter Laslett）所做的工作和一个现代人口统计学专家的工作没有区别。经济学也是如此。概念的引入很常见"③。一定要注意，这并非是"全方位"地借鉴，而仅是从一个学科到另一学科的传输。还要记住，历史学的这两大支系从未抱有最终形成"完整历史学"的企图。如果仔细观察这两个支系如何建构，我们会看到，在学科逻辑方面，存在一个对上述内容的明显的肯定。的确，无论对于人口统计史学还是经济史学，我们都会在最开始的地方看到这样一些研究者：他们并非出自培养普通历史学家的常规"模具"。这些研究者最大的功绩是，作为翻译者，他们学会了变换，学会了把来自历史研究之外的概念和问题变得可理解、"可使用"。最近，莫里斯·拉希韦（Maurice Lachiver）向路易·亨利"这位数学家天才般的洞察力"致敬，后者是历史人口统

---

① M. Weber, *Le Savant et le politique*, Plon, 1959, p. 71.（1re éd. 1919）.

② 参考 Thomas S. Kuhn, *La structure des révolutions scientifiques*, Flammarion, 1983（1re éd. 1962）.

③ F. Furet, *op. cit.* p. 42.

计学（démographie historique）① 之父，但他最初是一位数学家。同样，厄内斯特·拉布鲁斯（Ernest Labrousse），这位法国经济史学奠基人，在索邦大学稳坐"经济与社会史学"的第一把交椅达二十多年，后被巴黎法学院（faculté de droit de Paris）授予经济学博士学位。② 这些专家使历史学家得以认识来自经济学和人口统计学的问题、概念和研究方法。但是，如果说这些专家也因此对重建历史学"范式"（paratigme）有所贡献，那是因为他们的革新性成果对整个历史研究团体有用。1963 年，马塞尔·雷纳尔（Marcel Reinhard）创立了历史人口统计学协会（Société de démographie historique），其中聚集了好几百位年轻科研人员。二十年内，有 500 多部专著问世（硕士学位论文最多），从中得出的结论均建立在无可辩驳的统计基础上。③ 一些普及性著作（参见让·布维耶［Jean Bouvier］著名的经济学"辞典"以及众多的历史人口统计学教科书）和专业期刊也在这一时期出现。显然，随着时间流逝，该研究领域最终成为常规（routine），这是"历史学危机"的另一方面。然而，需要强调的是，"常规"本身并不是问题。事实上，科学社会学研究证明，所有科研活动都要依靠集体工作，并且其中必须包括很大一部分常规的和徒劳的"经验性"工作。我们至今还没有看到有哪个科学将时间都花在了不断创造新概念上。

因此，当代历史学的问题既不在于其"经验性"，也不在于其"常规"，解决危机的良药绝不是逃向"多学科性"。当代历史学处境的主要解决之道是孕育新的"范式"，也就是说，制定新的、可以共同协作的研究计划。将制度问题放在一边——这些问题是基础性的，仅凭单个研究者找不到的它们头绪——以后，我们似乎才可以思考如何重新定义社会史学，新定义要符合上述需要。因此，我们的第一要务是澄清那些被几十年笔战搞得极其难懂的概念。许多作者指出，法国和国外一样，如果历史学家一上来就对某些领域的命名，如"经济史学"或者"人口统计史学"

---

① M. Lachiver, "Trente ans de démographie historique", L'Année sociologique, 1984.

② 他得益于阿尔贝·阿夫塔利翁（Albert Aftalion）在经济学与统计学方面的教导；参见 C. Charle, "Entretien avec Ernest Labrousse", Actes de la recherche en sciences sociales, avril-juin 1980.

③ M. Lachiver, op. cit. 然而不应忘记，人口统计历史学与经济史学从它们的盛况时期受益颇多，在这段时期，他们被提升至制度化水平，建有专门研究机构。设立一些职位比取消一些职位更容易激发集体活力。

达成一致，那么将没有人确切地知道"社会史学"是什么意思。很长一段时间内，就像埃里克·霍布斯鲍姆（Eric Hobsbawm）看到的①，"社会史学"这一概念指代过历史研究的三种不同领域：第一种以社会斗争为参照（罢工、工人运动……）。第二种更广阔，指所有民众活动（日常生活、社会性……），最终通过排斥政治史学②消极地定义自身。第三种主要出现在法国和德国，那就是"经济与社会史学"。虽然第三种已经远不是最具活力的，但它令许多研究项目、期刊和专门科研机构应运而生③，因为它的研究领域更多是根据现实情况变化而来（竞争机构之间为争夺"地盘"而战，抗议索邦大学以及此前就有争议的政治史学的霸权地位）而不是根据对研究对象的思考。此外，"社会的"总是被"经济的"压倒。在一篇专门研究"经济与社会"史"研究对象"的文章中，乔治·勒费弗尔（Georges Lefebvre）阐释过这样的逻辑："不关注生产主任和操作工人，如何研究生产？因此经济史就扎根在社会史中。"④ 在"长时段"，即计量史学的帮助下，"社会的"已经被局限在"社会职业类别"（catégories socioprofessionnelles）中（参见现代史领域穆尼耶与拉布鲁斯的著名辩论："等级还是阶级？"；还可参考关于旧制度社会体系化计划的众多讨论）。

近二十年来，"社会史学"的研究领域得到了大幅扩展：思想史（histoire de mentalité）、城市史（histoire urbaine）等都声称自己属于社会

---

① E. Hobsbawm, " From social history to the history of society", *Daedalus*, hiver 1971.

② 这种思潮最经典的例子在以下著作中有所阐述 G. M. Trevelyan, *English Social History*, New York, Longman, Green and Co, 1941, 该书将社会史学定义为 "the History with the Politics Left Out"。这一解释遭到了那些想要为"旧的新政治史学"平反的人的猛烈抨击，尤其在美国；参见 G. Himmelfarb, *The New History and the Old*, Cambridge (Mass.), Harvard University Press, 1987.

③ 参见德国著作 *Vierteljahrschrift für sozial und wirtschafts Geschichte*；法国著作 *Revue d' histoire économique et sociale* 以及众多使用同一命名的大学科研中心。著名的"圣—克鲁研讨会"（"colloque de Saint-Cloud"）致力于推广能将经济与社会史学合并的社会史学概念。拉布鲁斯（Labrousse）兢兢业业地致力于将"法国历史学派"（école historique française）变为"所有世界历史学派中最古老、最具社会产出力"的学派，但也没能弥补研究领域建构方面的空白，其定义局限于一些实例（比如"古代社会史学"）与比较（"社会与人口统计历史学"等）；参见 E. Labrousse, *Histoire sociale. Sources et méthodes*, PUF, 1967。二十年后由现代与当代研究所（Institut d' histoire moderne et contemporaine）组织的同一主题的研讨会表明，在这方面，事情并没发生多大变化。

④ G. Lefebvre, "Objet et méthode de l' histoire économique et sociale" (1940), in *Réflexions sur l' histoire*, Maspero, 1978, p. 153.

史学。然而，正如最近奥利维耶·赞兹（Olivier Zunz）注意到的，由于研究领域一直没能更好地划分出来，历史学家们便没有能力作出一个清晰可辨的整体研究计划。以至于在他看来，社会史学现已成为"社会史学家有选择地进行填充的领域"[1]。就像夏尔·帝利（Charles Tilly）讽刺的那样，"新"社会史学，只是徒增困惑。今天我们再也搞不清楚是应该追随"旧的新社会史学"门徒，还是"新的旧社会史学"信众了。[2] 几年前弗朗索瓦·菲雷针对这种"危机"提出的解决方法是，宣告"社会史学"死亡，以求在其废墟上建立新的思想史："一部从概念问题入手去组建材料的理智主义历史（histoire intellectualiste）"[3]。理论上更加严格的史学方法的回归——毕竟否定该方法的贡献是不正确的——是以相当程度地限制史学研究领域为代价的，这等于拒绝了作为"社会科学"的历史学的方法论成果，甚至档案研究的成果。

我们现在准备给"社会史学"下的定义有可能为目前的危机带来另一种答案，并可避免对以下两者的取舍：是要经验主义与"社会科学史"的碎片化，还是思想与政治论说的"理智主义"历史的简约化。这门社会史学整体上绝不意图令"理智主义"方法失效或失去地位。其目的主要在于重新平衡一种不相称的史学思考。当今，历史学家、政治学家、哲学家和法学家正汇于一股潮流中相互碰撞，我们要助推这股潮流的发展。我觉得弗朗索瓦·菲雷及其支持者义无反顾地抛弃"社会史学"的原因在于两个预设，它们直接来自《年鉴》学派，我们应坚决与这两个预设决裂。第一个预设与"社会科学"及"多学科性"的定义有关。正如之前所述，如果想从"翻译"的角度解释学科间的交流逻辑，那么我们就应该以各学科自身为基点，放弃这种不确定的复数形式的学科。这样一来我们会遇到第二个问题，该问题与大部分法国历史学家所认定的社会学定义有关，这种定义是贬义、不全面、带有偏见的。以上这些历史学家对作为社会学和历史学之旧战遗产（通常都是无意识的）的"社会学帝国主义"（impérialisme sociologique）持有深度怀疑。由此便出现了一种相当粗

---

[1] O. Zunz, *Reliving the Past. The Words of Social History*, Chapell Hill, University of North Carolina Press, 1985, introduction.

[2] C. Tilly, "The Old New Social History and the New Old Social History", *Review*, Journal of the Fernand Braudel Center, hiver 1984.

[3] F. Furet, *op. cit.* p. 76.

浅的学科定义。哪怕对于像乔治·勒费弗尔或罗贝尔·芒德鲁（Robert Mandrou）一样有经验的人来说，社会学也只限于生产"模型"（modèles）。这种怀疑在弗朗索瓦·菲雷那里则表现为他不给"社会科学"下明确定义。实际上对他来说，社会科学只限于经济学和人口统计学。由于他的"独断论"或"主观论"，社会学要么缺席，要么被贬值。这就是弗朗索瓦·菲雷的早期著作（在数量方面）与1980年代著作之间的一个共同之处。正是这一点使得他一再重申反对德国那种"综合社会学"（sociologie compréhensive）的传统，该传统先是以马克斯·韦伯为代表，后以诺贝尔·埃利亚斯（Norbert Elias）为代表。在1971年发表的一部著名的学术文集中，他还就此观点反驳过雷蒙·阿隆（Raymond Aron）①。菲雷认为，"既往经验"（expérience vécue）的全部问题在于将自身局限在一种宽泛的心理主义（psychologisme）之内。对菲雷而言，"现在不存在，将来也不会存在恰当的论据来解答一些建立在历史动因心理学之上的假设"，这是因为，"超我（sur-moi）是一个心理学概念，关于此概念，不可能存在任何证明"②。

我们想要实现这样一门"社会史学"：它使用概念十分严格，并可运用全部科学方法及科学实践宝库，这些方法和实践是一个世纪以来，历史研究的"遗产"。我们将试着证明，一种更为全面的社会学概念可以达成这个目标。为满足历史学自身需要，利用翻译社会学概念及方法的办法构建出的社会史学立即会凸显出它的优点，那就是它跳出了布罗代尔的三元纲要（经济的、社会的、思想的）。因为布氏的这种分割历史学领域的原则彻底抛开了政治学。在研究对象的建构方面，"概念"历史学（histoire conceptuelle）的追捧者将只能遵从社会学家的要求。斯宾诺莎（Spinoza）曾说过，狗的概念并不会叫。同样，迪尔凯姆在此前反驳吕西安·弗夫尔时说过③，"这样说来就不存在能被称为具有社会性的人类事件了。每个个体都喝水、睡觉、吃饭、推理……如果这些事实都是社会的，那么社会学可能就没有专属于它的对象了。"马塞尔·莫斯（Marcel Mauss）走得

---

① R. Aron (dir), *L' Historien entre l' ethnologue et le futurologue*, Mouton, 1971.
② F. Furet, *op. cit.*, p. 83. 这样的观点使得各政党基于"归属感"之上的政治动员战略以及政党对"亲近关系"的利用在韦伯的"既往经验"框架内完全无法解释。
③ 吕西安·弗夫尔曾在解释《年鉴》早期的副标题《经济与社会史学杂志》时说过，"从定义上看，历史学全部都是社会的"，*Combats pour l'histoire, op. cit.*, p. 20.

更远:"一个社会集团所经历的一切……不都是社会的,就像一个生物所经历的一切并不都是纯生物学的。"①

从"社会的"再也不被看作"史实"的"一部分"的那一刻起,"社会的"就既不与"经济的"对立,也不与"心理的"或"政治的"对立。社会史学通过问题逻辑贯穿了以上所有领域,这类问题之中有的是它向这些领域提出的,有的是在"建构对象"(construire l'objet)时想到的。"建构对象"可使社会学家将常识中的"先天观念"(prénotions)"去神秘化",并优先考虑"问题"["区分"(distinction)、"声音与目光"(la voix et le regard)、"无序的位置"(la place du désordre)]而非"主题"("地中海""死亡""公众舆论"②)。

与人口统计史学的同一进程相比,社会史学在建构其对象时遇到的困难之一,在于社会学一直被极端地分为几个彼此怀有敌意的思潮。人们从这些思潮中无数次地听到这种论据:社会学门类同社会学家一样多,因此找不到论题与概念的统一体。在我看来,我们可以从学科奠基者们(从孔德到迪尔凯姆及韦伯,还包括马克思和托克维尔)设计的"社会学传统"的内核出发——比如罗贝尔·尼斯拜(Robert Nisbet)的描述③——绕过这种障碍,我觉得多数社会学家都是赞同这一传统的。"社会学传统"为那些想要研究政治社会史学的人(尤其为当代世界),提供了相当可观的潜在力量。尼斯拜认为,这一传统建立在五种基本概念之上(共同体、权威、身份、神圣事物、异化),这五种概念已经造成了研究者之间的对立,其原理有点像"磁场"的作用方式。这些概念彼此之间则是通过一个共同问题联系起来:如何解释这种令欧洲在"现代性"中失去平衡的双重革命(工业的与政治的)?这个问题刚一出现,便构成了社会学思考的基石。至此,历史学家仅是对现代性的众多问题之一比较敏感,该问题承袭自马克思主义传统:从"等级"社会向"阶级"社会的转轨是工业革命带来的后果。然而,这个问题还与另外一个更加广泛的问题有

---

① E. Durkheim, *Les Règles de la méthode sociologique*, PUF, 1981, p. 3 (1er éd. 1895), et M. Mauss, "L'objet de la sociologie" in *OEuvres*, t. 3, Minuit, 1969, p. 142

② 例如,我们还记得皮埃尔·布尔迪约那句著名的话"根本不存在公众舆论",*Les Temps Modernes*, janvier 1973。

③ R. A. Nisbet, *La Tradition sociologique*, PUF, 1984 (1er éd. 1966)。

关，那就是从传统"共同体"到现代"社会"的转轨①，社会学研究倾注了更多精力在这个问题上。这基本上是一个以法国大革命为核心的政治问题。实际上，从本质上说，社会学源自对启蒙哲学普遍主义理想的抛弃。在法国传统中，从博纳尔德（Bonald）到迪尔凯姆，其间还包括孔德、普鲁东（Proudhon）、勒普赖（Le Play）和泰纳（Taine），使他们走到一起的是这样的思想：大革命的失败（或者说至少是误入歧途）是由于它的理论家没有能力思考"社会纽带"。大革命哲学家们以"人"的抽象定义的名义，强加给全体人民一种"社会契约"，对历史传统和现实不屑一顾。在博纳尔德那部不朽的权力研究中，他试图通过一种共心圈（家庭、教会、行会、国家）理论，证明旧制度君主体制的优越性：由于这些共心圈各自保持自治，故被认为可保护个体免受专制政治的侵害。全民公投绕过"中介集团"（groupes intermédiaires）使个体/国家直接会合，导致个体没有能力防御专制君主。最终，19世纪社会学争论的核心便是那时出现在欧洲的国家—民族。君主政体的拥护者们强调传统社会的优势，他们把传统社会看作许多小共同体的并列共存，它们建立在人与人之间直接、具体的关联之上，在这些共同体中，人们相互认识，权力建立在传统权威和遵守祖先的基督教原则之上。民族空间的建立则与这一逻辑决裂，因为共同体越来越多地以一些间接关联、抽象媒介（全民公投固有的权力委托；忽略了人员、地点及局势特殊性、仅确立形式平等权利的匿名规则）以及一些理性原则为基础，这些原则否认"神圣权利"及宗教敏感性。那些热心为共和国辩护的社会学家，比如迪尔凯姆，对这些批判的中肯性都无异议。相反，在从"机械团结"（传统团体）到"有机团结"（现代社会）的转变过程中，迪尔凯姆全部思想的核心目标恰是构想出新的"中介集团"以代替旧的，力求恢复真正的"社会纽带"②。

因此，政治社会史学应将思考汇焦于国家—民族问题，就像阿兰·图海纳（Alain Touraine）③指出的，这一问题在近半个世纪内不合常理地被

---

① 矛盾的是，正如尼斯拜指出，"阶级"问题很早就得到德国社会学的关注，只是它很晚才得到法国思想界的认可（从1930年代开始）。

② 韦伯的权力理论也产生于对传统共同体与现代社会之间对立关系的长期思考。从前者到后者的转变是在"理性化"概念的指导下进行解读的，由此，权力形式的类型学和国家研究的论题就得以提出，但这类研究要以社会的"官僚化"为核心。

③ A. Touraine, *Production de la société*, le Seuil, 1973. 在勒内·雷蒙主编的著作《为了政治史学》（*Pour une histoire du politique*）中，没有一个章节讨论国家，这是很说明问题的。

政治史学忽略,被社会学研究边缘化。社会史学最终也要从事政治哲学方面的基础性研究,但它要从相反的角度去汲取营养,因为它拒绝看到文本中那些自成一体的对象,还因为它把对象视为基本假设和有待实证研究检验的工具。正是出于这些原因,社会史学才拒绝既成实体(国家、民族、权力等),优先考虑构成这些实体的个体。我们要指出的是,社会史学可以在那几位政治史学"开山之父"的基础上去构思自己的方法论。冒着某种意义上可能带有挑衅意味的风险,我想说历史学家可以找到的、在该方面最优秀的"理论"源泉,除了夏尔·塞尼奥博(Charles Seignobos)之外别无其他,他在方法论方面的思考对我来说远比其纯粹意义上的历史研究要有趣得多。布罗代尔为将"长时段"发扬光大而开创了"大事件"(événementielle)历史学,这种历史学带来的真正变革,是将"独特的"(singulier)问题当作历史研究中的特定对象。这里并不是要重新挑起一场已经浪费许多笔墨的争论,而仅想指明,问题一直在于时效性,就像卡尔洛·金斯堡(Carlo Ginzburg)的研究所证明的那样。[1] 在这方面我们注意到,偏重研究独特问题的历史认识论对以下两方面问题的更感兴趣,这两方面问题经常被传统政治史学和"长时段"忽略,它们是:

第一,日常用语中不经意间表现出的"物化"危险。

第二,想理解人类行为的意义,却无法排除主观维度。

马克斯·韦伯经常说,"我们的语言和思想的特殊本质"促使我们一贯地使用一些"被人格化"或"被物化"的概念,比如国家、民族,等等。他认为社会学家无法回避的任务之一就是将这些实体具体化为真实个体的行为。[2] 夏尔·塞尼奥博用自己的(简化)方式这样肯定道:"要研究政治机构对经济生活所施加的行为,就要避免将国家作为整体,并避免像人们经常做的那样,探寻一般意义上的国家行为;应该分析和分别研究不同政府人员以及他们的行为过程。"[3] 与这种分解集体实体的"横向"

---

[1] C. Ginzburg, "Traces : racines d'un paradigme de l'indice", *Le Débat*, nov 1980, in *Mythes, emblèmes, traces. Morphologie et histoire*, Flammarion, 1989, (1re éd. 1986), pp. 139–180.

[2] 参见 M. Weber, *Essai sur la théorie de la science*, Plon, 1965, p. 345 (1re éd. 1922)。

[3] C. Seignobos, *La Méthode historique appliquée aux sciences sociales*, Alcan, 1901, p. 306. 得到当代互动主义社会学(sociologie interactionniste)高度评价的"布局"(arrangement)概念,同样也出现在这本著作中:"由持久性布局组成的集体组织要么通过习惯或默认的惯例,要么通过正式规章,在人们中间组建起来。"

逻辑相对应的，是一种"纵向"逻辑，它提出了个体在时间中的续替问题。"人类通过接连不断的代际更替实现自我更新，这是历史的基本现象，并且很可能是社会演变的首要原因。于是才出现一个个已有团体（教士、行会、公务员）的演变；团体保有同一个名称，但其成员却不断更新。如果我们留心的话，会发现正是这种名称的延续性给人一种团体有机演变的幻觉。整体上看，社会主体亦是如此，所以在解释演变时要考虑到代际更新。"① 以个体为基点的方法论同样使主观问题具有重要地位，塞尼奥博还说过，"既然主观特征与社会事实自身相关，那么我们就没有权利让前者从社会科学建构中消失"② 。确实，塞尼奥博及以后所有"正在历史化"（historisante）的历史在实证研究中都使用这一原则，并将该原则视为有关"作者意图"的简化心理学和历史学家的"真诚"。但是今天的人（即便是自称属于塞尼奥博式政治史学的人）已经忘记这种方法积极的一面。的确，"主观主义"观点创建过一个基本的社会学概念："内化"（intériorisation），稍后我们将展示该概念具有多么大的启发性。为了使人文历史免遭物化，该概念是这样思考我们周围的物质形式的：人们每天都在使用的语言、统治我们的组织机构，这些都不是死物，而是活着的过去，它们在物质形式中是确定的、物质化的、凝结的、客观化的（不同学者的用词也不尽相同）。在这些条件下，今天的客观性除了昨天的主观性之外并无其他。从这个角度说，对历史学家工作的界定，比如对痕迹、迹象的研究，就应该可以再次使用时间链条以彰显与过去的某种接近。③ 塞尼奥博的所有思考都围绕两个核心问题："人们如何认识一个不再存在的真实事件？"以及"怎样认识既不可能再现参与者，也不可能再现场所的行为？"④ 他的答案决定着专属于历史学的方法论。既然历史学

---

① C. Seignobos, *La Méthode historique appliquée aux sciences sociales*, Alcan, 1901, p. 149. 很明显这些述评是受到乔治·西梅尔（Georg Simmel）研究成果的启发，特别是他的"形式是怎样维持的？"发表在迪尔凯姆的《社会学年鉴》（*L'Année sociologique*），1896—1897 年，被收录进 G. Simmel, *Sociologie et épistémologie*, PUF, 1981, pp. 171 – 206。

② C. Seignobos, *op. cit.*, p. 115.

③ 这并不涉及马克斯·韦伯思考的"超我"（sur-moi）问题，但是，不可否认的事实是，人们无法完全理解一个并不熟悉，也就是没有在其中生活过的世界。这就是他为"经验论历史学家"辩护的原因，后者寻求在最为微小的细节中重新组建一个时代或一个事件，在韦伯看来，这种完美主义表达的是与一个永远遗失世界的相对接近。

④ C. Seignobos, *op. cit.*, p. 4.

要研究痕迹，那么它就是一种理性思考指导下的"间接方法"。卡尔洛·金斯堡没有引用塞尼奥博的著述，但也说过类似的话："就像医生的知识一样，历史学知识是间接的，是基于指数和推测的。"① 与那些经常谈及塞尼奥博的"实证主义"或"经验主义"的人（传统上，我们视之为"崇拜事实"的幼稚信徒）相反，塞尼奥博本人清楚地肯定，"在历史学领域，我们向来都只是在研究形象（images）"②。夏尔·塞尼奥博只是在启发别人思考他所处的那一时代，该时代以时间阐释学和建立在符号学基础上的"指标"（indice）新范式为特点。金斯堡相信，符号学涵盖了整个知识领域和权力领域，从实验医学到侦探小说（柯南·道尔）再到精神分析法（弗洛伊德）和司法警察（police judiciaire）（贝蒂荣[Bertillon]）。

所有这些论题都与"长时段"以及计量历史学的一些基本原则相悖，后者将个体到集体的过程排除在自己的问题域之外。然而我们要再次重申，问题并不在于以"回归"传统历史学之名，让"主观主义"历史学失效，而是让人们明白，尽管都是从最初大家都赞成的视角出发，但发现的东西却各不相同。政治史学曾被"《年鉴》学派"忽略，因为它不能用计量历史学工具从整体上加以研究（即使这些工具在研究许多问题时都必不可少，比如投票、政党社会学等）。

一个社会史学概念及其使用："同化"

要想博得历史学读者的赞同，以上论证还不够充足。大家可能认为这些论证过于"抽象"，甚至带有"哲学性"，所以有必要将它们具体化。为此我列举一个具体事例，那就是目前政治学多为关注的"移民同化"。"同化"问题曾是政治学"开山之父"；安德烈·西格弗里德（André Siegfried）的核心思想，尽管该学科学者对此已经有些遗忘。第二次世界大战结束后，他列举法国和美国的例子，毫不犹豫地肯定："移民同化的节奏和步伐遵循着显而易见的规律。"他总结道，三代人的时间对完全同化来说是必要的。尽管如此，西格弗里德还非常重视个体的族裔出身。在美国，"北欧种族"相互同化的速度最快，而"天主教斯拉夫-拉丁语族

---

① C. Ginzburg, *op. cit.*
② C. Seignobos, *op. cit.*, p. 116.

（des Slavo-Latins）的适应最困难。但当涉及异邦人时，比如中国人或墨西哥人，那句著名的'种族熔炉'就不副其实了"。由此他总结出这样一个"同化"政策的建议：首先将入境移民与原来环境隔离，阻止他们忠诚于其族裔共同体，从而达到使其绝根（déraciner）的目的。然后，不让他们远离，给他们一种可以融入的感觉。最后，接收国不能太古老、太刻板，这很重要。因此，他对法国移民问题持悲观主义态度，鉴于法兰西民族之古老，因此很难"改变我们的结构、平衡或节奏来适应新元素的出现"。因此，所有同化政策尤其要注重"保存传统民族特点"。西格弗里德对美国实行的族裔限额政策（politique de quotas）所表现出的"理解"也源于此，尽管"从一些原则角度看，该政策是存在争议的，因为它带有种族主义色彩"①。这篇出自共和主义信仰者之手的文章让人感到不快，但这并非偶然。自第一部致力于西方政治行为（comportement politique）研究的著作开始，西格弗里德就以"族裔性格之神秘"（mystère des personnalités ethniques）和"种族特点"为理由，将族裔问题作为最终解释元素。关于诺曼底，他甚至说，"我无论从哪条途径论证都可以得出这样的结论：从政治上说，诺曼底人并不是法兰西人"②。也就是说，既然对西格弗里德来说，政治表现，我也称为地方或民族"气质"，是通过特殊的"存在和感知方式"③反映的，既然诺曼底人在入侵十个世纪之后，政治方面仍然存在相异的"痕迹"，即一些"短时"不同的"痕迹"，那么对于某些"种族"来说，就不存在完全同化的可能。

这种从族裔角度思考移民同化的方式直至今日仍然统治着政治学。这里我将不会谈排外或种族主义思潮，因为通常这些只是可耻的共和主义意识形态政党的"遮羞布"，将来有一天应该鼓起勇气好好正视这些思潮。1926年，社会学家阿尔贝·托马斯（Albert Thomas）在马塞尔·帕翁（Marcel Paon）关于移民的著作的前言中写道："如果我们想要将刚刚定

---

① A. Siegfried, "La France et les problèmes de l'immigration et de l'émigration", *Les Cahiers du musée social*, 1946.

② A. Siegfried, *Tableau politique de la France de l'Ouest*, Armand Colin, 1964, p. 365 et p. 355 (1re éd. 1913).

③ A. Siegfried, *Tableau politique de la France de l'Ouest*, Armand Colin, 1964, p. XXVI. 他的这本著作同样属于前面提到的共同体/社会问题范畴。"要不是因为从前被破坏的等级制度和一些衰弱的旧道德仍然存在，很难每天都见到还没被民主政权解决的问题", Ibid., p. 510。

居在我们国家的外国人同化、融入到法兰西人之中,就应在边境处设置必要的筛选:筛选种族,筛选个体,最后筛选劳动者。"他建议我们只接收那些"与我们最相似的人"(意大利人、比利时人……)并远离那些"不受欢迎的人"[1]。十多年后,乔治·莫科(Georges Mauco)(人民阵线党在移民方面最杰出的专家)也犯了这种错误:所有同化政策都应排除那些"不可同化的人",也就是那些"在习俗、思维方式方面与我们的文明有显著差异的人,他们受到了有悖于我们的追求、爱好和古老习惯的影响",他还将亚洲人、非洲人和"地中海东岸地区的人"(Levantins)列为"不受欢迎的人"[2]。第二次世界大战刚结束,国家人口研究所(Institut National d'Etudes Démographiques—INED)关于移民的初步研究显示了同样的逻辑。路易·舍瓦利耶(Louis Chevalier)认为,要想成功地同化新来者,应借助于已经在"法兰西拼盘"(mosaïque française)中具有代表性的"族裔类型",这是保存"法兰西特征"的唯一方法[3]。在一封秘信中,戴高乐将军要求限制东方及地中海移民的入籍,为的是不破坏法国人口的族裔构成[4]。即便今天我们不再谈论,至少是在民主人士中间不再谈论移民的族类筛选问题,即使这一说法本身已经成为禁忌,我仍认为大部分涉及"穆斯林融入问题"的争论还是属于同样的逻辑,人们将之命名为"文化差距",将其掩盖在友好情感之下,这样做丝毫没有改变事情的本质。

本章想要说明的是,时至今日政治学对"同化"作出的解释并未真正意识到问题所在,这不仅是因为所有那些危言耸听的预见都与历史不符,还因为族裔的论证逻辑阻碍了真正的移民政策。西格弗里德的言论实际上存在一个明显的矛盾。如果说族裔出身真的是同化的基本标准,那么唯一可能的同化政策就在于排除"不可同化"群体。但是这又与承袭自人权宣言的共和国法律原则相悖:拒绝所有以出身为缘由的歧视,这一原则不可触犯。这就是限额政策从未在法国正式施行的原因。但该政策却在

---

[1] A. Thomas, 为马塞尔·帕翁所写的前言, *L'immigration en France*, Genève, Payot, 1926, p. 12。

[2] A. Mauco, *Mémoire sur l'assimilation des étrangers en France*, Paris, Institut international de coopération intellectuelle, 1937, p. 42. (dact.)

[3] L. Chevalier (dir.), *Documents sur l'immigration*, Cahiers de l'INED, 1947, No. 2, p. 23。

[4] 关于这个问题请参见 G. Noiriel, *Le Creuset Français*, Le Seuil, 1988, p. 39。

很长时间内通过秘密的通报或信函的途径被暗中执行。

要想避免误解，就应该知道，在"法兰西思维中"，族裔角度的论证并不以生物学偏见为基础。正是扎根（enracinement），也就是历史，决定了法兰西人所形成的"族群"（groupe ethnique）。民族文化同质性表现为代际之间传递同一共同根基、价值观和"存在方式"。对于那些不出生于这片土地的人来说，完全融入是极度困难的。直到18世纪，由于有了布兰维利耶（Boulainvilliers）和马布利（Mably）的研究，民族问题（question nationale）才第一次与法兰克人（日后成为贵族阶级的那些征服者）对高卢人（成为第三等级的被征服者）的"族裔"斗争问题相联系。① 在复辟时期，奥古斯汀·蒂埃里（Augustin Thierry）将"我们祖先高卢人"的起源神话系统地予以推理论证："我们是第三等级的后代，第三等级出身市镇，市镇曾是农奴的庇护所，农奴是武力征服的战败者。"② 然而"生物学的""族裔的"论据与承袭自法国大革命的普遍主义神话相矛盾。这就是米舍莱（Michelet），这位共和国神话的助产士要让这类论据失去威信的原因。于是他提出了一个新说法：法兰西人民来源于最初种族的"融合"。从此以后，扎根法兰西这片土地成为民族归属的基本原则。由此，地理和"版图"（tableaux）便成为所有"法国史"的必然要素。19世纪末期，当法兰西民族主义真正形成之时，以上思维框架一字不差地得到一致认可。厄内斯特·拉维斯（Ernest Lavisse）在其教科书中写道，"你们的祖先高卢人，十分英勇。你们的祖先法兰克人，十分英勇。你们的祖先法兰西人，也十分英勇"③，这样的列举绝非偶然。她在指出中产阶级和贵族阶级和解——这两个"种族"在很长时间内处于敌对状态——的同时，也用她自己的方式向整个法国宣布：大革命结束了。同时，拉维斯提出将系谱原则（"你们的祖先"）作为民族归属的合法标准。在索邦大学那场著名的"民族是什么？"报告会上，当厄内斯特·勒南（Ernest Renan）大声疾呼，"我们现在是你们曾经的样子"时，也表达了

---

① 主要参见 F. Furet et M. Ozouf, "Deux légitimations historiques de la société française au XVIII e siècle : Mably et Boulaiveilliers", *Annales ESC*, mai-juin 1979, 尤其是 M. Foucault, "Il faut défendre la société", Hautes études-Gallimard-Seuil, 1997（法兰西学院 1975—1976 年课程）。

② A. Thierry, *Dix ans d'études historiques*, Furne et Cie, 1851（写作于 1817—1827 年），p. 241。

③ P. Nora, "Lavisse instituteur national", in P. Nora (dir.), *Les Lieux de mémoire*, Gallimard, 1984, t. 1, p. 247。

相同的意思。同样的论据又被保尔·维达尔·德拉布拉什（Paul Vidal de la Blache）在界定其著名的"生活类别"（genre de vie）概念时拿来使用，他将该概念定义为"众多组织化、系统化习惯"的集合，这些习惯"越来越深刻地挖掘常规，通过对下一代的既得力量强化自己，将它们的标记印在思想中，让所有进步力量转向一个确定方向"①。这正好符合巴雷斯（Barrès）的"土地与死亡"以及世袭性（"死者掌控生者"）世界。在巴雷斯著作中，西格弗里德作品的参考率之高并非偶然。我们惊讶地看到，正如皮埃尔·诺拉（Pierre Nora）指出，虽然有关族裔的形而上学已经被抛弃，但法国最著名的那些历史学家直至今天仍旧保有"维达尔地理学及其有关人与空间、时间关系的、很法式的、乡土的、物质的、农民的、并几近爱国主义的认识"②印记。再也没有什么比勒内·雷蒙对亲缘扎根观念与历史家使命之关系的描述更好的了。"对一个孩童来说，时间持续观念并不是一个抽象原则，该观念借用了一些他所熟悉的世界的具体表象：他的家庭、所属地、伴随他成长的传统，总之就是所有令他与众不同的东西。家庭？在十岁或十一岁时，我开始对我家以前的事情感兴趣，开始大肆收集我能理解的祖先们的一切。"这就是为什么，"所有有关过去的研究变成了对源头的研究：它要求历史不要再使我们困惑，而是在向我们揭示根源的同时，阐释清楚与我们自身相关的东西……所有的个人回忆也都从那么遥远的地方跑来，最先出现的是人们前仆后继，来到一片几个世纪以来变得人口稠密、历经数代人治理的土地的景象和置身于远古时期的感觉"③。在这些条件下，我们便能理解法国历史学家过去没能为思考同化问题做好准备的原因。只有那些经历过背井离乡、环境变化的个人或家庭和感到自身"特异"的个体才能认真考虑同化问题。④因此，主要是

---

① P. Vidal de la Blache, *Annales de géographie*, mai et juillet 1911.

② P. Nora (dir.), *Essais d'égo-histoire*, Gallimard, 1987, p. 360. 保尔·布瓦（Paul Bois）曾通过历史解释过与西格弗里德的"族裔性格"相关的东西。然而，尽管有他的那些警示，政治史学还是不恰当地将某些结论普遍化，但实际上，这些结论只适用于乡村地区和已长期扎根的人群。这使得"持久"和"地方气质"问题最终得到强化。参见 P. Bois, *Paysans de l'Ouest*, Flammarion, 1971 (1re éd. 1960)。

③ R. Rémond in P. Nora (dir.), *Essai d'égo-histoire*, op. cit., p. 300.

④ 在这种情况下，寻根溯源出现了多种不同形式，比如乔治·珀雷克（Georges Perec）——他的父母是迁居法国的波兰犹太人，在第二次世界大战中被纳粹分子杀害——他的著作，就烙有深刻的记忆与认同问题印记。

那些迁居美国或英国的移民社会学家，比如诺贝尔·埃里亚斯（Norbert Elias）让我们在这个问题上有了进一步认识，这种情况不是巧合。同样不是巧合的是，在法国，在有关这个问题的阐述上，社会学家埃米尔·迪尔凯姆提供了最为丰富的理论框架。实际上，他的早期著作发表时，正值法国知识界建构民族实体的官方形象之际，这一形象建立在之前提到的代际延续之上。马塞尔·马热（Marcel Maget）指出，民族形象体现在"一种按等级限定群体成员标准的准则中；在所有使其具有成员资格以及所有使其成为成员之依据中；在人们用以培养孩子的东西中；在外来人为了适应、入籍而用以自我塑造的东西中"①。作为迁居巴黎的阿尔萨斯—洛林犹太人，迪尔凯姆无法在高卢人或法兰克人出身的民族归属之合理定义中找到自己。在第一次世界大战前夕那个排犹与排外的癔症时期，他本人还曾多次被指控。1916年，在《自由言论报》（La Libre Parole）上，他被描述为"戴着假鼻子的德国鬼子，代表着眼线遍布法国各处的战争部（Kregministerium）"。同年，参议员戈丹·德维莱纳（Gaudin de Vilaine）请求负责外国人常住许可证审查工作的委员会"审查那些'祖上是外国人'的法国人的情况，比如迪尔凯姆先生，他虽是我们索邦大学的教授，但很有可能就像人们断言的那样，是战争部的人"②。在这种背景下，迪尔凯姆大量的智力劳动可被视为（在科学领域而不是在政治论战领域）对激进的、以血统和文化系谱传递为基础的民族合法性的否定。他在反对所有形式的继承，包括反对共和国遗产法中表现的顽强斗志盖源于此。然而，在19世纪末期，回归到卢梭（他将民族定义为无视人类具体历史的一种抽象社会契约）已经不再可能。"内化"概念使迪尔凯姆跳出了这种矛盾，并借此找到了解决"同化"问题的钥匙。③ 在现代社会（被"有机团结"所统治）中，民族合法性不以我们从祖先那里继承的直接血统、父子传承为基础，因为这一过程带有古老社会的特点，在那种社会中，文

---

① M. Maget, "Problèmes d'ethnographie européenne", in J. Poirier (dir.), *Ethnologie générale*, Gallimard, 1968, p. 1249.

② 后来这些指控遭到参议院一致否定，是潘勒韦（Painlevé）捍卫了迪尔凯姆的名誉；参见 S. Lukes, *Émile Durkheim, His life and Work : a Historical and Critical Study*, London, Penguin Book, 1973, p. 131. 我记得法国开设第一批"集中营"（根据当时的用语）是在第一次世界大战期间，用以关押来自敌国的移民。

③ 关于这一问题更详尽的研究，参见 S. Beaud et G. Noiriel, "L'assimilation : un concept en panne," *Revue internationale d'action communautaire*, Québec, septembre 1989。

字、法律、国家都没能得到发展。在那些由国家—民族制定法律的社会中，上一代通过客观形式或在遗嘱中指定继承人的形式将他们的共同物质遗产留给我们。塞尼奥博指出，尽管所有个体和所有前辈人都已逝去，但这些物质形式却保留了下来：不管它们是语言、制度还是建筑物。此外还有规范、价值观，简言之就是先于个体存在的文化整体，它成为个体性格不可或缺的一部分，因为个体从童年时代起就已经开始将这些东西内化，且通常是无意识地。迪尔凯姆教育社会学的基本议题便由此引发：社会通过学校创造新的个体人，因为学校提供的教学（其中首要的是语言）总结了几个世纪的经验。① 迪尔凯姆的追随者，首先是诺贝尔·埃里亚斯极大地丰富了这一论题，但他也保留了这样一个基本假设："每个个体都要出于自身考虑简要地走完社会整体已经完成的教化过程，因为儿童并不是生下来就是有教养的。"② 相对于"持久"和"传统"的历史学方法来说，这里所展示的另一个观点使我们将历史视为一个过程。在移民研究方面，这一论题可令"文化距离"说失效。如果说"文化距离"应该在研究第一代人的同化过程时予以重视，那么在第二代人中，其角色就完全是次要的。儿童在长大成人之前，如果他在接收国被社会化，那么就会（从心智上和情感上）将民族文化的累积遗产予以"内化"。国家—民族通过诸多途径（首先是语言）所传播的这种文化，是源家庭文化无法抗衡的，哪怕这种文化存在于可感知的政策之外。③ 内化作为一个广义象征过程，并不是文化"距离"或文化"接近"可以评判的。

在我看来，这些最易想起的移民同化的例子证明，政治社会史学不仅是可能的，而且是必要的。显然，就历史研究现状而言，应该将从社会学那里翻译过来的概念作为基本假设，而不是绝对事实。但是，里瓦·卡斯

---

① 参见 E. Durkheim, *Éducation et sociologie*, PUF, 1985 (1re éd., 1922)。在本章的架构中，我们只能列举一个简单的例子来说明这种方法与政治哲学所运用的方法之区别。对于后者，只需分析能使人理解现代性的那些论说即可（比如人权宣言）。对社会史学来说，值得关注的是充满新术语的论说以及新制度等的落实过程（该过程可能失败）还有下一代对它们的适应方式。在这种框架下，我们可以看到，法国统计机构就是人权宣言的一个成功"客观化"的例子。

② N. Elias, *La Civilisation des mœurs*, Calmann-Lévy, 1982 (1re éd. 1939), p. 279.

③ 当然，这并不是要禁止对源文化的忠实和特殊"认同"的诉求（尤其是在第三代人中，当他们引以为傲的集体语言不再被使用时）。令"文化距离"说的信徒们倍感意外的是，一个初到法国时一句法语都不会的阿尔及利亚战争期间当地籍雇佣军的儿子，可以在一所高等师范学校1987年的文学竞赛中取得第一名，这恐怕只有内化过程可以解释。这也表明了为什么，与通常所说相反，移民子女并不比来自同一社会职业阶层的其他法国儿童学习差。

第一章 "政治"社会史学是否可能？　23

托里亚诺（Riva Kastoryano）在对我的《法兰西熔炉》（*Le Creuset français*）所作的书评中，却将这种问题化的努力视作与"文档编译"相似，她认为这种编译是无用的，因为"历史数据已相当能明示自身"①，她阐释了所有可以进一步将政治社会史学与某种政治"科学"分别开来的东西。她写道，我们似乎可以进一步论证，"移民群体不同的来源地、民族、族裔归属*威胁*着国家—民族的同质性"②，或者说"宗教的诉求，无论是否与认同有关，*都威胁*着民族空间内的文化统一"③（其中斜体部分是我自己为了强调所做），在我看来，以上这些话是无法接受的——不仅仅出于学术原因。④

---

① R. Kastoryano, "Compte rendu du *Creuset français*", *Vingtième siècle*, janvier-mars 1989.

② R. Kastoryano, "Définition des frontières de l'identité : Turcs musulmans", *Revue française de science politique*, décembre 1987. 这位作者成功地完成了一项壮举：将迪尔凯姆和韦伯作为族性社会学家介绍给世人。我们已经看到迪尔凯姆在这一领域做过怎样的研究，至于韦伯，他向来都使用带有引号的"族裔"一词，他认为，"'族裔'共同体概念在我们试图详细地加以概念化时就会化为乌有"。M. Weber, *Économie et société*, Plon, 1969（1re éd. 1921）, p. 423. 先搞明白吧！

③ 我认为，对于所有想改变移民研究滞后状况的人来说，这都会是一个基本要点。关于这种滞后，参见 P. 维埃耶（P. Vieille）主编的一些报告，*L'immigration à l'Université et dans la recherche*, Rapport au ministre de l'Éducation nationale, *Babylone*, No. 6/7, mai 1989; F. Dubet, *Bilan sur la connaissance sociologique de l'immigration*, rapport au Fonds d'action sociale, novembre 1988（dact.）; P. Lorenzo, *Approche qualitative des recherches sur l'immigration en France*, rapport pour la Mission interministérielle de recherche-expérimentation（MIRE）, avril 1989（dact.）.

④ 美国互动主义社会学已经通过标签理论（labeling theory）表明，简单地指出（用手指指出）个体或共同体存在"某些问题"，甚至当声称要"帮助"他们时，都是在帮助制造这些"问题"，因为这种标签的蕴意已经在他们身上留下烙印。马塞尔·马热说过，知识分子有时是一个很可怕的"画家"。

第二章 "过去/现在"
——一种与现时历史学不同的方法

"现时"（temps présent）历史学的产生对于法国 1980 年代以来的史学研究具有非常重大的影响。其成功的原因之一在于，这一新研究领域不是对其他领域的补充，而是"从内部"影响了它们。今天，现时经济史学、现时政治史学、现时文化史学、现时宗教史学和现时军事史学都已出现。而社会史学方面的情况则有些复杂。该领域在 1950—1960 年代伴随着费尔南·布罗代尔（Fernand Braudel）及厄内斯特·拉布鲁斯引领的经济与社会史学的发展而红极一时。但是，15 年前，经济与社会史学开始走向衰落，社会史学重新进行了调整并走上了不同的道路。以我的能力还不能够或多或少地介绍自称为社会史学的所有流派。因此，在这里更愿意谦虚地展现我所从属的集体研究流派，力求以现时历史学为参照为其定位。

从社会史学到社会—历史学

社会史学通常被视为研究"社会"或"社会事实"的领域。这种定义的弊病在于太过宽泛。1930 年代，吕西安·弗夫尔说过，既然是人创造的历史，那么历史学的一切就都是"社会的"。于是社会史学就成了完整的历史学。但是，如果沿着这个逻辑走下去，所有历史学家都可以宣布，不论其专长在哪里，他们都在从事社会史学研究。这样一来社会史学便又失去了所有内容。在实践中，最优秀的社会史学家已经通过与邻近学科联盟的办法绕过了这一困难。布罗代尔与拉布鲁斯的经济与社会史学实际上就是一门社会的*经济*史学，后被人口史学及其后的人文史学所丰富。简言之，社会史学不可能作为一个独立的研究领域真正存在，除非它不根据它所研究的现实（"社会的"）定义，而是根据其表现的学术能力类型定义。正是这种认识促使我与其他同事一起，放弃"社会史学"标签，代之以"社会—历史学"这一术语。该术语意指优先与社会学建立联系的研究流派。尽管这一表述在这个时代还没有被使用过，但是"社会—历史学"却曾是1930年代《年鉴》学派捍卫的重要维度之一，这主要归功于法国历史学家中最具社会学造诣的马克·布洛克。但是第二次世界大战后，随着与经济学、人口学、人类学联系的不断加深，马克·布洛克一心想要实现的这门社会学的历史学失去了充分成长的条件。这就是今日我们要从其遗作入手重新开始的原因。①

社会—历史学之所以不能被看作"现时"历史学流派之一，是因为它的"现在"的含义与社会—历史学是不同的。为了显示这种不同，社会—历史学家从马克·布洛克那里借用了"过去/现在"的表达式。为了避免误会，我需要说明的是，这种"他类"的现时历史学绝不否认当今践行的现时历史学所取得的成就。一门学科，就其整体而言，只有在研究方法实现多样化之后才有可能更受重视。正如马克·布洛克所说，每个知识领域都是"一个应得到其他研究框架补充的框架"，"危险始于每个设计者都声称他自己已经面面俱到，知识的每个角落都已纳入其中之时"。②我坚持认为，当今的思考都只是在单纯地尝试**界定**现时历史学。正如我在近期一部著作中指出的③，历史学家之间的讨论通常都被以下事实搞得模糊不清，即对话者混淆了他们应予以区分的两个层面：实证**研究层面**和关于历史的**论说层面**。"现时"历史学一开始是从偶然因素发展起来的。就像在许多其他国家一样，正是由于想要了解纳粹主义及第二次世界大战的恐怖，人们才对历史学提出了要求，要它研究传统史学中并不包括的较近过去。因此才会有一小部分历史学家在公众力量的鼓励下聚集起来填补这项空白。道路已然铺开，这些研究工作已经逐步涵盖全部战后时期。新档案不断开放、人们愈加有意愿收集、保存当事人证词，一些部委及其他公、私机构对自身沿革抱有兴趣，等等，"现时"历史学的扩展变得更加

---

① 确认这些，对于当代历史学尤其有意义，因为在所有"现代主义者"看来，达尼埃尔·罗什与罗歇·沙尔捷（Roger Chartier）所推动的文化史学从1970年代以来已经相当明确地被定义为"社会—历史学"。

② M. Bloch, *Apologie pour l'histoire*…, op. cit., p. 163.

③ G. Noiriel, *Sur la《crise》*…, op. cit.

容易。为了满足这些日益增长的需求,"现时"历史学于 1970 年代末实现了制度化,在这一过程中,现时历史学研究所的创立功不可没。历史学这一新流派的活力非常完美地体现在了有如实证研究一样的极端多样化方面。就像前文所说,在实践方面,该流派不仅所有研究领域都有涉猎,而且如今的现时历史学家们还接受了越来越多样化的论题、方法和概念,这是他们与其他学科结成联盟的结果,这种情况主要出现在现时历史学研究所内部。如果审视所有这些实证研究,以便从中总结出"现时"历史学的定义,那么我们可以确定的是,这些研究真正的共同点在于,它们都离不开较近过去这一时段。现时历史学通常被看作一个"时段",这个"时段"紧随着被人们称为"当代历史"的时段。现时历史学划定了一个整体的研究范围(战后历史学知识以及与档案的密切关系),而这一范围又强化了某种集体身份,与之类似的集体身份包括"中世纪史研究者""现代主义者""19 世纪史研究者",等等。显然,我们可以对这种划分标准进行批判。历史学家在划分大的历史"时段"时以"基础性事件"(美洲大陆的发现、法国大革命、第二次世界大战,等等)为基准,某些认识论专家对此提出了异议。① 但我并不想在此领域展开讨论。实际上,我认为所有研究者都有必要划定自己的研究领域,以便能够从实证角度进行研究。在我看来,在进行划分时,那些编年学标准不比其他标准抽象多少,它们不过是一些约定俗成,像其他所有科学一样。从这一约定俗成被某个研究团体接受的那一刻起,它便有了科学合法性,我认为,在"门外"争论这种合法性是很荒谬的。从实证研究层面考虑,对现时历史学的整体性批判就不再仅具有像批判其他时段那样的意义了。这就是为什么当下的讨论只停留在为"现时"历史学作出**明晰定义**上,而不将关注点放在与该领域密不可分的实证研究上。

在这种有限范围内,我将专注于思考德尼·佩尚斯基(Denis Peschanski)、米歇尔·波拉克(Michel Pollak)以及亨利·鲁索(Henry Rousso)公开发表的一篇文章:《现时,历史学家在面对社会科学考验时需要迈出的一步》("Le temps présent, une démarche historienne à l'épreuve des sciences sociales"),该篇文章是现时历史学研究所出版的集体

---

① 参见 D. Milo et A. Boureau (dir.), *Alter-histoire. Essais d'histoire expérimentale*, Les Belles Lettres, 1991。

成果的第一章。① 这篇文章非常重要,因为作者们回应了那些以现时历史学为对象的批判,同时说明了为什么现时历史学是一个完整的历史研究领域。这本著作也标志着现时历史学登上了一个新台阶,因为作者们十分明确地踏上了跨学科对话的道路。他们认为,现时历史学是"一个单独的科学领域",这样宣示的基本标准就是尚存于世的活"证据"的存在。这类证据"决定了历史学家们的研究工作范畴,无论他们愿意与否",因为它们可以划定"现时"的编年学界线。因此,在以上这些作者看来,这一历史研究领域当然是一个时段。其他时段("古代""中世纪""现代"或"当代")拥有固定的编年学界限,而"现时"的界标是机动的,可以随着最陈旧的证据的消失以及新证的替换而自由移动。这种编年学范围内的灵活性是现时历史学独有的。但是,对这些作者而言,处于次要地位的界限多变性也有问题。由于"处于现在时刻——'时效性'——与'刚刚过去的片刻'之间的边界通常难以划定",在这种情况下,现时历史学家经常要重新定义其研究对象以便"持续不断地加入新的编年学顺序,这项工作可不是既无压力也无困难的"②。这种压力尤其表现在:现时历史学家需要考虑其他途径理解较近的过去,尤其是记者、时事评论家和社会科学惯用的方法。这种接近往往会引起"充满敌意与排斥的竞争",这是这些作者不愿看到的,他们要捍卫的是体现着不同学科特性的跨学科对话。他们补充道,现时历史学特性宣示了其"研究方法的独特性"。在这些独特性之中,他们提到了"编年学带来的某种程度的困扰"、"对中断阶段,尤其是(但不仅仅是)政治中断阶段的研究偏好"、对"口述历史"的重视以及"对所有形式的概念化或模型化持有的比法国其他历史学分支还要明显的本能的怀疑,这种怀疑通常都是无根据的,有时甚至是虚伪的,尤其当它不过是缺乏知识框架或抱负的托辞时"③。这些评论很好地表明作者们有这样一个用心,让现时历史学更多地向社会科学开放。但同时,他们又努力证明其基本方向的合理性,反对那些批判他们的人,尤其反对《年鉴》学派。实际上,在这篇文章发表前不久,《年鉴》的编

---

① D. Peschanski, M. Pollak, H. Rousso (dir.), *Histoire politique et sciences sociales*, Bruxelles, Éd. Complexe, 1991. 该著作收集了现时历史学研究所组织的一次跨学科座谈会的文章。
② Ibid., p. 15.
③ Ibid., p. 16.

审委员会曾对"书写、大事件、政治、传记的回归"① 表示过惋惜。与《年鉴》学派的观点截然不同的是,德尼·佩尚斯基、米歇尔·波拉克以及亨利·鲁索作出了相反的评价:法国历史学研究在近十年来经历了三次主要变革:回归大事件、回归政治、革新关于20世纪的研究。这三人认为,现时历史学家与《年鉴》学派不同,前者的一个重要成绩,就是知道在研究中考虑这些变革。②

长久以来,我一直引用他们的这一研究,因为它可以使人们理解是什么使"现时"历史学与"过去/现在"历史学不同。后者的独创性在于它不对某一时段感兴趣,而是对一个问题感兴趣,那就是过去与现在之间究竟保持着一种什么关系?但紧接着还应该补充一句,到目前为止,还没有一个已知历史学研究方向能与该问题结成同盟。这个问题被一些能与之沾边的历史学家和(尤其是)一些社会学家、政治学家、人类学家甚至哲学家以不协调的方式("发生"③"系谱学"等)用不同术语提出(和对待),并且他们立足于各自的学科,试着回答这一问题。所有关于人与社会的科学都会涉及这个问题,因为它们所研究的现状本身就是历史的产物。相反,历史学家却不得不忽略这样一件事,即他们对于过去的看法受限于现在。于是,关于"过去/现在"的思考一上来就被定位于跨学科这一领域,但其框架却脱离了现时历史学。正如注释中提到的,我们在《发生》杂志中看到,"现时"历史学家从界定专属于历史学家的"现时"开始,尔后转向其他学科寻求合作。在这种思路指导下,跨学科交流在一些研讨会或多学科研究者共同参与的集体研究中得以实现,但是该研究领域的界定,却不是跨学科思考的产物。对于过去/现在历史学家们而言,既然搞清楚过去与现在之间的关系会涉及所有学科,那么跨学科问题从一开始就已存在。如果每个学科都能理解这是一个特殊方法的问题,那么就可以达成这样的目标:将不同视角同质化以组建一个新的学科领域。马克·布洛克在提倡"过去/现在"历史学的同时,也阐明了历史学

---

① "Histoire et sciences sociales. Un tournant critique?" *Annales ESC*, 2, mars-avril 1988, p. 292.

② "Singulier le champ du temps présent l'est aussi parce qu'il focalise l'attention sur l'événement, la contingence, les accélérations de l'Histoire", D. Peschanski, M. Pollak, H. Rousso, *op. cit.*, p. 15.

③ 我们于1991年创立的《发生——社会科学与历史学》杂志聚集了一些历史学家、社会学家、人类学家和政治学家,十年来他们一直努力推动过去/现在历史学的不断进步,才使它取得了今天的成绩。

家怎样才能参与到这一共同事业中来。不幸的是，他刚刚开始开垦的这片土地并没有得到后辈的太多耕耘。在他的研究基础上，我总结出了"过去/现在"历史学的主要特点。

所有历史都于现在书写

"所有称得上历史的历史都是当代的"[①]，对历史学家而言，思考过去与现在的关系，首先就要了解贝内代多·克罗斯（Benedetto Croce）这一著名论断的所有后果。这位意大利哲学家说出这句话，意在抨击19世纪末的那些"卫理公会教徒式"历史学家，后者深信，要想使历史学研究变得"客观"，"时间的倒退"已经足够。有一种幼稚的观点认为，历史学家可以"忘却自身"，以再现那个真实存在过的过去。与这一观点相反，哲学家和社会学家们很早就指出过，研究者的看法从来都不是中立的，即便是无意识，他也在根据自己的疑问选择和组织档案材料，而他的疑问又来源于他在某段时间内全神贯注的东西。因此，说所有历史学都是当代的，就是在肯定历史研究永远都是在现在进行。马克斯·韦伯评价说，历史学是一门注定青春永葆的科学，因为即便是对最久远过去的研究，也是根据当下的不同关切不断增加新的解读。[②] 19世纪初以来，法国大革命史曾一度成为不断翻新的解读对象，因为这个基础性事件总是根据法国社会、文化、政治的不同变革被重新提问。但历史学家的观点并不仅仅受他的生活时代所限。历史永远都在现在书写，肯定这一点，也是在凸显那些共同影响科学研究的社会与政治预设。在主题选择和理解主题的方式方面，民族归属、类别[③]（genre）、社会出身无疑在发挥着重要影响。甚至当我们努力做到尽可能客观时，我们所使用的词汇也已经承载了培养我们的国家的历史。但如果说历史研究不过从属于某些特殊"视角"（专属于某一时代、某一民族、某一社会群体、某种人），那么是否应该完全抛弃秉持客观性的想法？我们知道，以最大热情服务于其所属共同体的历

[①] B. Croce, *Théorie et histoire de l'historiographie*, Genève, Dalloz, 1968, p. 14（1re éd. 1915）.

[②] M. Weber, in *Essais sur la théorie*…, *op. cit.*

[③] "类别"概念是法国社会科学界常使用的一个术语，指代所有对人或物的分门别类。——译者注

史学家，尤其是美国，会肯定地回答该问题。历史学家能够接受某种相对于现在的关注点和要点的"后退"，这样的观点则被一些人视为"实证主义"残余。因为他们认为，20世纪之初以来，所有社会科学都已明确宣示，科学（相对于现实问题）的后退如果不由时间距离产生，那么就可以通过有意识地制造适用于现时需求的理论问题实现。这就是为什么埃米尔·迪尔凯姆及其学生会认为，当以揭示被研究现象的普遍性内涵为目的，成功超越专题性研究阶段时，历史学才有可能成为一门真正的科学。在这种思路指导下，若能发现一些"历史规律"或至少是一些常量，历史学家就真正做到了客观。

如果大家参照我前文中提及的现时历史学定义，就会发现该定义的缔造者已经为自己摘掉了"卫理公会教徒式"历史学家的帽子，但却没有就此重新考虑社会学家的观点。为了回应那些指责现时历史学"缺乏后退"意识、"与新闻界走得过近"的人，现时历史学家则乐于向世人宣告，这种争论"在今天已经过时"，因为"实践已首先表明，这样一种历史学完全具备科学基础，也存在对此种历史学的社会需求，历史学家应该承担这项任务"。[1]在这种推论下，任何可以定义"科学的后退"的标准都不存在了。我们认为在回应"社会需求"的方式方面，参考"需求"毫无意义。这里所说的"实践"论据就是威权论据（"我们的所做是科学的，因为我们是学者"）。人们可能有这样一种感觉，那就是在现时历史学家看来，在现时历史学领域，不存在可以界定学者相对于其研究对象的后退的普遍准则，所有梦想得出这类准则的尝试都注定要失败。过去/现在历史学家部分地同意该观点。现时历史学家还提出，不可能梳理出能够确保我们将保持"客观"的知识基础。这就是过去/现在历史学家也同时回避"卫理公会教徒"的时间距离和社会学家的理论距离的原因。然而，过去/现在历史学家并未就此放弃对"后退"的解释，因为所有科学方法都以"后退"为特点。为了搞清楚这个问题，他们向社会科学求助，以便更好地理解在实践范畴内哪些东西可以将学者团体从其他社会阶层中区分出来。如果在这样的框架下思考"后退"问题，我们就会清楚地看到，该术语实际上指代的是一个社会问题。19世纪末期，"临时距离"（distance temporelle）的论述曾被学院历史学家援引，目的是获得自治，反对

---

[1] D. Peschanski, M. Pollak, H. Rousso, op. cit. p. 14.

某些将历史作为时下政治斗争的工具使用（一般都是出于反对共和国的目的）的"业余"历史学家（显贵、教士、名人）。在学院派看来，要想能配得上科学这个名号，历史学就应该做到"客观"，不应再卷入那些党派争斗。显然，卫理公会教徒式历史学家相信"时间距离"就是卓越的客观准则的看法是错误的。尽管如此，他们也取得了一定成绩，即肯定所有科学方法都需要与当下的热情和兴趣保持距离。正是在这种客观性理想的推动下，所有民主国家都采取了一些措施，让学院团体能部分地保护其自治。国家发给历史学家薪酬，他们便可以不依靠某些利用历史谋求自身利益的集团，进行独立研究。学者们唯一的事业与使命，就是揭开真相。当然，预期目标与最终结果之间的差距是巨大的。但是即便这一理想从未实现，也不能阻止它作为一个论据、一个学科内部标准发挥作用。一个世纪以来，历史学家们都是以这一标准的名义批判本学科的不足与矛盾。正是在这些"恢复秩序"呼声的刺激下，历史学研究才逐渐变得更加客观，不再是20世纪之初时的样子。今日，借讲述普遍真理之名幼稚地行保卫民族利益之实也不再可能。但值得注意的是，历史学研究变得更加客观是因为看待过去的角度变得多样起来。这样一来，客观性问题根本不会出现完全客观/完全不客观的逻辑，而是出现在度的方面：或多或少客观、或多或少真实。

总之，对于过去/现在历史学家而言，肯定历史在现在书写，不仅仅是在提醒我们，所有关于过去的研究都是由时代、民族归属、类别等多种原因决定，同时也由历史学家这一"职业"决定的。于是，保卫科学的"后退"就又回到了保卫学科自治上来，自治的目的是让学科可以继续生产纯粹的知识，哪怕后者必然与其他社会集团的期待及兴趣相左（尤其是在当代史领域），然而这种自治又通过什么体现？为了讲清楚这个问题，应该区分以下两个层面：

首先，当某学科有能力制定自己的问题域时它就获得了自治。这就是为什么，历史学家不能仅满足于回答社会行为人的疑问。显然，相信历史学家可以与其周围世界保持距离，生活在象牙塔内是假，说他所从事的研究与"大众"或"舆论"的关注密切相关才最为合理。但他应该有能力解释"世俗人"的疑虑，同时参照人文与社会科学的发展程度找出问题域。这就是马克·布洛克所说的"问题—历史"。人们常常不由地产生评价（揭发或为之平反）过去行为人的倾向，历史学家则在试图理解和解释他们的行为。正是受益于这种方法,他才可以"吸取历史教训",帮助其同时代人不要重蹈过去的错误。

其次,一门学科,当其成员的集体生活遵循着一些专属于它的规则时,它就获得了自治。大学与政界的不同在于,只有本领域的专家才可以评判本领域创造的知识价值,大学在坚守这一原则时就已经获得了自治。因此,民主国家会给学者一些具体途径以使内部批判得到充分发挥(专业期刊的增多,专家委员会及论文评委的作用越来越重要,等等)。在这种前提下,一种知识,当它在学者之间通行无阻时,就可被认作是"真"知识。真(vérité)不是一种"状态",而是一种社会进程,一种以集体讨论为前提的方法。

最后,对过去/现在历史学家而言,肯定所有历史都在现在书写,就是在坚守本学科所依托的民主原则。学术团体越是自治,其运作规则就越被遵守,它所生产的知识就越有机会成为"真"知识。当然,这绝不意味着历史学家可以不去思考所有可以甄别其实证研究领域真伪的标准。这里我提倡的"实用主义"研究框架仅仅肯定以下一点,那就是这些标准不能脱离实际研究。因为涉及历史学的抽象的和普遍的讨论一般都会走入死胡同。这种肯定是与现时历史学家们的另一个分歧,关于此分歧我想先举一个例子,那就是"大事件历史学"(l'histoire événementielle)引发的争论。

"大事件"问题

德尼·佩尚斯基、米歇尔·波拉克以及亨利·鲁索的研究中谈道,研究"大事件"是现时历史学的一个基本维度。的确,"20世纪——我们所处的时代——每个领域都出现了特别多的动荡:政治的、经济的、技术的、文化的,在这些领域中,毁灭性或建设性的大事件比如战争、危机或革命,扮演了主要角色"。另外,由于沟通方式的发展,大事件"与不久前相比,越来越多地成为了个体、社会集团与民族的核心标识点"。以上三位作者通过引用一些认识论范畴的理由使其对"大事件"的兴趣变得合理。实际上,哲学家保尔·里克尔(Paul Ricoeur)曾经指出,《年鉴》学派历史学家,尤其是费尔南·布罗代尔,以为可以从"大事件历史学"

中解放出来，事实上却继续践行叙事历史学的原则。① 德尼·佩尚斯基、米歇尔·波拉克以及亨利·鲁索据此肯定，《年鉴》学派为了让政治史学丧失威信而去反对"长时段"和"大事件"的做法是错误的。在勒内·雷蒙的基础上，他们对政治史学可能注定是昙花一现的观点提出了异议，指出该领域展开的新研究并不与"短时"（大事件）和"长时"（结构）对立，而是在阐明政治节奏的多元性。②

对过去/现在历史学家而言，这类论战（赞成或反对"大事件"）并不会给历史学知识带来多大贡献，因为已有的这些观点都依托于一个不可调和的预设：20 世纪重大政治事件数量繁多而又充满悲剧性，所以这个时代的历史学家必然要关注政治性大事件，肯定这一点就意味着接受历史学的"现实主义"视角。实际上这个预设就是在说，"现实"在将研究对象强加给历史学家。然而我们却并未从中看到它的合法性理由。也就是说，在 20 世纪全球经历过两次世界大战，这一事实绝不足以得出这样的结论：历史学家**有必要**优先研究重大政治事件。其实这仅仅是一种选择、一种偏好，人们可以出于多种缘由使这一选择和偏好合理化（对该对象的研究缺乏、公众旨趣所在、想要更好地理解战争逻辑以避免新的战争，等等），但偏偏就不是"历史学"决定历史学家应该优先研究什么问题。上一段开头的引述还产生了一个问题，那就是"大事件"与"长时段"之间的关系。与前述三位作者的看法相反，《年鉴》学派对"大事件"历史学的批判并不主要针对**研究对象**（危机、战争、革命），而是针对研究它们的**方式**。例如，厄内斯特·拉布鲁斯在其论文中就充分阐释过，属于"长时段"领域的经济与社会史学的目标也是解释法国大革命，这个重要"大事件"。但他是以另辟蹊径的方式进行解释的，他更注重研究经济秩序的结构与束缚，而直到那时历史学家们的旨趣还主要是大局势与政治行为变化。

我要再次说明，我的目的绝不是怀疑现时历史学家赋予重大政治事件的地位。在我看来，他们用来证明自己观点的论据存在问题。事实上，这些论据并不是证据，而是偏好。因此他们很容易就会被那些有其他偏好的人驳倒。如此一来，我们便明白了，为什么此类论战（赞成或反对历史

---

① 参见 P. Ricoeur, *Temps et récit*, Seuil, 1991, 3 vol.
② D. Peschanski, M. Pollak, H. Rousso, *op. cit.* p. 28.

学领域的大事件）永远找不到出路。对于过去/现在历史学家而言，他们更愿意通过阐明隐藏的问题，在争议基础上重建历史，而不是投身于这些无休止的争论中去。我在前文中已经充分展示过那些细节①，在此不再重复。但我要提醒的是，历史学领域关于"大事件"地位的讨论首先会导致社会学家与历史学家的对立。在世纪之交，所有参与那场论战的主角们达成一致，将"大事件"定义为一个"只发生一次的行为"。历史学家们认为，他们的学科应该优先研究独特的、唯一的现象。相反，社会学家研究过去为的却是找出规律性和常量（迪尔凯姆常称为"制度"［institutions]），他们并不是就"大事件"本身思考，而是从每个"大事件"中抽出那些可以再现于其他"大事件"中的基本要素。历史学家保尔·拉孔布指出，在叙事历史学家眼中，只有大事件，而在社会学家那里，就只有制度。② 夏尔·塞尼奥博——有时会被当作大事件历史学"开山之父"——顽强地与所有想要效仿自然科学模式建立社会科学的人做斗争。在他看来，"只有大事件历史学家可以摆脱这种幻想，因为他们通过研究看到了个体的存在"③。我们通过这一提醒看到，在这个时代，围绕"大事件"的讨论并未使社会史学的拥护者与政治史学的拥护者产生对立。这些讨论使那些注重研究个体的学者与对"制度"感兴趣的人走到了一起。1930年代，《年鉴》学派的开创者们重新拾起迪尔凯姆的社会学论据，试图令政治史学失去威望。"大事件历史学"这一术语出现在历史学家的笔下，则要归功于吕西安·弗夫尔，在给亨利·奥赛尔（Henri Hauser）主编的欧洲外交史（1871—1914）系列著作所写的评论中，他提出了批评，说该套书延续和深入了1892年以来埃米尔·布儒瓦（Émile Bourgeois）的国外政治教科书套路。弗夫尔指出，由于这种套路被掩盖在了"大事件事实之下（人们有时会那样说）"，所以更加重视外交协商，但是不要忘记，"经济对政治的恒定压力"才是国家行为的一个决定要素。④ 第二次世界大战以后，《年鉴》学派的支持者成功地在历史学家的用词中加入了"大事件历史学"这一表达。但直到费尔南·布罗代尔

---

① G. Noiriel, *Sur la « crise »…*, op. cit.
② P. Lacombe, *De l'Histoire…*, op. cit., p. 9
③ C. Seignobos, *La Méthode historique…*, op. cit. p. 240.
④ L. Febvre, "Contre l'histoire diplomatique en soi", in *Combats pour l'histoire*, op. cit., p. 62.

1958 年发表那篇著名的关于"长时段"的文章,我们才第一次看到该术语的真正定义。① 布罗代尔怀疑,"被称为大事件历史学的传统历史学,会因为大事件这一标签而与政治史学发生混淆"。他还补充道,"近百年来的历史学几乎全都是政治的,全部围绕'重大事件'展开,这种历史学在短时内完成,并与短时息息相关。那一时期在科学地获取研究工具以及严谨方法方面取得了进步,可能这就是进步需要付出的代价吧"。正如我们所见,对布罗代尔而言,大事件历史学、政治史学和传统史学几乎是同义词。这种"老"史学与他想要的、更注重经济与社会因素、长时段以及计量方法的"新"史学是对立的。

追忆一下这场百年论战的缘起还是有必要的,因为这能清楚地表明,为什么与历史研究的其他领域相比,社会史学直到今日依然难与现时历史学保持关联。对历史学领域中大事件地位的反思从未被视为学科前进的方式,而是被当作社会史学与政治史学对立竞争的武器。应该承认,《年鉴》学派历史学家(尤其是吕西安·弗夫尔和费尔南·布罗代尔)在论战中扮演了主要角色。事实上,正是他们在历史学词汇中引入了"大事件"这一术语的消极含义。1965 年,让·格莱尼松(Jean Glénisson)(也是亲《年鉴》学派)在为历史学国际大会撰写的报告中宣示了他在这方面的不同,他很遗憾"大事件的"这一形容词获得了"传统历史学贬义命名册中的优先位置"。几年之后,雷蒙·阿隆②也指出,"大事件历史学是一个含混的概念,因为它被《年鉴》学派当作论战武器使用,让从事大事件历史学研究的那些人名誉尽失"。该概念的确是晦涩不清的,它没有指明任何一个具体的实证研究领域。在审视 1880—1930 年法国历史学家发表的科研成果时,我们不得不说"大事件"历史学(这门战争—历史学就是吕西安·弗夫尔所痛斥的纯粹的编年学)这一术语从来没有出现过。因而批判之声始于声讨埃米尔·布儒瓦的《外交史教材》(*Manuel d'histoire diplomatique*)的那篇评论并不是一个巧合。这位一下子拥有诸多荣誉的"历史学家"从没接受过历史学批判的洗礼,他仅发表过一些普及性作品,且这类作品与 20 世纪之初以来,历史学家所做的关于法国大革命重大事件或外交危机之类的学术研究毫不沾边。在对"大事件"

---

① F. Braudel, "La longue durée", *Annales ESC*, 4, oct-déc. 1958.
② R. Aron (dir.), *L' Historien* …, *op. cit.*, p. 65.

历史学宣判的同时，《年鉴》的开创者们实际上也是在阻止历史学降格到只具有**教学**维度。他们尤其针对夏尔·塞尼奥博，因为他比其他任何一位历史学家都更多体现着大学教师应该担负的两种功能的混合：研究与教学。吕西安·弗夫尔指责上一代团队领导者们脱离了学术思想前沿，仅满足于发表一些教材和重复性综述，因为这些能令他们的钱袋鼓起来，但他们的这种做法却导致了历史学的僵化。因此，人们批评《年鉴》学派，认为该学派应将这场有关"大事件"的争论定位于抽象的认识论层面，而不是讨论历史学家在他们的时代应发表什么样的研究。同样，今日当现时历史学家们评判大事件（或政治史学）的"回归"时，他们也落入了论战逻辑，不以学科内部任何具体的学术性分析为基础。如果审视25年来法国答辩论文的主题，便可立刻观察到，政治史学的比重极大。在这种情况下，谈论"回归政治"毫无意义。此外，有些争论通过为自己强加传统标签，如"政治的""社会的""文化的"等，将知识领域等级化，所有这类争论都掩盖了一个事实：历史学研究的进步往往是通过接受新的命名实现的。例如，法国近些年来很发达的移民史就*同时*属于经济史、社会史、政治史、文化史等领域。这些论战的最后一点消极之处在于历史学家对哲学的使用。在这方面我们也观察到，现时历史学家将《年鉴》学派大力推广的论证逻辑也收为己用了。在费尔南·布罗代尔及厄内斯特·拉布鲁斯时代，马克思在承担认识论担保人角色。今天，现时历史学家们则躲藏在保尔·里克尔的权威背后。正如《年鉴》学派历史学家从未拥有必要的能力去品鉴马克思思想的纯哲学价值一样，今天，他们的"现时"派对手也将里克尔作为参照或敬仰的对象。但这位杰出的哲学家主张的知识阐释学概念并没能得到其他哲学流派杰出哲学家们的赞同。作为历史学家，我们没有能力论断这些哲学辩论。这样一来，当我们引用一位哲学家证明自己观点时，我们就是在使用一个权威工具，其他历史学家则没有对此提出异议的知识途径。这就是后者引用另一位哲学家予以回应的原因。

出现于现在的过去

过去/现在历史学家致力于收集贝内代多·克罗斯那句"所有称得上历史的历史都是当代的"产生的所有结果。但是，他们也热衷分析过去对于生者世界产生影响的诸多途径。马克·布洛克在著作中指出，对现在的历史化回应了"历史学家职业"的两大要求。首先，前文所述的历史学批判功能是一种主要维度。历史学家与其他研究过去的知识生产者的区别在于，前者尝试将过去问题化（problématisation）。像其他历史学家一样，马克·布洛克也想得出过去所承载的、固定于现在时刻的所有预设。人类对过去事件的记忆常常会使这些预设继续存在，因为"记忆有时会扰乱现在的印象"①。马克·布洛克指出，法国 1939—1940 年的惨败在很大程度上可以解释为军队指挥部的轻率。指挥部所有人员都曾参加过第一次世界大战并都拥有"满脑夜战的记忆"②。因此历史学家在这方面会与目击者发生冲突，因为后者会用自己过去的经验反对历史研究的结论。现时历史学在加大有关集体记忆研究的同时，也对这一点进行了细致分析。③ 由于有了参与者的记忆作载体，过去才会在现在呈现出来，然而对过去/现在历史学家来说，参与者的记忆并不是唯一的载体。过去的人为我们留下了可使历史学家职业成为可能的资料和其他物质痕迹作为遗产。这些痕迹同样有助于恢复表象（représentation），甚至有助于指导行动。自出生以来，我们就已习惯于生活在一个被上一代安排好的空间内。我们讲着一种语言、遵守着一些法律，而它们都是被此前时代的人逐步创造的。这种接近说明，我们往往会认为，过去的遗产是自然而然、显而易见的。只有历史学解释可以表明，这些痕迹曾是斗争的关键，人们赋予它们的意义远不是"中立的"，这些意义通常都承载着战胜者的印象和曾经成功地把概念强加给事物的人的看法。研究这些痕迹之产生的历史学家，在指出事物本应该可以成为不同于今天的样子时，就成功地将历史性重新给予了现在。在反对将现在物化的同时，历史学家也参与到反对刻板印象（stéréotype）的斗争中，这些刻板印象通常都是靠否定历史学而存活。④

阐明过去在现在扮演的角色，有助于增强历史学的批判功能。这同样也是为历史研究某一领域的发展服务。马克·布洛克在著作中发掘了这方面的三个维度：其中两个是关于历史学方法论，第三个与研究对象有关。

---

① M. Bloch, *L' Étrange Défaite*, op. cit., p. 154.
② Ibidem.
③ H. Rousso, *Le Syndrome de Vichy*, Seuil, 1987.
④ "nationalité"一词的历史让我们理解了为什么国籍总是作为法国的首要政治问题出现。参见第五章。

在方法论方面,马克·布洛克在一种更广泛的关于"批判方法"的框架内谈论过去在现在的出现。在《历史学辩护书》(Apologie pour l'histoire)中,他强调说,所有历史学家都遇到过词汇性质方面的困难。他们所研究的词汇都固定在书面材料中,这样一来,他们就可以穿越数个世纪,尽管它们的含义随着时间推移已发生改变。为了避免搞错时间,历史学家应在"历史学方法"的工具箱内加入从语言学以及语义学借来的工具。① 但马克·布洛克也指出,出现于现在的过去问题可以归结为将历史学进行综合的独特方法。毫无疑问,研究现成档案是历史学家"职业"的核心方面。然而,历史学家有时也发表一些普及性读物。马克·布洛克没有否定这类经验,但他却遗憾自己也属于有刻板印象的那一类人。最为常见的是,综合性著作一般都依托于万能的编年学,后者可以巩固传统历史学预设。马克·布洛克用一种更为睿智的综合方法取代了这种常规套路,他把现在的一些思考也囊括进去,并努力探索真正的历史学问题。他的那部《法国乡村历史特点》(Les Caractères originaux de l'histoire rurale française)就展现了这种综合历史学方法的美妙幻想。② 马克·布洛克从找到乡村世界留在那一时代(1920—1930)景象中的痕迹开始,然后展开很长时段的、追溯的、比较的分析,这可以使他总结出欧洲范围内法国个案的特性。正如他自己在导言中所说,这是一种"二手"分析,它立足于几十年以来该领域专家们累积的研究。马克·布洛克曾在被他称为"阶段性综合"(une synthèse provisoire)的成果中收录这些研究,目的是归纳出今后研究工作要证实或证伪的预设。③ 我最近一本书中,关于"维希政府的共和制源泉"论题,就是受到了该模式的启发。④ 我在书中指出,第三共和国时期产生的某些社会排斥形式,尤其是对殖民地原住民和原籍外国的法兰西人的排斥,间接帮助了贝当(Pétain)元帅的政策,他过分地把这些人算到自己排犹政策的目标群体中。即便维希政府是相对于

---

① 关于这个问题,请参见 R. Koselleck, Le Futur passé. Contribution à la sémantique des temps historiques, Éd. EHESS, 1990 (1re éd. 1979)。

② M. Bloch, Les Caractères originaux de l'histoire rurale française, A. Colin, 1988 (1re éd. 1931)。

③ 皮埃尔·图贝尔(Pierre Toubert)在序言中指出,追随这本前沿作品的众多深入研究已经证明了马克·布洛克的预设。

④ G. Noiriel, Les Origines républicaines …, op. cit.

第三共和国民主传统的中断,却仍不可否认共和制过去的这些消极方面对维希政府的现在产生了作用。

最后,出现于现在的过去问题也可被当作一个实证研究问题。马克·布洛克在他的《会魔术的国王》(Les Rois Thaumaturges)一书中开创了这一维度。这里的"现在"不是指历史学家的现在,而是那时段行为人的现在。马克·布洛克是从以下事实出发的:复辟时期,查理十世想要恢复那些"会治病的先王们"的仪式,结果以失败告终,因为人民已不再相信那一套。马克·布洛克要理清的是"继续存在"的问题。人民信仰如何能够在好几个世纪中持续存在然后消失?这种分析无疑也是基于比较(因为该问题在法国和英国都有研究)和长时段。但相对而言,研究对象却受以档案发掘为基础的"一手"分析方式所限。再回到前文论述的大事件历史学问题,我们注意到,在这部著作中,马克·布洛克根本不反对社会史学和政治史学。在导言中,他解释道:"总的来说,这里我主要是想为广义的、真正的欧洲政治史做一些贡献。"① 当那时的历史学家还在从大事件角度进行王权研究,并主要思考大革命"中断"的制度性后果之时,马克·布洛克却移开了视线。权力问题的研究不再以精英行为为出发点,而是从人民信仰出发。这种分析立足于一种社会学预设(马克斯·韦伯和埃米尔·迪尔凯姆在1914年以前就深入探讨过):要知道,所有的权力形式,包括最"绝对"的,都应拥有一种纯净的合法性,以便能够行使。站在这个视角看,问题并不是在大事件领域内将长时段理论化,而是**具体**指明,对于**这类研究**,"长时段"方法必不可少。的确,"大事件"历史学有一部分与某种"高视角"历史学有关,后者以精英的关注点和兴趣为出发点思考政治问题。正因为马克·布洛克主张"低视角"和非大事件政治史学,所以他才在《奇怪的失败》中写道:"不再愿意观察现在或较近过去……的历史学家会逐渐丧失解释它们的能力。这与一位海洋学家以星宿离大海过远为由不愿抬头看它们,就不可能找到潮汐的原因是同一道理。"② 本人早期致力于隆维(Longwy)(位于洛林)地区冶金工人的研究,体现的正是这种思路。

在现时历史学家与过去/现在历史学家的区别问题上,我想谈论的最

---

① M. Bloch, *Les Rois Thaumaturges*, A. Colin, 1961, p. 21 (1ʳᵉ éd. 1924).
② M. Bloch, *L'Étrange Défaite*, op. cit., pp. 187 – 188.

后一点，是历史学家的社会功能。现时历史学家与过去/现在历史学家研究框架的共同之处在于，他们都重视这一方面。但正如我们在前文中看到的，现时历史学代言人从"要求"和"社会需求"角度思考历史学家承担的社会功能。这表明他们看重专业鉴定（expertise）。简言之，我们可以认为，当研究者利用他的专业资质回答其他社会行为人（政客、教会、工会、司法部门，等等）提出的问题时，他的表现就可视为专家，尽管问题不是向他本人提出的。历史学家在这方面的社会功能是完全合理的。另外，这也是民主社会学者通常应该承担的任务。然而，在过去/现在历史学家看来，对占统治地位的论说或表象，研究者还要肩负起**批判**功能。他无须直面社会行为人，而是要用自己思考历史的方式表明，历史学家要回答的问题并非中立，这些问题被掺入了非学术世界的兴趣和看法，历史研究无须对那样的世界表示支持。历史学就像其他领域一样，面对的"社会需求"不具同质性。政界、记者、各方面的"决策者"在定义这些"需求"时都发挥着影响。历史学家考虑这些精英的关注点并不可耻，但我认为，将"历史学家职业"仅看作以回答"公共舆论"的提问为要旨是不行的，因为这会损害我们的职业自治。专业鉴定和批判是历史学社会功能中既矛盾又互补的两面。不幸的是，我们看到，两者之间并不平衡，因为一旦精英们青睐专业鉴定，那么历史学的批判功能对其吸引力就小得多。另外一个敏感问题在于，一般来说，同一位历史学家并不能同时承担这两种社会功能。经验表明，由于社会出身、性格、对工作的看法不同，历史学家总是倾向于这两者之一。这就是历史学的"社会功能"有时会成为本学科内部争议对象的原因。而这种张力又通过以下事实得到强化：著名的历史学家——哪怕不是该领域专家——通常都是由于受到出版社、记者、政客等的邀约，才给出自己关于现在问题的观点，并借助于历史对这些问题进行解释。有时，这样做会让人大受教益。但也有时，受邀的历史学家以历史学为参考，赞许一些有关现在的、但却远非中立的观点。举一个我自己研究领域的例子，1980年代中期，在让－巴蒂斯特·迪罗塞勒（Jean-Baptiste Duroselle）——现时历史研究所成员，战后几十年间在国际关系方面最杰出的历史学家之一——为一部待发表的移民史学术著作所写的前言中，他就把过去与现在建立了联系。当"移民问题"成为法国政治核心事件时，他基于历史肯定道："漫长的外来人口累积以制造紧张关系而终。这些紧张关系随着外来群体越发难以被同化变得越发强烈，两次大战之间的拉丁语系移民、甚至是天主教波兰人，似乎比今日的非欧洲人更容易融入法国主流。"让－巴蒂斯特·迪罗塞勒还补充道，法国有"5140万本土法兰西人和480万外国人，其中260万是非欧洲人，然而这些非欧洲人却大量地甚至自动地入了籍，因为父母是移民但出生在法国的人一到20岁就可以选择入法国国籍。由于外来人口出生率高于法国人口出生率，所以问题的关键在于必须弄清，如此众多的外来人口有没有可能建立一个与他们祖国保持联系的集团，祖国虽然遥远，但同样受益于这里的人口增长。这就是'外国主体'理论"①。过去/现在历史学家无法接受这种利用过去阐释现时问题的方式。在这里我们就进入了专业鉴定逻辑，因为历史被用以回复记者、政客的关注点而不是回答学术问题。实际上，迪罗塞勒所引用的"外国主体理论"是一种未经移民问题专业研究人员认真思考的意识形态建构。这类言论将过去/现在历史学家推到了两难境地。他可以保持缄默，为的是不破坏职业的内部团结或者不给人一种对长辈缺乏尊重的感觉。但是他的沉默却默许了某种并非没有政治后果的历史学用途，因为在这里，有人利用过去来证实今日"非欧洲"移民的融入将会成为一个特殊"问题"。这就是想要继续忠诚于马克·布洛克的过去/现在历史学家拒绝相信"与现实存在冲突的观点绝对得我们反驳"②的原因。最终，他们将冒着惹人讨厌的危险去否定"外国主体理论"，承担起历史学职业的批判功能。

---

① J. -B. Duroselle, préface à R. Schor, *L'Opinion française et les étrangers en France*, 1919 – 1939, Publications de la Sorbonne, 1985, pp. Ⅸ - Ⅹ. 需要具体说明的是，在该篇文章中，拉尔夫·朔尔（Ralph Schor）本人表明，"外国主体理论"属于一个世纪以来公众舆论所释放的刻板印象的一部分。

② M. Bloch, *L'Étrange Défaite*, op. cit., p. 56.

第三章　法国移民，荒废的历史

"内政部的统计数据表明，1880—1980 年间，有 1800 万法国人都是第一代、第二代或第三代移民的后代。因此，现今三分之一以上的法国人祖籍都是非法国籍。"① 同美国、加拿大一样，法国是移民人口比重很大的工业化国家。同样出人意料的是，在这个历史学研究占有如此重要地位的国家里，移民问题却没怎么引起历史学家的关注。读者只需查询一下论文中心文档处每年的《法国史》参考文献或每十年的当代历史重要期刊架台就会相信以上所说。近期出现的为数众多的"法国史"以及中小学学生教材中对这一主题也毫无涉及。与美国史书相比真是落差巨大！

我将在本章展示，认真思考移民史是符合今日科研需求的。②

不合理的对象

一门学科自我反思的能力是其繁荣的一个主要因素。因此，应该自问，为什么将近一个世纪以来，移民从未成为一个值得历史学家关注的问题。这个问题本身就值得研究。③ 这方面，我们还是仅提出一些作为研究起点的预设。首先，19 世纪初以来，以摆脱"怀念历史学"（historiographie commémorative）为目的的研究遇到了困难，我们可以从审视这些困难开始。正如弗朗索瓦·菲雷所说，可能是因为"对于那些自称以革命为根基的社

---

① M. Tibon-Cornillot, "Le défi de l'immigration maghrébine", *Politique aujourd' hui*, févr. - mars 1984.

② 排外氛围自 1980 年以来一直阴魂不散，深入研究这一领域符合一种道德需求，尤其是当历史学越来越多地被用于证明对外来者的不宽容之合理性时。

③ G. Noiriel, *Le Creuset français*…, op. cit.

会，尤其当这一革命根基相对较近时，书写该社会的当代史是件特别难的事"①。要理解为何有人激进地质疑民族统一这一主题，主要的认识论障碍，就是"通过民族的（le national）思考社会的"这一持久倾向。19世纪末期，仍然是历史学同生物学一道被煽动起来，用以证明民族主义理论的合理性，一些人如莫里斯·巴雷（Maurice Barrès），利用这些理论反对共和主义价值观。扎根、传统被当作民族基础置于最突出位置，而不再是"社会契约"。德雷福斯（Dreyfus）事件造成了"左右"阵营的分裂，这种分裂一直存在于整个20世纪，围绕对待"民族利益"的最佳方式问题，以下两种主张形成了对立：拒绝法国之外的被认为不可同化的所有外国人，或者与之相反，对"法兰西教化功效"表示信任，反复向他们灌输民族价值观，抹除存在于他们身上的所有不同痕迹。

迪尔凯姆派社会学家对此漠不关心。正如维克托·卡拉迪（Victor Karady）所说，为了让世人接受其"学院科学"的定位，19世纪末期的社会学给自己限定了一些"高水平的""严肃的"与法兰西学院界"文人"传统相符的研究对象。所以我们理解，移民不可能成为合理的研究对象。更何况要想探讨这个问题，就得采用一些官方社会学评价不高的调查方式：实地调研和人种志类型的调查。后来，经过将近半个世纪的时间，这两者才进入法国。② 此外，即便在科学社会学开创者那里，有关社会的思考也没有完全从民族"感染区"脱离出来。为了反驳威廉·詹姆斯（William James）实用主义哲学之合理性，迪尔凯姆指出，该类哲学是以"民族利益"之名反对"侵蚀法兰西文化"。同样，马塞尔·莫斯也坚决地将民族定义为"普遍有意识的意愿"和"熔炉"，后者"炼就了老辈本土人"，"最终使其形成了肌肉和骨骼方面的外在生理特征"。③

---

① F. Furet, *Penser la Révolution française*, Gallimard, 1979, p. 136 sq.

② V. Karady, "Le problème de la légitimation dans l'organisation historique de l'ethnologie française", *Revue française de sociologie*, janv. 1982.

③ M. Mauss, "La Nation", 1920 (?), in M. Mauss, *OEuvres*, op. cit., p. 596. 要理解迪尔凯姆的立场，就该想到，他应该同时在两个阵线上战斗：作为阿尔萨斯犹太教教士之子，他会遇到德吕蒙（Drumont）及莫拉（Mauras）的支持者们所在的排犹主义阵线的敌意，后两位总是将犹太人与德国人联系在一起，这使得犹太人团体不变的爱国情感持续升温。同时，面对那些将社会学诋毁为"德国的""反法"科学的人，迪尔凯姆又处于保卫社会学、反对诽谤者的阵营中。关于这个问题，参见 H. Joas, "Durkheim et le pragmatisme", *Revue française de sociologie*, oct. -déc. 1984；M. R. Marrus, *Les Juifs de France à l'époque de l'Affaire Dreyfus*, Calmann-Lévy, 1972；E. Durkheim, *OEuvres*, t. 1, Éditions de Minuit, 1975, p. 109 sq.

第一次世界大战以前,只有法学家对移民感兴趣,他们发表了很多关于入籍,特别是驱逐的论文。在两次世界大战之间,尽管法国是世界上外来人口增长率最高的国家,情况也没能发生多少改变。① 比如莫里斯·哈布瓦赫(Maurice Halbwachs)的漠不关心就很能说明问题,不仅因为他是《年鉴》编委会成员,主要是因为他属于迪尔凯姆流派,他的研究最接近"实地调研"(travail de terrain),而他提出的几个主要概念已成为当代社会史学的基本概念。在有关 1914—1930 年法国结婚率的研究中,尽管分析十分精细,但"移民"的多种形式(至少本可以从"混合"婚姻的角度入手)却完全消失了。当移民现象发生在美国领土上时,他又对它感兴趣。他发表于《年鉴》上的文章《芝加哥,族裔经验》②("Chicago, expérience ethnique")可以充分说明这一点,该篇文章中的数据是基于长时间观察得来的:每个社区第一代、第二代和第三代人的国籍。他多次回到这些令他着迷的数字上(1920 年,在芝加哥,约有三分之一的人口是移民)。他的结论全部集中在该"族裔"城市与欧洲城市,如巴黎的比较上。"在那里,人口单一而同质,生活圈子不规则而随心所欲⋯⋯而这里,生活圈子单一而规则,人口异质,人们努力服从于冷酷、文雅、因循守旧的各种规矩。"尽管如此,如果我们反观法国领土范围内有无此类现象,我们会发现,根本没必要跑到芝加哥那么远去测量,法国也大量存在多族裔问题。1914 年在马赛,仅意大利人就占当地人口的 20%。在哈布瓦赫撰写文章时,好几十种国籍的人共同生活在那里。夏尔·德埃里斯塔尔(Charles d'Héristal)在他的一本很具争议的书中估算,在罗纳河口省(Bouches-du-Rhône)的 110 万居民中,只有 30 万法兰西本土人,③ 他说的的确是实情。同一时期,格勒诺布尔(Grenoble)则有 18% 的外来人口,约 50 种不同国籍,更不要说北方省(Nord)和洛林大区(Lorrain)的工业城镇了,它们才是真正的巴比伦之塔(tours de Babel)。

如果现在我们回过头看法国历史学研究主要流派之一,以吕西安·弗夫尔和马克·布洛克为代表的《年鉴》学派,我们也不能说这个问题有多

---

① 波拉·伊曼(Paula Hyman)注意到,"1920 年代有关外国劳工的极少数研究虽没有明确地表示反犹,但也表现了对犹太移民的一些偏见";De Dreyfus à Vichy, Fayard, 1985, p. 105。

② M. Halbwachs, "Chicago, expérience ethnique", Annales d'histoire économique et sociale, 1932;"La nuptialité en France pendant et depuis la guerre", Annales sociologiques, 1935。

③ S. C. D' Héristal, L' Invasion des barbares, Heitz et Cie éditeurs, 1932, p. 10 sq.

么令他们着迷。爱国精神、对殖民帝国的眷恋、给双方都造成的战争创伤等，很可能都是产生这种漠不关心的原因。[1] 另外，正如我们在前文中看到的，一些概念比如"长时段"或"集体思维"，不管它们对其他研究领域有多么重要，都不能引发人们对移民现象的思考。同样，在通过上下层结构进行思考的马克思主义传统影响下，厄内斯特·拉布鲁斯提出的"社会的"概念对20世纪的研究做出了很大贡献，导致稍后出现的历史现象的纯社会学分析固定化了。对于本应事先厘清经济结构的历史学家来说，"社会的"似乎是一个目标，甚至是一种回报。[2] 第二次世界大战后，系列历史（histoire sérielle）的成功使此前的趋势更加巩固。历史人口统计学转向计量主义（quantitativiste），很不利于哈布瓦赫试图通过"社会形态学"（morphologie sociale）概念[3]加以系统化的社会学方法。于是，当社会学贪婪地发现这一新对象时，历史学却还在更远的地方徘徊。要想在这一方面得出结论，就必须得探讨一下集权的雅各宾政府对科学研究施加的另一种形式的影响。为阻止族裔或文化差异这类表达出现，国家在某种程度上将移民团体从社会存在中剥离出来，并始终把集体表达的渴求转化为个体的。[4] 多米尼克·施纳佩（Dominique Schnapper）在这种"民族认同与文化传统的混淆"中看到了"法兰西社会的特别之处"[5]，这种混淆可有力地减少，却又不至于抹杀掉从第二代开始显现的移民共同体文化特性。尽管如此，那也不过是被称为法国移民"社会可视性"缺失的一个方面而已。直到1950年代，移民问题仍没有像我们后来看到的那样，成为大城市的特有现象，该事实在这种"隐蔽"策略中也发挥着作用。要想做一更深入的分析，就需要探讨移民的社会情况数据登记的作用了。在美国，研究者们很久以来都在移民

---

[1] 当然，这里并不是要评判，而是努力理解某个时代难以想象的结构性原因。两次世界大战让法国学界付出了沉重的代价，正如马塞尔·莫斯所说，它们削弱了集体研究能力，两次世界大战带来的创伤很可能会再次激活通过民族的思考社会的这一趋势。

[2] 厄内斯特·拉布鲁斯肯定道，"圆满的结局就是面向社会的敞开大门"。cité par Jean Bouvier dans la présentation du tome IV de L' Histoire économique et sociale de la France, PUF, 1979。

[3] M. Halbwachs, Morphologie sociale, A. Colin, 1970, présentation de A. Girard.

[4] 正如克莱蒙-托内尔（Clermont-Tonnerre）宣称："应该拒绝作为民族的犹太人的一切，赞成作为个体的犹太人的一切"; cité par P. Hyman, op. cit., p. 15。

[5] D. Schnapper, "Centralisme et fédéralisme culturels. Les émigrés italiens en France et aux États-Unis", Annales ESC, No. 5, 1974. 用以表述外籍人群体的术语的匮乏，实际上已经导致关于该主题的书面档案的贫乏。对历史学家来说，这又是一个有待补充的问题。不过，国家档案F7系列及省级档案M系列还是有很多关于移民政策或入籍方面的资料等着人们去关注的。

共同体的"代际"方面进行思考,而在法国,在生于法国的马格里布后裔(Beurs)出现之前,这类视角都被视为例外。这是由于美国人口普查对介于外国人与本国公民之间的中间类别,即"第一代移民后代"进行了统计,他们被称为"有外国血缘的族民"。而这种"未完全同化的计算方式"[1] 从未在法国出现过。取得国籍与某种通常时间很长且让人感到耻辱的做法相对应,因为它要求申请者证明自己已经被法兰西文化"同化"[2]。但是,当为进入"法兰西俱乐部"付出高昂代价后,他必须要遗忘自己的过去,任何事物都不应唤起他的回忆。人民阵线党的移民事务副书记菲利普·赛尔(Philippe Serre),对那些取得国籍后还保留自己原籍名字的人表示担忧,他说,因为这有损于"我们在国外的威望"[3]。在一个更具象征意义,同时也颇能说明问题的层面,我们将接纳过外国移民的历史遗址的命运作了对比。在美国,埃利斯岛[4](Ellis Island)已经成为某种形式的博物馆,有关移民的方方面面都可以通过详细的菜单被追忆起来,人们可以去那里参观。在法国,有一座名为图尔(Toul)的建筑物,在两次世界大战期间,曾有数十万中欧劳工从那里经过,后来却被夷为平地,即便在当地也很少有人记得它。[5]

几个研究假设

(一)劳动市场

要想理解移民在法国社会的角色,劳动市场史似乎是最好的研究起点。实际上,19世纪末以来的法兰西资本主义的主要问题,是在所有大发展时期都存在劳工长期不足问题。其主要原因在于农民及城市工人阶级

---

[1] J. Brun, *America, America. Trois siècles d'émigration aux États-Unis (1620 – 1920)*, Gallimard/Julliard, 1980, p. 14.

[2] 在两次世界大战之间,需要提供17种行政文件并将所有文件翻译成法语,目的是表明这些资料都被认真考虑过。

[3] 关于这一主题请参见 J. -C. Bonnet, *Les pouvoirs publics français et l'immigration dans l'entre-deux-guerres*, Lyon, Centre d'histoire économique et sociale, 1976, p. 166 (dact.)。

[4] 1892—1954年,埃利斯岛曾是上千万移民进入美国的门户,是那一时期最忙碌的检查站。——译者注

[5] 以至于那些祖籍国外的、希望重拾移民经历记忆的法国人都去美国旅行。参见 G. Perec et R. Bober, *Récits d'Ellis Island, histoires d'errance et d'espoir*, Éditions du Sorbier, 1980。

第三章　法国移民,荒废的历史　47

的抵抗能力,至少在1950年代出现了无产阶级化运动。在法国,大革命以前,乡村小产业获得的重要地位就相当程度地减缓了乡村劳动力的成批出走现象和现代工业化条件,接下来,小产业的重要性又通过诸如民族资产的变卖或《民法典》中有关遗产平均分配的规定等因素加强。① 在展开丰富想象的同时,在满足于基本生活底线的同时,在限制自己子女数量的同时,数百万农民成功地避免了伴随所有"工业革命"的背井离乡。在政治层面,农民的斗争得益于好几个有利因素。首先,有一种势力强大的思潮存在,那就是拒绝"英国式"工业化,宣扬热爱乡村的美德或小产业的好,该思潮不时会转变成共识。其次,手工业工人及城市工人构成的阶级很早便被政治化,就像阿尔贝·伊尔什曼（Albert Hirschman）指出,这种情况使得资产阶级过早地接受了全民公投,目的是防止民众暴力并剥夺这种暴力的正当性,②但有一件事不算在内,那就是手工业工人及城市工人长期劝阻政客,不让他们推行有利于小农与城市手工业者真正结盟的措施。就这样,与英国相反,甚至在工业革命真正启动之前,所有法国民众阶层就已经有了全民公投。这一现象很可能与法国19世纪经济发展特点有关,即大规模依赖手工业产品和农民工工业产品。此外,自七月王朝以来,最能引起维莱梅③（Villermé）焦虑的、最无产阶级化的部门也是那些高度依赖外国劳工完成无技术含量工作的部门,无论是鲁贝（Roubaix）、牟罗兹（Mulhouse）的纺织工业,还是北方省的矿业,④ 概莫能外。

　　19世纪末,一切都在表明,此前时代稳定的平衡四处遭到破坏。曾经相对成功地稳定住部分矿业和纺织业劳动力的慈善雇主制度（patronage）,随着工人运动的开展声誉渐失。"第二次工业革命"把发展大工厂、与乡村社会节奏和价值观决裂作为一种迫切需要,这在那个为衰落所扰的时代（在法国表现为经济、人口、文化方面的后退）是很多国家领

---

① 关于这一问题,参见 P. O' Brien et C. Keyder, "Les voies de passage vers la société industrielle en Grande-Bretagne et en France (1780–1914)", *Annales ESC*, No. 5, 1979。

② A. O. Hirschman, *Bonheur privé, action publique*, Fayard, 1983, pp. 192–194 (1ʳᵉ éd. 1982).

③ Louis René Villermé (1782—1863),法国医生和社会学家,他被公认为是劳动医学（médecine du travail）的创始人。

④ 在这方面,我们对以下事实还强调得不够：法国工业潜力的重头在很长时间内都被投放到了边疆地区,这样的做法助推了对周边邻国劳工的依赖。

导人的困扰。矿业的例子可以说明此时期雇主们遇到的所有困难。罗朗德·特朗佩（Rolande Trempé）指出，只要矿业没有激进地质疑农民共同体的行为和价值观，相对来说就更易被接受。矿工的"无产阶级化"尝试反而遭遇到了激烈的抵抗，这种抵抗首先通过**翻身**（turn over）运动的蓬勃发展以及持续、激烈的工会运动的开展表现出来。① 世界大战在很大程度上加剧了工人劳动市场上的供需不平衡。当国家重建和新工业发展（尤其是机械建造）需要大批新劳动者时，战争及其后续影响已经从之前国家的工业劳动力中夺走了10%的份额。就这样，在国家—雇主的紧密合作中，"合理地"录用外国劳工的步伐加快了。在十年内，200万外国人被召唤到法国领土上，移民劳工数量上升到300万人时就占到了总人口的7%还多，在工人阶级中的比重则是15%。比这些粗算的数字还值得注意的是，这些外国劳工分布在法国工业的战略要害部门。乔治·莫科（Georges Mauco）指出，工业越新近、越集中、劳动条件越差，我们看到的移民越多。再举一个矿业的例子，在法国大部分地区，至少在地下劳作的工人那里，我们真实地看到了一个工人阶级代替另一个工人阶级：1925年，在北方省所有矿场中，已经有43%的外国劳工（主要是波兰人）。洛林地区的铁矿场，在1930年是法国的世界一流产业部门，差不多所有地下劳作工人都原籍外国。在拉格朗德孔布（La Grand-Combe），战后时期矿山工人原籍的世界性特点被视为当地历史的主要组成部分。甚至是在同样距离大工业中心很远的旺代省（la Vendée），1925年，小小的费莫卢（Faymoreau）矿场员工中外籍人就占了67%。② 一些历史学家曾提出过，第三共和国初期时的法国是一个"被封锁的社会"③。可以这样假设，正是大批劳工移民"解除了封锁"，正是由于他们的到来法国工业才取得了世界一流地位。移民使国家经济有了灵活性，而直到那时的法国在很大程度上还缺乏这种灵活性。移民也有利推动了法国劳动力向最具上升价值的

---

① R. Trempé, *Les mineurs de Carmaux*, Éditions ouvrières, 1971. 其他地区情况请参考：J.-M. Gaillard, *Un exemple français de "ville-usine", La Grand' Combe dans le Gard et sa compagnie des mines, 1836 – 1921*, thèse de 3e cycle, Université de Paris X, 1981, p. 168 (dact.) et O. Hardy-Hemery, *De la croissance à la désindustrialisation: un siècle dans le Valenciennois*, Presses de la FNSP, 1984.

② F. Regourd, *La Vendée ouvrière, 1840 – 1940*, Les Sables-d'Olonne, Le Cercle d'Or, 1981.

③ S. Hoffman, *Sur la France*, Éditions du Seuil, 1975.

产业部门转移。1928年起，威廉·瓦利（William Oualid）注意到并强调说，战争造成的屠杀为法国工人创造了非常有利的形势。① 在法国所有大区中，可能除了西部布列塔尼人（les Bretons）还占据着外籍人的工作岗位外，法兰西人与移民之间的区别在很大程度上还可分为技术工人与非技术工人之别。移民还加剧了不同工业部门之间的差距，以至于在两次世界大战之间，出现过数个彼此隔绝的劳工市场。

在那些受某种"地位"保护的部门（比如铁路、电力和燃气、邮电），劳工几乎都是法国人，显示了一种很强的职业世袭性。"铁路员工协会"就是这样组建起来的一个独特的圈子。在那些"稳定"的工业部门中，移民数量也很少，比如纺织业。在北方省，19世纪时比利时人是工厂里无产阶级中的大多数，1900年以后，外国劳工数量骤减了许多。为数众多的"第二代"比利时人构成的工人阶级牢固树立了企业主王朝观念，这会巩固纺织界特殊的家长式管理。

112

加工工业（汽车、机械与电力建设）取得的巨大发展表现为对技术劳工的大量需求。这就是这些企业更愿意落户于大城市郊区的原因，其中巴黎郊区就是首选。鉴于劳动科学组织（Organisation scientifique du travail）没有完全否定这类工作，因此加工业部门在工人阶级中间获得了很高的认可，大批来自矿业和重冶金业的劳动者涌向那里，他们逐渐形成了"冶金工人帝国"。在这些工业区，移民数量很多，总的来说，他们都通过自己的方式作为"单身者"来到了那里，被安排在劳动工人岗位上。有组织的重工业（矿业、钢铁冶金业）移民已经成为法国人特别厌恶的东西，这种情况迫使雇主们想出一项重要的工人移民政策（住房建设、通过亲缘关系招募外国劳工的扎根战略），该政策是家长式工业管理的另一版本。②

19世纪末以来，30年代的危机标志着情况第一次发生变化，并且这种变化是持久的：就业的需求大于供给。移民劳工，尤其是新来的单身者的大批遣返，虽然迫使许多法国工人接受了从前拒绝接受的工作，但却并没有太大改变工业分支领域的劳动力族裔构成，因为遣返所有的移民可能

---

① W. Oualid, "L'immigration ouvrière en France et ses causes", *Revue d'économie politique*, 1928. 关于此主题亦可参见 G. Cross, *Immigrant Workers in Industrial France*, Philadelphie, Temple Univ. Press, 1983。

② 参见 G. Noiriel, *Les Ouvriers dans la société française*, Éditions du Seuil, 1986。

意味着法国工业的某些分支要被清除。尽管至少自第一次世界大战以来，工人阶级队伍具有很强流动性，但是1930年代，工人阶级的稳定性却是一个最具重要性的事实。在重工业领域，外籍劳工为数最多，战争以来，有的地方还要更早，雇主们制定的稳定政策开始取得收效。大工业领域的工人阶级再生产变成了现实，而此前，这一直是一件异常艰难的事。在矿业、化工、钢铁冶金业领域，第二代工人阶级逐渐成长起来，成为日后直至1960年代法国工业发展的支柱。在重工业领域，出生于稳定的30年代的第二代工人至少在很大比例上都是1920年代移民的后代。第二次世界大战后，再次招收外籍人，尤其是来自马格里布（Maghreb）的外籍人，使得上述第二代人得以向技术工人职位进军，而系统操作性岗位（postes OS）则留给了新移民和法国劳工，尤其是1950—1960年代来自乡村的大批女性。①

法国工人从移民潮中得到了好处，但受益最多的还要数企业主。在那些可与现代移民研究相匹敌的成果出现之前，我们只能枚举这类劳工的优点，而这些优点无疑与1920年代法国奇迹般的"工业大发展"有关。我们可以在两次世界大战之间的经济学专家的文章中找到相关迹象。比如，威廉·瓦利来认为，"无可否认，一位受过专业训练的成年人是国家一种即刻产出的资源，而且对他的教育无须让国家付出任何代价（出生、供养、教育、实习，等等）"。② 同样，30年代以来，乔治·莫科始终强调相对其他国家来说，如英国，移民为权力当局带来的好处是，使就业人口与经济需求紧密相连，尤其是在大规模遣返可以缓解失业压力的危机时期。③ 更广泛地讲，正如最近有关社会保险机构的研究表明，移民劳动者

---

① 阿兰·热拉尔（Alain Girard）以及让·斯托塞尔（Jean Stoetzel）早前的研究表明，在巴黎地区意大利籍建筑工人中，约有一半的第二代人来自工人阶级。然而，作为社会的再生产形式，家长主义功效表现得非常明显，在北方省的矿场中，四分之三的波兰籍矿工儿子也当了工人或矿工。A. Girard et J. Stoetzel, *Français et immigrés*, Paris, INED, cahier No. 19, PUF, 1953. 据阿尔贝·里克兰（Albert Ricklin）统计，斯特拉斯堡（Strasbourg）的第二、三代意大利人中间有50%是工人。"Note sur l'évolution sociale des colonies d'ouvriers italiens", dans *Artisans et ouvriers d'Alsace*, Strasbourg, Librairie Istra, 1965, p. 429 sq. 关于法国东南部的意大利人，我们可以在以下著作中找到许多有关其第二代社会轨迹的评论：A. M. Faidutti-Rudolph, *L'immigration italienne dans le sud-est de la France*, thèse de doctorat d'État, Université de Nice, 1964 (dact.)。

② W. Oualid, *op. cit.*

③ G. Mauco, *Les Étrangers en France*, A. Colin, 1932.

的就业大幅节省了工资外开销：尤其是社会保险金和退休金。① 同样由于大批移民，法国老板得以维持非常低的工资，并更多地将该额度与外籍竞争者的工资进行比照。在有些国家，如美国，其工业扩张部分地依托于外籍劳动者，如果说所有移民劳工为国民经济带来的优势都可以在这样的国家找到，那么就有必要强调法国更为特殊的一面。在雇主反抗劳动市场之历史刚性的斗争中，外籍工人显示了极好的优点：可以根据不同需要对其进行调遣、疏导和塑造。事实上，由于宪法赋予了公民个人自由方面的保障，所以那些绝不可能发生在法国劳动者身上的事便有可能发生在外籍人身上，并被体系化。再者，与法兰西资产阶级昂贵的"劳动自由"信条相反，移民劳工的就业以不遵守供给自由为特点。在这方面，如果仅对第二次世界大战前那一阶段作分析的话，我们会发现，美国的情况是，入境后，获得劳动合同的人往往最容易被驱除；而在法国，被引进的绝大多数外籍劳工没有办法靠自己的方式自由流动，他们通过一系列措施，根据重工业的需求被严格地安排到各个领域，这一系列措施包括与输出国或在边境协商好的劳动合同以及监督基本行为的治安规定。②

大量使用被过度剥削的外籍劳动者是法国经济的消极表现，与移民主题相关的全面研究还应包括对这些消极方面的思考。今天的经济学家将30年代的特点总结为"调适危机"，并将其解释为法国工业实现的生产力的巨大进步与低水平工资造成的消费停滞之间的矛盾，但如果不比照工人阶级内部结构的变化，我们就无法理解这种"危机"。同样，对于一个像彭塔慕松（Pont-à-Mousson）那样强大的社会而言，移民相对于其竞争者在工资成本方面具备优势这一事实，已经明显导致人们对技术革新缺乏热情，尤其是在经营成本中降低劳工支出的新办法方面。③

从某方面讲，移民劳工是战时死去劳动力的替代群体，显然在考虑到这一事实的同时，还应该能够估计到这种新型劳工的稳定性带来的经济后果，同时显然还要考虑以下事实：实际上，正如克劳德·梅亚苏（Claude Meillassoux）指出，如果说两个世纪以来，至少人口的大量流动曾是西方

---

① A. Cordeiro et R. E. Verhaeren, *Les Travailleurs immigrés et la Sécurité sociale*, Presses Universitaires de Grenoble, 1976.

② 这主要是为了区分移民问题与城市问题，这两者与美国有很大相关性。

③ A. Baudant, *Pont-à-Mousson 1918 – 1939, Stratégies industrielles d'une dynastie lorraine*, Publications de la Sorbonne, 1980.

国家腾飞的一个决定性因素,那么"这种收益的代价……就是当这些劳工被资本主义生产部门完全接纳时,其二代的替换成本将陡然增加"①。

(二) 政治领域

移民在法国当代史中的重要性也体现在政治领域。我们需要理解的是,19世纪末促使法国向资本主义转型的那些必要条件在移民领域产生了怎样的影响。有太多问题是超越移民问题的,但如果能够跳出政治思想史的局限,使移民问题与当代历史学其他领域衔接起来,那么这些问题将在前者那里汇聚为一个有趣的交点。虽然"人口"因素经常被援引,但却没有任何一个案例研究将它作为移民现象的最终原因,在"人口"因素以外,用来解释移民现象的主要假设是,在第三共和国建立后,法国各项政治制度已经变得足够民主,足以使人民避开"工业革命"的所有内在局限性。民众阶层可以通过某些途径,尤其是男性公民的全民投票以及投票意识,去阻止一场类似于75年前发生在英国或专制时期的德国那样的变化。但这些途径后来也成了历届共和政府需要面对的巨大困难,它们害怕法国的"衰落",但它们的行为却导致民众对政治的失望,进而引发了一种分解全部社会实体的意识,这种集体意识极具1890年代特点。这些障碍可能就是这一时期的法国能够成为泽沃·斯特尔奈勒(Zeev Sternhell)所说的"思想实验室"(laboratoire d'idées)的原因,20世纪政治的基本要素都是在这个"实验室"中被创造发明的。② 在这方面,莫里斯·巴雷的思想变化颇有意思。1789年的主要遗产逐渐被抛弃,那些仍能令布朗热将军欢欣鼓舞的顾忌也被丢在了一旁。新的民族概念建立在生理决定论以及历史(被称为具有美好前景的"血缘"及"种族"的隐喻)根源的基础上,它的诞生使人们得以用新的方式提出政治共识问题。为法国社会的分解及其文明的衰落而担忧的巴雷在民族主义意识形态中找到了一个好办法[早在第一次南锡(Nancy)竞选中,他就已经考虑到这一点],可以调解许多表面看似不可调和的东西,那就是将法国资产阶级和工人阶级召集在一起捍卫他们共同的利益:保护民族商业及劳动市场、反对共同敌人——外籍人,包括德国犹太人、流浪犹太人等。德雷福斯事

---

① C. Meillassoux, *Femmes, greniers et capitaux*, Maspero, 1975, p. 164.
② Z. Sternhell, *Maurice Barrès et le nationalisme français*, Éditions Complexe, réédition, 1985.

件后，那些思想极端的论文中包含的这一政治思潮虽然遭到了打压，但是巴雷理论之要点日后却又成了共和国的"共同财富"，针对外籍人的法律的变化可以充分证明。面对马克思主义思想体系的竞争，民族主义理论争取社会合法代表资格的斗争之所以能够迅速结束，还要归功于以下事实，即那一时代某些社会现实对它有利。民族主义意识形态可以强有力地帮助个体建构感知能力，该意识形态在民众阶层中间收到了积极反响。1880年代的大危机时期，法国有超过一百万外籍劳工，这是一个早已存在的事实，但直到那时相对于危机来说却未被发觉。雅克·内雷（Jacques Néré）与米歇尔·佩罗（Michelle Perrot）的研究证明了那时表现出排外情绪的法国劳动者的范围之广。他们强调了这一现象所蕴含的"惊人的动员力量"：可以在几小时之内，召集数以千计的人去驱逐或虐待外籍人。米歇尔·佩罗具体说道："与外籍工人的对抗开创了一片有利的、极为具体的土壤，可将民族主义具体化。与移民的日常竞争使得工人对外籍人的存在很敏感"。① 她还在后面补充说："与民族含义的强化相对的，是阶级斗争含义的弱化。"巴雷一心追求的法国工人阶级的整合，随着第一次世界大战的爆发变为现实。神圣同盟（Union sacrée）、战争创伤还有必然包括的某些利益（民族出身可把优先雇用或社会升迁合法化），将成为国际主义工人运动刚一开始就已过时的理由。

因此，移民在法国工人运动史中也占据重要地位。大卫·蒙高梅利（David Montgomery）对20世纪之初美国的变革的分析②，就可作为理解1920年代法国劳工界深刻运动的钥匙。雇主与工人之间围绕生产标准及劳动监控（job control）形成的对立是先于第一次世界大战的最早社会斗争。法国工会运动的大幅衰弱使雇主们在两次世界大战之间轻易地将劳动合理化。但不应忘记的是，工人运动的危机是大规模移民的后果之一。1920年代，劳工的异质性和不稳定性已达到很高程度：在某些大工业区，具有传统观念、集体价值观并懂得捍卫自身利益的法国工人阶级已经消

---

① M. Perrot, "Les rapports entre ouvriers français et étrangers (1871–1893)", *Bulletin de la Société d'histoire moderne*, 12, 1960; J. Néré, *La Crise économique de 1882 et le mouvement boulangiste*, thèse d'État, Université de Paris, 1959 (dact.).

② D. Montgomery, *Workers' Control in America*, Cambridge, Cambridge Univ. Press, 1979; 尤其是第四章，"The 'New Unionism' and the Transformation of Workers' Consciousness in America, 1909–1922".

失,代之以一个新的、通常出身乡村的无产者群体,在工业领域,他们是"全新"的。① 尽管如此,我们不应仅看到移民在法国工人运动中的"消极"方面,因为外籍工人通常还是工会活动积极分子。例如,1880—1888年,大部分挖土工人的罢工都是由意大利人发起。同一时期,比利时人为社会主义运动的组织做出了富有成效的贡献。在钢铁冶金业集中的洛林大区,整个东南部也是如此,意大利人在法国共产党(PCF)的建立过程中发挥了主要作用。从社会学角度看,我们注意到这样一个有趣的现象:总体来说,被过度剥削、也被拒绝以各种方式融入国家的第一代人会偏爱一些看似最"激进"的组织,如法国工人党(Parti ouvrier français),还有共产党。这些政党所宣称的"国际主义"使他们可以利用组织作为捍卫母国价值观及文化的手段。1914年以前,巴黎犹太头盔组织(organisation des casquetiers juifs de Paris)就是以"语言群体"为核心组建的。第一次世界大战后,法国共产党在外籍劳工那里取得的成功可以部分解释为对不同文化的尊重,这是国际主义的一贯结果,它导致与"次级分支"(sous-sections)中拥有相同原籍的移民工人得以组织起来。②

然而,如果我们愿意承认,个体的生平不是身份证上那些缩减的定义,那么就应该思考族裔或民族因素在多大程度上继续影响着那些出身移民、但已通过归化或出生途径取得法国国籍者的政治行为。塞尔日·博内(Serge Bonnet)关于洛林铁矿的研究表明,第二次世界大战后原籍意大利与共产主义选票之间存在紧密关联。在瓦尔省(le Var),大部分人原籍也是意大利,雅克·吉罗(Jacques Girault)具体说道,一部分法国人反对法国共产党"就是因为他们的代表通常都是外国人"。滨海拉塞讷省(La-Seyne-sur-Mer)也如是,在那里,工人与"意大利人"的重合是最重

---

① 因此,战后由于移民的到来,玻璃工人、模塑工人及其他行业工人长期的抵抗在许多地方被完全消灭了。我们吃惊地看到,坚持认为工人运动在两次世界大战之间被削弱了的夏尔·蒂利(Charles Tilly)与爱德华·肖特(Edward Shorter)却在他们的整本书中没提过移民问题。C. Tilly et E. Shorter, *Strikes in France, 1830 – 1968*, Cambridge, Cambridge Univ. Press, 1974.

② 关于犹太头盔组织请参见 N. Green, *Les Travailleurs immigrés juifs à la Belle Époque*, Fayard, 1985。斗争暴力、政治化与移民比重之间的关系在以下著作中有所述述:E. Lucas, *Arbeiter Radicalismus; zweiformen von Radicalismus in der deutschen Arbeiterbewegung*, 1976, Francfort, Verlag Roter Stern。在美国,基于1930—1960年阶段的一项研究将移民率与接受某种既高度政治化,又符合民主美国理念的统治形式的思想倾向之间的积极关联予以拆分;D. Gordon, "Immigration and Urban Govermental Form in American Cities", *American Journal of Sociology*, 1968。

要的,"出生于外国的选民团似乎为共产党的成功做出了贡献"。①

一些方法论问题

大规模移民已经导致国家许多地区人口结构方面的真正波动,尤其是北方省、洛林大区和东南部地区。要想度量这一中断产生的所有社会影响,就要反思那些随意的,被错误定义的概念,包括"传统"、"种族"、"集体记忆"。大量使用这些概念的多数研究都完全而简单地无视移民的历史现实。当埃马纽埃尔·托德(Emmanuel Todd)和埃尔韦·勒布拉(Hervé Le Bras)宣称"向北方省和洛林大区矿场的大规模迁移以及工业的诱惑已经成为经济神话的一部分"② 时,他们也非常清晰地阐明了,只对国土内部人口流动感兴趣的研究会导致误解。实际上,男性的流动规模才是这些地区工业史的主要构成元素。在这些条件下,首先应该研究的并不是"持久性"(permanences),而是"中断"(ruptures)。对于以文字档案研究为主的历史学家来说,档案很难发挥突出作用,因为制度和物质的持续性往往会竖起障碍。莫里斯·哈布瓦赫关于"集体记忆"著作中,其方法论方面的兴趣在于他所谓的"真实历史"(l'histoire vécue)和"习得历史"(l'histoire apprise)之间的关键区别。③ 他强调书面历史——历史学家的历史,这种历史被保存于文本中,拥有自己的记述逻辑和选择过去现象的逻辑,拥

---

① S. Bonnet, C. Santini, H. Barthelémy, "Appartenance politique et attitude religieuse dans l'émigration italienne en Lorraine sidérurgique", Archives de Sociologie des religions, 1962; S. Bonnet, Sociologie politique et religieuse de la Lorraine, A. Colin, 1972. 关于瓦尔省, J. Girault, L'Implantation du parti communiste français dans l'entre-deux-guerres, Éditions sociales, 1977, p. 283 sq. 关于美国第二代政治行为的研究, C. S. Sabel, Work and Politics, Cambridge, Cambridge Univ. Press, 1982; P. Friedlander, The Emergence of U. A. W. Local, 1936 - 1939. A Study in Class and Culture, Pittsburgh, Univ. of Pittsburgh press. 1975。

② H. Le Bras et E. Todd, L'Invention de la France, UGE, 10/18, 1981, p. 212. 有些移民历史学家从某些只反映部分现实、并据此定位研究视角的原始资料中进行解读,对他们来说,米歇尔·福柯所讲的"民事道德"(morale d'état civil)将是一个非常可怕的障碍。我们知道,"移民"这个词汇本身就含义模糊,因为它指代的是接收国的视角。另外,入籍时简单的司法文书使得原籍的差别神奇地消失了,尤其是在人口普查时。姓氏也不再是一个可以信赖的指示器,尤其是对那些被婚姻美德夺去自己姓氏的妇女来说。

③ M. Halbwachs, La Mémoire collective, PUF, 1968. (1er éd. 1950). 我们可以将这种分析与以下著作对比: J. Goody, La Raison graphique, Éditions de Minuit, 1979, trad. Française, présentation de Jean Bazin et Alban Bensa。

有自己的编辑和传输标准,相对于真实和主体(corps)而言,这些标准尤其与文本所代表的独立有关——与真实历史的地位差别。真实历史不能被任何形式的书面历史"代表"(在所指相对于能指的逻辑中)。被哈布瓦赫称为"集体记忆"的真实历史并不主要根据逻辑的、"科学的"依据选择现象,而是根据带有个体意识的大事件,用他自己的话说就是"记录仪"(appareil enregistreur)进行选择。此外,这种"集体记忆"不主要依存于文字材料,而是有赖于以下事实:"集体记忆"被*社会群体*分享,它深深植根于专属于该群体的空间和时段中,最为常见的是,该群体自我赋予一些制度性和象征性方式以维持这种记忆。我们知道,相对于书面的、有距离的历史而言,**内在的**(incorporée)真实历史很大程度上存在"信息缺失",因而其再现条件要弱许多。怎样才能通过"真实"模式向下一代传送自己脑海中的个体整体呢?这个问题对于移民史尤其重要,因为大多数移民属于工人世界。然而,工人世界却在社会中处于被统治地位,这是哈布瓦赫的共享社会空间概念无法看到的。与文字材料相比,移民遭到的排斥越严重,在阶级标准传输过程中属于真实历史的东西就越重要。但是,具有资本主义社会特征的生产方式的不断变化导致了持续的离乡背井、生活环境的破坏,等等。在法国,1920年代,突然而至的工业化和战争的蹂躏导致了美好时代(la Belle Époque)的工人传统与文化被彻底清除。20世纪之初,手工作坊和居住区是群体记忆的物质载体。以崇尚实用技术和相对于雇主权力与国家的自治为导向的集体价值观,在这个人数众多的大阶级的代际传承中,能相当好地从一代人传给下一代人,至少在行业工人中间是这样。此外,这一时期多次对罢工的镇压也巩固了这种集体认同。流血和牺牲深刻地烙印在工人的记忆中,集体动员强有力地被一些象征性手段激活,比如红旗就被工人组织用来提醒谁是敌人,谁是朋友,甚至无须任何言语示意。这些被莫里斯·哈布瓦赫称为"能使记录仪震动的波动体系"(système d'ondes qui font vibrer l'appareil enregistreur)[1]。第一次世界大战是一场深刻的断裂。很大一部分的集体记忆载体都在风暴中被卷走。在北部和东部,物质毁坏程度相当巨大。各地工人被调遣或动员到前线或战时工厂中。数十万工人的牺牲成为总体不稳定的另一个因素,这种不稳定性是1920年代劳工界的特征。随着牺牲者被外籍劳动者替换,一个经验丰

---

[1] M. Halbwachs, *op. cit.*, p. 33.

富的工人阶级就被另一个没有工业经历的阶级取代了。另外，哈布瓦赫在另一篇文章中明确指出，战争造成了整整一代人大量死亡，这一事实打破了此前一贯的替续顺序。现在的集体标准不再仅是儿子的命运就是父亲的接替者，下一代代表的一场深刻转型，同时也是该时期另一个不稳定因素，就在此中孕育。①

在这种情况下，虽然工人运动是阶级历史得以留存的一个因素，但是这些记录仪与文字记载的运动史所反映的连续性却掩盖了对社会再生产的深刻质疑。工人自治只在底层实现了，这主要是由于"记录仪"被输入了新的"编程"（programmation）。在一个很长的历史阶段内，让人痛心的事件以及由此形成的个体与集体记忆是战争、保卫民族、三色旗。然而当镇压或劳动事故的记忆组建了一个只属于他们的真实历史时，战争的恐怖也助建了民族群体的记忆或更新了记忆的基础。"波动体系"越是服务于占主导地位的整合战略，就越会起到分裂工人阶级，将数十万移民排除在共识之外的作用。② 1936 年 6 月，当工人运动跳出十五年之久的麻木阶段时，纪念性著作、演讲、游行与日俱增，目的是用行动体现工人"传统"的持续性。尽管如此，无论是从社会学，还是文化或政治角度看，他们都是一个突然闯入公共舞台的新工人阶级。

一旦理解法国工业史的这些断裂，我们就再也不能通过"有着自身社会组织和人际关系理念的稳定人群的维持"去解释"人类学持久性"（permanences anthropologiques）了。③ 即便在生活环境和人口密度已完全错乱的地区，在长达一个世纪的间隔后，我们仍能看到在文化或政治行为方面出现惊人的相似性。洛林的布里耶地区（Briey），直到 19 世纪末仍然是广阔的乡村，但在接下来的几十年中却摇身一变成了主要的钢铁冶金

---

① "在我们古老的民族中，尤其是在所有职位都有人担任、人们不比古时进步多少的战前时期，每个人都排着队等着轮到他，年轻人与年老者之间被一个密集的、不可压缩的人群分隔开，这一人群的密度使年轻人有阶梯感：要赶上长辈们就得跨越这个阶梯。"参见 M. Halbwachs, "La nuptialité en France pendant et depuis la guerre", *op. cit.*

② 移民群体有另一部"真实历史"需要纪念。在他们还没有因为驱逐或民族主义压迫被完全雾化之前，他们可以长时间地保存一种强大的活力，在新的土地、新的组织中扎根。这主要是北部波兰人的情况，但在这些群体中也如是，第一代人对所经历事件的价值观难传递到第二代人那里，后者的真实历史由其他因素构成。J. Ponty, *Polonais méconnus. Histoire des travailleurs immigrés en France dans l'entre-deux-guerres*, Publications de la Sorbonne, 1988.

③ H. Le Bras et E. Todd, *op. cit.*

工业区和国家最大的移民中心。尽管如此，1979年，当大规模反对关闭工厂运动爆发时，我们看到所有"传统的"热爱洛林的象征又重新出现了（在洛林的十字标志之后，在游行队伍中紧接着出现了当地民俗展示），对这一现象最常见的解释是"洛林人"对他们"乡土"的眷恋和某种"地方秉性"的"持久性"。过去五年中，我们一直尝试着理解对于很多人来说甚至都不是问题的问题，这些研究令我们渐渐放弃了"传统"、"集体思维"（mentalité collective）概念，转而选择一些法国历史学家不太熟悉的概念，比如"社会再生产"（reproduction sociale），其主要而又富有启发性的优点，是提出了社会的"持久性"，即"寿命"（durée）只能通过潜藏的社会革新实现。要解释这一过程，还应对一些集合实体，如国家、民族、阶级或法兰西再次提出疑问，为的是让个体（或个体间）行为重新具有重要性，并重新思考从个体到集体这一历史进程。① 对于已经被芝加哥学派互动主义社会学家付诸实践的"冲突"概念，我们认为，只要不把它当作新的万灵药，而是作为一种研究工具使用，它就会有丰富产出。在谈到上一代移民的"成功同化"时通常会存在价值判断，历史学家往往不能绕过它们，而使用冲突概念思考移民的历史进程是超越价值判断的一种途径。② 冲突问题之所以不曾存在，并不是因为对"法国化"进程的抵触极少以集体形式呈现，而是由于雅各宾国家意识形态的强权作用，致使档案中没有留下任何集体抵触痕迹。我们在第二代意大利人那里进行的口头调查与文字材料一样，都展示了不同外国团体融入法兰西社会

---

① 在洛林地区进行的有关此主题的研究综述请见：G. Noiriel, *Longwy, immigrés et prolétaire, 1880 - 1980*, PUF, 1984. 该文提出的假设已经成为高地（Pays-Haut）地区的新调研内容，此次调研是与隆维—维耶律特盆地遗产研究协会（Association pour l'étude du patrimoine du bassin de Longwy-Villerupt）合作，由实证研究团体（Mission de recherche expérimentale）资助的。G. Noiriel（dir.）, *Un siècle d'intégration des immigrés dans le Pays-haut lorrain. Approches socio-historiques*, Laboratoire de sciences sociales, École normale supérieure, 1992 (dact.).

② 要评判这种"成功"，我们就不能仅局限于那些祖上就住在法国的群体（"口述历史"的局限性就在于此），而应该考虑来到本国，哪怕是短暂停留的个体整体。企业人事档案登记簿是我们衡量这一群体重要性的最佳资料。在布里尼（Bouligny）（位于默兹省）的铁矿场，在岗职工人数从未超过1800人，但1906—1945年，竟有2.8万个不同姓氏出现在登记簿上！这一数字促使我们思考"法国社会的整合能力"。M. D. Harbulot, *Bouligny, ses mines, ses cités*, Mémoire de Maîtrise, Nancy, 1977 (dact.).

过程的所有冲突方面。① 埃尔温·戈夫曼（Erving Goffman）所做的关于社会伤痕（stigmates sociaux）的社会心理学研究让我们了解到作为社会化要素的冲突的角色。在典型的第一代人中，绝大多数由于背井离乡受到迫害，或者相反，由于与源文化保持联系得到保护，因而更多涉及社会伤痕问题的是第二代人。由于同时分享两种准则：父母代表的原籍国家的准则与自儿时以来一直生活于其中并且知道将在那里度过一生的接收社会的准则。一个世纪以来，第二代人表现出一些特殊行为，这些行为可以被视为面对"正常"人对其身份的质疑而表现出的防御机制②，我们可从中提炼出一些常量。最为常见的是，意图抹掉所有差别的个体行为，因为这些差别"让人蒙羞"，比如我们很容易看到的语言或饮食习惯方面的差别。在当代法国，"正常"的主要标准就是属于本民族，正是根据这一标准，个体抵制非正常的想法才会占据首位。不管是比利时移民后裔，还是19世纪末期的犹太人子女，不管是身处1930—1950年代的第二代意大利人，还是二代波兰人，要求归属民族共同体的呼声成了真正的主旋律。那些无须"证明"的人越是反对这一点，他们的归属之声越是强烈，要证明这一点的努力也就越多：拒绝新移民、将姓氏法国化，尤其是两次世界大战时期的爱国表现……好像只有"一腔热血为法国而洒"才能完全抹掉污点。在那些曾经出现规模巨大且同质性强的移民地区，与主流标准保持一致的个体举动，有时就是一个新社会群体隐含的构成因素，与阶级归属同等重要，尽管这一点一般都会被当事人否认。比如在隆维地区，经过二十年大规模移民、战争以及工业入驻之后，老洛林民众共同体分解了，从稳定的30年代开始，新的背井离乡进程接踵而至。以占当地多数的第二代意大利人为核心，一个新的社会群体逐渐组建起来。他们中的典型代表自孩童时期开始，尤其在关键的学习生存阶段，被仇外者打上了拒绝的标记，因而民族认同成为其生活的主要目标之一。我们从中可以看到主要的社会化的集体元素，没有这些元素，我们既无法理解他们对工作的热情

---

① 借助于当地人帮忙搜集的文字材料，我们才可以度量出1930年代排外心理造成的象征性伤害之全部力量，尤其是在被幽闭在"私人"世界的妇女工人中，她们无法拥有工厂或矿场提供的融入机会。有一个很好的文字见证就是两次世界大战之间，美丽城（Belleville）的亚美尼亚人的艰难处境，参见 C. Lépidis, *L'Arménien*, Éditions du Seuil, 1973。

② 当然，"正常的"并不含有价值评判意味。对于埃尔韦英·戈夫曼来说，"正常的或是受过伤的并不是指人，而是指思想", E. Goffman, *Stigmates*, Minuit, 1975, p. 160 (1ʳᵉ éd. 1963)。

——为"法兰西独立"而奋斗的生产者的骄傲,也不能理解他们在抵抗运动中的英雄壮举及其面对考验时对共产党的忠诚。共产党就是在这一代人之中物色了大部分干部,因为他们是协调对工人阶级的忠诚与对民族共同体的依恋的最合适人选,这种地方层面上的民族共同体以热忱怀念抵抗运动为特征。在融入过程中,工作永远是最高的集体价值。这就是为什么关闭冶金工厂和矿场会让他们感到有种被民族共同体抛弃的幻觉。1979年,"洛林冶金工人"走在身穿地方民俗服装的儿童之后游行,并不是为了发扬祖先"传统",而是为了再次公开宣示一种存在争议的归属。

时隔一个世纪,表面上的接近非但不是"人类学持久性"的佐证,就连社会史学的一些主要因素也不见了踪影。移民比重越高、排外行为越是强烈、冲突越是集中、抹平差异的"补偿性"努力越多,这段历史就越难把握。这些情况往往在事后只形成一些痕迹、"裂点",但这些痕迹、"裂点"在社会主体身上留下的却是疤痕。[①]

[①] 1985年7月,曾作为新闻头条的"马努什阳(Manouchian)事件"使公共舆论开始意识到这些"抵抗运动中被遗忘者"的角色,这些人便是外籍战士。然而,对历史学家而言,该问题在媒体上的提出方式很难让人接受,因为这件事又一次要求他扮演检察官角色:查找嫌疑人、揭开秘密,但这样做实际上妨碍了对该现象的真正的科学研究。自从这项研究发表以来,大批关于移民史的著作与文章相继问世。要想对该研究领域有一个整体认识,请参见 M. C. Blanc-Chaléard, "Des logiques nationales aux logiques ethniques", *Le Mouvement social*, No. 188, juil-sept. 1999. 读者还可以参考以下已发表的集体成果结尾部分的参考文献:E. Guichard, G. Noiriel (dir.), *Construction des nationalités* ⋯, *op. cit.*, pp. 371 – 389。今天,对该主题研究状况的时时关注已经实现,参见由 E. Guichard 与 P. Rygiel 创办的网站: www. Barthes. ens. fr/clio。

第四章 民族、族体、民族主义
——一种比较社会—历史学[①]

15 年来，由于面向法律、政治哲学以及多种社会科学的跨学科研究得以实现，有关民族问题的研究被大幅革新。然而，我们也看到，民族研究领域同许多其他领域一样，既有的研究成果纷繁无序。这些成果反映的是极其多样而又不同的旨趣、方法和观点。本章的目的并非是要刻意赋予该研究领域本没有的内在一致性，不想强求将其均质化。从启发性角度看，指出不同方法的区别以及每种方法可以为认识问题整体带来的好处，然后再进一步认清这些方法似乎更好。为了向这个方向迈进，我在这里先列举一个社会—历史学领域的例子，该领域在很长时间内都忽视了民族现象。我首先假设，我们可以使用社会学家与历史学家在研究社会群体时创造的工具来研究民族，以此为起点，再试着从中梳理出问题的主线，这条主线将勾勒出一个有关民族的、集体的、比较的研究提纲。

民族思想的去神圣化

哲学或政治史学、外交史学以及法学自 19 世纪起就给了民族相当重要（甚至特别重要）的地位，而社会史学与社会学却在很长时间内都忽视这一问题。正如埃里克·霍布斯鲍姆最近指出的："在一些古老的国

---

① 除了本书结尾附上的已发表的文章外，本章还加入并扩展了本人在许多会议上提交的有关民族的论述。参见 G. Noiriel, "La question nationale et les sciences sociales", *Université d'été organisée par le réseau HINARME* (Histoire des nationalités, du racisme et des migrations en Europe), Saint-Pierre-les-Nemours, 7 – 11 septembre 1992; "Pour une socio-histoire de la nation", colloque *Construction sociale et symbolique de la nation*, Institut universitaire européen, Florence, 13 – 14 mai 1994; "Nationalism as Collective Action: the Case of France", colloque *Structure, Identity, Power. The Past and Future of Collective Action. Conference in honor of Charles Tilly*, Amsterdam, June 2 – 4, 1995。

家，比如英国和法国，民族与民族主义的发展并没有以太深入的方式被加以研究，尽管它们目前很关注这一问题。"① 这种说法在社会史学界也不是头一次了。30年前，皮埃尔·维拉尔（Pierre Vilar）在有关加泰罗尼亚（Catalogne）的论文导言中，在痛斥有关民族研究的概念之匮乏时，也做出过同样评论。② 在他之前30年，吕西安·弗夫尔就曾万分痛惜大部分历史学家将"法兰西"或"法兰西的"这两个词汇视作明显的事实。③ 当我们回过头看社会学界时，也会看到同样的评价。多米尼克·施纳佩指出了社会学与法学研究在这一领域的差距，这种差距被描述为："在移民与民族方面结构性强而又坚固的法学思维与社会学研究之有限性"。④ 第一次世界大战刚一结束，马塞尔·莫斯就开始抱怨社会学对民族问题的冷漠，在他看来，该问题已经可以构成这一学科的主要研究对象了。⑤

（一）什么是"民族"？

要理解民族现象的社会维度为什么会在如此长久的时间内一直被忽略，就应该审视其思想与行动领域被逐渐概念化与结构化的方式。就其拉丁语本意看，"民族"一词指成员同源的共同体。但从18世纪起，该术语具有了现代含义，即政治含义。美国独立战争、法国大革命、被拿破仑军队侵略的受压迫人民的抵抗，这些都是基本的大事件，在这些事件的影响下，1770—1810年代，这种民族定义一直通用。在民族与公民身份

---

① E. J. Hobsbawm, *Nations et nationalisme depuis 1780*, Gallimard, 1990, p. 11 (1re éd. 1989).

② P. Vilar, *La Catalogne dans l'Espagne moderne*, Flammarion, 1977, t. 1, introduction.

③ "此外，当我们从一段被称为'法兰西'历史之源头开始就使用法兰西人这个术语时，当我们在这段历史进程中继续探讨法兰西人时，我们这样做对么？难道我们不应该关心这些法国人在每个阶段都是谁，不应该详细说明在某一时期哪些是被我们称为属于'法兰西人的'东西，哪些是被我们驱除出法兰西的东西？那些被驱逐者、被分离出去的法兰西人的感觉曾是怎样的？" L. Febvre, *Combats pour l'histoire*, op. cit.

④ D. Schnapper, *La France de l'intégration. Sociologie de la nation*, Gallimard, 1991, p. 26; *La Communauté des citoyens. Sur l'idée moderne de nation*, Gallimard, 1994. 贝尔纳·武塔（Bernard Voutat）在他关于汝拉人（jurassien）（瑞士）冲突的论文中，进一步肯定这一判断，并强调学者在词汇使用上的"不确定性与混淆"以及厘清术语及概念的必要性。B. Voutat, *Espace national et identité collective. Pour une sociologie politique du conflit jurassien*, Le livre politique No. 19, Institut de science politique, Lausanne, 1992, p. 141.

⑤ M. Mauss, "La Nation", op. cit.

(citoyenneté)之间开始建立紧密关联的过程中,美国与法国革命扮演了决定性角色。在法国,民族的共和概念源于反对专制与贵族的需要,该概念被启蒙哲学家(卢梭),尔后又被革命军加以发扬。由此,"主权人民"而不是国王成为了民族实体。西耶士(Sieyès)认为民族是"生活在一部普遍法之下,并由同一个立法机构代表的人们联合体"。① 因此对他来说,民族就是"第三等级",也就是所有那些没有特权的人,他们因此构成一个个体平等的共同体。但他补充道,民族也是在共同生活中完全自主地掌握自己命运的自由人整体。最后,"单一不可分"的民族成为主权人民生活在一起的集体意愿。但这种共和式定义却是不完整的,因为它没有阐明任何可以将一些"民族"与另一些区分开来的标准。其次,1789年,该问题在革命军开始征服整个欧洲之际变得非常重要。很快,"人民拥有掌握自身命运的权利"成了军事占领、暴力、掠夺的合法理由。结果,在遭受这些暴行折磨的受害人民眼中,这些法兰西人民代表就成了压迫者、新的野蛮人。一些呼声高涨起来,号召抵抗帝国主义侵略,颂扬被征服民族人民的传统、文化与历史。在这场动员中,文化因素扮演了非常重要的角色,这在很大程度上是由于18世纪中期以后,反对法兰西文化(古典主义)霸权及其以希腊、罗马为源的运动首先出现在苏格兰,然后是瑞士、德国,最后蔓延至欧洲大部分国家,该运动发生在1789年大革命之前,为欧洲不同"民族"文化中的"蛮族"出身恢复了名誉。②

正是在这种背景下,主要是在德国,产生了被我们称为民族认同的维度。为了证明德意志人民在各个时期的生命力与持久性,一些哲学家,如赫尔德(Herder)与费希特(Fichte)使用了历史、语言、人种志领域论据。但他们也强调民族认同的主观维度。人民精神(esprit du peuple, Volksgeist)是一种"精神原则",它使德意志的民族向往变得合法,这种向往就是在政治上用与法兰西民族同等的名号存在。为了给所有能构成"日耳曼性"(germanité)的认同因素命名,弗里德里希·雅恩(Friedrich Jahn)没有借鉴法式"民族"词汇,而是借助德意志语言资源,锻造了一个新词"Volksthum"(根据当时的拼写方法)。

1770—1830年代,"民族"一词成了革命政治演说的一个主要概念。

---

① Abbé Sieyès," *Qu'est-ce que le Tiers État?*",1789.

② A. -M. Thiesse, *La Création des identités nationales*, Seuil, 1999.

从一开始,该概念就依托于三个要素。首先,"民族"这一术语与*自由*观念密切相关。民族是 18 世纪末以来世界经历的三次大的政治解放形式之核心:从殖民政权下解放(美国革命),从贵族政权下解放(法国革命),从帝国政权下解放(德意志对拿破仑占领的反抗)。但同时也应补充一句,对于一个民族而言,"自由"一下子就意味着该民族要掌握国家政权。正是在这层意义上,民族才能形成"主权人民",这种表达方式完美地表明了民族与公民身份之间的关联。"民族"一词概念化过程的第二个要素是,该词汇一开始就被列入*诉求式*(*revendicatif*) 话语体系中。无论在法式表达中,还是美式或德式表达中,为"主权在民"而斗争标志着现代政治动员时代的开端。斗争者应*提出*一些证明主权在民合理的*论据*,并以此名义发表论说。这样一来便假设了一些标准以区分谁属于本族"人民",谁该被排除在外。**因此,认同维度是民族概念所固有的**。第三,整个 19 世纪,有关民族认同的思考都依托于与人类的类比之上。正如我们在法国的西耶士和德国的雅恩那里看到的,为了证明民族存在的合理性,就要"证明"它涉及"人"①。在审视这类有关认同的论证时,我们发现,它总是建立在标识人类特点的两种认同维度之上,哲学家保尔·里克尔运用德意志语言资源将它们称为"同我性"(Gleichheit) 和 "自我性"(Selbsheit)。② 第一种维度涉及"同类认同"(l'identité du même),我们可以称其为主观意义上的认同。它通过比较完成,这种比较旨在通过与他者对立,勾勒出一些既能将个体定义为某一个,又可以定义为唯一一个的恰当特点。19 世纪为"族体苏醒"(l'éveil des nationalités) 而战的语言学家、语法学家、法学家、民俗学家们所挖掘的正是这种民族认同维度。第二种维度与"自我认同"有关,从个体将自己与自己("我")的形象视作同一的意义上讲,它指的是视为同一个,自己的形象要以时间上的连续性、记忆,简言之就是出现在现在的他的过去为前提。这里涉及认同的主观维度,这种维度既包含有意识因素,也包含无意识因素。有一点可以证明这种主观维度:那就是以"表明"该民族"从最初到今日"存

---

① 将民族作为一种集体存在,这样的理解方式将得出一些远远超过民族问题的结果。对民族的思考成了一个基准,一种"模具",这可以体现在当代所有政治论说中。但这些论说实际上全部都依托于这样一个预设:所有集合实体,如"民族""国家""人民"等,都是由有思想、有行为的"人"组成。

② P. Ricoeur, *Soi-même comme un autre*, Seuil, 1990.

在之久为目的去研究其起源。在为族体而斗争的过程中，这项任务移交给了历史学家。

我想强调的第三点源自上一点。为民族进行革命斗争需要合理性**证明**（justification）。个体在扮演代言人角色的同时，为了他们坚守的事业，应该提出一些可信的论据（作为某些"证据"或"真理"）。这是欧洲国家指派给欧洲新大学的任务之一。这也是为什么有关民族问题的大部分研究都为政治斗争服务，用以证明当前事业合法或无效。大学教员们表现得像服务人员，他们对民族理想越是虔诚，民族理想越是能带来证明其社会升迁合理的民主价值观。

（二）"法式"定义与"德式"定义：转换与比较

为了进一步说明上述观点，我想在那场著名的有关民族的"德式"定义与"法式"定义的拉锯战上驻笔片刻。这场"德意志思想"（认同优先）与"法兰西思想"（公民身份优先）的对抗，在我看来，源自一种肤浅的比较研究法，该方法深化了纯法式的民族预设。事实上，从一开始，民族思想就在轻巧地跨过民族边界，在整个欧洲范围的一些交流和参照中发展。正如前文所述，德国哲学家的思想已经深刻地烙上了法国大革命时期的民族主权原则印记。刚开始，为德意志民族而战体现着1789年理想。介入这场"Volksthum"斗争的一大批作家、哲学家和博学者［弗里德里希·雅恩和格里姆（Grimm）兄弟就属于这类人］全身心地投入了反贵族斗争中，并参加了德国1848年革命。这里要补充一句，一开始，人们称民族文化为"族体原则"（principe des nationalités），这场旨在恢复民族文化荣誉的运动后来成了世界大团结运动，其世界主义特点也源于此。例如，格里姆兄弟不满足于收集德语故事和民间传统。他们与欧洲那些也在搞同类工作的人建立了联系。正是在这种交流、合作的背景下，法国的作家与历史学家才开始关注法兰西民族的认同特点。德国二十多年前有过一场相反的运动，在那场运动中，他们致力于将德语词汇译成法语。为了翻译 Volksthum 这一术语，他们通过创造"族体"（nationalité）这个新词丰富了民族领域术语，并称这个新词将会有美好前景。

在补充完善民族的共和式定义方面，米舍莱（Michelet）做出了决定性贡献，他根据公民身份标准，为民族添加了认同维度。这位伟大的历史学家对民族主题的思考很好地证明了前文所述的思想逻辑。他也通过人类的类比分析集体认同。米舍莱指出，他的基本假设实际上就是"法兰西是一个人（personne）"。由此，他拒绝接受个体认同的两大组成部分：同类认同与自我认同。为将其阐释清楚，我要对他那部浩瀚的《法国史》的第三卷：《法兰西版图》① 稍作分析，因为该卷中包含后来他要具体展开的问题的要点。在这本著作中，米舍莱从发现法国不同地区开始，首先探查"同类认同"。这使得他在铺好路之后，通过邻近对比，勾勒出"人"的独特之处。他将地理学描述与历史学思考结合，以表明法兰西"民族"的"自我认同"。法兰西的"自我认同"是一种特有认同，它对自己的过去有意识。在一次又一次反对共同敌人的历史斗争中，构成古法兰西的不同"种族"逐渐融合在同一"族体"内（在米舍莱看来，该术语符合今日被我们称为民族认同的东西）。"所有省份在反对敌人的过程中不断增强紧密团结，于是组成了同一族人民。正是通过看到眼前的英国，这些省才感觉到他们是法兰西。作为民族就像作为个体一样，它通过对非它的抵抗认识和区分自己的个性，通过非我意识到我。"② 对米舍莱而言，法兰西是一个发达的有机体，它在一个逐渐加入周边元素的"神经中枢"（首都）的驱动下逐渐发展而成。法国大革命（他认为，以这一主要事件为象征才有了 1790 年 7 月 14 日的联盟节）是民族整合进程完成的标志。借助于这些分析，他肯定，法国是"世界上民族性（nationalité）、民族性格（personnalité nationale）最接近人的性格的国家"。他就此总结说："如果说英国是一个帝国；德国是一个地理意义的国家、一个种族；那么法国就是一个人。"③

以上评价足以得出这样的结论：从一开始，对法兰西民族的思考就远不是在封闭地发展，而是通过参照与对比欧洲其他大民族而逐渐成熟。但这并没有妨碍 19 世纪初"精神原则"观念的出现，这种"精神原则"应在多元主义、尊重差异的逻辑中建立专属于某一民族的认同。米舍莱在法兰西认同方面的思考承载着大革命的进步主义与普遍主义理想。一方面，坚守法兰西认同体现在以解放所有民族为目标的世界性斗争中。另一方面，米舍莱始终强调，法兰西族体并不是一个需要保持的凝固现实，并非

---

① J. Michelet, *Le Tableau de la France*, Olivier Orban, 1987（1re éd. 1832）.
② Ibid., p. 126.
③ Ibid., p. 137.

永远都是一时的样子。在他看来，这意味着在反对守旧力量的过程中要获得，并不断重新获得某种品质。他还指出，各省强烈地标榜自己的过去，这是因为最初的种族特点还没有完全消失。巴黎，作为革命力量总部，作为体现着理性、启蒙精神的首都，曾不断推动反对守旧传统的斗争，目的是让法兰西民族意识到它自己。米舍莱将这种斗争描述为中心与周边、阴影与光芒、过去与现在、坏力量与好力量之间辩证的对立。因为在他眼中，法兰西是这一进程的典型代表，（就其定义来看）该进程没有终点，以至于米舍莱可以断定，法国已经成为"世界的祖国"（la patrie de l'universel）。

"民族之春"是人们表达民主希望的一个临时术语，随着"民族之春"的失败，一个新时代在思考民族的过程中开始了。同样，如果不把有关该主题的论说重新放回欧洲大国之间的论战背景，我们将无法理解这些论说为何发生变化。于是法德争论再一次成为重中之重。1870年，普法战争爆发之际，一些德意志历史学家［主要以蒙森（Mommsen）和斯特劳斯（Strauss）为主］致力于证明俾斯曼（Bismarck）对阿尔萨斯—洛林的兼并意图之合理性。这立刻招致了法国历史学家的反驳［主要以菲斯泰尔·德·库朗热（Fustel de Coulanges）和勒南（Ernest Renan）为主］。与前一阶段的主要区别在于，从此，所有为民族的辩护都服务于国家利益，这件事使得以上这些历史学家进入了以抗议邻国民族野心为目的的论战视野。在与勒南的论战中，斯特劳斯的论证服务于建立在王朝原则之上的贵族体制。阿尔萨斯—洛林从前是皇帝的"遗产"，因此，他认为皇帝现在重新拿回其财产是很正常的。斯特劳斯只是从族体原则中抽取了一些符合这种国家权力遗产逻辑的元素：从历史原因看，阿尔萨斯属于德意志（过去它属于日耳曼帝国），而且还因为那里的人讲德语（或者更确切地说是日耳曼语）。厄内斯特·勒南运用两类论据反驳这种观点。首先，他驳斥遗产逻辑，认为这种逻辑背后掩盖的是对普鲁士君主专制的支持，同时他宣称，在现代世界，族体原则才是指导国家间外交关系走向的基本标准。他给斯特劳斯的回复中写道："很明显，自从人们抛弃王朝合法性原则以后，只有族体权利才能作为各国领土划界的基础，也就是由种族、人们的历史与意愿决定的天然集团。"[1] 这种观点使他得以深入论述第二个

---

[1] E. Renan, *Qu'est-ce qu'une nation?* Presses Pocket, 1992, p. 120 (1re éd. 1882).

论据：族体原则应依据一个主要标准，这个标准就是"归属感""生活在一起的意愿"。勒南补充道，在现代世界，任何国家都无权对某个个体说："你属于我，你得为我所用。"因此，最终的决定力量将是阿尔萨斯人和洛林人，让他们决定自己的命运。勒南明确否定德意志历史学家的"族裔"（ethnique）论证，他的光荣在于捍卫了一种始终忠于民主原则的民族认同概念，而"族裔"论证后来则被纳粹主义发展成为其帝国主义野心辩护的歪理。然而，这不应该使我们对以下事实视而不见：勒南的论证也是迫于法—德论战的背景。① 他是法兰西民族国家利益的代言人。如果我们忘记这一点，就不能理解其民族论说中的矛盾之处，我将通过1882年那场集中了他此前所有民族思想的著名报告会："民族是什么？"指出这些矛盾所在。

如果我们将勒南对民族的看法与米舍莱做一对比，就会发现前者不可否认的保守成分。在勒南看来，建立民族归属的标准是一种"精神原则"，该原则需要"两样东西……一样是对丰富的记忆遗产的共同拥有；另一样是当下的同意、想要生活在一起的愿望、继续发扬共有遗产的意愿"②。为了让它更明晰，勒南重拾起古老的斯巴达歌曲："我们现在是你们的过去；我们未来将是你们的现在。"此后，人们会更加强调这样一个事实：民族认同建立在对死去世界（过去的法兰西人）与存活世界（现在的法兰西人）之间的身份识别之上。这样一来，勒南所捍卫的"日常的全民表决"只涉及那些拥有共同过去的人，也就是那些同"源"的人。于是他的"自我认同"通过参照祖先以及全民表决的延续性被加以定义；而米舍莱则进行了相反的论证，他认为，法兰西民族正是在与其源头的斗争中获得了它的认同。③ 米舍莱注意到，在19世纪，"布列塔尼人的布列塔尼"已经成为一个"完全不同于我们的地方，原因是它过于忠实于其原初状态；*它保留了那么多的高卢元素，几乎看不到法兰西元素*"④。倘若现在我们将以上两位的"同类认同"定义作一对比，会

---

① 正是这场论战使勒南投身于保卫伟大的共和原则，然而在国内政治中，他还是一个重返君主体制的热情拥护者。

② Ibid., p. 54.

③ 这些矛盾解释了为什么在整个20世纪，它可以被动员起来去证明最为对立的观点与利益的合理性（人权捍卫者提出过这些观点，殖民活动集团、民族主义集团、甚至维希政府的贝当元帅也都提出过这些观点）。

④ J. Michelet, *Tableau*, op. cit., p. 32（斜体部分为原作者注）。

发现反差明显。对勒南而言，构建民族认同的"归属感"是大量密度不变的没有混杂在一起的同质元素，尽管这种观点没有明示。这种"归属感"对每个法兰西人都是一样的，无论任何阶级，无论北部、南部、东部或西部。在他看来，哪怕从民族中削减去一个成员，都是对它的整个摧毁。1870 年 9 月，在《两个世界杂志》（*Revue des deux mondes*）的一篇文章中，他惊呼："法兰西要是丢了阿尔萨斯和洛林，法兰西就不再是法兰西了。"① 与勒南相反，米舍莱通过将民族认同定义为与之相反东西的斗争，强调贯穿整个民族的政治感情的**异质性**。他具体说道："德意志人的法兰西……对它的德国母亲抱有感情。"紧接着他又引述道："西部的巴斯克人（les Basques），东部的加泰罗尼亚人（les Catalans）和鲁西荣人（les Roussillonnais），这两个民族的人民实际上既不是西班牙人，也不是法兰西人。"但对他来说，这种民族多样性恰是法兰西民族世界性特点的证明。"这是法兰西的伟大之一，即所有边境地区都存在这样一些省份，它们的法兰西基因中混合着某些外国基因。对德国，有德意志人的法兰西；对西班牙，有西班牙人的法兰西；对意大利，有意大利人的法兰西。"②

这几种思考足以表明，1870 年以来欧洲国家间不断增长的竞争充实了"民族"概念的语义学领域，增加了特殊主义与保守主义含义，而这些与最早为民族事业而斗争的战士们所秉持的进步主义理想却是相反的。然而，有一点是肯定的，这种演变也是民族问题一开始的提出方式造成的逻辑后果，这至少有两方面原因。一方面，18 世纪末以来，民族解放运动与夺取国家政权的斗争紧密连接起来。在这样的条件下，如何避免混淆保卫民族与保卫国家？另一方面，有关这些问题的学术思考一下子全都服从于政治斗争。这样一来，大学研究人员怎能避免成为保障个人收入的国家的利益代言人？

（三）民族问题作为研究对象

1. 实证主义转折

在我看来，民族概念化历史中的第三个重要时刻是 19 世纪末 20 世纪

---

① E. Renan, "La guerre entre la France et l'Allemagne", repris dans *Qu'est-ce qu'une nation?*, op. cit., p. 98.

② J. Michelet, *Tableau*, op. cit., p. 136.

初。其背景特点是对科学的极端迷恋，于是我们看到许多国家出现了学院界相对于政治权力的独立。这场学院界"专业化"运动表现为专业协会增多、新学科比如社会学诞生、科研工作标准系统化，这场运动使得那些伟大的博学家消失，比如米舍莱或勒南——他们既是历史学家、哲学家、作家，又是他们时代的政治斗士——代之以更加专业化的新一代学院研究人员。但这场变化并未终止有关民族认同的思考。在这些制度性变革的影响下，民族不仅被理解为一项要捍卫的事业，而且还是一个研究主题，该主题要遵守作为科研工作主要特点的"客观性"原则。根据不同情况，该原则被解释为两种不同含义。在那些诞生于早期民族斗争背景的学科（比如历史学或法学）看来，客观性主要被视为政治争论中的中立态度。但是，拒绝拥护当下这样或那样的事业却没能阻止政治气候继续*间接*左右学术思想。这方面，法德关系的例子很有说服力。新一代"实证主义"法学家高声宣称要建立一种有关国家的客观理论。然而，很明显，伟大的共和主义法学家们还是想要证明法国大革命原则（尤其是主权在民）的合理性，并以此为基础反对德意志法学家的国家概念，比如艾斯曼（Esmein）或卡雷·德马尔贝格（Carré de Malberg）。政治气候的间接影响还明显地体现在历史学家身上。在19世纪最后几十年，由于外交史学——这个政治史学巡查员——的发展，历史学在大学获得领先地位。史学研究中的民族领域于此前在利奥波德·冯·朗克（Léopold von Ranke，通常被视作现代科学历史学开山之父）的推动下才浮出水面。在"族体原则"一统天下的背景下，朗克从民族史视角去理解全部欧洲历史。民族被视为参与者，它们之间会发生摩擦与和解等。自1870年起，这种范式形成了一个新的研究领域。在法德论战的背景下，国家要求历史学家讲出谁对战争负有责任。1870年后法国卷入了三场战争，每场战争结束后，都会成立一个包括军官、政治领导和历史学家在内的"调查委员会"，为的是让这个悲剧事件"真相大白"。后来对公共舆论有决定性影响的"现时历史学"就是这样诞生的，它的诞生比其命名的正式化要早得多。

2. 地理学角度

为阐明政治领域对学院界民族思想的间接影响，我要列举的第三个例证属于地理学领域。这一新学科也得益于19世纪最后几十年大学的发展，它同样没能逃脱以欧洲强国之间的竞争为特点的政治背景。当然，学院研究的新标准禁止地理学家们仿效勒南，直接参与法德争论。尽管如此，他们还是一下子就陷入了竞争逻辑：捍卫他们的"地理学派"，反对与之竞争的"学派"。德意志学院地理学奠基人弗里德里克·拉特扎尔（Friedrich Ratzel）立足于早期德意志民族事业代言人所捍卫的原则，发展了一门偏向于体质与族裔决定论的地理科学。作为反击，保尔·维达尔·德拉布拉什，这位法兰西地理学奠基人，则以米舍莱展示的人与环境的辩证关系为中心建立起另一种地理学概念。在其最负盛名的著作《法国地理版图》（*Tableau géographique* de la France）①——这不是一个随意的命名——中，维达尔·德拉布拉什试图展示地理学能为法兰西认同方面的思考带来什么。"个性这个词属于人类地理学范畴，属于地理学词汇"，做出这一判断后，他断定，"法兰西是一个人"，这与米舍莱的观点一致。因此，该学科拥有定义人的认同的两种维度（"同我性"与"自我性"）。维达尔·德拉布拉什首先围绕法兰西认同的客观维度［他用面貌（physionomie）一词来指代这一维度，在他的行文中不断出现这个词］展开。②如果说法兰西民族是唯一的，那首先是因为它的"体质特点"。法国位于欧洲西南部，在那里大陆开始收缩，它是地中海、大洋、大陆三股势力的交叉路口。由于这种独特的地理位置，它在地质、气候和文化方面（因为该国家从一开始就是伟大文明思潮相互交汇的地方）拥有广泛的多样性。这就是为什么，"形容法国最为贴切的词汇就是多变"。这种多变体现在法兰西各地区无穷的多样性中，这些"地区"的生命力形成了民族整体的力量与强大。维达尔·德拉布拉什对地方生活的极端重视可从其著作的结构中反映出来，因为其结构是严格按照地区划分的，他解释道，这样做是为了帮助读者"亲身体会这样的地理现状"，这就是法兰西民族的样子。但是，要具体展开"法国地理人格"（书中第一部分的标题），光有"面貌"研究还不够。与米舍莱和勒南一样，维达尔·德拉布拉什也认为，法兰西认同并不是"大自然预先赋予的东西"，它带有深刻的历史

---

① 这部著作是厄内斯特·拉维斯（Ernest Lavisse）主编的巨著《法国史》的第一卷；参见 P. Vidal de la Blache, *La France. Tableau géographique*, Hachette, 1908 (1ʳᵉ éd. 1903)。

② 此后的专业地理学家的水平越是以"技术"见长，越是强调形式。1908年的版本插入了大量照片，维达尔写道，因为有了照片，"拍照的乐趣与观看的乐趣合在了一起"。他还补充道："那种准备要对这些迹象进行辨认时有一种感受连续和渐进的满足感，但这些时刻，在别人眼中，那片大自然却是无声或毫无价值的。"（p. Ⅵ）这种对痕迹解释的颂扬在贝蒂荣（A. Bertillon）发明"体貌特征科学"（science du signalement）之际被再次肯定，"体貌特征科学"就是以痕迹解释为基础，对罪犯和外籍人进行辨认。

印记。但与两位伟大前辈不同的是,维达尔·德拉布拉什不强调本民族过去发生的重大政治事件。相反,他强调现象的社会维度,偏爱人民的日常活动,这些人在几百年内一直致力于对大自然的改造。在他看来,"应该从以下想法出发:一个地区就是一个能量储存库,在那里沉睡着大自然留下的能量萌芽,但这个能量储存库的用途却取决于人类。人类正是在驯服它以为己所用之时展示自身个性……因此该地区也是一个能自我说明、自我辨别的地区,久而久之,它变成了一枚铸有某民族人民肖像的纪念章"。① 他还补充说,因此,我们的祖祖辈辈在土地上留下的痕迹就是民族记忆最确凿的标记,是"自我认同"最合理的依据。这一逻辑解释了维达尔·德拉布拉什极其重视乡村世界以及地区划分的原因。他与勒南都认为扎根(enracinement)是一个决定性因素,正是这个原因法兰西民族才获得了它的认同。但维达尔·德拉布拉什的看法稍有不同,他认为这一点应有地理学实证研究作为支持。"在法国,人与土地的关系有着古老而又连续的独特印记。人类的建筑物很早就在那里固定下来。"由于人类"很久以来都是忠诚于土地的信徒",他们一点点地"在一些地方"获得了"传承的、持续的、也产生于这些地方的习惯"。② 法国乡村世界的多样性不会挑战民族的统一性,维达尔·德拉布拉什写道,这是因为"法兰西用它的同化力量来对抗包围并渗透其中的多样性。它能改造它所接收的东西"。③ 要解释这一进程,就得再一次走入他指引的农村世界。④ 他写道,在法国,同化被这样一个事实简化了:人们在这里看不到太强烈的反差。就景物(paysage)而言,"丰富的类别"可以毫无冲突地将对立的极点(les pôles opposés)连接起来。就社会而言,农民扮演着中间人角色,既因为他们是多种社会阶层(都出身乡村)的汇合点,也因为他们对于土地的依附使其成为代际延续的最好保证。因此,民族统一性的基本因素就在于,在地方生活多样性之外,对于土地,地方上所有乡村人都与祖先保持着同样的关系。正是土地传递了"这种难以察觉的力量,这股力量掌控了我们,我们却对此毫无戒心,这股力量发自我们生境(habitudes)深处,使我们彼此变得越来越不陌生……或早或晚,所有东西都逐渐走入

---

① P. Vidal de la Blache, *op. cit*., p. 6.
② Ibid., p. 1.
③ Ibid., p. 39.
④ 他有关公路网络发展的简要分析不算。

契约。因此，存在一种有益的力量，一种天定轨迹（genius loci），它早已为我们的民族存在做好准备，并能向它传递某种健康的东西"。由于频繁接触这片肥沃的土地，"某种氛围在启发着人们的感知方式、表达习惯、言语和一种特殊的社会性（sociabilité），这种氛围将不同人群聚拢在一起，他们的命运汇集在了法兰西土地上。无须再做其他事来拉近这些人与环境之间的距离"。① 这种来自土地的内在的"同化力量"，最终被定义为"一种浮在地区差异之上的*我所不知的东西*。这股力量可以抵消差异，并将差异化合为一个全面体（tout），但这些多样性还继续保留，并充满活力"。② 这样一来，当法兰西社会被工业化、城市化和大规模移民深刻影响之时，乡村世界反而成了最后的壁垒："我们还认为，我们所经历的大变动将不会触及民族气质（tempérament）的本质"，因为"气候与土壤让我们国家拥有了强有力的乡村结构，这是由大自然与时间浇筑的事实"。倘若地理学的目的是用实证的方式研究所有构成法兰西民族认同的元素，那么它就应该在阐明这些持久元素的同时承担起一种社会功能，加入反对威胁这种认同的集体斗争。因此，维达尔·德拉布拉什宣称："专心研究法国地理条件中那些固定而又持久的东西，永远都是我们的方向。"③

这种论证完美体现了此后共和派学院研究人员理解民族问题的方式。这种方式不再涉及直接捍卫某种政治观点，而是在实证研究之上建立"客观分析"。从此以后，政治领域对学术思想的影响主要体现在对"民族"这一对象的问题化（problématiser）和研究者应该承担的"社会功能"的新定义上。捍卫民族的"我们"，只与一种抗争密切联系在一起，那就是防止工业革命引发的动荡波及乡村世界。对农村世界的颂扬也是反对由蓬勃发展的工人运动引发的新社会斗争的一种方式。正如我们看到的，米舍莱所捍卫的辩证的、进步的民族观已经被静态的、保守的、仅表达字面意义的概念所取代，这种概念与莫里斯·巴雷同时期有关该主题的论述："土地与亡灵"（La terre et les morts）④相近。如果我们审视研究者们的用词，就可觉察到政治形势对学术思

---

① P. Vidal de la Blache, *op. cit.*, p. 49.
② Ibid., p. 50. 斜体部分为原作者注。
③ Ibid., p. 351. 关于这部著作，还可参见 J. Y. Guiomar, "Le tableau de la géographie de la France", in P. Nora (dir.), *Les lieux de mémoire*, Gallimard, 1985, t. 3, Vol. II。
④ 他与维达尔·德拉布拉什一样，后者起初一直是共和人士、德雷福斯派。

74　国家、民族与移民

想的这种冲击。

维达尔·德拉布拉什著作中对起源、扎根和持久性的着迷表现为某些术语的大量使用，而米舍莱从未使用过这些术语。实际上，族性（ethnicité）一词正是那时开始涌现，它主要出现在新生的人文科学领域，这样做很可能是为了提升学科自身的科学性，但主要还是为了指代此后再也不能被命名为"种族"（体质人类学正将其划为己有）抑或"族体"（此后主要被法学家和官吏用来表示国家归属）的那些集体实体。① 我在后文中还会谈及这一点。

我强调维达尔·德拉布拉什著作的主要原因在于其非凡的后续力量。这是学者首次尝试把*社会实践*，而不是政治大事件作为法国认同的决定性因素。② 在20世纪，有两个学科继承维达尔的遗产。首先，《地理版图》（*Tableau géographique*）所论述的问题后来体现在了早期政治学中。在安德烈·西格弗里德（André Siegfried，通常被视为法国政治学"开山之父"）的论文（该论文是献给保尔·维达尔·德拉布拉什的，也是以*版图*形式呈现，目的是"阐明复杂的民族性格"）中，他对法国西部选举行为进行了十分深入的研究。③ 他指出，除了一些局势波动期外，当地的政治选择始终很稳定。这证明在他看来，"虽然各时期的外在表现不太会出现相似的状况，但这些外在表现的背后，却有着持续的存在与感知方式"。这些"方式"反映了"符合法国各地区深层自然特性的政治气质"。这种持久性最终被西格弗里德解释为"族裔性格的神秘性"④。此后，这些预设在其著作，尤其是在其移民研究中产生了更深刻的影响。这里不再强调这个在本书中多次论及的问题，但是值得注意的是，安德烈·西格弗里德一生都坚信，文化只能在"长时段"中通过一代又一代的族裔性格传承而获得。由于对现代世界国家—民族角色的不理解而产生的这些假设，阻碍了西格弗里德对法国社会内部外来

---

① 维达尔·德拉布拉什的著作中有大量对法国各"地区"（pays）"古老的族裔背景"的参考。
② 米舍莱曾说过，显然，在族体方面，"热情来自底层"。然而，对他来讲，政治事件却是法兰西"族体"的主要构成元素。
③ A. Siegfried, *Tableau politique de la France de l'Ouest sous la IIIe République*, op. cit.
④ Ibid., p. 364.

人口同化进程的思考。①

保尔·维达尔·德拉布拉什的奠基性思考还对历史学家产生了很大影响。社会史学支持者从其著作中斩获了一些工具，这些工具使人不得不去思考法兰西民族的过去，但不是通过经典政治史学的那些假设去思考。吕西安·弗夫尔在这方面扮演了先锋角色，主要体现在其地区史的研究中。正是他促成了《年鉴》学派向历史地理学（géographie historique）的转向。在此不是要继续讨论这个问题，而是要强调，费尔南·布罗代尔的最后一本书，即关于"法国认同"的那部著作，可谓是这种思考的成熟之作。② 布罗代尔明确宣布，他不想写成一部"法国史"，因为他的目的是要研究"法兰西的自我掌控"，分析"一种进程、一场反抗自我的斗争，这场斗争注定要永远持续下去"。③ 我们在此看到了米舍莱在为民族认同的开放观念进行辩护时的论调。但是，我们也尤其注意到了维达尔地理学的影响。显然，布罗代尔与维达尔·德拉布拉什的"乡村主义"（ruraliste）视野保有一定距离，对城市历史很是重视，所以他批判维达尔的背井离乡困扰。④ 尽管如此，偏爱景物描写、认为地方生活的极端多样性是法兰西认同的一个特点、不重视国家，所有这些都预示了法兰西历史地理学之父将会在本书中不同章节反复出现。

3. 社会学的窘境

在世纪之交发展壮大的所有新学科中，社会学肯定是从一开始就对民族问题表现得最为犹豫不决的一个。在我看来，这种独特性可通过三个原因加以解释。

首先，我们应该想到，作为学院学科的历史学诞生于19世纪之初的民族解放斗争背景，而社会学要晚出现75年，产生于社会解放斗争背景，

---

① A. Siegfried, *Les Etats-Unis*, A. Colin, 1928, p. 21 et p. 29. 这些考虑体现在涉及"各族人民心理"的不同作品中，在这些作品中，西格弗里德将维达尔的地理学与泰纳（H. Taine）及布特米（E. Boutmy）的研究相结合，后两者于19世纪末期开启了这一领域的思考。在法国和英语国家中，不同思潮都尝试深入论述这些问题，请参见 P. Claret, *La notion de personnalité nationale. Essai d'analyse comparée des théories modernes françaises et anglo-saxonnes*, Thèse de science politique, Bordeaux, 1993 (dact.). 关于西格弗里德作品中的这个方面，还可参见 P. Birnbaum, *La France aux Français. Histoire des haines nationalistes*, Seuil, 1993。

② F. Braudel, *L'Identité de la France*, Arthaud-Flammarion, 1986, t. 1. 作者在该书中运用了《年鉴》学派半世纪的历史学研究成果。

③ F. Braudel, *L'Identité de la France*, op. cit., p. 17.

④ Ibid., p. 112.

与整个欧洲范围内工人运动飞速发展同期。那些学院社会学奠基人不是严格意义上的战士，但都亲社会主义。这一原因可以解释他们为何对"社会阶级"问题抱有更多兴趣，而对有关民族的论说持怀疑态度，在他们看来，这些论说的政治目的，就是复兴被阶级斗争弱化的某种共识。

其次，社会学对民族不感兴趣的原因在于后者一开始就先确定研究对象的这种方式。正如马克斯·韦伯指出，相对于其他学科而言，社会学方法的独特之处，在于其降低"人格化"（personnifiées）结构或降低"物化"（chosifiées）结构的方法论考量，比如国家或人民，其目的是观察在它们背后的社会世界行为人所开展的活动。社会学的基本假设是：集合实体不通过自身表现，因为只有有血有肉的个体才拥有真实生活。这一基本的认识论原则表明了社会学对实证研究的重视，并建立了相对于研究集体存在的学科的概念独立。但是，这种"建构主义"（constructiviste）方法却与其他学科以及政界思考民族的方式公然相悖。正如我们所看到的，所有围绕民族主题展开的论说（包括维达尔·德拉布拉什的地理学和西格弗雷德的政治学论说）共同点在于它们将民族与人类进行类比。今天，这种假设仍然深深扎根在共识之中。它充斥在政客与记者们的所有日常言论中。① 作为一门研究"真实"个体的学科，社会学长久以来始终明确宣示：民族现象不属于它的研究范畴。我们吃惊地看到，20世纪之初以来，社会学家们内化了这一假设，认为"社会群体"不应从诸如职业行为、经济收入、宗教归属等标准出发进行界定。

社会学在民族现象方面保持沉默的第二个原因，在于该学科奠基者们的普遍主义向往。由于无法总结出可以产生民族通用定义的普遍性标准，他们由此得出结论：民族不能成为一个社会学概念。这种思想在马克斯·韦伯有关该主题的作品中表现得十分明显。他确信，同一民族所有成员共同的"客观"特点是不存在的。族裔出身、种族、宗教、语言都不是持久的成分，因为它们之中的任何一个都绝不是民族形成所必需的。韦伯由此总结道，民族概念属于"价值观范畴"。他从中看到了建立在对同一共同体的主观归属感之上的社会关系类型。② 但他马上又补充道，在许多"民族"中，并非所有

---

① 他们是这样说的，"丹麦对欧洲说不"，或"克罗地亚向美洲发出呼吁"，等等。
② 这种被他称为"共同体化"（communalisation）的社会化形式的最好证证是家庭，与之对立的是"基群丛"（sociation），韦伯将后者定义为建立在理性协定以及某种利益妥协之上的社会行为，这种利益妥协通常都以司法协定或法规的形式被制度化。

个体都拥有这种众所周知的"归属感"(他列举了波兰农民的例子,他们在多数情况下并不认为自己与拥有土地并使自己在其间劳作的贵族们属于同一"民族")。马克斯·韦伯还强调,对于实证研究而言,从实践上说,不可能精确度量个体对既定集体的主观加入,这样一来便妨碍了所有为区分不同民族而进行的边界划定。他最后得出了这样的结论:"民族"概念,有如"族裔共同体"一样,"在我们打算具体地将其概念化的时候,就消失了"。当我们研究埃米尔·迪尔凯姆的民族思想时,也看到了同样的困境。1905年,在一次汇集了许多很有名望的学院研究者的研讨会上,迪尔凯姆受邀阐释他对民族的界定。他提到"被某个文化共同体联系在一起,而不是被政治纽带联系在一起的人类集团。人们可以称现在这些群体为族体,或者将未放弃重建理想的曾经的国家称为族体,再或者称正在形成的国家为族体。在有一些情况中,两个群体是合二为一的,比如在法国,这个群体既是国家又是族体。在这种情况下,我建议使用民族一词"。维达尔·德拉布拉什曾对这种定义提出过异议,他向迪尔凯姆提出了瑞士和比利时的反例,而迪尔凯姆对此也予以承认:"我要反对我自己一回,根据我提出的国家及族体定义,应该说德意志族体已经超出了德意志国家范畴,然而德意志国家却仍是一个民族。"最终,由于缺乏论据,他求助于对话者的"感觉"(sensation):"你们没有感觉到以下三种不同现实么:俄罗斯国家;波兰族体;法兰西民族?"

迪尔凯姆的借口表明了早期社会学家们在思考民族时所遇到的另一方面的困难。他们将概念的界定视为旨在对社会生活形式进行**分类**的努力,其视野往往是进化论的。这种做法是受奥古斯特·孔德(Auguste Comte)影响,在以迪尔凯姆为榜样的社会学家那里表现得尤为显著。马塞尔·莫斯就是这种情况,通过对民族的长期研究,他写道:"为了能够给那些历史上曾经出现过的、能够得上民族的社会政治形式以及那些可能现在不是民族、将来也不会是民族,甚至现在都算不上社会的政治形式下定义,让我们赶快对社会生活的政治形式进行分类吧。"他重拾起亚里士多德对"ethne"与"polis"("族裔"与"民族")的古老区分作为进一步论证,用多成分社会(sociétés polysegmentaires)与"家庭的低级类别及动物类别"① 进行比较。

---

① M. Mauss, "La Nation", op. cit. 可能是因为他意识到了这种偏差,所以后来就没有做完有关民族的研究,转而集中到对"文明"的研究上,借助于某些"普遍"准则更容易界定"文明"。

最后这个举例很好地说明了早期社会学家在思考民族时遇到的另一个问题,那就是科学研究的客观性问题。这是社会学独特性的第三个原因(译者添注)。某些尚未获得足够自治,还不能建立属于自己的民族现象科学问题域的学科,如历史学或地理学,间接支持民族现象的政治学研究。很明显,社会学家对这两个学科是持批判态度的。此外,出于与政治学真正保持距离的想法,埃米尔·迪尔凯姆宣布,社会学应与"共识"(le sens commun)决裂。鉴于"民族"一直是政客与记者长篇阔论的对象,我们可以理解为何迪尔凯姆在是否参与这类讨论的问题上会表现得迟疑不决。李斯特(List)在为一本有关德意志民族经济的著作撰写评论时写道:"民族概念确实是一个神秘、模糊的思想。"① 几年后,在上面提到的那次公开辩论中,当人们请他说一下他对"民族"、"祖国"、"民族人民"的看法时,他首先肯定,"最为稳妥的态度可能就是把那些在日常交流中用滥的词汇抛在一边,然后代之以定义明确的新词汇"。但是我们不得不说,社会学奠基者们并未能自始至终地奉行这种可嘉的客观性努力。1905年,埃米尔·迪尔凯姆由于缺乏论据,在大会发言时以这样的话作为结尾:"只有我们研究完法国大革命,只有我们受到某种理性主义训练后,才能看到这样的事实:法兰西的凝聚比其他民族都要早。"② 这种推论远没有为民族现象的科学认识提供助力,而仅使纯法兰西的"大民族"偏见得以维持。③ 马克斯·韦伯关于此主题的思考表现了同样的矛盾。他以混淆"信念伦理"(l'éthique de conviction)与"责任伦理"(l'éthique de responsabilité)④ 而告终[参见1895年5月他在弗里堡大学(université de Fribourg)的课堂上猛烈抨击波美拉尼亚的波兰人的言辞]⑤。

---

① É. Durkheim, *OEuvres*, op. cit., p. 148.
② Ibid., vol. 3, pp. 178–186.
③ 尽管如此,该时期迪尔凯姆还是在法国积极地反对民族主义偏见。在另一篇文章中,他确实说过,"民族自尊不止一次地闷熄了人类团结的声音"。Ibid., Vol. 3, p. 161.
④ 信念伦理主张,一个行为的伦理价值在于行动者的心情、意向、信念的价值,它使行动者有理由拒绝对后果负责,而将责任推诿于上帝或上帝所容许的邪恶。责任伦理认为,一个行为的价值只能在于行动的后果,它要求行动者义无反顾地对后果承担责任,通过后果的善来补偿和抵消为达成此后果所使用手段的不善或可能产生的副作用。——译者注
⑤ 参见 W. Mommsen, *Max Weber et la politique allemende, 1880–1920*, PUF, 1985 (1ʳᵉ éd. 1959).

要想解释社会学与民族问题的艰难关系，就得把所有这些元素汇合在一起，这种苦恼妨碍了社会学领军人将此主题的思考进行到底。马克斯·韦伯原打算在《经济与社会》中用部分篇章论述民族问题，但后来这一部分没有完成。① 同样，马塞尔·莫斯在第一次世界大战结束时，曾拟提纲进行研究，但也没有将分析进行到底，后来他固执地拒绝在有生之年将该提纲发表。②

第二次世界大战后几十年间，社会科学始终没能攻克"开山之父们"遇到的困难。在冷战背景下，许多社会学家变成了马克思主义者，通过他们的研究巩固以下假设：只有"阶级"才是社会现实。那一时期还以去殖民化为特点，在这种背景下，绝不是仅有"民族解放"斗争值得关注。但许多"带有政治倾向性的"学院研究人员却认为这是一项需要捍卫的事业，而不是一个研究对象。③ 矛盾的是，这些革命性研究反而使19世纪的民族主义影响更加深远了，因为这些成果多出于为斗争辩护的目的，而不是去理解斗争。④

（四）1980年代的新情况

1. "建构主义"的胜利

在民族概念史以及一直以来由概念阐释引发的冲突上多费些笔墨是有必要的，因为这一历程既说明了社会科学在研究民族现象方面的落后，又解释了1980年代以来对这些问题的新的研究方向。人们逐渐认识到，民族解放斗争可以发生在民族主义形式最为糟糕、脱胎于反殖民运动的国家。随着这种意识的觉醒，加上马克思主义的衰落，社会科学研究者们又开始投身于将民族问题去神圣化的工作中，而不再纠结于前文所说的社会

---

① 参见 M. Weber, *Économie et société*, op. cit., p. 423 et *Economy and Society*, University of California Press, Vol. 2, 1968 (1re éd. 1922), pp. 921–925。

② 然而，后来我们看到，迪尔凯姆关于"有机团结"的思考以及马克斯·韦伯关于国家的分析却是社会—历史学研究民族时的最大兴趣。

③ 实际上，"左派"对民族的思考从那个世纪初期就已开始，第二国际的战士们，例如考茨基（Kautsky）和奥托·鲍威尔（Otto Bauer）试图弥补马克思主义在该方面的空白。参见 O. Bauer, *La Question des nationalités et la social-démocratie*, Arcantière, 1987 (1re éd. 1907)。

④ 有关这方面请参见 N. Laurin-Frenette, *Production de l' État et formes de la nation*, Montréal, Nouvelle optique, 1978, p. 60 sq. 这种框架在"内部"规划层面被许多学院研究者接受，成为1968年后反对地方主义（为"民族解放斗争"尽力的另一种方式）的保证。该方面更加详细的分析，请参见 B. Voutat, op. cit.。

学奠基者的抉择（要么不谈民族，要么将其作为一项要捍卫的事业）。从1980年代中期开始，民族主义在政治时事前沿（民主国家极右势力的复苏、东欧的族群暴力）来了一个有力的回马枪，于是，许多新研究涌现出来。为了摆脱早期社会学家们所遭遇的困境，后继者们毅然决然地选择了"建构主义"方法，他们的基本原则是：民族是一种社会或象征建构，属于集体表象（représentations collectives）范畴。在法国，这一问题在皮埃尔·布尔迪约（Pierre Bourdieu）的研究中被深入论述过，尤其是在批判"地方主义"的时候。① 要想知道这个或那个大区是否存在，社会学应该将这类集合实体作为使社会力量与冲突利益对立的对抗筹码（enjeu de luttes）来分析，而不是在界定概念的标准上无休止地辩论。这种研究思路在接下来的时间里被反对"族裔"概念的人类学家（尤其是非洲学学者）加以深化："族群"（groupes ethniques）是一个殖民化产物，远不是民族学家（ethnologues）让我们相信的什么明摆的事实。这些人类学家还补充说，在欧洲人到达之前，非洲社会以灵活、"混杂的"认同为特点，这种认同可使个体在群体归属感的管理中拥有很大自由度。殖民国家强迫个体拒绝某种固定认同（民事身份），然后将他们重新安排在"族裔"类别中，继而又将这些"族裔"类别记录下来并制度化。② 关于民族本身的含义，英美人类学家发表了一些著作，这些著作在建构主义方法的推广方面起到了决定性作用。本尼迪克特·安德森（Benedict Anderson）的著作刚一问世就引起了国际反响，他在书中宣称，民族是一个"被构想出的政治共同体"（imagined political community）③。作者将书名冠以同样名称的目的，是想要让读者们相信，民族不是一个"真实"的个体共同体，而是一种集体表象。这种集体表象之所以拥有力量是由于分享它的人们在同一共同体形象中相互承认。他们将它视作一种主权集体，由群体认同的边界划定范围，并在"我们"（共同体成员）与"他们"（所有不属于该共同体的人）之间建立对立。

---

① 参见 P. Bourdieu, "L'identité et la représentation. Éléments pour une réflexion critique sur l'idée de région", *Actes de la recherche en sciences sociales*, Nov. 1980, No. 35, 以及同一期中 C. Bertho, "L'invention de la Bretagne. Genèse sociale d'un stéréotype"。

② J. -L. Amselle, *Logiques métisses*, Payot, 1990.

③ B. Anderson, *Imagined Communities*, Verso, 1992 (1re éd. 1983), 该书被译成法语发表时使用了以下题目：《被构想出的国民》（*L'Imaginaire national*）, la Découverte, 1996。

这些关于民族问题的新解释在赞成跨学科的历史学家那里收到了强烈反响。新的解释为两大研究方向提供了资源，并且这两个方向都受到了历史人类学的强烈影响。第一个方向是将民族放入"集体表象"视角下研究的这股思潮。20 年来，主要的神话史、象征史、形象史、民族仪式史都得到了相当程度的丰富。[①] 在法国，由于有了皮埃尔·诺拉主编的专门致力于"记忆地带"（lieux de mémoire）的出版物，这场思潮才得以闻名于世。第二，民族方面的人类学思想复苏也影响了**微观历史学**（micro-histoire）。支持微观历史学的人将民族视为一种地方互识（interconnaissance）层次上使行为人对立的对抗筹码。在这种视野下，民族，只有在行为人相信其存在，并在互动中将这种信念现实化时才是真实的。

2. 表象历史学与微观历史学的局限

　　由于有了刚刚提到的那两个研究方向，民族问题终于成为社会科学的一个研究领域。然而，我们看到，这些新论题还不能处理民族问题的**全部**方面。我请大家关注这些研究的局限性绝不是要让它们名誉尽失，也不想宣布它们已经"过时"。更谦虚地讲，我想表明，我们可以利用社会—历史学提供的资源来**丰富**它们。

　　有两种批判性反思有助于近一时期对民族现象的深入研究。但首先需要说明的是，这些研究仍未脱离学院研究对学科的划分，这种划分距今已有百年之久，且大有持久化之势。第一种批判性反思与民族的主、客观维度有关，一方面，一些学科，如政治史学、政治学和法学的专家们在民族中看到了那么明显的一个客观实体，因而几乎从不对其产生质疑。而社会科学则把民族理解为一个主观实物，属于"集体表象"范畴。民族的这种客观维度与主观维度之间的对立成了研究的主要障碍，社会角度的移民研究就是一个例子。断定民族只是一个"被构想出的共同体"，就是否定当代国家—民族内部个体融入与同化进程这一问题上社会—历史学视角的

[①] 在此不可能详述这些研究的整体情况，可能仅是一种较平衡的概述。我们仅列举几部重要作品：E. J. Hobsbawm et T. Ranger, *The Invention of Tradition*, Cambridge, Cambridge University Press, 1983；还可参阅匈牙利历史学家在中世纪政治理论方面的研究：Jenö Szücs, "Sur le concept de la nation. Réflexions sur la théorie politique médiévale", *Actes de la recherche en sciences sociales*, No. 64, sept. 1986；以及莫里斯·阿居隆（Maurice Agulhon）有关共和国表象以及有关亡灵纪念碑的先锋之作。

恰当性。① 实际上，假如民族真的不存在，何以在这个"被构想出的共同体"内部会产生外来者的融入问题？但是，另一方面，移民历史学家也不能重新采用民族的那些"物化"定义。我在多个场合都试图表明以上这一点，同样，我还想指出，将法兰西民族视为一个"人"的做法，妨碍了历史学家对移民过程的重视。为了避开这两处暗礁，社会—历史学家应推广新的跨学科形式，这样可以使民族的主观维度与客观维度联合起来，而不是使它们对立。

社会—历史学家有权提出的第二种批判性思考，针对的是对民族现象感兴趣的不同研究思潮，因为它们不重视个体与民族共同体之间的关系。前文提到的本尼迪克特·安德森的书在这方面就有所体现。民族不是一个真实社会实体，因为不可能从中提取出能作为成员整体共同点的客观元素（语言类型、宗教类型等），以这一原则为基础，安德森总结道，界定民族的恰当标准存在于"集体意识"层次："当（成员中的）每个人，并且只有当每个人的脑海中都存在他们相互连通（communion）的画面时"②，这个民族才存在。为了证明这个论断，作者援引勒南的话作为"证据"，但他却又在著作第二版前言中否定了这个引述！③ 同时也是人类学"开山之父"的埃米尔·迪尔凯姆，坚决不同意勒南的论断，因为这些论断得不到任何实证性证据的支持。一位杰出的人类学家如此看重实证，让人感到很惊讶。我认为，这可以通过以下事实解释：经验研究从未能以让人满意的方式证明"归属感"的真实性。在宣称民族是一个"想象的共同体"之前，如果说拒绝把语言作为标准（因为比如瑞士人就不讲同一种语言），那么就应该证明其*所有*成员拥有同样的表象、同样的群体形象。本尼迪克·安德森的著作中并没有谈到这一点。实事求是地讲，这类问题并不在他的思考范围内，因为个体/群体关系问题对他而言并不重要（而韦伯则在这方面早有建树，正如我们看到的，正是这个角度使韦伯对民族可

---

① 这种定义很可能会让人以为，对于作者而言，外籍人遭遇的排斥形式是他们"想象"的结果。我们可以从以下这一点看到安德森这种"唯心主义"解释的征兆：书的题目 *Imagined communities* 通常都会被翻译为 *communautés imaginaires*（《想象中的共同体》），但是正确的理解应该是"被构想出的共同体"（*communautés imaginées*）。把"被构想出的"民族变成"想象中的"民族，是在把属于表象的东西变成虚构。

② "In the minds of each lives the image of their communion", *op. cit.*, p. 6.

③ "然而，民族的本质是，所有个体拥有许多共同的东西，但所有人又都忘记了许多东西"，这句话被本尼迪克特·安德森引用。*op. cit.*, p. 6.

以是一个情感共同体的假设产生了怀疑)。这种漠不关心在大部分以"归属感"为出发点去定义民族的研究中都可看到。通常,"归属感"只能在一小部分个体中被观察到(乡村共同体、知识分子群体或政治活动积极分子)。尔后学者们便假设,民族共同体的所有成员也拥有同样的民族归属感。我们看到,那些对表象情有独钟的历史学研究也遵循着同样的逻辑。在《记忆地带》的前言中,皮埃尔·诺拉解释道,他的所有努力都立基于对"我"(阶级的、宗教的等多种多样的个体)和民族的"我们"的认同之上。个体(我)和集体(我们)可以被混在一起,从这个假设出发,他认为,民族是"我们共同存在"的形式。① 对社会—历史学家而言,这一定义遇到了同安德森一样的社会学问题。我们有什么证据可以证明,比如在19、20世纪,所有大众阶层成员都认为自己属于这种民族的"共同存在"?如果不是这样,是否应该得出结论:这些个体不属于民族?同理可推断,正如皮埃尔·诺拉及其合作者们所作的,将亨利四世国立高中的文科预备班作为法兰西民族的一个"记忆地带",实际上就是连最起码的证据都没有却要断言这种象征对所有法兰西人具有同样的意义,对所有巴黎知识分子是这样,对上—比利牛斯山(les Hautes-Pyrénées)地区的农民也是这样。

初看时,我们可能会认为,微观历史学创造了启发性工具填补了集体表象研究领域方法的空白。其拥护者坚持认为,"有血有肉"的个体及其日常实践是他们关注的中心。但实际上,微观历史学对个体/群体关系问题同样不感兴趣。微观历史学家宣布只有应由历史学家研究的社会现实才属于面对面关系的互动水平,由此,他们拒绝思考超越地方范畴的集合实体。他们的想法依托于与历史人类学相反的一种假设。例如,宣布"个体在其行动中创造了民族的社会意义"②,这种论断显然是忘了社会世界的行为人绝没有能力制造或再创造出用于思考和命名民族的语言。即便我们之中的每个人都以特殊的方式获得语言,并有为每个词指定一种含义的能力,那么这种实践也极具局限性,因为我们在与其他人交谈的同时也在为一些词语创造含义,这又怎么能进行相互沟通呢,历史学家这个"职

---

① P. Nora, *Les Lieux de mémoire*, *op. cit.*, p. 653.
② 这句话引自《民族的社会与象征建构》学术研讨会的开幕讲话资料,Institut Universitaire Européen, Florence, mai 1994, *op. cit.* 研讨会的组织者还宣称,"只有通过神话、象征和仪式,民族成员才感觉到民族,民族才存在于个体行为之上"。

业"又怎能存在下去呢？

　　我的目的并非要让这场已经让我颇费笔墨的辩论再继续下去。雷蒙·阿隆在回复那些不承认自己混淆了国家与个体的社会学家们时说道，在他看来，1950年代，"把民族定义为'集体人格'（personnalités collectives）的做法"并非"不合理"。他还补充说，由于"在每个人身上，人格都是生物实况和有意识的意愿的综合，我们可以通过类比，将民族视为'集体人格'，因为如果说集合体不存在固有结局，那么这既不真实也不合乎期望"①。我们最好是承认方法的多样性，而不是延续"唯名论者"与"现实主义者"之间的笔战。如果民族完全可以被视为一种集体实体的话，那么任何认识论原则都不会阻止我们通过思考民族群体内部个体之间的关系，从社会学视角去理解它，社会—历史学家可以通过这一点去反复推敲雷蒙·阿隆的论据。但事实是，到目前为止，极少数研究是在这种视野下展开的，这是证明本书提出的社会—历史学方法合理性的一个充足证据。

3. 社会—历史学贡献

　　现在我想试着具体说明一下社会—历史学可以为研究民族现象做出哪些贡献。鉴于历史学致力于将重大民族研究思潮与社会学建立优先关系，所以我们主要借用后者的分析工具。正如我在前文指出，社会学的任务是研究将人们彼此联结并使他们融入某些群体（经济的、政治的、宗教的，等等）的行为。在这种框架下，社会—历史学家就应在构成同一个民族共同体的所有个体之间的社会纽带的性质方面进行探索。为了能与政客和哲学家创造的定义相适应，我们可以立足于这样一个假设：民族就是声索（或拥有）主权权力（独立国家）的个体人聚合体（groupement d'individus）。这个出发点足以明示社会—历史学能在民族现象方面发掘的两大领域。

　　第一个领域涉及投身于主权斗争的个体的所有相关行为。这一研究领域涵盖了通常被历史学家们称为"族体苏醒""民族解放斗争"等方面。

　　社会—历史学在民族现象方面能够发掘的第二个领域汇集了作为统一的主权民族共同体成员的个体所开展的所有社会实践。在这方面，应该试着理解国家—民族的所有社会学维度。

---

① R. Aron, *Paix et guerre entre les nations*, Calmann-Lévy, 1962, p. 739.

在具体展开这两个大的研究方向之前,我想在一个方法论问题上驻笔片刻,这个问题曾在前文讨论社会—历史学的界定时提出过。我们在后文中将会更好地了解到:此处提出的思路在建构主义逻辑中有着较好体现,如今,在有关民族的社会科学研究中,建构主义可谓一统天下。但这种思路也不承认民族可能只是一个整体"表象"。那些将民族视为"被构想出的"共同体的人提出过两大论据。第一,如果我们想要终结有关"恰当"定义之标准的无休止论战,那么就应该承认,民族只存在于那些将自己与民族视为同一的人的思想中。第二,社会科学研究者应该放弃描绘民族"真实"样子的念头,因为那些卷入民族主义斗争的群体会利用这些"客观主义"定义为其政治斗争辩护。这样一来,所有社会科学都会,甚至可能出于无奈,以担保自己赞同的观点正确而告终。这两个论据并非不中肯。然而,我不认为它们可以完全解释今日人们对集体表象的偏爱。这类方法论问题并不专门针对民族问题,而是针对所有社会群体,所有社会科学在真正地将民族去神圣化之后,就会接受这个观点。我们再谈一下定义的客观标准问题。19世纪末以来,"工人阶级"曾与"民族"一样,成为激烈论战的对象,那场论战也曾使客观定义(建立在"处于生产关系中哪个位置"标准之上)的支持者与主观定义(建立在"工人意识"标准之上)的支持者相互对立。① 同样,政界意欲利用科学研究成果来为其行动辩护,这并不是民族主义的特有问题。所有社会群体(通过其代表)都会卷入为设立有利于自身的标准而进行的斗争之中。一旦研究人员着手于界定工作,他就可能成为裁判(或法官),负责宣示哪些是"真实的"社会群体,哪些是"假的"。显然,当我们研究民族冲突时,该问题尤为重要,因为在给某群体冠以"民族"称谓时,就是在帮助它获得国家权力,这种权力往往意味着数千万个体的生死大权。但无论研究者研究的问题是什么,都不能阻止科学定义的政治用途问题的提出。说得更远些,我认为,将民族定义为"被构想出的共同体"这一事实本身并不是对民族主义的反驳。显然,19世纪以来,民族主义理论家们常常依托于"物化的"、"客观主义的"民族定义为他们的排外宣传辩护。然而,在引用民族的"精神"特点时,他们也从主观性中斩获良多,这里的民族又被视为

---

① 另外,正是由于参照这场关于工人阶级的讨论,吕克·博尔坦斯基(Luc Boltanski)才建议用集体动员形式之分析标准的讨论来代替。

围绕同一集体形象、同一起源神话等形成的一种"灵魂互通"①。此外,从表象角度思考民族的人通常都趋向于认为,建构主义方法足以在研究者与研究对象之间形成反思距离。但是他们虽然绕开了概念界定问题,却也没有逃脱开民族的复因决定(surdétermination nationale)之说。民族研究的主要困难之一在于:相对于研究对象的反思距离尤其难以保持。实际上,除了"无国籍者",所有学院研究人员都隶属于某个民族共同体。我们都属于一种民族语言和民族文化,它们在我们受教育过程中已经被我们内化,并继续左右着我们的感观和世界观。这种情况在历史学家那里产生的效果往往是,他们对从现在的假设出发对过去进行判断的做法持支持态度。在1930年代,吕西安·弗夫尔就表达过对大部分"法国历史"都建立在"终点目的论概念"(la notion finaliste du point d'arrivée)之上而感到遗憾,因为这种方法致使民族国家的形成过程看上去具有武断、偶然的特点。②应该承认,颇为常见的是,历史学家会遇到一种两难窘境。大卫·波特(David Potter)已经表明,历史学家为指明民族独立斗争而使用的词汇问题,以及"自发地"出现在承袭着不同历史学传统的研究者中间的分歧有多么重要。例如,认为马扎尔人(les Magyars)于1848年形成一族"人民"(peuple)的历史学家,在路易·科苏特(Louis Kossuth)组织的反抗奥匈帝国的革命中看到的,就是一场"独立战争和一种爱国行为"。但那些不认为马扎尔人是一族"人民"的历史学家只是将这场起义贬低为"反叛者"组织的一场简单"暴动"。同样,如果反对科苏特的克罗地亚人(les Croates)被定义为"人民",那么科苏特马上就成了"暴君",而那些反对克罗地亚人的措施也就成了"镇压行为"。在相反的情况中,克罗地亚人又可视为祖国的"叛徒"③。因此,当历史学家研究民族问题时,他应该表现得异常警惕,不要站在历史学的回顾视角,这种

---

① 此外,某些理论家根据不同政治背景,从"客观"定义轻巧地跨到了"主观"定义。杰出的法学家乔治·布尔多(Georges Burdeau)就是这样开始他的职业生涯的,在维希政府统治下,他通过"民族—共同体"概念努力为排犹与排外的法律辩护,他将"民族—共同体"视作一个"同质而又等级分明的整体";参见 G. Burdeau, *Cours de droit constitutionnel*, LGDJ, 1942, p. 229。后来他又在第二次世界大战之后宣称,民族只是一个"神话";参见 G. Burdeau, "nation", *Encyclopédie Universalis*。

② L. Febvre, *La Terre et l'évolution humaine*, A. Michel, 1922, p. 323.

③ D. Potter, "The Historian's use of Nationalism and vice versa", in A. V. Riasanovsky, B. Riznick (eds), *Generalizations in Historical Writing*, 1963.

视角会通过接受简单事实,认为征服者有理,而不会去思考历史学家在其中所使用的词汇。正如厄内斯特·盖尔纳(Ernest Gellner)指出,总的来说,我们应该永远记住,得到当今世界正式承认的国家—民族是极少数的历史征服者。如果我们拿语言标准衡量,那么世界上 8000 多个群体都可以正当地成为国家—民族,而它们之中只有不到两百个在联合国拥有席位。这些国家—民族的成功是建立在其他共同体的牺牲之上的,其中有些共同体时至今日仍然是处于"被压迫"状态的"少数人"(我想到的是库尔德人),有的——这是最为多见的——甚至已经在历史舞台上消失。研究民族在世界上出现的过程,不仅仅要研究成功的因素,还要分析失败的原因。

民族独立斗争

(一)"民族"作为政治性群体要求主权

　　社会学为研究社会—职业类别史而创造了一些工具,社会—历史学可以借助这些分析工具来革新有关民族解放斗争的研究。吕克·博尔坦斯基在一部先锋之作中表明,从 1930 年代起,由于广泛的集体动员工作,"干部"已经能够以群体身份出现在法国政治舞台上。而 1920 年代,在法国专业词汇中,甚至连"干部"这个术语都未出现。后来得到这一称谓的个体可谓各色各样,多是通过他们的活动、收入、文化或本地地位而来。但是,在 1930 年代(尤其是人民阵线时期),工人运动的激进化,加上法国社会危机迫使共和国承认"社会合作者"的存在。一些代言人一上来就推出"中产阶级"来保卫企业中处于中间人地位(既不是老板也不是工人)工薪者的集体利益。在承认"中产阶级"诉求合法性之后,国家开始推动这一新社会群体的制度化,这些人获得了一个专有称呼("干部"),为自己争取到了不同的身份标记,尤其体现在着装方式(领带)和举止等方面。该群体代表们有效参与的这一进程,推动了这个由多样个体构成,但大部分人都认为自己是"干部"的整体的同质化和统一。说到底,这种新的集体认同的胜利,影响的是牵涉其中的所有个体的个人认同。

　　我相信将这类分析应用于解释现代民族形成的历史进程是完全可能的。

　　现在,让我们从这个角度审视 19 世纪初撼动欧洲的民族独立斗争。

对研究"国际关系"的历史学家而言,这些冲突表明了"各族体的苏醒"。但社会—历史学家并不同意这种说法,因为它迎合的是 19 世纪初以后,为民族大业而战的斗士们用来自我辩护的观点。"苏醒"一词暗示着"族体"过去就已存在,只不过是"沉睡"的状态。19 世纪之初,这些族体"意识到"了自己的身份,提出了自由与独立诉求。这类分析完全掩盖了这样的事实:这些族体是一个个社会建构,这种建构源于广泛的政治动员工作。① 近期许多研究都表明,后来被视为同一"民族"不可分割部分的个体之间,从一开始就存在着极大差异。在贵族、资产者、农民和工人之间,无论在经济方面还是文化方面(一些人很有学问,而另一些人则是文盲),反差都很明显。另外,他们的宗教、习俗也不同。地方传统通常也因村而变,因为他们所处的正是这些以隔离为特点的农村社会。语言方面也如此,我们知道,19 世纪以前,"民族语言"没有什么意义。在基督教一统天下的欧洲,拉丁语是所有文人共同的正式语言。18 世纪,(凡尔赛宫)的法语才是国际语言。但要是沙俄宫廷或普鲁士国王说法语,法兰西王国大多也不予理会。同样,在波希米亚(Bohême),农民们说捷克语(le tchèque);贵族使用德语。因此,被历史学家们称为"族体苏醒"的整个历史进程始于文化同质化这一广泛的集体工作。众多博学者、语法学家和哲学家被动员起来,将大众语言的书面语固定并体系化,通常,其辐射面几乎不会超过大区范围。1800—1850 年间,有三种书面语言就是这样在巴尔干半岛(les Balkans)北部形成,分别是斯洛文语(le slovène)、塞尔维亚—克罗地亚语(le serbo-croate)和保加利亚语。在同一时期,其他方言,比如乌克兰语(l'ukrainien)和捷克语也具有了"民族"书面语言身份。同时,历史学家还致力于将口头传承的地方传统统一化,以使它们能融入民族的书面历史中,这种历史将负责"证明"其起源之早、文化之久远。其他的例子中,我们可以希腊为例。反对奥斯曼帝国奴役的希腊"民族"斗争激起了欧洲范围内广泛的连带性冲力。历史学家被动员起来证明 7、8 世纪斯拉夫人的入侵并未构成历史中断。他们宣称,这些入侵并没有导致希腊人(les Hellènes)的斯拉夫

---

① 我在以下文章中列举了几个例子:G. Noiriel, "La question nationale comme objet de l'histoire sociale", *Genèses, sciences sociales et histoire*, mai 1991, pp. 72 – 94。关于这些行为人在民族的社会建构中扮演的外交家这一特殊角色,请参见 G. Noiriel, *Réfugiés et sans-papiers*…, *op. cit.*, Hachette, 1998 (1re éd. 1991)。

化，而是相反，使斯拉夫人希腊化了。19 世纪的希腊人可以安心了，他们就是荷马（Homère）的后代。

(二) 族体"苏醒"的神话

族体是社会建构的结果，强调这一事实，可以讲清楚另一个问题，这个问题被研究"苏醒"的历史学家忽略掉了。要想让所有这些不同的、分散的、孤单的个体逐渐隶属于同一"族体"，就应该让他们相互联结起来。换句话说，为了使民族概念成为社会现实、一个全体战士的奋斗目标，就应该事先准备好能让相关个体进行**远距离交流**的工具。在这些工具之中首先也是最重要的显然就是文字。在欧洲，旨在推进"族体原则"的政治斗争与书面文化的传播紧密相连。但这也是当代工业革命的一个政治现象：为使"民族"的所有成员可以真正地远距离交流，应该拥有公路网络、铁路网络，以及使用蒸汽、内燃机或电力的快速交通网络。① 同时还要让个体学习使用这些沟通工具。书面语的传播以及新交通工具的发展加速了社会功能的分化，催生了一个新"阶级"，它由从事"中间人"职业的人组成，他们需要掌握书面文化。于是，有关族体问题的政治斗争与有文化的资产阶级（公务员、大学教员等）紧密联系起来。新文人群体的发展壮大，损害了贵族阶层的利益。在 19 世纪之初的奥匈帝国，几乎所有高层公务员都是贵族。到 1829 年，他们之中有 27% 出身于中产阶级，到 1878 年，该比例是 55%。许多研究都证明，文化资产阶级在民族斗争的发展中扮演了主要角色。② 这就是为什么该社会阶层能涌现出大批参加各种战斗组织、保卫民族独立的人，这些文人以农民和工人的名义说话和做事，而真正的农民和工人的数量却很少。

文人为民族大业而战的理由很容易理解。"主权在民"原则是他们反对建立在出身标准上的贵族和特权阶级、为自身辩护的主要论据。在中欧和东欧帝国中，有时中产阶级成员参与独立斗争是因为其母语没有得到君

---

① E. Gellner, *Nations et nationalisme*, Payot, 1989（1re éd. 1983）.

② 尤其参见 M. Horch, "Social and Territorial Characteristics in the Composition of the Leading Groups of National Movements", in A. Kappeler (ed), *The Formation of National Elites. Comparative Studies on Governments and Non-dominants Ethnic Groups in Europe* 1850 – 1940, Vol. Ⅵ, European Science Foundation, Darmouth, New York University Press, 1992, pp. 257 – 275.

主政体的官方承认,这成了他们职业规划中的主要障碍。① 我们看到,知识分子在民族独立斗争中的作用十分突出,因为他们之中很多人是"双语者"。他们既熟悉统治文化,又与出身阶层保持着联系。这种特殊位置使他们能够以子之矛攻子之盾。这种进程可以在 19 世纪的欧洲观察到,在殖民帝国的民族独立斗争中表现得尤为明显。例如,反抗法国殖民主义的斗士们就是运用 1789 年理想为自己的政治斗争进行辩护。

我认为,以上所述进一步肯定了一件事,那就是通过动员形式的社会学分析去考察族体历史是有意义的。这与此前"干部"例子的共同点在于,不同族体代言人都扮演了重要角色。通过以"民族"名义说话和做事,他们使民族成了真实存在,并且还为此做出了巨大贡献。但同时还要补充一句——这是职业群体案例的另一个共同点——现代民族的建构纵然存在偶然方面,但也绝不是一个完全随意的过程。② 历史表明,不是任何个体集团都能转变为主权民族。大部分情况下,为使独立斗争取得成功,战士们要证明,民族拥有固有的认同(同类认同和自我认同)。但是,这需要有可以证明相关"人民"过去或现在存在的物质痕迹(考古学或档案学的)才行。然而,在大部分情况中,过去的痕迹都是历史的战胜者留下的,是他们掌握着统治权,掌控了文字,建造了宫殿或庙宇。这样一来,我们便更容易理解,为何大部分现代民族会承袭自前民族国家。这些国家留下了它们的历史以及它们所统治的一些人民的痕迹。同时,它们还抹杀了被征服者的过去。以法国为例:自 1789 年开始建构的国家—民族就是从旧制度君主制国家中完美地破壳而出,这个例子很极端。正如我们所知,族裔共同体的广泛多样性有助于早期的聚合(直到中世纪)。但是 16 世纪以后,君主制国家开始致力于扩展王国的领土根基,以推动业已成熟的法兰西岛语言文字的体系化(16 世纪开始,法语成为国家唯一的官方语言),同时也是为了使王国的宗教统一原则获得胜利。这样一来,直到中世纪时期仍然存在的多种族裔文化并没有留下充足的痕迹,以表明接下来的分离运动具有某种重要性。相反,在那些前民族国家没有扮演这种同化者角色的国家中,文化、语言、宗教的错综复杂使得那里的斗士领导的动员形式

---

① E. J. Hobsbawm, *Nations et nationalisme*, op. cit.
② 关于这方面,请参见 A. D. Smith, *The Ethnic Revival*, Cambridge University press, 1981; *The Ethnic Origins of Nations*, Londres, Blackwell, 1986。

建立在竞争原则之上。还需要补充的是，只有当某些个体成员热衷于反对当权者的分裂斗争时，民族聚合的社会工作才有可能进行。在法国案例中，我们不能否认，直到 19 世纪，实际使用的语言都还多种多样，据统计，1880 年，在学校中有一半儿童把法语作为一门外语来学习！① 但是法国与东欧最基本的区别是，在法国，这些地方语言很久以前就已沦为"方言"，只在口头上代际相传，既没有固定的书写也没有在语法上加以体系化。那些本可以致力于地方语言制度化的精英对此不感兴趣，因为从 17 世纪开始，这些地方已经并入君主制国家［这是路易十四为法院协会（la Société de cour）指定的主要功能之一］。在这种情况下，对所有想要社会升迁的人来说，掌握法语就成了一种必要。在中欧和东欧帝国中，由于君主制国家到 19 世纪还没能实现语言上的统一，书面文化的发展使得越来越尖锐的利益冲突呈现出来。由于资产阶级的语言没有得到君主制国家的官方承认，其成员在学业和谋职过程中遇到的挫折越来越多。他们之所以参加民族独立斗争，是希望其母语也成为国家的语言，获得官方认可的合法性，以使自己能够处于掌握该种语言所能得到的社会位置上。②

因此，社会世界被书面文字掌控的最初境遇对 19 世纪以后的民族独立斗争方式很重要。那些没能通过书面文字保住自身文化的群体，大部分都在集体记忆中消失了。相反，当分裂运动反对当前国家的统治时，它们除了借助于这些国家留下来的物质痕迹资源进行动员外别无其他。近期许多有关中、东欧民族冲突的研究都表明，许多斗士都受制于帝国国家官僚主义的行政划分和统计术语。同样的分析对第二次世界大战后去殖民化时期的民族独立斗争也有用。我们看到，那一时期也是如此，最为常见的是，独立主义领导者们捍卫的族裔身份是早先殖民当局不顾地方现实"创造"出来的，正是殖民者推动了地方现实的毁灭。但是，几十年后，这个奠基性时段被人们忘记了，其中包括那些反对殖民政权的斗士，最终，他们用自己努力想要摆脱的政权所创造的"族裔"术语来界定自己。这种内化的力量可能就是在有殖民政权前身的国家—民族中，认同的冲突往往没有其他地方那么明显的原因。例如，在美洲，与欧洲宗主国的决裂就没有使用族体原则作为其合法性证明。通常殖民政权的语言（英语、

---

① E. Weber, *La Fin des terroirs*, Fayard-Minuit, 1983 (1re éd. 1976).

② E. J. Hobsbawm, *Nations*⋯, op. cit.

西班牙语、葡萄牙语、法语）都被新国家领导者保留为民族语言。

（三）"强大政权"的裁判：政治统治的效力与损害

有关民族独立斗争研究的最后一个要点就是评判问题。由社会职业群体的制度化引发的冲突，在最后一刻被相关个体所隶属的国家所了结。斗士们提出的标准的合法性问题但凡关涉民族，都是在国际层面予以解决。在该层面也存在一个基本差异，正是这种差异将西欧、美国与世界上其他国家分开，那就是最强大的国家也是国家—民族最早取得成功的地方，它们不需要国际机构承认其合法性。它们施行的是既成事实政策（必要时使用武力），通过国家间的外交安排实现国际承认。19世纪上半叶是欧洲人制定游戏规则的阶段，接下来世界上所有国家都要接受这一规则。随着国际法的发展，那些强大政权以"人民有权决定自己命运"的名义在民族冲突中充当裁判员。从此以后，对于民族斗士们而言，主要问题将是以其事业的正当性去说服那些强大政权。[①] 如果说斗士们在运用历史或族裔—语言论据上很下功夫，那我们不应忽视，这样做为的是让强大政权承认其斗争的合法性，也就是说，他们也遇到了与后者同样的问题。实际上，民族只有在得到国际法正式承认时才完全拥有主权。一战刚一结束，在威尔逊（Wilson）总统的推动下，族体原则在外交活动中变得比19世纪更具重要性。在重新划分东欧与巴尔干地区边界的1919—1920年《和平条约》的商定过程中，协约国首先推崇的就是这类标准。正是依照这一原则，民族协会（SDN）才尝试通过组织大规模人员迁徙来保护"少数人"权利，目的是在族裔—语言方面将新生国家"同质化"。1923年1月30日在洛桑（Lausanne）签署的《希土条约》也是出于这种目的，强迫定居在土耳其领土上的"希腊"人民离开那里移居希腊，反过来在希腊那里也如是。在出台这些措施时丝毫没有考虑到人们的意愿，关于这一点无须进一步说明。埃里克·霍布斯鲍姆用一种稍带挑衅色彩的话评价过这些做法，他说希特勒是威尔逊原则最激进的拥护者，在消灭犹太人之前，他用武力将数千万不是生活在自己"祖先"土地上的**德意志族人**（Volks-

---

[①] 一般来说，那些强大政权的评判更多出于对时下利益的觊觎，而不是出于对重要原则的尊重。德意志人在为吞并阿尔萨斯—洛林进行辩护时提出的历史论据，当想要获得自治的波兰人引用时就被拒绝了。同样，当利益摆在眼前时，法国也反对全民投票和"人民的权利"。比如1919年，尽管有99%的当地人反对，蒂罗尔（Tyrol）还是从奥地利割离了出去。

deutsche）从德国土地上遣送出去。第二次世界大战后，这一逻辑并没有被立即放弃，数千万德意志族裔的人被捷克斯洛伐克、俄罗斯和波兰驱逐出境。

于是，在两个世纪内，"族体原则"作为一种普遍标准被固定下来，甚至连共产主义国家也接受了。1930—1950年代，民族的欧洲视角由共产党引进。① 更具体地说，中国人继承了斯大林创造的定义，而该定义又是苏维埃从恩格斯那里借来的。这种对民族事实的研究方法自认为是客观的：民族被视为一个拥有统一经济、语言和领土的、历史建构的、稳定共同体。该方法反映了一种历史进化论视角。对斯大林而言，民族是一种比氏族（clan）、部落（tribu）、族体（nationalité）更先进的社会组织形式。在共产主义中国，这种定义在实际应用中成为正式的民族定义。"nation"这一术语（中文是*民族*）就这样获得了很大权威。但是同时，1950年代末，当民族研究所（l'Institut d'étude des nationalités）准备发表一部中国领土上得到官方承认的54个"族别"（ethnies）的历史时，出现了一场激烈的争论。属于中国最广泛族群（group ethnique）汉族的历史学家认为，汉族自古拥有定义民族的四个特点。这种看法遭到了被贬低为"nationalité"（中文为"部族"）的其他族群的反对。形势非常紧张，政权当局害怕不利于国家脆弱的统一，于是共产党中央委员会翻译局一开始就将这两者合二为一。共产党的知识分子与历史学家专注于对俄国以及德国民族著述的解读。最终，他们决定，中国所有的族裔共同体都可被视作"nation"。1980年代，对共产党的依附性比老一代弱一些的中国新一代历史学家发现，实际上，"民族"，这个人们认为十分古老的术语，直到19世纪末才从日本引进并在在中国话语中出现，由此，直到国家开始现代化之时，大量来自欧洲的新事物才得以出现。这个例子在我看来特别有趣，因为它揭示出欧洲人散播他们思维方式的途径的多样化。但这个例子也很好地表明，与民族相关的政治要素的普遍特点。

要理解为什么对族体原则的捍卫会很快导致紧张的政治局势，就应该在头脑中了解以上所有这些元素。在欧洲东部地区以及巴尔干地区，主要是语言、习俗、宗教的错综复杂阻碍着以族体标准为基础的民族国家建

---

① 关于这一问题，参见 J. Thoraval, "L'usage de la notion d'ethnicité dans l'univers culturel chinois", *Perspective chinoise*, 54, 1999。

构。很快，这些论据在各"族体"相互对抗的斗争中成为主要筹码。历史或族裔—语言论据以矛盾的方式被加以利用，目的是划分领土和人民的界限，这个界限所包含的范围也是斗士们想要划定的国家范围。后来，令欧洲充满血与火，并蔓延至全世界的族裔斗争就这样开始了。

社会的民族化

（一）国家—民族：社会学定义

研究民族的社会—历史学家可以发掘的第二个研究方向是社会的"民族化"（nationalisation）进程。要理解这一现象，就不应该研究"民族"，这个以获得政治独立为目标的群体，而应该研究在民族独立斗争取得胜利后，从中走出来的国家—民族。该研究阶段的主要困难，在于理解社会纽带的本质是什么，因为这种纽带将那些属于同一国有化民族共同体的所有个体连接在了一起。社会—历史学家若想理出一条思路，则可以求助于社会学奠基者们对现代国家的研究。正如我们所知道的，对马克斯·韦伯来说，国家是一个具有政治特征的社会集合，其特殊性在于其成员"要求在既定领土上对身体暴力的合法垄断获得了成功"[①]。这种定义将一个法学概念用社会学语言翻译了出来。实际上，自博丹（Bodin）以来，法学家们一直寻求证明，定义国家的基本标准在于主权权力的践行。这种权力通过两种方式表现。一方面，它要求所有遵守国家领导者制定的法律的人服从于它。在这种框架中，国家主权所表达的社会纽带是一种统治关系（命令/服从）。但这种定义还不足以发掘那些使**国家—民族**具有特殊性的东西。要想将它补充完整，就不能再求助于马克斯·韦伯，而应转向迪尔凯姆的社会学。马塞尔·莫斯在第一次世界大战结束时撰写的有关民族的文章中断言，自法国大革命起，"整个社会已经在某种程度上变为国家。所谓主权政治实体，就是全体公民。确切地说，这才是被称为民族的东西"[②] 因此，在这种情况下，起决定性作用的是**公民身份**标准。事实

[①] M. Weber, *Le savant et le politique*, op. cit.

[②] M. Mauss, op. cit., p. 593. 这种定义对于像他投以最大关注的法国一样的国家—民族而言是正确的。如果说该定义没有得到搞民族独立斗争研究的人的认可，那是因为，该定义看上去似乎否定了这些群体是"真正的民族"；这就是为什么我在此建议，将作为以获得政治独立为目标的群体的民族和作为主权共同体的民族进行区分。

上，只有当国家遵守"主权在民"原则的那一刻起，它才能真正变为"民族的"。这里并不是在强调统治，而是在强调团结（solidarité）①。根据让-雅克·卢梭在《社会契约论》中提出的原则，全体公民都要参与他们要遵守的法律的制定，这些法律有助于反对外部威胁、保卫共同体。正是为了这个原因，他们才客观地相互联结在一起。由此我们可以很清晰地看到，是什么将国家—民族与前民族（prénational）的君主制国家区分开来。在旧制度下，王权的合法性建立在（"神权"的）国王与其臣民之间**本质**的不同之上。贵族将自己看作为一个另类"种族"，本质上高于人民。这就是臣民与政治生活保持距离的原因。相反，国家—民族的合法性建立在统治者与被统治者之间没有质的区别之上。他们构成一个平等共同体。但是，由于国家—民族包含数千万分布在广袤领土上的个体，所以公民们不能全部直接参与到政治生活中，不能像古代城邦那样，人们聚集在一块公共广场上作出与共同体相关的决定。在当代社会中，民主通过命令权委托，以间接方式发挥作用。因此，全部政治生活依托于公民间的**远距离关系**（liaisons à distance）。这种关系可以归结为两大类。第一类包括所有"纵向"关系。公民参与国家的政治生活（参与法律的制定）通过以下两方面实现：一方面通过将自身权力委托给以他们名义说话做事的代表，另一方面通过在涉及民事共同体的重大问题方面的意见表达。然而，在国家—民族内部，这些辩论不再可能在公共广场上进行。由于报业、广播和电视的发展，政治交流也同样依托于间接关系。构建民族共同体的第二类远距离关系是"横向的"。公民身份被所有公民法律上的平等原则所规定。社会职业阶层、性别、居住地，无论任何东西都不能蔑视法律。因此，民族国家应该拥有足够强大的国家行政，以便实现遵守同一法律的全部共同体成员之间的相互依赖。

多个原因可以解释这些纵向与横向关系在国有化的民族共同体的社会建构中所扮演的重要角色。首先，这些关系的功能是将民族成员之间的交往**集中**。选举民主的发展导致选举机构数量增多，从地方权力部门（市政府）到中央立法机关（议会）和执行权力机构（政府）。同样，为了使

---

① 这方面就不能求助于马克斯·韦伯了，而应转向埃米尔·迪尔凯姆。在我看来，后者在其有关社会劳动分工的论文中所创造的"有机团结"概念目的就是用社会学语言翻译公民身份概念。

主权人民作出的决定能够有效施行，国家行政也增加了它的机关，以形成一种从底部到顶端极其等级化的"机器"。将国有化民族共同体成员的所有关联集中起来以后，国家—民族构建的间接关系就可以作为"**整体化**"机构发挥作用，有了这些机构，民族才可以被感知，可以运转，像一个"整体"一样。

这些纵向与横向的间接关系之所以变成社会事实，是因为还存在一些让它们存活的媒介。纵向关系被具体化为国家**代表**（当选者）①，而横向关系则被具体化为国家办事员（公务员）。但是，为使界定"主权在民"的政治原则成为事实，还有必要创造出全部物质基础。权力委托过程要等到广泛的集体工作完成后才能真正运作，这项集体工作包括组织全民选举、将选举规则体系化、创造一些可以表达人民意愿的工具（候选者信息清单、选票单、投票箱等）、为代表设立集合场所（比如议会）、创造一些象征（国歌、旗帜、纪念性建筑等）以便为现代民族构建的这种抽象实体赋予一种具体形式。同样，为了使公民平等原则变为事实，国家办事员（官员）应该打造一个完整的底层结构，落实公民之间关联的横向性。这种过程需要在整个民族领土上设置等级森严、分支繁多的国家机器。同时，也有必要将书面交流（官方报纸、法律通告、通报等）体系化，有必要发明鉴别个体身份的正式途径（登记簿、护照②、钢印、档案等），建立办事处（派出所、警察局、各部委等）。如此，我们就能更好地理解为什么国家—民族始于19世纪。由于民族共同体所有成员之间通过国家承载的间接关系的外在形式相互连接，因此民族只能在一个已经广泛掌握书面文字、拥有快速、可靠交通方式的世界中才能作为社会形式得到发展。

（二）作为社会纽带的民族纽带：独立与利益

国家—民族是具有政治特点的社会群体，这种政治特点使参与到同一主权权力实践的所有个体联合在一起，社会—历史学家在作出这样定义的同时，也获得了研究社会民族化过程的方法。在我看来，这一现象在19

---

① 还应该加上那些代表"公共舆论"的记者。
② 有关美国、德国与法国的护照比较史，参见 J. Torpey, *The Invention of the Passport. Surveillance, Citizenship and the State*, Cambridge, Cambridge University Press, 2000。

世纪以来的欧洲史（乃至世界史）上与工业化具有同等重要性。为将这种有些抽象的思考具体展开，我想从更近的距离审视实践维度中的"主权在民"概念。1990 年代，在共产主义体系瓦砾中诞生的新国家—民族通过我们在 19 世纪以来所有国家—民族历史中都能看到的一些基本行为宣示了它们的降临。新国家领导者们的第一个动作是立即采用一些主要手段落实其主权。首先，他们在本地前民族历史阶段的族裔名称中搜索，给自己找一个与被视为"人造的"旧称呼不同的自有名称（比如，"斯洛文尼亚"就是这样在前"南斯拉夫"产生）。这一命名过程（通过国旗、国歌等的选择在一个更具象征意义的层面表现出来）标示着全部外交进程的开端（参加大型国际组织比如联合国、建立使馆等），这一外交进程会将其他独立民族共同体对新国家的承认予以正式化。同时，领导者还会为自己谋得另外两种基本主权要素：创造一种货币和一支民族军队。这些主权行为首先是要把新民族在世界的存在正式化，以保证其政治独立。因为国家主权权力的实践对象是所有那些隶属于它的人，所以它们也有一个内部目标。具体而言，这些行为首先表现为采取措施以实现国家主权领土化。新政府领导人需要频繁启动外交协商以让自己的国家边界被严格确定并正式化。这是获得民族空间的国家进程之起点，关于这个起点，我在后文中还会论述。同时，新国家会采取措施，让生活在疆域内的所有人民遵守自己的法律。这样做意味着独立之前民族事业斗士们伸张的认同原则从此要由国家负责，国家努力将这些原则拓展到它管辖的所有空间和所有人民之中。民族主权工具（货币、军队），在必要的时候，可用来迫使抗拒者服从。众多没有亲身参与到民族独立斗争中的个体从此一下子隶属于新国家。无论他们愿意与否，从此在全世界范围内，都会被集体地指代为领导人指定的名称。今日，当我们谈论"不列颠人"（Britanniques）、"加拿大人"、"法兰西人"时，我们心中想的正是这种制度化的民族定义。无论是否愿意，同一国家的所有成员必须通过交税、服兵役为民族团结贡献自己的力量；如果有必要，他们还应愿意进行战争以及冒着生命危险保卫他们的"共同体"。

在这一阶段，"归属感"并不是定义民族的一个重要标准。绝大多数人自出生时就隶属于一个国家，没有来得及选择。他们只能在长期受缚于并服从于他们领导者的"良好意愿"之后才能解除这种隶属关系。现在，在构成我们个人认同的所有元素中，民族标签依然是最为刚性的一个。我们可以自由更换职业,却不能自由更换国籍(这要得到国家的同意)。这种身份指定的严格性明显表现在战争期间。例如,在法国,直到第二帝国末期,统治者都认为人民并不会真正涉足政治问题中。这就是1870年拿破仑三世拒绝逮捕数百万在本国工作的德国移民的原因,他宣布他是与亲王战争,而不是与人民战争。但在第三共和国时期,公民身份原则的严格施行改变了这种思维方式。1914年,自战争开始以来,政府决定拘禁所有来自战争敌对国的工人,理由是他们是敌对国的代表。此外,德国、大不列颠、美国也实行过同样的做法(尤其是珍珠港事件后对原籍日本的人拘禁)。①

因此,主权民族共同体之所以能将彼此相连的个体聚集在一起,是因为这些个体被迫服从于他们所隶属的国家。于是在这里,社会纽带首先是一种**强制性纽带**(lien *coercitif*)。我强调这一点是因为一般情况下,历史学家以及人类学家总是无视它的存在。② 但的确,倘若只抓住这个强制性因素,那么我们就不能区分开君主制国家与民族国家了。"主权人民"意味着,国家有权在为所有公民服务的基础上施行它的统治。因此,在国家强制之外,应该还有另外一个能让个体归属民族的主要因素:利益。③ 国家—民族的杰出功能之一,是为个体提供保护,这也是它的责任。诺贝尔·埃利亚斯认为,这是一个特别关键的问题,所以他毫不犹豫地把民族定义为现代世界中的"基本生存单元"(unité élémentaire de survie)。为了生存和发展,属于同一国家—民族的个体共同体永远要与两个方面交锋。一方面,为将地方利益中心转换到民族整体层面,它的成员不得不建立更广范围内的纽带,以超越承袭自前民族乡村社会的地方互动和传统范畴。另一方面,国家—民族应在相反的方向采取行动,使此前更广阔范围内的远距离交流适应于民族范围。人们通常会忘记,国家成员远距离交流的工具本身并不是"民族的",因为从一开始,它们就从未与国家—民族专有的主权空间一致过。自古以来,移民、商贸关系、思想交流都是在远远超越现代国家的范围内得到发展。从19世纪起,在自由主义理论家鼓舞下出现的资本主义膨胀,导致这些交流在大范围内突然增多。地方市场在竞争的冲击下纷纷倒闭。货币与薪资关系的延伸损害了乡村社会广泛建

---

① 正是由于参照这一原则,那些 Volksdeutsche(生活在德国以外其他国家"原籍德意志"的人)作为一个类别,在第二次世界大战后被排除在难民保护之外。
② 安德森的主要漏洞,是没有看到法律是人与人之间的间接联结工具。
③ 关于这一点,参见 C. Calhoun, *Nationalism*, Buckingham, Open University Press, 1997。

立在直接交易基础上的生存经济。于是个体在他们的直接环境中再也找不到生存的必要手段，尤其是在失业、生病或年老失去劳动能力的情况下。1880年代的"大萧条"时期，在所有发生危机的国家都出现一种共识：国家—民族从此以后应该提供公民的社会与经济保护，发挥团结原则的作用。人们所说的"贸易保护主义"（protectionnisme），就是为减少更大范围内交流的有害后果而调动民族纽带的一种方式，该方式与（卡尔·马克思所说的）资本主义"无形之手"的延伸相符。社会法标志着福利国家的开端，政府通过颁布社会法实现这种民族团结，同时采取措施保护民族共同体、反对外国商品和劳工的"侵略"。正是在这种背景下，最初的移民法在大部分发达国家盛行起来。另外，政府也会为实现民族团结而强制公民支付贡金或纳税，以便为所有社会措施提供资金，因为这些措施是为全体国民准备的。随着工业革命日益加快人员流动，愈发推动定居在民族领土上的外籍人数量快速增长，这种特权也变得越发正当。从此以后，似乎应该严格区分生活在同一国家—民族领土上全部人口中的国民与外籍人。早期将国籍从司法角度予以体系化的法律几乎全部以此目的制定。①

因此，贸易保护主义的主要后果之一，是在将民族变为一个"存在单元"的同时，赋予民族利益概念一种社会可靠性。这种功能不仅体现在社会保护方面，在外交领域也被具体化：各使馆肩负着向国外旅行的国民提供援助和保护的使命。在战争情况下，每一位公民都知道，整个民族共同体都会被动员起来保护自己。19世纪末起，当历史学家研究民族主义的发展时，往往都倾向于轻视民族利益问题。人们假设，两个世纪以来，数千万不同程度参加过这种集体行动的个体可能最终都是"牺牲品"，在真正的社会利益的性质方面，这些"牺牲品"总是被一些"煽动者"欺骗。如果我们审视民族主义组织提出的那些政治"解决方案"，就会发现，那里只有部分真相（所有这些"方案"到民族内部时都会大打折扣，而民族则成了贸易国际化造就的社会共同体）。但这并不妨碍构成国有化民族的政治群体成员以阶级或社会职业群体的名义捍卫共同利益。例如，所有领取法国法郎的工薪者都不希望他们的钱币像俄罗斯卢布那样

---

① 在法国，人们在19世纪末期才真正开始有能力分辨大众阶层中的法兰西人和外国人。在英国，1905年的《外国人法》（Alien act）也表现了类似的变化。到了1914年战争期间，这些变化被加速并体系化。

不堪一击。同样，我们应该严肃对待劳动市场的保护主义形式，1880年代起，这些形式或多或少地被世界上*所有*国家采纳，不管这些国家是否与"自由主义"挂钩。最强大的国家—民族发明的这些保护技术很可能对20世纪富国与穷国之间不平等的加剧产生重要影响。

（三）作为社会纽带的民族纽带：关于"归属感"

我们似乎应该从个体融入民族共同体的两个主要因素"强制"与"利益"谈起，因为从总体上说，它们在有关民族的争论中被掩盖了。然而，在民族整合（intégration）进程中肯定还存在第三种维度，该维度与著名的"归属感"相关。"归属感"概念越是被错误定义，越是被更多使用，要想将它阐释清楚，就应该在多个层次进行区分。一方面，应再次强调：民族共同体成员彼此间被一种间接关联系统连接。正如前文所述，国家底层结构一方面可以触及同一国家的所有"属民"（ressortissants）；另一方面，也可以在社会主体整体中集中、**整合**（totaliser）所有信息、消息和执政者发出的指令。① 在讨论共同体代言人传达的消息内容之前，应该关注消息传达机制的*形式*。厄内斯特·盖尔纳曾用同样的话强调过该方面的重要性。要想使同样的民族"表象"能够传播到众多作为民族共同体成员的接收者那里，就需要有一个传播同类消息的中央输出者。即便参与者根据各自的关注点与世界观重新解读信息，也并不妨碍所有通过这个交流系统被连接的个体沉浸在一个共同的参照体系中。这种近似性是理解民族"归属感"应该加以考虑的一个因素。为证实这一假设，我将列举国家生活中不同领域的几个例子。

首先，我们要关注的是专属于民主社会的政治实践。19世纪末以来，议会活动与新闻报道的集中化在培植不同民众阶层的民族政治兴趣方面扮演了主要角色。今日依旧如是，在日常生活中，公民看到的信息中满是他们国家发生的各种事情、他们的冠军取得的出色体育成绩等，却少有他们领导人的经历和举动。同时，公民又忽略几乎所有发生在别处的事件，除非与有他们领导人参与其中的国际关系有关。公民对自己国家政治（无论其内容是什么）的聚焦，在19世纪以来国有化民族共同体的分化

---

① 在所有工业化国家，统计工具的发展在民族的整合进程中扮演着主要角色。参见 A. Desrosières, *La Politique des grands nombres. Histoire de la raison statistique*, La Découverte, 1993。

(différenciation）进程中扮演着主要角色。沿着同样的思路，我们应该专注于以下事实：每个国家—民族都创设了一个拥有自己特点的底层交流结构。我们以教育为例，不管教学大纲内容是什么，仅凭建立"民族"教育这一简单事实：为生活于领土之内的全体人民设置同一学制规划、同一语言、同一历史、同一文学，就能促进个体对同一参照共同体的归属感。当然，其他民族主权工具也在这一层面起着作用。在这一方面，货币史的研究具有重要意义。因为它不仅在同一民族领土上，而且也在形式上将生活水平取决于交易市场波动的所有工薪者之间经济上的利害一致性具体化了。货币的发行使资本主义和民族国家都深入全体公民的日常生活：货币的名称（法郎、德国马克等）、刻在硬币或印在纸币上的人物、行为（算钱、找零钱），所有这些"细节"都促进了民族在公民思想中的存在。以至于今日对于出国的旅行者来说最大困扰之一往往是使用一种他们不认识的货币。

当然，那只不过是众多例证中的一个。我们看到，从更广泛的意义上说，体现公民身份特点的原则的实现证明了官僚机构越来越强烈地干涉日常生活的合理性。当人民选出的代表通过一项法律时，国家行政要做出努力以使法律对所有相关个体具有效力。因此，以保证每位民族共同体成员都"符合手续"、保证他们之中任何人都具备"权利人"（ayant droit）资格为目的的行政鉴别工作有极大重要性。然而，该项鉴别工作是在整个民族空间水平铺展开来的。它不能依托于从前小型乡村共同体使用的鉴别形式（互识、面对面等）。国家行政所使用的远距离鉴别需要隶属于民族国家的所有个体事先被证件"掌控"。因而将国家所有属民加以确定、存档、监管的官僚机构的鉴别工作变得越来越重要。在民主社会中，个体只有在出生时正式登记民事信息才能拥有社会生活。[1] 我们将在本书第三部分看到，在法国，这类机构是随着有关取名的新行政法规（全部专有姓氏和名字）的出台而设置的，该法规的目的是把鉴别个人的所有因素（年龄、性别、国籍等）予以体系化。专有姓氏的制度化使一些明显的民族特征确定下来（姓氏的拼写、人名学系统等）。国家对社会生活日益增多的干涉将这一进程扩展到多个领域。伴随社会保险的启动，不同国家设立的机构具有不同特点。每一个机构都使用自己的、往往也是复杂的技术（统筹、凭证、报销方式等），有了这些，

---

[1] 该观点主要在以下著作中被强调过：N. Elias, *La Société des individus*, Fayard, 1991（1re éd. 1987）。

公民不得不逐渐近似起来,这也就帮助他们成为了"国民"。还需要补充的是,福利国家在发展的同时,也增多了"权利人"的种类:社会职业群体、退休者等。这些方面也如是,尽管进程本身是普遍的,但还是根据不同背景具有了不同形式,这样一来也就推动了社会的民族化(nationalisation)。再次以本章开头所列举的"干部"为例,如果我们与德国中产阶级动员过程对比,就会看到很大的不同。"干部"的正式命名并不统一(如何用德语将"干部"翻译出来?),并且法律—行政的划分创造了一些准确地说并不能划入同一种职业行为的种类。

因此,用专属于本国的工具使公民变得近似的做法,在现代社会的民族化进程中发挥了重要作用。但还应走得更远。正如我们刚刚看到的,现今,公民个人身份被他所属的国家予以体系化了。埃米尔·迪尔凯姆指出,在现代世界,个体"从某些方面看也是国家的产品"①。也就是说,在民族社会中,个体与社会群体越来越多地被他们所创建的国家"制造出来"。这方面是当今社会与旧制度下的前民族社会的另一个很大的差别。由于交流方式和行政的脆弱性,"国王的臣民"只与国家维持不规则的、外部的、建立在强制基础上的接触,收税(prélèvement de l'impôt)方式就是一个证明。现代社会则相反,公民不仅与国家—民族有日常接触,而且他们还将它的规范、内部分类、结构予以**内化**,以至于这些东西最终成为他们个体认同的一个组成部分。由于有了这一进程,国家决定性地促进了诺贝尔·埃利亚斯口中的"民族习惯"(habitus national)的形成,这种"民族习惯"是一整套有意识和无意识的安排,在我们的性格形成过程中,这些安排在我们身上同时打上了个体与集体特点的烙印。正如皮埃尔·布尔迪约和米歇尔·福柯的研究所表明的,这是理解国家**象征**效力及其在**征服**(assujettissement)个体过程中的角色的一个主要因素。② 比如,学习一门语言并

---

① É. Durkheim, *Leçons de sociologie*, PUF, 1969, p. 13.
② 米歇尔·福柯是这样定义征服的:"它是一种权力形式,它将个体转变为'sujet',该词有两个意思:通过监控和依附而臣服于他人的被支配者,和通过自我意识或自我认识而从属于自己的认同的被支配者"。M. Foucault, "Deux essais sur le sujet et le pouvoir", in H. Dreyfus, P. Rabinow, *Michel Foucault. Un parcours philosophique*, Gallimard, 1982, pp. 297 – 308. 皮埃尔·布尔迪约认为,官僚主义国家的象征效力在于,"它既在结构形式和特殊机制形式下在客观性中被具体化,也在'主观性'中,或者如果我们愿意这样说,也在精神结构、感知范畴(catégories)和思想范畴的形式下在大脑中被具体化"。P. Bourdieu, "Esprits d'État. Genèse et structure du champ bureaucratique", *Actes de la recherche en sciences sociales*, No. 96 – 97, mars 1993, p. 51。

非只是一种纯智力练习。但这种学习却实现了有效的情感登记：这意味着，学习它的人与教授它的人至少部分地相同。儿童就是这样在他们生命的最初几年获得了一门语言，不仅包括词汇和语法，还有说话的方式。"口音"是这种习惯力量的明显的特殊例证，这种习惯力量也是迪尔凯姆所说的"天然安排"，这种力量在我们身上很难被消除，因为它们在我们的个性中已经扎根。从实践角度讲，同样的分析也可以再应用于国家反复灌输的其他元素。

情感维度在国家规范和结构的内化过程中所占据的位置，解释了为什么一般而言在民族习惯的定型过程中创伤性事件会产生重要影响。在大部分情况下，军事冲突、集体暴力在所有社会阶层中都是传播民族归属感的决定性因素。从这方面讲，欧洲两次世界大战具有核心重要性。在主权在民原则的践行上，所有公民都必须履行其民事义务和参战。所有公民在身体上感受到的痛苦创造了民族集体认同的社会条件，纪念逝者的建筑、纪念仪式及政治讲演在数十年间都在维持这种认同，它们有助于民族融合进程的迅猛加速。对诺贝尔·埃利亚斯而言，"正是在20世纪的两次世界大战期间，最发达工业国家的人口才具有民族特点，并形成相当于民族国家的国家"。①

因此，想要理解民族信息的社会接收问题的历史学家在研究民族信息包含的教育内容之前，应该更多注意民族习惯。在所有国家—民族中，教育、政治讲演、纪念仪式都旨在向公民灌输并在他们之间维持一种由于属于本民族而产生的自豪感。正如我们所看到的，大量研究都涉足这一问题。因此不再赘述。人们反而对以下事实没有足够强调：由于背景、时代、社会阶层的不同，"中央输出者"传送的信息在民族共同体中收到的反应也有大有小。在西欧，出于上述原因，民族归属感在两次世界大战结束伊始达到顶点。今天，在那些集体暴力继续肆虐的国家里，民族归属感依然保存着全部的力量。然而，在太平社会，民族认同却在走下坡路。最为常见的是，引起民族自豪感并伴有情感负担产生的体育。②

（四）民族认同："一种潜在的认同"

只有当我们放弃将"国家"与"社会"对立的老式二分法时，当代

---

① N. Elias, *La Société*…, op. cit., p. 270.
② 关于国家在现代民族定义中所扮演的角色，亦可见 D. Schnapper, op. cit.

社会的"民族化"讨论才具有意义,因为用这些术语探讨民族的国有化进程,会使人们从中看到万能的政治权力对公民的压迫形式。在这些条件下,我们怎样看待"民主"呢?正如我们在前文中看到的,国家—民族在一个远距离关系得到异常发展的时期取得了成功。作为该现象的后果,社会在民族化的同时,也成了壮观的内部**分化**运动的发生地。科技的进步、劳动分工的深化、货币的推广以及受雇阶层的壮大,所有这些具有19世纪末特点的因素,都导致多种新工作的产生。所有个体一下子参与到越来越多样的群体中,他们越来越多地逃脱了专属于地方小共同体(家庭、乡村等)相互依赖关系对他们的监督。书面文化和民族权利的发展积极推进了个体的独立。对埃米尔·迪尔凯姆来讲,社会功能分化的日益增强以及个人主义的盛行使得某种联系机构(国家—民族)的创设成为必要,用以维持个人与越来越独立的群体之间的凝聚力与休戚与共。这样一来,我们就能理解为什么国家与个人自由的发展并不矛盾,它们是同一历史进程的两种形式。

由此可见,民族社会的同化进程十分复杂。由于资本主义没有国界,社会的民族化现象在更加普遍的"工业文明"的同化进程中层出不穷,我们在前文中已经论及过该问题。可以作出这样的假设:电影以及尔后广播—电视的发明,在这方面扮演了决定性角色。它们的发明是对更普遍形象产生认同的不可否认的因素,同时它们也巩固了民族归属感,在这方面,国家权力掌握着对这种工业的控制。20世纪的公民作为生产者和消费者,被吞进今日世界性相互依赖的链条中,导致了认同的重新塑造。[①]然而,隶属国家—民族也并不妨碍其他认同元素:类别、职业阶层、代际、宗教、街区、乡村或地区。鉴于观念层面的国有化民族共同体建立在间接关联体系上,因而归属感只有通过日常生活中个体间的直接关系调解才得以实现。为使个体能够将自己与中央政权传播的民族形象融合为一体,就要让他们能获得这些形象,并将其融入自己的参照体系。这就是为什么,正如说法语的方式有很多一样,对法兰西民族的认同形式根据社会

[①] 同样都为大众汽车工作的德国工人和巴西工人并不操同一种语言,但他们却拥有同样的职业技能,终日进行着同样的动作,为同样的股东效力。

阶层、地方环境、文化背景等的不同也极其多样。①

由此，我们可以这样总结："民族感情"是一种*潜在*的认同资源，个体在某些情况下会调动这种感情，但当他们生死攸关的利益被忽略时，个体又会远离这种感情。这一认同维度以习惯的形式被部分内化，这一事实会产生这样的结果：民族感情可以被那些自称民族利益代言人的人轻易激活。在日常生活中，个体没太意识到这种标签，因为他们生活在自己的民族集团内部，就像鱼儿生活在水里一样。相对于个人认同的其他元素来说，他们自己的这一部分认同处于次要地位。但是，公民发现，当其利益受到其他民族群体"威胁"时（战争、劳动市场的竞争、体育竞技场的竞争），他们就拥有（或他们应该拥有）"民族认同"。当个体为在另一国家暂时或永久生活而迈出民族领土边界时，这种潜在的认同也会在这一相对平和的背景中被唤醒。他会立刻意识到他的"独特性"，不仅因为他需要持有一本"护照"（有时是签证），而且因为他的民族习惯（说话方式、举止等）与他所处国家盛行的框架不符。

（五）对国家—民族建构的历史形式多样性的评论

在前文中，我主要概括了一个社会—历史学分析框架，无论具体情况如何，它都具有可操作性。在所有迈入国家—民族阶段的国家中，主权在民原则的实现都催生了一个社会民族化进程，该进程可以详细研究。在最低限度上，民族共同体要拥有一个用自己名字命名的、自己的国家，这个名字可以使自己在国际舞台上被识别出来，还要拥有一些被推选出来以它的名义说话的代表、一种货币和一支军队。然而，背景不同、时间不同、人物不同，民族国家的建构也呈现了十分多样的方式。在这里，我将只谈论造成这种多样性的几个主要因素。

首先是贯穿建构进程始终的社会力量问题。我可以通过法国与德国的对比说明这一问题的重要性。正如前文所述，在德国，哲学家和作家垄断了有关民族的思考。但在19世纪，贵族阶级仍然让有知识的资产阶级与权力之间保有距离。同时，尤其是在普鲁士，出身贵族的改革家们借助于

---

① 是"底层"还是"顶层"构建了民族表象？在这些框架内，这一问题意义不大。主要问题并不是看民族表象在哪个层次产生，也不是解释*普遍化*进程（正是得益于这一进程，同一民族共同体"形象"才得以在大幅超越个体互动范围的空间内传播开来）。

书面文化的传播和交通进步提供的可能性,准备将国家合理化并使其得到发展。正是由于他们的行动,德意志的统一最终于1870年实现了。无须强调的是:国家的缔造者们并未以族体原则的名义行事,他们巩固的反而是帝国逻辑。例如,俾斯麦(Bismarck)在很长时间内都对民族主义表示怀疑,有关主权在民的言论都被视作为帝国政权的威胁。起初,新帝国(Reich)的"多族类"(pluriethnique)特点(波兰人所占比例很大,还有丹麦人、阿尔萨斯人等一些少数人)不太影响帝国领导者,因为贵族阶级意识形态并不建立在此类逻辑上。然而,族体原则越来越多地得到民心,这激化了内部的政治斗争,对帝国构成了双重威胁。在社会领域,一些要求制度民主化的群体(资产阶级,还有新生的工人运动)提出了民族诉求。在认同方面,"少数群体"的骚动威胁着德意志国家的统一,而后者刚刚勉强站立。正是在这种背景下,自1880年起,帝国政权开始接纳曾经反对的民族原则,目的是使其为反动政治服务。[1] 从此以后,德国社会的民族化加快速度,并导致以下两类措施的施行。一方面,为迎接工业化的挑战,俾斯麦通过建立一套欧洲其他国家都没有的社会法,整合民众阶层。另一方面,考虑到少数群体的存在,帝国推行日耳曼化政策,这种政策尤其冲击了波兰籍群体。

同一时期,德国在族体方面的立法体现在有关德国认同的争论中。为顺利推行日耳曼化政策,帝国政权想要削弱原籍波兰的少数群体力量,于是阻止生活在邻国的波兰人迁入,禁止他们成为帝国的臣民。另一方面,统治者却想与分散在整个欧洲及美洲的德语共同体保持紧密联系。为了达到这些目的,1913年,有关德意志族体的《德尔布吕克(Delbrück)法案》得到通过,该法案直到20世纪末都有效。该法案展示的是国家与民族结合的一种形式,但这种形式与在法国大获全胜的那种截然不同。属于国家,或者更确切地说属于帝国(Reichsangehörigkeit)指的是组成德意志民族(Volkstum)的人,从此以后,德意志民族被定义为建立在血缘关系基础上的共同体。这就是血缘权利(jus sanguinis)成为构成族体唯一标准的原因。纳粹主义正是借由这个突破口在二十年后突然闯入,建立了它的种族法和反犹法,奏响了灭绝茨冈人(Tsiganes)和犹太人(Juifs)的序曲。

---

[1] 参见 C. Calhoun, *op. cit*.

如果回过头来看法国，我们会发现，它的国家—民族的建构是通过两大步完成的。在法国大革命阶段，贵族失去了主要的政治权力，公民的法律平等被《民法》明确地确定下来。第三共和国为民众阶层融入国家提供了便利，并完成了融入进程。因而在法国案例中，有知识的资产阶级以人文主义价值观（联合了爱国主义与保卫人权）的名义，担负起民族国家的建构重任。结果，社会生活的民族化呈现的形式没有德国那么专制（除了殖民帝国时期外）[1]。我们将在此后一章中看到，共和国领导者调动了民族权利所能提供的所有资源来解决工业革命带来的社会矛盾。由此，移民对无产阶级的构成以及旨在保护民族劳动市场的措施的广度都具有了重要性。[2] 在不牺牲民族利益的前提下尊重"共和国价值观"，正是这种观念体现了法兰西民族权利的特点：与德国相比，在地缘权利方面更加开放。

这些国家—民族是否源自前民族国家，也是现代民族共同体建构过程多样性的一个重要因素。在欧洲国家中，国家的悠久性为社会的植入提供便利，也巩固了国家作为内化并固定在社会规范、礼仪规定、行为举止中的民族认同载体的角色。但这种影响对另一些国家就没那么明显，在那些国家中，新生国家—民族不是从更早的国家形式中破壳而出，比如一些"新国家"的例子（美国、澳大利亚）。在直至今日仍然处于极度贫困状况的地方，通常基础设施（公路、沟通方式等）都不足以惠及每个个体，并且国家机器本身也缺乏连续性和力量。在那里，国家很少出现在公民日常生活中，集体表象对于加强民族统一来说似乎至关重要（参见美国国旗的角色）。在许多案例中，国家—民族的建构并未像法国一样，紧随极度集权化进程。德国各"州"和美国各"州"都获得了广泛自治，这些行政实体没有就此提出"主权民族"的身份诉求。在所有这些案例中，中央政权在社会的民族化进程中扮演的角色显然比法国要弱。

---

[1] 以使公民参与到民族生活为目的的措施扩大了民族同化进程。同时也证明了设置统一的底层行政结构的合理性。鲁西荣（Roussillon）地区归属法国（通过 1659 年的比利牛斯条约）以后很长时间，该地区居民还在说国界两边都使用的方言。直到 19 世纪，这一地区的国界还很模糊，没被明确划界。直到第三共和国时期，整合与同化进程才大规模展开，该进程后来将赛尔达尼亚人（les Cerdans）变为"始祖期"的法兰西人。参见 P. Sahlins, *Frontières et identités nationales. La France et L' Espagne dans les Pyrénées depuis le XVIIe siècle*, Belin, 1996 (1re éd. 1989)。

[2] 如果说今天还是这样，有 700 万职位禁止非共同体成员的外籍人担任，那就是在践行第三共和国发明的民族保护战略。

国家—民族建立后的政治重组形式是多样化的另一个因素。由于民族是聚合了各方面截然不同的个体的一个抽象社会共同体，因此，使国家—民族得以建立的组合原则时常遭到不予承认者的反对也就不奇怪了。19世纪以来，出现过两种反对形式。第一种是工人运动，它的蓬勃发展与现代民族处于同一时期。其代言人为构建一个广泛超越民族空间的社会群体而斗争（"全世界无产阶级联合起来！"），他们只考虑阶级界限（无产阶级反对资产阶级）。用这种方式思考社会世界产生的巨大反响，即便没能完全毁灭民族整合进程，也使它延缓或者受到了阻碍。① 关于这一点，我想先列举苏联的例子。② 这是民族建构史上相当例外的一个案例，因为一开始，布尔什维克是想建立一个超民族的"工人国家"。十月革命之后，为了满足散布在苏维埃广袤领土上的众多族群的要求，当权者接受了一些妥协办法，给予分属于 15 个共和国的上百个民族群体制度上的自由。同时，从 1932 年起，合法的国籍成为个体合法身份的关键，它被登记在护照上，并被广泛应用于各种统计中。因此，民族归属从行政上被确定为两个层面：作为领土的层面（15 个自治共和国）以及作为人的法律身份层面。但这两层逻辑之间很快产生了紧张关系。一方面，这些共和国的语言—族裔边界划分从未能达成一致。另一方面，移民、战争、放逐导致许多拥有某一指定国籍的人定居在另一民族领土上。1989 年，有 7300 万苏联人生活在他们的民族领土之外（相当于总人口的四分之一）。这些矛盾酝酿着族裔冲突，后来这些冲突在共产主义领导人再也没有能力控制时爆发了。列宁认为那些民族协定只是暂时的妥协，但它们最终却表现得比苏维埃体制本身更加强大。在此，我们在当代史上有了一个民族逻辑力量之强的新证明。

另一个对民族国家的威胁从一开始就存在，该威胁表现为一些政治思潮：它们不反对族体原则，而是用该原则反对新生国家的领导人。在国家—民族历史上，法国好像是一个例外，在该案例中，君主制国家所实现的同化进程的强度深刻地削弱了地区或族群反对的可能性。最为常见的是，获得独立的政治群体对在语言、宗教、历史方面截然不同的人们行使

---

① 有关该问题在美国历史上的出现方式，参见 C. Collomp, *Entre classe et nation. Mouvement ouvrier et immigration aux États-Unis*, Belin, 1998.

② 参见 R. Brubaker, *Nationalism Reframed*, Cambridge, Cambridge University Presse, 1997.

主权权力的结果，是这些人群不能在国家权力认定的认同标准中实现相互承认。在可能的情况下，统治者会有两种政治战略选择。专制政体领导者（参照前文所述的德国案例）更青睐民族同化的暴力形式，强制推行其语言、历史，有时是宗教，等等。遇到以下情况时又使这种暴力变得更激烈："少数群体"往往以迫害者提出的原则的名义反抗侵略，他们认为民族独立斗争没有结束，他们应继续武装斗争，直到遭受压迫的少数族裔（minorité ethnique）也成为主权国家。

在遵守民主法则的民族国家中，人们采用了更为"缓和"的同化形式（通过向所有人推行同一种民族语言、统一的教育体系等）。在那里，存在对这些同化形式进行限制的力量关系，当语言、文化差别过大，以至于不能无视其存在时，统治者会采用一些制度性安排，保证少数者的权利。总会有一些能使不同"民族"共存于国家—民族之内的协作模式。这方面最好的例子可能就是加拿大，在那里，多个不同"民族"（比如魁北克）都被官方承认，尽管与此同时，联邦机构努力催生一种更广泛的对加拿大国家—民族的归属感。不可否认的是，这种差异的制度化加强了社会的异质性，使今日仍然成为主要政治问题的划分原则持久化了（例如魁北克独立问题，或比利时弗拉芒人与瓦隆人的对峙）。

作为这篇幅冗长的一章的总结，我想强调以下事实：如果我们不把现代民族的历史与国家的历史联系在一起，我们就无法理解现代民族。正如我们所看到的，在19、20世纪，为族体原则而战的斗士们前赴后继，为的是使他们民族的存在能得到国家的保障。同样，主权民族共同体只有在将自己打造为国家—民族时才能存在并持续下去。一些真诚地抱守着共和理想的学院研究者，比如保尔·维达尔·德拉布拉什、安德烈·西格弗里德或费尔南·布罗代尔（他们自己承认）并没能搞清楚法兰西民族认同的建构模式，因为他们首先固执地拒绝思考国家的重要性。这些学者同时也是公职人员，他们的自相矛盾之处在于，他们在景物的多样性中、在土地的友善影响中、在族裔性格的神秘中寻找认同逻辑的秘密，而这一认同逻辑依托的却是他们亲自参与的国家建构。

第二编

差异共和国:国民与外来者

第五章 一个概念的社会—历史学
——"nationalité"[①]在 19 世纪的使用

词语（langage）问题是政治的社会—历史学未来应该深入研究的首要领域之一，这样做至少有三个理由：

第一，从方法论角度看，词语的历史学研究具有基本的战略重要性。除了对社会实践史（histoire des pratiques sociales）本身的贡献外，它还凸显了概念的史实性及其抽象层面，为研究者提供了一些手段，使他可以更好地把握他所使用的概念。

第二，词语的社会—历史学是一个研究领域，它有助于向那些赞成"语言学转向"（tournant linguistique）的历史学家证明：对讲话和表象的分析绝不与社会史学的基本假设相矛盾。实际上，由于被"结构主义"范式掌控，社会史学在近几十年一直对这一问题不太感兴趣。然而，1930年代以后，《年鉴》学派的奠基人开始对词语社会史学大加赞赏，尤其是吕西安·弗夫尔，关于该主题，他撰写的好几篇文章后来都成了"经典之作"[②]。在德国，观念史学（histoire des concepts）逐渐代替了原来的词汇史学（histoire des mots），二十年来前者在发展中得到了巨大丰富。[③]

第三，词语的社会—历史学偏爱表意（signification）在时间中的各种变形，这种偏爱展示了一些可在实践中将这一研究领域与思想史或政治哲

[①] 该词具有多种含义，译者根据上下文分别将其翻译为国籍、民族、族体和民族性。为了与 nation 区分，凡不附法文解释的民族皆指 nation。——译者注

[②] L. Febvre, "Civilisation, évolution d'un mot et d'un groupe d'idées", Première semaine internationale de synthèse, *Civilisation, le mot et l'idée*, Renaissance du Livre, 1930, pp. 1-56; et du même, "Travail : évolution d'un mot et d'une idée", *Journal de psychologie normale et pathologique*, 1948, pp. 19-28.

[③] 参见 R. Koselleck, *Le Futur passé*, Éd. EHESS, 1990 (1ʳᵉ éd. 1979)。

学史区分开来的东西，后两者无视对表意建构有影响的、具有实际意义的决定。雷纳尔·科赛莱克（Reinhart Koselleck）这样说过，对于社会史学，"对于跨越旧时代概念边界的那些社会政治冲突，必须予以把握，这种必需以及对当时谈话者用词的解释"是一个"最低程度的方法论要求"，这是由于"某些延续下来的词汇本身并不能成为事实稳定性的充足证据"。①

我正是在这种框架内讨论"nationalité"概念，同时还会用到现代信息途径为历史学家提供的资源。② 我选择这个术语，首先是由于它含义不清。从常用辞典，比如《小罗伯尔》（*Petit Robert*）（1977年版）中给出的定义看，该词最初是指"某一人类群体作为民族的存在或此种存在意愿，该群体由一个具有领土、语言、传统、愿望的共同体联系在一起。该群体在保持或要求这种存在时，就是一个 nationalité"。米舍莱举例说过，"在布列塔尼，就像在爱尔兰一样，天主教对人们来说像族体（nationalité）象征一样珍贵"，他的例子佐证了以上定义。但"nationalité"还被定义为"作为某一既定民族成员的个人身份"，辞典中列举的例子是"国籍法"（le Code de la nationalité）以及"原国籍"（nationalité d'origine）。正如我们看到的，该词的含义在显示"民族"特点的语义学方面处于对立状态，即"主观"标准（nationalité 是个体对其群体的"归属感"，这些个体被定义为一个具有文化特征的整体）与"客观"标准（nationalité 作为从法律上予以体系化的从属关系）相互对立。同时，《小罗伯尔》辞典给出的定义也显示出一种基本误读。在法律层面，"nationalité"实际上不表示某个人对民族的从属，而是表示对**国家**的从属，我们将在后文中看到，法学家一直以来都对这种混淆表示反对。这些矛盾，远不是研究的障碍，相反，它们点出了这其中的关键所在，因为我们可以将它们看作"nationalité"一词在其历史演变过程中形成的解释冲突的痕迹。该词在语

---

① 参见 R. Koselleck, *Le Futur passé*, Éd. EHESS, 1990. (1re éd. 1979), pp. 104 et 106。

② 本研究的分析素材是从"Frantex"数据库中收集的，该数据库包含了大部分发表于16世纪至20世纪的法国文学大作（约3300篇）。素材中也并非不包含非文学类发表物，只是数量不足。这就是我通过对词典以及法律与行政文书中的"nationalité"一词的解释进行补充的原因。

义方面之丰富，可使我们将其当作一个政治概念加以研究。[1] 我首选这一术语进行研究，是因为它还显示了社会—历史学与其他政治学方法的不同之处。比如皮埃尔·罗桑瓦隆（Pierre Rosanvallon）在近期一部著作中提出了普选制认识史（histoire intellectuelle du suffrage universel），为了不使它被缩减为一部"纯社会史"，他将"其哲学比重"考虑进来，因为在他看来，"纯社会史"是"我们所继承的明摆事实"之囚徒。[2] 但他有关革命时期的思考大部分依托于那时的学者们忽视（"nationalité"）或极少使用（比如"公民身份"[citoyenneté]，在《利特雷》（Littré）辞典中，仍然作为一个新词呈现）的概念。知识史学似乎这样自然而然地接受了已融入词语中的"继承的明摆事实"[3]，而社会—历史学却致力于将这些明摆事实组建为研究对象。要理解这一点为何如此重要，只需越过这片六边形边界[4]即可。当我们试着将"nationalité"翻译为德语时，该概念的多种含义便立刻凸显。如果我们使用它的法律层面含义（"对国家的从属"），就应该使用"Staatsangehörigkeit"这一术语。"族体原则"则可以用"nalitätenprinzip"表示。要想论述 nationalité 一词（在"法兰西特性"方面）的"文化"或"主观"维度，我们将不可避免地使用德语中既表示民族又表示人民的"Volk"派生出的那些术语："Volkstum" "Volkszugehörigkeit" "volkstümlich" ……[5]在英语（和/或美语）中也是如此，不同背景，使用的术语也不同："citizenship" "nationhood" "nation-

---

[1] 的确，正如雷纳尔·科赛莱克指出："当全部表意以及政治、社会经验作为一个整体融入到一个词汇中时，并且当该词汇反过来又被应用于政治社会经验中去以及为了说明这些经验而去应用它时，它就会变成一个概念。" R. Koselleck, Le Futur passé, op. cit., p. 109.

[2] P. Rosanvallon, Le Sacre du citoyen. Histoire du suffrage universel en France, Gallimard, 1992, p. 19.

[3] 这里绝不是要质疑这种研究思潮，而是要将它摆放在正确的位置，同时向大家说明，不仅该思潮不能，其他的思潮也不能单凭自己就阐释清楚政治的所有维度。在我看来，知识史学在宣称"将政治理解为社会自己研究自己的场所"时（P. Rosanvallon, op. cit., p. 20），就已经超越了它原本能产出的知识之范围。但它对行为人用语的漠视却一下使它精心宣示的统合野心遭到失败。

[4] 即法国。——译者注

[5] 有关法—德术语知识关系演变的研究将会使人们看到，不同时代中，法国人如何从两个语义层面出发，去翻译这些词汇，在他们的语言中，这两个语义层面总是距离遥远：其中一个含有褒义，它将 Volk 译为"人民"，将 Volkstum 译为"民众文化"，将 Volkskunde 译为"民俗"；另一个含有贬义，它将 Volk 参照"族裔"来翻译：于是 Volkstum 又回到"特性"或"族群"含义上。

ality"。反过来说，将"citizenship"翻译为"citoyenneté"（大部分辞典都这样翻译）也是不妥的，因为英文的这一术语指代两种事实："nationalité"和"citoyenneté"，这两种事实曾在19世纪末法国法律用语中被仔细区分过。将这两者混为一谈，就是无视公共空间的共和定义的基本方面。

词汇的产生

（一）作为"精神力量"的 nationalité

"nationalité"这一术语是"nation"的派生词，但比"nation"的出现要晚很多，因为（据统计）"nation"的第一次出现是在1270年（其形容词"national"第一次出现是在1550年），而"nationalité"第一次出现于1807年斯塔埃尔（Staël）女士的一本小说中。但是该词只被作者犹犹豫豫地使用了一次："由于拥有双重教育这一罕见背景，也就是说，我有两种不同'nationalité'，*如果可以这样表达的话*，我相信，我命中注定拥有一些特别的长处"（斜体部分是我刻意标出）。① 我们看到，这段话中出现了一个没有下文的语言学发明，因为作者此后再也没有使用过这一术语，甚至在她那本著名的《论德国》（*De l'Allemagne*，1810）中也没再出现，奇怪的是，有人却认为"nationalité"是在后一作品中第一次被使用的。②

斯塔埃尔女士对该术语的传播起到了重要作用，这位作家让德国浪漫主义文学的下一代认识了它。很明显，1825年对《德意志民族性》（*Deutsches Volksthum*）一书的翻译是"nationalité"发展史中的决定性事件，该书由弗里德里希·雅恩于1810年发表。③ 在这部著作中，雅恩——被认为德国"*Volkskunde*"（民族志）奠基之父——打造了他认为会有美好前景的"*Volksthum*"这一术语。在这里，我们看到的是19世纪法、德语言与文化

---

① Mme de Staël, *Corinne et l'Italie*, Londres, Peltier, 1807, p. 395.

② 例如：R. Johannet, *Le Principe des nationalités*, Nouvelle Librairie nationale, 1918, p. 17 以及在国际综述中心（Centre International de Synthèse）关于"nationalité"一词历史的报告中：M. Toledo, *Bulletin international de synthèse*, décembre 1927, No. 4, pp. 9 – 10。

③ F. Jahn, *Recherches sur la nationalité: l'esprit des peuples allemands et les institutions en harmonie avec leur mœurs et leur caractère*, Bossanges Frères, 1825 (1re éd. 1810).

转换之复杂性的一个例证①。像该时代许多其他德国作家一样，雅恩的思考始于一场接纳/摒弃民族的法式革命话语运动。这本书第一章名为："民族性（nationalité）科学的引入"，他写道："将个体团结起来并联合为一个群体的这股力量，连同这些个体共同构成了一个全面体（tout），尔后这种力量会联结更广泛的整体，最终他们的汇聚形成一个更大的全面体：在更显著、更广阔的人类社会中、在民族中，这种统一力量不能被命名为其他，只能是'*民族性*'（*nationalité*）。这是民族的共通性：其常态下的存在方式（其内在本质）、其运动及生活、再生产（reproduciton）的力量、转换的特性。"他补充说，许多纽带将民族共同体成员连接起来，却"没有给个人自由与独立带来损害。在我们的语言以及我所知道的语言中，找不到任何一个词语指代这个东西，它不断被修正，却持久存在，它缓慢增长并长久持续"②。但是雅恩拒绝使用具有法语特点的词——比如"*national*""*Nationalität*""*Nationaleigenthümlikeit*"——来解释这一思想，因为他想将法语词汇日耳曼化："在这里，由 nation（*Volk*）形成 nationalité（*Volkstum*）；由 nationalité 自然而然会走到 national（*volksthümlich*）以及 *volksthümlichkeit*。"雅恩就这样完成了概念的革新，紧接着，译者们便开始努力突破法语的语言局限。为了既"使""*Volkstum*"这一术语更具有新意，又"使"它在"民族"词汇中扎根，洛雷（P. Lauret）将"*nationalité*"作为"*Volkstum*"的对等物。雅恩在前言中颇有预见性地指出了这种做法的不恰当：在本书题名中使用的"nationalité一词，可能会使那些语言纯洁主义者感到不舒服，也不会令那些希望仅通过题名就能知道书中全部内容的人感到满意。但我在我们的语言中找不到一个能表达同样意思的更好的词了。我也找不出其他新词以还原天才的德语允许我们的作者罔顾事实、满不在乎地创造的某些词汇"。③ 此处很可能就是"法国思想"与"德国思想"关系史中的一个转折。此处的重点应在于概念的创造层面，

---

① 关于这些问题，参见 M. Espagne, M. Werner et leur équipe, *Transfert. Relations interculturelles dans l' espace franco-allemand*, Éditions recherches sur les civilisations, 1988; H-J. Lüsebrink et R. Reichardt, "Histoire des concepts et transferts culturels, 1770 – 1815. Note sur une recherche", *Genèses, Sciences sociales et histoire*, 14, janvier 1994, pp. 27 – 41。

② 我引用的是1825年的法文翻译版，该版确实应该重新翻译。译者 P. Lortet 自己写道："对这本书的翻译，可能我过于自负了，要想把它翻译好，我应该学习更多的有关德语及德国文学的知识。" Préface à F. Jahn, *op. cit.*, p. V. 我们知道，在那一时代德译法的水平普遍不高。

③ Préface, *op. cit.*, p. V.

而不是"德式"民族概念的产生层面,但雅恩看重的却是后者。他将"*Volkstum*"定义为精神纽带,它既是恒久的又是不断变化的,它将个体连接起来却并未因此妨害他们的个人自由,这一解释立刻就被法国接受了,1823 年第一次收录进该术语的皮埃尔·布瓦斯特(Pierre Boiste)的辞典这样写道:"Nationalité:民族特点。所有人都有的精神、感情、团结、民族同胞之谊、爱国主义。"① 但是,为了 Volk 而抛弃 nation,我们可以认为,雅恩的这种做法阻塞了语义的演变,这种演变在其他语言(法语、英语等)中导致该术语的政治学定义与人类学定义之间出现越来越明显的分化。在德国,将两者混为一谈的做法简化了"*Volkstum*"一词接下来出现的各种"本质主义"(或"实体论")的分化。②

从 1820 年代初开始,在布瓦斯特的辞典中涉及了"nationalité",但该术语在复辟时期却不多在作家笔下出现(基佐除外,他从 1828 年开始使用这一术语)。我们很惊讶地看到,一些历史学家,如奥古斯汀·蒂埃里,在 1830 年后大量"收购"了"nationalité"一词,但在他们此前的著作中却见不到该词。③ 在接纳 nationalité 的过程中,德国文化的影响也可通过以下事实得到证明:自七月王朝以后,最亲德的法国作家最常使用该词。因此,迷恋"德意志历史学派"之活力的历史学家成为了第一批将该词占为己有的人,这绝不是偶然。对该词使用情况的数据分析可以很好地展示它在接下来二十年间的传播:米舍莱在他的《法兰西版图》中使用过六次,在《人民》(Le Peuple)中使用过十一次;奥古斯汀·蒂埃里在他的《法国历史评论》(Considérations sur l'histoire de France)中使用过十次。浪漫主义作家也是该词早期的崇拜者,但他们的使用率要低。拉马丁(Lamartine)在他的《东方之行》(Voyage en Orient)中使用了七次,维克多·雨果(Victor Hugo)在《莱茵河》(Le

---

① P. Boiste, *Dictionnaire universel de la langue française*, Verdière, 1823. 与许多其他词语的头衔一样,该术语以一个"新词"名义呈现,但其他词却没能获得同样的成功。我们就是这样找到的"racer"这个动词,它表示"制造与自己的些许相似",由"race"而来。辞典的作者解释道,他有意通过该辞典培养"创造新词的技艺",并强烈指责那些拒绝为法语增加新词汇的人。

② 在那里,我们可以看到对科斯莱克分析的证实,科斯莱克宣称,概念不仅是一种社会关系的"反映",而且是这些关系的组成部分。

③ 参见例如:Augustin Thierry, *Dix ans d'études historiques*, op. cit.

Rhin）中使用过八次。① 在福楼拜（Flaubert）、乔治·桑（George Sand）等作家笔下也出现过该词。我们观察到，受德国影响较少的作家通常不使用或不太使用该词。我们既没有在巴尔扎克（Balzac）②，也没有在司汤达（Stendhal）和圣—伯夫（Sainte-Beuve）的作品中找到它。尽管该术语的信徒中没有一个人对其作出明确定义，但所有人都将它指代决定某一群体统一、打造其"品格"（personnalité）、建立成员"归属感"的"精神力量"。弗朗索瓦·奥扎南（François Ozanam）指出，"某些观念的持久性不仅为个体锻造了人格，也为群体锻造出了各自的民族性"，而埃德加·基内（Edgar Quinet）则强调"打造民族性的强烈感情"③。但是最初，该术语被应用到各种不同群体的事实也表明了"民族"概念的多重含义特点④。对于大部分学者来说，"nationalité"指某一宗教共同体或今天被我们称为"族群"的共同体的"性格"。拉马丁写道："宗教思想共同体具有最强烈的民族性纽带，或者更确切地说，到目前为止是这种情况。"皮埃尔·勒鲁介绍过"犹太人对他们民族（nationalité）的忠诚以及该民族将在未来某一天得到重生的信念"。奥古斯汀·蒂埃里探讨过"法兰克民族（nationalité）"，埃德加·基内探讨过"封建民族（nationalité）"。米舍莱追溯过"外省民族"（les nationalités de province）。蒲鲁东甚至在为"劳动民族原则"（le principe de la nationalité du travail）辩护时用该术语指代阶级归属。⑤

该术语引入法语中时并不包含政治含义。我们在让—巴蒂斯特·赛

---

① J. Michelet, *Tableau* ···, *op. cit.*; *Le Peuple*, Hachette et Paulin, 1846; A. Thierry, *Considérations* ···, *op. cit.*; A. de Lamartine, *Souvenirs. Voyage d'Orient*, in *OEuvres complètes*, Firmin et Didot, 1849 – 1850, t. 9 (1re éd. 1835); V. Hugo, *Le Rhin. Lettre à un ami*, Ollendorf, 1906 (1re éd. 1842).

② 他只在通信中使用过一次"nationalité"; H. de Balzac, *Correspondance*, t. 1, 1832, p. 571 (1831 所写)。

③ F. Ozanam, *Essai sur la philosophie de Dante*, 1838, p. 108; E. Quinet, *Allemagne et Italie*, 1836, pp. 4 – 5.

④ 在不同作者笔下（有时虽出自同一作者，但在不同章节中），"民族"可指代国家—民族、族群、种族、甚至是社会阶层（西哀士宣称，"每个等级都是一个不同民族"），abbé Sieyès, *Qu'est-ce que* ···, *op. cit.*, p. 80。

⑤ A. de Lamartine, *Souvenirs* ···, *op. cit.*, p. 277; P. Leroux, *De l'humanité*, Perrotin, p. 732; A. Thierry, *Considérations* ···, *op. cit.*, p. 39; E. Quinet, *Allemangne* ···, *op. cit.*, p. 46; J. Michelet, *Introduction à l'histoire universelle*, 1831, p. 460; P. -J. Proudhon, *Système des contradictions économiques*, t. 2, 1846, p. 39.

(Jean-Baptiste Say)的《政治经济条约》（Traité d'économique politique）（他在其中使用了几百次"民族"）和巴约尔（Bailleul）的辞典中没有找到该术语。而加尼耶-帕热斯（Garnier-Pagès）的《政治学词典》（Dictionnaire politique）则将该术语作为"民族""种族"的同义词。① 贵族的拥护者与自由主义者之间围绕法兰西民族的形成而展开的论战，是"nationalité"被政治化的开端。② 贵族阶级代言人宣称，法国大革命在废除特权、处决路易十六的同时，也摧毁了民族特征最主要的部分。他们重拾18世纪初布兰维利耶（Boulainvilliers）的论述，认为贵族的至高无上是得到以下事实证明的：贵族成员是高卢征服者种族（法兰克人）的后裔；人民是被征服者种族（高卢人）的后裔。③ 使用"种族"术语对过去进行解释说明，出身贵族的作家们对于那个总能让人想起"民族"这个革命词汇的"nationalité"是不信任的。这种抵触情绪表达得最露骨的恐怕就是巴尔贝·德奥勒维利（Barbey d'Aurevilly），他写道："我任由别人去说这是一个民族节日，民族的，这个词用得好，因为创造这个糟糕形容词的法国大革命为了民族性（nationalité），也就是说，为了统一和整齐划一，为了莎士比亚重复过千遍的神话，而扼杀了外省特性（provincialités），正如每当这位大师想表达对生活的厌恶和想要咒骂生活时的表述那样。"④ 自由主义思想家在"nationalité"术语的传播中扮演了主要角色，因为该术语有助于在同一概念下收集论据，反对支持"种族斗争"的贵族。1828年以后，基佐重新拾起马布利（Mably）在驳斥布兰维利耶时所用的论证逻辑，基佐宣称，他那一时代的法国不再会被"种

---

① "人们通常在种族含义层面使用该词。这样一来，当人们谈论阿拉伯nationalité、土耳其nationalité时，这里的nationalité指的是阿拉伯种族或土耳其种族的群体整体"；论文"nationalité", in Garnier-Pagès (dir.), Dictionnaire politique. Encyclopédie du langage et de la science politique, Pagner, 1843; J. -B. Say, Traité d'économie politique, 1832; J. -C. Bailleul, Dictionnaire critique du langage politique, Bernard et Charpentier, 1839。

② 政治斗争越是尖锐，这个新词获得的成功越大，1830年起，使用-ité结尾的名词式微，以-isme结尾的词开始受青睐（比如从communauté到communisme）。参见J. Dubois, Vocabulaire politique et social en France, 1869–1872, Larousse, 1963。

③ 1960年，菲勒蒂埃（Furetière）的《辞典》（Dictionnaire）是参照"家族"和卡佩王朝君主政体来界定种族；有关race的历史，参见S. Bonnafous et alii (dir.),《Sans distinction de … race》, Mots, décembre 1992。

④ J. Barbey d'Aurevilly, Mémorandum quatrième, in OEuvres complètes, Genève, Slatkine Reprints, 1979, t. 5, pp. 94–95 (1re éd. 1858)。

族战争"分裂,因为这些种族已经"融合"在一个唯一而又共同的民族之内。"例如,在17、18世纪的法国,各阶层的社会与道德分裂仍然很深,尽管如此,任何人都不怀疑从此后融合进程会迅速推进,也不怀疑从此后会有一个真正的法兰西民族出现,这个民族不是只有那个唯一的阶层,而是包含了所有阶层,且所有阶层都被某种共同情感激励着,都拥有共同的社会存在,并最终都深深地烙上民族性(nationalité)与统一的标记。由此,从多样性中、从敌视中、从战争中,诞生了今日如此鲜明的现代欧洲民族单元,这些民族单元带着更强的爆发力试图自我发展、试图逐渐纯化。"① 这是"nationalité"术语第一次被用来指代作为原始种族融合而来的个体共同体的法兰西人民。但这种解释并没有被所有自由主义者接受。奥古斯汀·蒂埃里就拒绝这种种族调和方案,他用布兰维利耶及其后继者的论据去攻击以上方案的缔造者,提出1789年大革命犹如高卢人对法兰克人的报复。在与被他称为"哲学派历史学家"的人(其中马布利是最著名的代表)的激烈论战中,他立志要"改革历史书写方式",并努力将"新生理学研究"与德国历史学派研究融入他的分析中,他认为,这两项研究证明:"在气候的影响下,偶然因素让人民定居下来,但人民的体质与心理构成多取决于他们的血统和他们所属的种族,而不是受气候影响。"② 这就是为什么在奥古斯汀·蒂埃里那里,nationalité经常用来指代"性格"、种族特点或今日被人们称为"族群"的群体特点。

在"nationalité"概念的发展史上,米舍莱著作的问世可谓决定性时刻,因为他将基佐与蒂埃里的分析综合到了一起。在《法兰西版图》中,米舍莱就已经论及了他的主要论题。他常常提及"外省民族"(nationalités provinciales)(尤其是"凯尔特种族"),但也没少谈到过去时光中的"古老种族、纯净种族、凯尔特人、巴斯克人、布列塔尼和纳瓦拉(Navarre)应让位于混合种族,边界应让位于中央,自然应让位于文明"。种族的不断融合是历史,尤其是战争的结果:"英法战争让法国受

---

① F. Guizot, *Histoire de la civilisation en Europe*, Hachette, collection "Pluriel", 1985, pp. 182 – 183 (1re éd. 1828).

② 这里必然涉及布丰(Buffon)的自然科学研究以及后来得到拉马克(Lamarck)和卡巴尼斯(Cabanis)的深入研究,它们的问世使种族定义以体质特点为主导。参见 A. Thierry, *Dix ans d'études historiques*, op. cit., p. 135。在另一部著作中,奥古斯汀·蒂埃里在提到中世纪各族人民,尤其是法兰克人时,主要使用了"nationalité"术语,参见 *Considérations…*, op. cit.。

益颇多。这场战争明确了法兰西族体的存在，并将它具体化。由于在反抗敌人的过程中不断增强紧密团结，所有省组成了一个人民。正是由于看到眼前的英国，这些省才感觉到他们是法兰西。民族就像个体一样，它通过对非他的抵抗认识和区分自己的个性，通过非我而意识到我。"因此，米舍莱补充说："土地、气候、种族的影响不及社会与政治行为的影响，人类逃脱了物质环境的专制，历史战胜了地理。"这种知识架构还使得米舍莱可以用他的"灵敏的生理学用语"反对日耳曼主义支持者。人们可以像把动物分类一样，将民族分类，从最不发达的到最为复杂的，米舍莱从这一事实出发作出推论，认为法国是一个"先进的有机体"（organisme évolué），因为所有的组成部分都与中心连接。这就是为什么，"它是世界上民族性，即民族性格最接近个体性格的国家"①。

自由主义者在几年之内就成功地将"nationalité"术语植入学术论说中，以至于贵族作家们最终也将它收归己用。从此以后，问题不再是"赞成"或"反对"该术语的使用，而是要知道"nationalité"是衰落了，还是变得强大了。这里还包含另一场争论，在那场争论中，主张使用该术语单数形式的人与主张使用复数的人产生了分歧。复数的支持者主要是那些为紧随法国大革命和政治集权化而来的社会统一化感到悲哀的人。在这方面，巴尔贝·德奥勒维利完美地表达了贵族们的观点："当他们到处都在说复数的民族（les nationalités）已拔营起寨的时候，让我们大胆地在自己的国门前把它播种下，别再移走了。"② 相反，对米舍莱而言，法国大革命是一个长达数世纪进程的终点，在这一进程中，"内部多种不同族体为大族体作出了牺牲，大族体吸纳它们，壮大了自己，这毫无疑问"。③

（二）"族体原则"（principe des nationalités）

在七月王朝的最后几年，"nationalité"术语的政治用途以十分敏感的方式变化着。法兰西人民是原始"种族"或原始"族体"融合产物的观点越来越少地遭到贵族非议。此后的主要政治斗争是自由主义者与共和主义者的对抗。共和主义者越来越多地使用"社会的"（"无产阶级""人

---

① J. Michelet, *Tableau*⋯, op. cit., pp. 71, 126 et 138.
② J. Barbey d'Aurevilly, *Mémorandum Troisième*, in *OEuvres complètes*, Genève, Slatkine Reprints, 1979, p. 50 (1ʳᵉ éd. 1856).
③ J. Michelet, *Le Peuple*, op. cit., p. 307.

民"等）那套词汇，使其论说变得越发极端，他们试着放弃获得广泛赞同的"nationalité"定义，想把它变为民众阶层的身份。米舍莱的《人民》(*Le Peuple*) 是这种转折的最好说明。他没有抛弃法兰西族体是"种族融合"产物的观点，但却自此更倾向于将无产阶级作为法兰西族体化身："族体跟地质学完全一样，热量在底部"。① 福楼拜也阐述了同样的主题："这些人曾经很美丽，说他们美丽是因为他们是真实的，他们衣着简单：穿着量身定做的、合体的、由于生活劳作而满是褶皱的衣服；他们信仰虔诚：在为信仰而设的教堂中自由表达自己的信仰，那些还未变化就已消亡、还未过渡就已消失的完整族体的最后残余以及那些还未变黄就已倒下的紫杉扶手椅。"② 我们在这里看到的，是保守分子传播的族体消亡论说如何在革命论据中变了形。蒲鲁东可能是第一个明确指责资本主义摧毁族体的作者。他好几次提到了"牺牲在特权祭台上的各个族体"；他揭露道，"商业的扩散对本来就只剩下一堆残骸的族体来说是致命的"；他宣称："贸易自由不过是一个反对族体和劳动阶层的阴谋。"③

然而，在新生政治力量讲演中占据中心位置的并不是民族词汇，而是社会阶层。更确切地说，有关族体的争论从"国内"舞台转移到了"国际"舞台，在共和主义者的论说中，使用单数 nationalité 的频率减少了，复数的使用增多起来。虽然米舍莱在"nationalité"的最初传播中起到了决定性作用，但是法国作家迷恋上"族体原则"却首先应归功于维克多·雨果。雨果作品的中心主题：颂扬自由，使他能够将为解放无产阶级的国内斗争和为解放"各族体"的国际斗争连通起来。雨果在谈到他"反对反动派的激烈战斗……"时回忆道："我保卫法国人民以及欧洲各族体，没有后退一步，反动派绝不会宽恕我。"④ 在第二帝国时期，拿破仑三世将"族体原则"变成了对外政策的主要工具，这为他博得了一个具有体制专制特点的"进步"形象。1840—1850 年，巴黎成为所有保卫民族大业的革命者的首选会面地点，此后，它成为"各族体""正式"的首都。众多欧洲语

232

---

① J. Michelet, *Le Peuple*, op. cit., p. 164.
② G. Flaubert, *Par Champs et par grèves*, L. Conard, 1954, p. 281 (1re éd. 1848).
③ 他认为，法国由十二个族体形成，大体上说，它们分别对应原来的省。P.-J. Proudhon, *Système*…, op. cit., pp. 32, 44, 53. 七月王朝初建以来，"族体消亡"主题受到了革命浪漫主义作家的偏爱（比如拉马丁），这种现象是该时代迷恋历史学以及热衷档案和遗迹保护的原因。
④ V. Hugo, *Correspondance*, 1849–1866, 1866, p. 25.

言一下子都接纳了"nationalité",而该词也获得了一个真正的政治含义,它不仅指代将共同体所有成员汇集在一起的"生命冲动"(l'élan vital),而且也指该共同体本身:"什么是 nationalité?"勒孔特·德利勒(Leconte de Lisle)问道。"它是一个有时由一个单一种族构成,有时也会由几个种族在共同利益之内通过联合与自由合作构成的政治集团。"① 由于有了这种意义演变,才有可能在从前被人们称为"民族"的东西中区分国家—民族和要求独立的集团,从此,我们越来越多地把后者称为"族体"。在七月王朝时期,大革命继承者们将法兰西族体界定为是一种融合和对此前文化地方主义的*超越*,而此后,新政治族体的降生则被视为一个资深"民族"(或种族)的*政治*表达。值得注意的是,第二帝国时期,那些试着为"族体原则"下定义的著作再一次提出了法兰西来源于"土著种族反对入侵者统治的斗争"的观点。② 库尔诺(Cournot)说得更加具体:"仍然留有从前被征服、被压迫、被摧毁的族体残余的所有地方也表现出这样一种联合趋势:分散的成员、独立的恢复使血缘法则、语言相似和主权共同体在异国利益思量中得到承认。"③ 正如我们看到的,"族体原则"的拥护者在一个定义中加入了从前使贵族与自由主义者对立的论据。最初,有些人将"nationalité"定义为祖先的"种族",但他们绝没有为"nationalité"要求什么政治主权。相反,自由主义者与共和主义者将"nationalité"视为人民主权的政治表达,但他们认为这需要假设原来的"种族"已经消失。

被法律掌控的 nationalité

(一) 被法学家长时间忽略的 nationalité

对于今天的观察家来说,最令人称奇的莫过于法学家对"nationalité"术语的长期漠视。尽管如此,自七月王朝之初以来,内务部官员已经开始使用该词。"民族之春"的失败是数十万不同"族体"的难民(波兰人、意大利人等)涌向法国和英国的原因。决定对这些避难者施以援手的法国政府必须为这些群体设计出既明确又可行的财政措施。因此,1833 年 3

---

① *Catéchisme républicain*, cité par J. Dubois, op. cit., p. 351.
② M. Deloche, *Du principe des nationalités*, cité par René Johannet, op. cit., p. 143.
③ A. Cournot, *Traité de l'enchaînement des idées fondamentales dans les sciences et dans l'histoire*, in *OEuvres complètes*, Vrin, t. 3, 1982, p. 551 (1re éd. 1861).

月起，政府要求各省长罗列一张享受这种援助的人员清单，清单中要注明"这些人的出生地与国籍"。似乎从 1848 年起，行政机关才开始常规使用"nationalité"术语，并将它作为"法兰西人身份"（la qualité de Français）表达的对等物（首先是为了提醒作为选民要满足的条件，然后是在 1851 年的人口普查中，为了在统计学方面区分出法兰西人与外籍人）。但是官员们"日常"使用的是一个未经法律角度定义的概念。① 实际上，第一部真正关于"法兰西族体"的法律出现在 1889 年。通过审阅判例（jurisprudence），我们发现，该术语在 1848 年以前极少被法学家使用（主要应用于隶属于不同国家的个人之间的私权利裁决）。达洛（Dalloz）1841 年版《辞典》中，任何一款词条都不包含"nationalité"，该词也从未在注解中出现。同样，七月王朝垮台之前，在西雷（Sirey）的文集中也看不到它，而一些法学家虽然发表过有关入籍或外国人法的文章，但他们也忽略了该词。在浏览，甚至快速浏览大革命至第二帝国期间有关该问题的法律文本时，我们注意到，1790 年法律关注过"要想被视作法兰西人"需要满足的条件；1791 年宪法考虑过"公民身份"（la qualité de citoyen）的给予问题；1793 年宪法列举了"践行公民权利"需要的条件；同样，1795 年，人们探讨过"公民政治国家"。一个新的表达从《民法》中散播开来：那就是"法兰西身份"（la qualité de français）（它是如何获得的，又是如何失去的），与之相对的是"外国人身份"（1851 年法律）。但 1867 年法律又回到了承认"享有法兰西公民所有权利"的问题上。这些资料证明，法学家还不能在"公民"与"族民"（national）之间做出明确区分。这种混淆可能可以这样解释：国家制度还未深入渗透社会世界，还未将个体的日常存在深刻体系化。因此，将所有"族民"与他们的国家（当下司法意义上的"国籍"）连接在一起的依附关系问题还没有真正同公民参与政治生活（"公民身份"）问题区分开来。我们还可以认为，法学家对"nationalité"术语的漠视是由于（汇集了数百万上千万互不相识、拥有不同语言、习俗、资源等极其多样的个体的）"民族共同体"的抽象现实并未被真正加以考虑。在劳动阶层没被真正纳入国家—

---

① 鉴于 nationalité 概念无法依据效忠国家—民族的法律标准来区分"德国的""波兰人"或"意大利的""波兰人"，行政机关通过参照相关个体的申报以及"族裔—文化"特点（主要是语言）确立了民族分类。

民族的那一阶段，法学家在将所有个体视作同一整体成员去理解权利问题时最为费力。对"公民权利"总是使用"复数表达形式"（droits de citoyens）目的是指出特例以及仍不能被纳入"这些抽象词汇"中的具体个案数量之多，正如托克维尔所说，"民主语言中到处充斥着这些抽象词汇，人们到处都在使用它们，却没有将它们与任何特殊事例联系在一起"①。如果说这些假设是成立的，那么我们就可以理解为什么历史学家不能忽视行为人为自身经历命名时所使用的术语。从纯语言学角度看，法学家们本可以很容易地从"nation"/"national"跨越到"nationalité"。吕西安·弗夫尔在同样的思维框架内看到，由"civil"/"civiliser"通向"civilisation"（直到18世纪下半叶才出现）一词需要数世纪之久，他在解释这种滞后时说过："时机尚未成熟"②。因此我们可以认为，如果说"nationalité"术语在第三共和国以前还未进入法律，也是因为"时机尚未成熟"。

237　　第二帝国时期，法学家开始从"族体原则"以及国际法角度去概括该术语的最初定义。当时最杰出的外交关系专家之一，阿尔贝·德布罗格利（Albert de Broglie）公爵对该主题的思考表明，"nationalité"概念依旧具有模糊性，他想要梳理出在谈判时可供外交家参照的某些**客观标准**。他从该术语中看到的，是一个"有些含糊而又令人生疑的法语"表达，"但在将它作为国与国之间所有未来关系起点之前，有必要将它清晰化"。他也认为："一个政治社会越是近似于以族体原则为基础的自然社会，越是完美"，但当论及是否有可能作出一个可被所有人接受的定义时，他承认他也感到疑惑。"困惑就从这里开始：当使族体得以建立的众多特点被分开，没有连为一体，以至于一部分人表现出这些特点，另一部分人表现的却是另一些特点时，当同样的这群人可以通过某种关系联合起来，但通过另一种关系又可以被区分开时……。在这种情况下，族体在哪里？"他从中总结道："因此很明显，为了取代欧洲公法法则而引入的这种族体原则，远不能解决由它本身引起的所有困难。"在阿尔贝·德布罗格利看来，由于选举中的暗箱操纵和选民的易变性，求助于投票（全民表决）

---

① A. de Tocqueville, *De la Démocratie en Amérique*, Garnier-Flammarion, 1981, t. 2, p. 82 (1re éd. 1840).

② L. Febvre, "Civilisation", *op. cit.*

只是加重了问题的政治化程度，而没能解决问题。他由此总结："族体加剧了所有的敌对情绪，全民公决则将它们统统消化掉。"①

（二）作为国家性（étatialité）的 nationalité

1870 年战败后，族体问题重新成为国内政治的首要问题，这体现在将该术语更新为单数上。为了抛弃拿破仑三世主张的"族体原则"，一个真正的共识出现了。在进步主义阵营中，人们与阿纳道尔·法朗士（Anatole France）共同认为，"现代战争的不理智被命名为王朝利益、各族体、欧洲平衡、荣誉"。②但主要是随着工人运动的迅猛壮大以及马克思主义论题的深入人心——马克思主义将无产阶级作为可以终结所有特殊性的世界性阶级——对族体的必要超越这一主题才迅速散播。我们都知道埃米尔·佐拉（Émile Zola）在《萌芽》（Germinal）中有这样一句话："今后不再有民族（nationalité）之分，全世界的工人都为寻求正义而团结起来，共同去扫除腐朽的资产阶级，最后建立起自由的社会，不劳动者不得食。"③右派则不是以普遍主义名义，而是以民族特殊性名义宣示"族体原则"，该原则本可使皇帝忽略法兰西特性，鼓舞普鲁士的扩张主义愿望。从这时起，保守派成了"法兰西族体"最狂热的拥护者，而引入该概念的革命力量却渐行渐远了。尽管"族体原则"得到了宣示，但法兰西族体的新论说也还是融合了前一阶段国际法在此问题上的革新。最初为论述"精神"力量而缔造的"nationalité"，从此却主要用来指代拥有共同特点的个体组成的群体，由于人口普查或全民公投等技术手段的发明，我们可以**统计**出这些特点。从此以后，界定"nationalité"，就意味着抛开一种既是个体又是集体的"身份"，将个人认同的某一方面（语言、归属感等）作为判断他们群体归属的标准。在这种视野中，民族同质性问题自然就成为主要问题。这时期与七月王朝时期相比，在思考民族问题的方式

---

① A. de Broglie, *Diplomatie et droit nouveau*, 1868, pp. 106 – 113. 很明显，这种判断在很大程度上与作者的政治立场有关。在路易-菲利普时期，作为元老院（le Conseil）主席，阿尔贝·德布罗格利在第三共和国初期曾是"道德秩序管理机构"（gouvernement d'ordre moral）领导，该机构于 1877 年被共和人士推翻。

② A. France, *Lorme du mail*, 1897, p. 187.

③ É. Zola, *Germinal*, in A. Lanoux, Henri Metterand (dir.), *Rougon-Macquart*, Gallimard, 1964, t. 3, p. 1347 (1re éd. 1885).

上出现了巨大差别。在七月王朝时期,鉴于大部分作家都是当时占统治地位的有机论逻辑的倡导者,他们将"民族"看作一个不可分割的实体(一种"单子"或一种"原则"),因此他们并不真正关心如何从法兰西人整体的共同特点视角去定义法兰西族体。相反,在《法兰西版图》中,米舍莱却强调人口的异质性。他认为边疆省份,尤其是阿尔萨斯,拥有"不同于民族利益的自身利益,这些省的法兰西特性要弱一些",主要是因为那里的人不说法语。尽管如此,米舍莱从中看到的是"法兰西族体"内涵之丰富,因为这些"德意志"法兰西、"意大利"法兰西、"西班牙"法兰西的"民族基因中混合着某些外国基因。对德国,有德意志人的法兰西;对西班牙,有西班牙人的法兰西;对意大利,有意大利人的法兰西"①。德、法历史学家在阿尔萨斯、洛林被吞并后的论战又表明了思路扩充之广。除了这些历史学家的异见外,所有参与论战的人都一致认为,应该立足于个体层面发掘界定族体的合法标准,德意志人首推可被感知的文化特点(比如语言),而法国人则将借由投票表达"客观性"的"民族归属感"放在第一位。从此,"**作为**"(être de)法兰西族体与"**拥有**"(avoir la)法兰西民族性具有相同含义。民族同质性标准成了定义 nationalité 的核心方面②。

第二种思考方式是,在七月王朝时期,"法兰西族体"被视为对传统的**超越**,从此后却成了传统的**反映**,甚至是对传统的**保留**。贵族阶级反对"法兰西族体"的论据现在却为保护该族体而服务。由此,才出现对族体"衰落"主题的重视。我们在莫里斯·巴雷的著作中可以找到对这种新解读的最大肯定:宗教是民族认同的核心元素,"我认为,法兰西族体与天主教有紧密联系,它在天主教氛围内形成并发展,如果试图摧毁并从民族中拔除与我们所有的感知方式密切相关的天主教,那么你们将无法预见你们将要拔除的所有东西"③。同样为了唤起对族体衰落的担忧,保卫各省与对君主专制政体的狂热联合起来:"是的,当一个地方的贵族阶级灭亡

---

① J. Michelet, *Tableau*…, op. cit., p. 136.
② 值得注意的是,米舍莱在 1870 年不得不修正他此前的分析,以使其符合认同原则。1870 年,他写道:"在民族性方面,某种弱小的共同语言基础起不了任何作用。阿尔萨斯人操日耳曼方言,却听不懂几公里以外的人讲的德语,所以阿尔萨斯人根本就不是德意志人"; cité par René Johannet, op. cit., p. 231.
③ M. Barrès, *Mes Cahiers*, 1907, t. 5, 1906 – 1907, p. 85.

时，高尚而又美好的族体也随之消逝了，我可怜的洛林就是这样。"① 他还解释到："法兰西人将会一直存在下去，就像希腊人、罗马人一样，但法兰西族体却将不复存在，不出十年，君主政体和现在已所剩无几的族体就会消失。"②

与一般看法相反，勒南在 1882 年那场著名的报告会上提出的民族概念，其实并没能逃出这种保守逻辑。对他而言，民族建立在两个基本特征之上："一个存在于过去，另一个存在于当下。一种是对过去丰富记忆的共同拥有；另一种是当下的同意、生活在一起的愿望和继续发扬共有遗产的意愿……。对祖先的崇拜比对任何其他对象的崇拜都要正当，祖先把我们打造成现在的样子。"③ 在这种视野下，只有拥有共同祖先的人才能参与到他那句著名的"日常的全民表决"中，这句话常常被他用来形容"法式"的民族定义。也就是说，似乎只有成为继承人才能享有遗产。这种看法为"nationalité"的语义学层面引入了"同化主义"（assimilationniste）含义，这种含义来自民族同质性原则，这是他的前辈们忽视的方面。的确，从此以后，要想成为民族共同体的一部分，就有必要显示出已有的、能够作为"法兰西性"（francité）的所有特征。由于勒南的定义很快成为一个真正的共识，所以此后的相关论战都在这种新视野内部展开。保守者首选系谱学因素和扎根现象来解释法兰西族体在历史长河中的持久性，而进步主义者（尤其是迪尔凯姆一派的社会学家）认为在学校出现之前，是教育保证了民族文化的代际传递。

242

"nationalité"语义学领域的重建，明显可以从 19 世纪末法国新的社会政治背景中得到解释。如果说法—德论战可以视作一个起点，那么有关民族的整体推论却直到 1880 年才得以完全重新组织，这是由议会民主的蓬勃发展以及经济危机的加剧（"大萧条"）造成的。人民代表从此以后被认为可以解释和解决人民的不幸。交通的进步以及自由贸易法自第二帝国时期起导致了经济关系的快速国际化，大部分政客认为有必要在这两方面进行干预，增加保护措施。这些措施不仅要阻止邻国生产的商品与法国商品竞争，而且还要监控个体流动。那时，统治阶级才发现，有超过 100

---

① *Ibid.*, 1902, t. 2, 1898 – 1902, pp. 201 – 202. 在更远的地方，他注释道："献给我的洛林：雅恩关于族体的研究"，*ibid.*, 1904, t. 3, 1902 – 1904, p. 107。

② M. Barrès, *Mes Cahiers*, 1912, t. 9, 1911 – 1912, p. 171.

③ E. Renan, *Qu'est-ce qu'une nation? op. cit.*

万外籍劳动者在法国生活，尽管他们没在任何国家登记过。有史以来头一次，劳动市场上的"移民"竞争成为法国政治生活中的主要问题。"打倒外国人"。巴雷用这个口号作为1893年的选举纲领。这种贸易保护主义观念体现在第三共和国通过的大部分社会法中，其中包含了对外国人的歧视性条例。民族领土上人员的自由流动、进入劳动市场、免遭意外与疾病的保护措施……自此以后，所有立法都要遵循一个新的逻辑：将人员的"国籍"问题摆在第一位。法律的执行，需要官员们能轻而易举地辨别民族领土上的法兰西人和外籍人，这需要求助于严格而又详细的司法标准，而不是模糊的推测。政治压力与行政约束要求"国籍"必须有一个严格的法律概念。当时达洛仍将该概念理解为"将多样个体或独立于某一政府的各族人民联系在一起的某种纽带"[①]，乔治·科戈尔当（Georges Cogordan）在其发表的第一本关于该主题的重要著作中给出了一个定义，在实际应用中，该定义直到今天都没有变化。他写道："将个体与国家，也就是最高的、独立的社会群体联系在一起的纽带，就是我们所称的nationalité。"[②] 他还增添了两个有趣的方面。首先，他引用前文提到的认同原则：1789年以前，"nationalité"不过是对国王个人的效忠纽带，而今天，这种纽带建立在"人民和种族"之上；nationalité 已经成为"民族团结的表达方式"[③]。然后，他拒绝将"族民"（nationaux）与"公民"混为一谈，他具体解释说，妇女和儿童拥有法兰西国籍，但他们不是公民，因为他们既没有选举权也没有履行公共职能的可能。[④] "公民身份"与"国籍"此后被明确区分。但还需详细界定决定国家效忠的标准。这是历经七年的争论后，于1889年第一次出台（1893年再次补充）的法兰西国籍法的核心，该法为接下来一个世纪法国在该领域的法律确定了主线。这部法律将"血缘权利"与"地缘权利"结合在了一起，成为以下两类观

---

① *Répertoire de Législation*…，1855, t. 32, p. 499.

② G. Cogordan, *Droit des gens. La nationalité au point de vue des rapports internationaux*, Larose, 1879.

③ 然而，作者也指出，1870年代，将个体与其国家连接在一起的纽带还很松散："在实际情况中，不幸的是，有许多个体不属于任何族体。"这些个体享受以互惠名义赋予外籍人的豁免权。以"国际礼节"原则的名义，"他们安详地生活在接收他们的国家里，在那里富裕起来却不用承担义务。他们通常都是穷人，接受公共援助"。这些就是新法律要废除的前后冲突。

④ 在一些殖民地，比如阿尔及利亚，当地人也处于类似境况，因为他们拥有法国国籍却不是公民。

点之间的折中：一类观点认为马尔萨斯主义的法国只能在大量吸纳外籍人口时才能保住自己的位置（为的是填补工人阶级和军人队伍）；另一类观点则相反，认为移民是民族认同的威胁。我将在后文中再次回到这部法律上。外籍人的"同化"（或"整合"）问题一下子成为政治辩论的中心。正如我们在前文中指出的，我们观察到了一种真正的共识：移民的法国化十分必要。出现的分歧在于将移民法国化的方式。"左派"相信共和国教育（尤其是学校）可以很好地落实同化政策，而"右派"认为这种做法不可取，因为只有家系的延续和扎根可以保证数世纪以来的民族文化的传承。巴雷对保守派的观点进行了如下总结："由于有了不可思议的行政压力，我们给某一人民指定了国籍，但这样做并没有改变他们的血液。"① 法律也是从这种观点出发，作了折中。正如两位法学家在他们的评论中所说，法国希望避免"向那些种族上与我们差异过于明显的外籍人过大地敞开大门，他们可能会变成快速同化的障碍"②。这就是为什么一方面，法律为地缘权利留下的空间更大，另一方面，国家面对入籍者时却表现得更为严格：规定他们在入籍后十年内都不具被选资格。此外，1893 年法律决定，公共权力可以——"由于不够资格"——拒绝赋予出生在法国、但没有在此定居到成年的外籍人子女法国国籍。政府在证明这两项措施合理时的理由是：为享有法兰西公民的所有权利，就应该很好地接受同化，这是国家在此方面承担的义务。

19 世纪末起，"nationalité" 术语具备的不同含义被固定下来，并趋向于在介于"主观"（政治文化的）定义与"客观"（法律行政）定义之间的张力中结构化。该概念就这样融合了一些含义，在德语中，这些含义是用两个不同的词汇（*Staatsangehörigkeit* 和 *Volkszugehörigkeit*）分别指代的。后来在两次大战期间，一些杰出的法学家还试图推广一些新术语，以使人们不再将国家归属与民族归属混同起来。一些人提议用"国家性"（étatialité）（路易-卢卡［Louis-Lucas］），另一些人提议用"效忠"（allégeance）（艾森曼［Eisenmann］）或者用"管辖关系"（ressortissance）托莱达诺［Tolédano］）。③ 然而，"nationalité" 术语恐怕直到今日

---

① M. Barrès, *Mes Cahiers*, 1904, *op. cit.*, t. 3, 1902 – 1904, p. 322.
② 参见 E. Dreyfus et L. Le Sueur, *La Nationalité*, Pédone-Lauriel, 1890。
③ 参见 P. Lagarde, *La Nationalité française*, Dalloz, 1989, p. 3, et la communication de M. Tolédano, *Bulletin du Centre International de Synthèse*, op. cit。

都在由于语言特有的惰性维持着原来的样子,同时该术语语义学方面的模糊性也为政治操控提供了便利,在法国,"民族认同"问题始终都在为这种政治操控提供空间。①

---

① 19世纪末"nationalité"术语语义学方面的重新组织也为"族性"(ethnicité)一词释放了空间;后来这一空间马上被新生的人文科学占据。

第六章 从"慈善雇佣"[①]到"家长主义"
——法国冶金工业劳工管理形式的调整

1970年代以来,"家长主义"(paternalisme)问题越来越多地受到历史学家关注。然而,该术语极少被冠以严格的定义[②];研究者们暗自默认了《罗贝尔辞典》(Robert)的观点,该辞典认为家长主义含有一种"族长制或父系制度下的企业领导角色观念"。于是具有同样意义的"家长主义"被用来指代从19世纪初到两次世界大战之间甚至更晚,在具有类似特点的情况中,以同样方式管理劳工的形式。在我看来,这一概念产生了不少混淆,为了将它看得更清楚,似乎应该将"慈善雇佣"(le patronage)与"家长主义"作为大冶金工业中企业主与工人关系的两个完全不同的阶段加以区分[③]。

达成共识的管理:慈善雇佣

至少对重工业来讲,"慈善雇佣"一词比"家长主义"能更准确指代19世纪企业主施行的主要监控类型。之所以这样说,首先是出于"慈善雇佣"一词演进史方面的原因。当历史学家打算使用"家长主义"这一

[①] 本章中的关键词之一,le patronage 一词,含义为慈善、救济,但结合上下文,以上含义可能是词义演变后的结果,本章中使用的 patronage 不过仅具有该方面含义的萌芽,它是指那一时代的雇主为了招收、稳定工人和保障工人的劳动力再生产而采取一些措施,这些措施在那时来看类似于慈善、救济行为,因此译者将其译为"慈善雇佣",不当之处,欢迎指正。——译者注

[②] D. Reid, "Industrial Paternalism: Discourse and Practice in XIXth Century French Mining and Metallurgy", *Comparative Studies in Society and History*, October 1985, p. 579.

[③] 本章专门对这个产业部门进行研究,是因为该部门可以体现最"成熟"、最"理论化"的家长主义形式。

术语时，他就应该知道，这个词承载的贬义含义比其他词语都多，而这些含义是在19世纪末期的一场论战中工人运动代言人为贬低企业主的威信而强加的。① 这类社会关系的支持者通常都使用"慈善雇佣"一词，并且非常忠诚于他们"杰出的灰衣人"——弗雷德里克·勒普莱（Frédéric Le Play）②。的确，对弗雷德里克·勒普莱而言，"家长主义"仅指近似于奴役与被奴役的关系，而这种关系在他那个时代经常出现于中欧，他不赞同这种关系也在西方存在，因为他认为这种关系不符合西方的实际。勒普莱积极为工业中的"慈善雇佣"奔走相告，他将其称为注定要取代旧制度体制下强迫关系的*自愿的利益与情感关系*。③ 我认为，对于这个时代、对于冶金工业（作为矿业工程师，勒普莱对此最了解不过了）而言，这种定义比19世纪末流行起来的家长主义概念更贴近现实，因为家长主义将企业主看作在领地内对沦为"奴隶"的工人实行专制统治的"封建领主"。当然，重拾起勒普莱口中的"慈善雇佣"一词并不意味也要重拾起他所关注的祥和世界，他眼中的这个世界里，权力关系与统治关系可能是独一无二的。重拾起这个术语，是要强调米歇尔·佩罗（Michelle Perrot）几年前提出的19世纪这类社会关系的一个主要元素，要知道，企业主行为之所以被工人接受为"自然的""合法的"行为，是因为企业主的权力建立在"传统的"统治形式上，这种统治形式盛行于乡村社会（尤其是家庭关系范畴内）。④ 当然，这并不意味顺从地接受工厂主的权力（我们知道，今天也如是，往往在愉快的家庭关系介绍背后，隐藏着多种力量关系以及一些多少被压抑、却间歇发作的暴力，后来这种家庭关系介绍被列入"私"生活范围）。但是这类抗议只是在极少情况下才进入政治表达舞台。由于没被组织起来，这些异见便化为乌有了；由于没有用系统

---

① 这些历史条件直到今天还对历史学家思考这一问题的方式产生着影响，他们在思考时往往带有感情倾向（要么为了"揭发"，要么为了"平反"）。

② 弗雷德里克·勒普莱（1806—1882），19世纪法国著名工程师、社会学家和经济学家。这里的"灰衣人"指代工程师。——译者注

③ F. Le Play, *La Réforme sociale en France*, E. Dentu, 1867, t. II, p. 413. 布鲁克（M. Z. Brooke）已经注意到，英文的"家长主义"（paternalism）一词比法语中的"家长主义"更具备法语中的"patronage"含义；参见 M. Z. Brooke, *Le Play Engineer and Social Scientist*, Londres, Longman, 1970, p. 29。

④ M. Perrot, "The Three Ages of Industrial Discipline in Nineteenth-Century in France", in J. Merriman (ed), *Consciousness and Class Experience in Nineteenth-Century Europe*, New York, Holmes and Meier, 1979, p. 154.

化语言表达出来，它们便没能形成一种世界**观**，以将"工人阶级"与"企业主"对立起来。于是，统治方式以表现为慈善雇佣的社会关系为特点，对此，我们无法从哲学家和社会学家的分析中去理解，因为他们通过类推米歇尔·福柯的论文，想要在"纪律"类词汇（监禁、营房、军队、监督等）中解释"家长主义"[①]。我们也不同意最近弗朗索瓦·埃瓦尔德（François Ewald）的论述，他认为："慈善雇佣策略有助于交换类术语的改进，有助于将劳资关系**替换为**（我做的着重标记）一种服务关系。"[②] 对勒普莱及其追随者来说，这意味着巩固传统世界，让劳工适应工业劳动，不公然与劳工对立，而是依靠对劳工的"调遣"（dispositions）（用马克斯·韦伯赋予该词的含义）引导他们走向有利于企业利益的方向。这样一来，慈善雇佣比专属于工业社会的某种策略要好，前者属于承袭自传统农村世界社会关系概念的实践，这种概念可以解释为钢铁工业时代中钢铁工业与乡村社会维持的关系。

在这种视野中，需要强调的第一点是，直到第三共和国初期，具有传统"炼铁厂"特点的标准仍盛行于冶金工业。大型"现代"企业（勒克鲁佐[③]、福尔尚博[④]、阿扬日[⑤]）仍是例外。它们正是以这种头衔吸引眼球。即便这样也不能忘记，1873年，法国将近一半的省份都在从事冶金业。在铁路网完全统一之前，这些冶金企业首先面向当地市场招工，劳动力基本上一直是农民和手工业者。正如伊冯·拉米（Yvon Lamy）在其关于佩里戈尔德（Périgord）地区炼铁厂的论文中指出的那样，炼铁工作只是"乡村劳动模式之一"[⑥]。炼铁厂厂主一般都出身乡村资产阶级，他们经营炼铁厂、搞农业开发（主要是自己搞剩余品的商业化）。

农业和冶金业根据较为协调的经济逻辑，通过不断更替主导地位而相互补充。与乡村世界的紧密结合通过新的劳动结构加以巩固，这种结构的

[①] 这类研究中最优秀的莫过于 L. Murard et P. Zylberman, *Le Petit Travailleur infatigable*, coll. "Recherches", CERFI, novembre 1976。

[②] F. Ewald, *L'État providence*, Grasset, 1986, p. 130.

[③] 勒克鲁佐（Le Creusot），法国小镇名，位于索恩-卢瓦尔省。——译者注

[④] 福尔尚博（Fourchambault），法国小镇名，位于涅夫勒省。——译者注

[⑤] 阿扬日（Hayange），法国市镇名，是摩泽尔省省会。——译者注

[⑥] Y. Lamy, *Travail du fer, propriétés foncières, sociétés paysannes en Périgord (1789-1930)*, thèse de 3e cycle, Université de Paris X, 1984, éditée sous le titre *Hommes de fer en Périgord au XIXe siècle*, Lyon, La Manufacture, 1987.

特点是"外来"工人占主体,"本地"工人占少数。① 第一批"外来"工人实际上是从事"非技术"劳作(挑拣表层矿石、马车运输、锯木头)的农民,这些人是为了打发冬季农闲或挣取少量土地之外的生活来源。只有"本地"工人是真正的专业人员,他们从事设备的养护(木匠、"技工"),尤其是制造工作(锻工、搅炼工、轧钢工)。由于生产技术仍然只靠经验获得,所以只有长期实践,不断重复,才能具备资质。这就是为什么"外来"工人一般都居住在乡村环境,而"本地"工人则暂住在"营房"或炼铁厂附近的大建筑物内。(由于需求的多变性以及技术、尤其是气候的变数造成的)生产的不规律性使这些行业工人可以保有自己的耕地,在工业萧条期,他们通常都回到自己的耕地。在尼韦内(Nivernais),"厂主与工人签订的合同可以保证一直向后者提供房屋、田地和大麻田"。在勃艮第,暂住在炼铁厂的专业人员"不会失去农业生活,他们的妻子耕种园地,他们可以帮助她们,甚至可以在夏天干旱导致工厂停业期间在农村家中待上一些时日"②。在这种条件下,炼铁厂厂主的"慈善雇佣"不过是传统行善形式的延伸。在佩里戈尔德地区,"在这个没有银行、没有社会救助、也没有免费照顾的世界里,炼铁厂所有者几乎承担起了所有这些功能"。在摩泽尔省(Moselle),直到第二帝国时期才开始废除乡村旧俗,比如与工人一起在大厅进晚餐,在厂主餐桌上作饭前祷告。这种现象与阿兰·科尔班(Alain Corbin)在利穆赞(Limousin)地区炼铁厂观察到的现象相近:"在这里,工业劳作往往与一种真正的仆役身份相伴而生。"③ 在这些小企业里,"人与人之间的""直接"关系是慈善雇佣的核心,这种关系被视作为"自然的"关系。企业主的合法性通过危难时期配发特殊援助以及地方节日时赠予衣物或肉食而得到巩固。所有这些慈善

---

① 这种划分随着木炭钢铁冶金业的消失而逐渐弱化,但直到第二帝国末期,"外来"工人往往仍占到总人数的三分之二;参见 G. Hardach, *Der Soziale Status des Arbeiters in der Frühindustrialisierung* (1800 – 1870), Berlin, Duncker und Humblot, 1969, pp. 26 – 27, et D. Woronoff, *Histoire de l'industrie en France du XVIe siècle à nos jours*, Le Seuil, 1994。

② G. Thuillier, *Aspects de l'économie nivernaise au XIXe siècle*, Mouton, 1966, p. 285; P. Lévêque, *Une Société provinciale : la Bourgogne sous la monarchie de Juillet*, Éd. EHESS-Jean Touzot, 1983, t. 1, p. 298.

③ A. Corbin, *Le Limousin, archaïsme et modernité* (1845 – 1880), Marcel Rivière, 1975, t. 1, p. 309; H. Contamine, *Metz et la Moselle de 1814 à 1870*, Nancy, Société d'Imprimerie, 1932; Y. Lamy, *Travail du fer…*, *op. cit.*, p. 149; D. Woronoff, *L'Industrie sidérurgique en France pendant la Révolution et l'Empire*, EHESS, 1984.

形式对炼铁厂厂主而言终究都是九牛一毛,因为大部分劳动力量再生所必需的元素(对妇女、儿童、"失去劳动能力"的老人以及处于失业或生病期间的工人的供养)都由乡村世界以非货币形式在"需求"有限的"生存经济"(économie de subsistance)范畴内承担了。① 至少直到第二帝国时期,在那些研究大型冶金企业的著作中,我们都能发现这种逻辑。

我们可以列举出多种要素,来表明大型企业与乡村世界的关联。首先,尽管设备"集中化"实现了,但是19世纪"大型冶金工厂"却没能形成一个脱离周围环境的不可分割的整体。更准确地说,是没有形成一个个并行的、比较独立的生产单元,且每一个单元都拥有自己的劳动力、自己的居所,等等。② 同样,在人员登记簿中登记过的实有人数之多不应使我们忘记,"外来"工人与"本地"工人之间的劳动力配比仍有很大影响。直到19世纪末,大型冶金工厂仍在雇佣大批临时工、短工或小农去从事苦力劳动。③ 甚至在摩泽尔省,我们都能看到乡村对大型冶金企业的这种直接依附,尽管在第二帝国时期那里的旺代尔(Wendel)企业的发展力量强大,但最好还是将其称为"逐步进化而不是革命"④,固定资产一直是该省的财富主体。在这种条件下,我们就不会对以下情况感到惊奇了:当一家冶金企业,比如福尔尚博,完全建成时,为了吸引和留住工人,埃米尔·马丁(Émile Martin),这位毕业于综合技工学校、崇拜圣-西蒙的炼铁厂厂主,想到的唯一办法就是给他们让出暂住地周围的一些土地(1851年是150公顷,第三共和国初期增加到200公顷)。乡村资产既是最佳形式的"津贴"(在失业、疾病的情况下,对老人、妇女和儿童来讲),又是有资质的工人"举止理智化""提高品德"的主要因素。⑤

要重点指出的第二点在于,慈善雇佣反映了大众阶层与企业主阶层之

---

① 由于没有任何法律对劳动事故作出规定,也没有过任何登记,所以劳动意外事故显得很少。

② 这主要是因为还没有达成不同设备间真正的技术整合,关于"冶金工厂"的明晰的法律定义也不存在。

③ 勒克鲁佐(该地区乡村房屋更像营房)城市化进程的第一阶段反映了这种劳动力二元结构;参见 P. Bourdelais,"L'industrialisation et ses mobilités (1836-1936)", *Annales ESC*, septembre-octobre 1984。

④ H. Contamine, *Metz*…, op. cit., p. 136.

⑤ G. Thuillier, *Georges Dufaud et les débuts du grand capitalisme dans la métallurgie en Nivernais au XIXe siècle*, Paris, SEVPEN, 1959, p. 173 sq.

间的一种力量关系，企业主不允许大众阶层过于"无产阶级化"。为解释这一论断，需要再次将19世纪冶金工业史放入法国全国经济范畴考察。我们知道，第三共和国初期，农业与手工业仍占据优势地位。第一次工业化主要触及纺织业。大型企业中的机械化操作首先出现在棉纺厂。从社会学角度看，这表现为产业工人长久以来的微弱数量以及产业小农阶层（在法国大革命之前这一阶层的人数已经很可观）的巩固加以解释。① 于是在大工业中，出现了由供大于求产生的工人劳动市场。由于奴隶与仆役已不复存在，人们自然不能阻止个体拒绝别人向他提供工作，在这样一个社会中，当工人的实践经验不得不加以考虑时，公然反对劳动力的存在就变得不可能了：要学会与之妥协。许多资料表明，炼铁厂厂主们很难找到在改良冶金产品方面具备必要资质的工人。贝特朗·吉尔（Bertrand Gille）谈论过工人需求方面"不变的缺口"②，尤其是搅炼工的奇缺。行业工人将他们的稀缺当作武器，这是长久的不稳定性造成的。为将这些工人稳定下来而出台的法律规定、相关文书以及其他措施似乎效果都不佳。这就是埃米尔·马丁为安抚炼铁厂厂主，劝告他们使用"缓和方式、宽容规章"的原因。③ 在我看来，这是炼铁厂厂主想要巩固行业工人的职业自治而不想为难他们的原因之一。④ 这些"炼铁人"⑤ 除了负责生产，还要承担在实践中传递知识以及至少是部分地控制劳动市场的任务。地区不同、设备性能不同，保障良好运行所必需的"技艺"也多种多样，由于实践知识只能通过长年的熟悉获得，所以需要从孩童时期开始，让出土地，服从于技术需要。但是对于炼铁厂厂主而言，这也是让劳动力的主要愿望获得满足的一种方式。19世纪最后几年的所有调查都证明，这种策略是成功的。大部分在企业中扎下根的行业工人，多有三四十年在该企业

---

① 甚至在摩泽尔省，尽管旺代尔炼铁厂很有活力，小土地所有者的数量在19世纪还是增加了；参见 H. Contamine, *Metz*…, *op. cit.*。

② B. Gille, "La formation du prolétariat ouvrier dans l'industrie sidérurgique française", *Revue d'histoire de la sidérurgie*, No. 4, 1963.

③ G. Thuillier, *Aspects*…, *op. cit.*, p. 243.

④ 比如，对于埃米尔·马丁而言，为工人建造"营房"首先就与"纪律"方面的考量不符，它只是符合在员工内部创建"主体精神"的意愿。参见 G. Thuillier, *Georges Dufaud*, *op. cit.*, p. 173。

⑤ 参照以下著作中的表达：S. Bonnet, *L'Homme du fer*, Nancy, Presses Universitaires, 1985 – 1986, 4 tomes。

的工龄，他们同时也是小土地所有者。在短工方面，远近工厂提供的零活儿（就这一时期在法国出现的严重的暂时性外迁而言）往往是避免乡村人口成批外出的主要原因。① 由于拥有多种工作对大众阶层极其重要，所以我们可以理解，可使谋生资源多样化的工厂，也就被视为"保护神"（providence），而它的所有者也就被视为"善人"了。在厂主方面，他们也对这一体系抱有兴趣，哪怕需要作出让步。② "更多将自身发展建立在对流动劳动力的周期性使用上，而不是建立在固定劳动力的集中上"③，这样的一个工业体系在采用灵活方式使工人适应生产的不规律性方面具有优势。

让我们将"慈善雇佣"作为弗雷德里克·勒普莱研究成果中的一个"理论性"概念并以此来作为结束。如果说这个想法在他以及他的追随者的评论中反复出现（这的确很少见），这是由于19世纪末法国社会的深刻变革令他无法理解。④ 在勒普莱的慈善雇佣中不可能看到"工业社会的组建计划"（弗朗索瓦·埃瓦尔德），这是因为在其有关"工业社会"或"工人阶级"（就其现代含义而言）的著作中都没有真正思考当时的"工业社会"和"工人阶级"的真实面目。同样，尽管由于多次重复，勒普莱的"慈善雇佣"已经成为厄比纳尔（Épinal）地区形象，但是将勒普莱式慈善雇佣看作一种以获得独立和巩固厂主自治为目的的策略却是一种曲解。这样做实际上是在通过勒普莱的信徒埃米尔·谢松（Émile Cheysson）去解读勒普莱的著作。谢松1893年出于某些原因宣称："在普通慈善雇佣形式中，企业主—父亲负责一切。他一边仿效国家，一边抱怨国家的干预"⑤，我们将在后文中再次回到这些原因上。至于勒普莱，他则认为，工人不能完全依附于工厂。由此可见，他对同时拥有多种工作以及让给劳

---

① 这种情况可能可以解释第二帝国时期人们看到的工人数量没有得到扩充这种奇怪的工业化现象。

② 直到19世纪末，标致企业的规章还明确规定："允许农民工人离开车间两个小时，以便用最快速度到达其田地"；早晨可以迟到半小时；参见 G. Bugler, *Histoire du Valentigney au XIXe siècle*, Montbéliard, Les Presses de l'Est, 1970, p. 18.

③ Y. Leguin, *Les Ouvriers de la Région lyonnaise (1848—1914)*, Lyon, PUL, 1977, t. 1, p. 156.

④ 勒普莱依靠他有关工人的专著，成了真正的"土地社会学"（sociologie de terrain）先驱，我们可想而知迪尔凯姆对勒普莱的方法论的漠视。

⑤ É. Cheysson, *OEuvres choisies*, A. Rousseau, 1911, 2 Vol.

动力的乡村产业是多么重视。1867 年世界博览会时，他起到了决定性作用：评审团［包括立法团主席，勒克鲁佐企业老板欧仁·施奈德（Eugène Schneider）］特别奖励了为工人独立作出贡献的这种企业创举。由于继承了许多启蒙思想，勒普莱更相信理性，而不是约束，他认为约束总是导致与预期相反的后果。① 同样，企业主扎根于企业所在地，显然是将工人置于厂主监督之下的一个办法，但是反过来说，也是防止企业主逃脱责任与义务的一种方式，因为这样一来，他们可以以专制的面目在工人面前表现自己，而不致遭到工人所属的地方群体的抗拒。这就是为什么，对于勒普莱而言，最理想的慈善雇佣是让地方习俗与新的工业环境相适应。我认为，在勒普莱的著作中似乎可以看到一种严谨的、对该世纪正在孕育的"薪资关系"［从罗贝尔·布瓦耶（Robert Boyer）对该术语的理解来看］的批判。② 勒普莱对法律、国家、金钱或文书的不信任也是 19 世纪乡村社会对新世界的看法，这种看法并非不正确。说到底，遭到谴责的，是所有的权力形式（我们不再将之视作"自然的"，这些形式之新，使 19 世纪的观察家们都感到震惊），这些形式在使个体彼此"产生距离"的过程中孕育出来。勒普莱批评由遥远的专家制定法律的做法，他认为这些专家对地方实际毫不知情，也漠不关心。他批评所有明晰的、书面的、体系化的规章。同样，他也抨击国家及其官僚机构，认为它们意图将个体封闭在一种法律身份内（今日被我们称为"社会职业范畴"），毫不顾及行为的多价性（polyvalence）和情境的多样性。这些便是他在方法论方面偏爱专题著作（他将其应用于具体的个体）的原因，在他的专著中，他同凯特莱（Quételet）一起转向抽象"普通人"研究的统计调查。他批评那些将货币作为唯一报酬形式的经济学家，这种批评证明他已经清楚认识到某种特殊的依附形式，在该形式中，我们可以看到的是依靠货币维持生计的人。这同样也表明了他为阻止无薪酬劳动的贬值所做的不懈努力（与其青年时的经历相关）。通过拜读勒普莱的专题论著，我们只能惊诧于他对

---

① 勒普莱比较喜欢的例子是复辟时期宗教领域的独裁政策，其最终结果反而巩固了无神论。

② 参见 R. Boyer, *La Théorie de la régulation : une analyse critique*, La Découverte, 1986。

无薪酬的家庭劳动,通常都是妇女劳动的重视。① 现代经济学家"发现",在薪酬标准成功地获得普遍认可之际,无薪酬但对经济与社会再生产十分重要的劳动(最为常见的是家务劳动和妇女劳动),却被理论学家和经济实践家完全排除在外②,可见勒普莱的思考与现代经济学家的看法不谋而合。同样,勒普莱对于书面知识的不信任可以通过他的"反动"倾向证明。这是19世纪上半叶(该世纪的主要发现出现之前)一位*学者*的模糊意识,是对冶金生产中实践经验的重要性、通过直接与专业领域接触而获得的经验知识的重要性的一种模糊意识。因此,勒普莱对慈善雇佣的思考可被视为他对所有这些问题的总的答复(其中不乏矛盾之处)。

中　断

所有研究过慈善雇佣问题的学者都注意到了19世纪末慈善雇佣危机的急速发展,该危机表现为常伴有暴力的罢工运动的蓬勃发展。虽然工人运动的出现是该危机的一个决定性因素,但工人运动也只是动摇法国社会的所有变革之一而已。这里我们不再细述③,只需迅速枚举这些变革的主要因素即可,因为它们可以帮助我们理解下一阶段中家长主义"重组"的必要性。从经济学角度看,在第二帝国时期便已出现萌芽的变革都开花结果了。沟通手段的发展导致了民族市场的统一。自由贸易协定加强了相互间的经济独立。在冶金业,英国的竞争和1880年代的大萧条使得传统的小炼铁厂纷纷垮台。④ "第二次工业化"引发的连续的经济动荡导致新

---

① 勒普莱在专题论著中使用的方法参见 F. Le Play, *La Méthode sociale*, Tours, Marne et fils, 1879。勒普莱学派的所有专题论著被收集在以下作品中: *Les Ouvriers européens*, Tours, Marne et fils, 1877–1879, et *Les ouvriers des deux mondes*, Tours, Marne et fils, 1857–1913。

② 参见 A. Lipietz, *Crise et inflation, pourquoi?* Maspero, 1979。现在对勒普莱及其学派的"再发现"要归功于以下作者及其著作: A. Savoye, "Les continuateurs de Le Play au tournant du siècle", *Revue française de sociologie*, 1981; B. Kalaora et A. Savoye, "La mutation du mouvement leplaysien", *Revue française de sociologie*, 1985; F. Arnault, "Le Play en 1848", *Le Mouvement social*, octobre-décembre 1985 及其论文 "Frédéric Le Play: de la métallurgie à la science sociale", Université de Nantes, 1985 (dact.)。

③ 参见 G. Noiriel, *Les Ouvriers*…, op. cit。

④ 传统钢铁冶金业的衰落在第二帝国时期已经普遍出现,正如莫里斯·勒维-勒布瓦耶(Maurice Lévy-Leboyer)所说,1856—1871年,三分之二的传统炼铁厂已消失。M. Lévy-Leboyer et F. Bourguignon, *L'Économie française au XIXe siècle*, Économica, 1985, p. 57。

动力部门（化学、机械构造、电力等）出现，同时也刺激了呈现出新优势的法国钢铁生产：继大湖（Grands Lacs）（位于Briey盆地）矿床之后，人们发现了世界上最大的铁矿床。所有这些原因都迫使炼铁厂厂主不惜冒着破产的危险打破常规。

19世纪最后几十年中，工艺技术发生了深刻变化。电力以及科学知识（物理与化学）在工业中的应用导致设备的机械化水平不断提升：酸性转炉（convertisseur Bessemer）、托马斯炉（procédé Thomas）、马丁炉（four Martin），所有这些都导致企业规模大幅扩增，更多的人集中到了车间。传统的老板和工人的面对面，被工程师这个新专业团队的出现打破，工程师数量随着劳动合理化改革的密集化而增加。生产能力的有限性促使企业领导者与生产的暂停和不规律性做斗争。由此出现了对车间内工人自治的质疑，而机械化跃升到第一位的事实又加重了这种质疑。针对缺勤的车间规定变得更加严厉，新工资体系欲加强收益。对乡村节奏的干扰变得让人无法忍受。"苦力"一词脱离了原来的乡村含义，转向一种工业含义：对于一名永远依附于企业的工人而言，这是最底层身份。钢铁厂将自身封闭起来，试图形成一个全面体：它的整合通过技术进步得到加强（比如回收高炉气体），它的法律定义变得明确起来。大众阶层对农业劳动与工业劳动的互补性产生质疑，正如他们痛苦地感受到职业自治受到了损害一样，相对于慈善雇佣而言，职业自治导致了"幻想的破灭"①。当然，这其中也有其他因素。自第二帝国以来，作为吸引劳动力的一种手段，增加工资导致"生活水平"得到提升，这使得代表企业主业绩的"善举"变得平庸。此外，在工人居住区，出现了被工人的闲暇生活吸引而来的商贩及咖啡馆老板组成的小中产阶级，这些人的兴趣不总与炼铁厂厂主们相同。民族市场的统一和义务教育，尤其在新一代人中，引起了人们对地方模式的摒弃和对往往与共和国意识形态相近的新价值观的接受。正是在这种环境中，在所有的大型工业中心，尤其从1880年起，开始爆发大规模罢工，虽然很快平息，但却对相关矿床造成了深刻而又持久的创伤。在以男性公民全民投票为基础的新政治体系范畴内，由于工人代表着一个潜在的"顾客"群体，罢工成为共和主义代言人的有利工具，这种

---

① 对于以下作者来说，矿工失去自治是昂赞镇（Anzin）大罢工的决定性因素。D. Reid, "Paternalism…", *op. cit*。

情况使得企业主阶层被迫接受一系列旨在限制其权威的立法措施。企业主现在必须对工人"代表":包括矿工代表、工会干部等予以重视。① 同时,正如弗朗索瓦·埃瓦尔德指出的那样,劳动事故频发以及对事故的法律承认引起了深刻的法律变革和建立在"可能性原因"基础上的"保险社会"(société assurantielle)的开始。冶金业企业主对这一变化做出了贡献。埃米尔·谢松在"职业危险"的承认方面扮演了决定性角色,"职业危险"是劳动事故保险的源头。在废弃旧的"责任法"原则(在个体间的"直接关系"逻辑中,该原则有利于社会纠纷的解决,因为可以指名道姓地指出企业主就是责任人)的同时,勒普莱学派的新领袖防止了阶级冲突的产生,但却背离了其前辈的思想,这位新领袖提出了"完全不同于慈善雇佣式经济的一种企业客观化类型"。承保人不知道工人姓名,企业转变为"匿名社会"②。社会法始终致力于新型政治与法律合理性的胜利,在这种合理性中,个体被包括进来并予以明确定义。1898 年的法律,就像 19 世纪末的普查一样,确定了"就业"与"失业"之间的边界,赋予工薪者一种法律身份,从此,这种身份成为一种稳定、正常、不可削减的状态。"津贴"的货币形式(尤其被退休工人法确定下来)越来越多地被接受。钢铁企业主们即便成功地适应了这些变革,也彻底迷失了方向。这首先是因为劳动合理化也迫使他们修正自己的行为举止,重新质疑自己的习惯。③ 其次是因为炼铁厂厂主在面对劳动力问题的新办法面前犹豫不决。面对罢工,毫不让步的镇压与接下来的开放策略形成鲜明对比。埃米尔·谢松宣扬"开明的慈善雇佣",这种策略将工人视作成年人,并让渡给他们一定程度的自治。在工人运动最强烈的地方,比如北方省出现的以承认工会为基础的契约政策[参见 1891 年阿拉斯(Arras)协定的签署]。但工人的信任危机还表现为日益突出的劳动力不稳定性。继 19 世纪末的动荡之后,大批技术工人离开了原来的冶金矿床,奔向拥有机械和电力设施,并且也在招收专业技术人员的大型企业所在的新工业中心。劳动力的

---

① 关于矿工代表的出现,参见 D. Reid, "La sécurité minière faite règle. Les délégués à la sécurité dans le basin d'Aubin, 1867 – 1914", in L. Thévenot (dir.), *Conventions économiques*, PUF, 1986, pp. 73 – 89。

② F. Ewald, *L'État providence*, op. cit., p. 248.

③ 马克斯·韦伯在其著作开头便很好地描述了这种令人痛苦的变革:*L'Ethnique protestante et l'esprit du capitalisme*, Plon, 1964 (1re éd. 1905)。

大量流失表现在罢工运动后出生率的急剧下降上（比如蒙索［Montceau］和勒克鲁佐）①。稳定劳动力结构这一棘手问题——第一次世界大战期间大量的工人流动以及战争造成的大量死亡也大幅加剧了这一问题——在钢铁工业时代再次以尖锐的方式提出。

家长主义："慈善雇佣"与"管理"之间的过渡

在我看来，"工业家长主义"［多纳尔德·雷德（Donald Reid）语］这一说法用来指代重工业中监控劳动力的新形式是十分恰当的，这一新形式在19世纪末期初露端倪，但直到两次世界大战之间才达到"成熟"。我在这里并不想讨论已经有许多人描述过的细节，而是要提出家长主义的一种"理想类型"②（韦伯式用语），并指出其与慈善雇佣的区别所在。家长主义与慈善雇佣面对的相同处境，就是劳动力长期不足。1900—1930年，法国重工业由于工人短缺（尤其是"专业技工"的短缺）处于瘫痪状态，这种情况迫使企业主在人员招收与培训方面花费了很大力气。然而这时期造成短缺的原因比19世纪那时更为复杂。首先，应该注意，前面提到的直到第三共和国初期这一阶段内，在经济与社会方面"达成的共识"只是工业化落后的主要原因之一。的确，近年来，经济史学发掘了许多材料用以驳斥法国滞后的观点，指出实际上法国走的是一条不同于英国的工业化道路，法国的活力毫不逊于英国。③ 在我们看来，如果用来反驳滞后观点的所有标准都建立在经济分析基础上，那么这些标准到了社会史学视野中就不太有说服力。我认为，卡尔·波拉尼（Karl Polanyi）40年前提出的有关"工业革命"的假设似乎在今日仍然最具生命力。④ 他强调，欧洲大陆国家与英国相比，在资本主义演进中处于落后地位。这绝不是以进步哲学之名作出的价值判断，而是对资本主义体系转变法则的确

---

① D. Reid, "Paternalism …", op. cit.

② 这意味着它既不是一种"模式"，也不是一种"范例"，而是一种"思维列表"，旨在梳理有关这种社会关系的恰当特点，我们还要具体指出，这里论及的企业主策略绝不类似于一种有意的、安排好的计划。

③ 参见 P. O'Brien et C. Keyder, "Les voies de passage vers la société industrielle en Grande-Bretagne et en France (1780–1914)", art. cit.

④ K. Polanyi, La Grande Transformation. Aux origines politiques et économiques de notre temps, Gallimard, 1983 (1re éd. 1944).

认。实际上，对波拉尼而言，所有大工业国家走的都是*同一条道路*，这条道路通向具备"自我调控"能力的市场的建立，也就是说，在这个市场中，货币、劳动和土地成为有价商品（利息、工资、收益）。19世纪，英国的这种进程比其他欧洲大陆国家更为成熟，正是基于这一点，我们才能谈论后者这些国家的"落后"。至于法国，直到1950年代，就业人口中农民比重之高可被视为自我调控进程缓慢的一个综合指数，因为该指数既涉及土地、劳动，又涉及货币。显然，19世纪末，乡村人口的大批外流加剧。然而，正如莫里斯·勒布瓦耶指出，这些迁移只对工人阶级的壮大带来很小的益处。① 此外，新的加工工业大幅加剧了工人劳动市场的分化，在工人劳动市场内部，我们越来越多地观察到一种不利于重工业的等级化。纺织部门的劳动市场伴随第一次工业化进程得以完成，它就像一个"独立"的世界，相对稳定，不存在劳动力再生产的特殊问题，而重工业（矿业、钢铁冶金业、化工业）直接而强烈地受到两个正在蓬勃发展的工业部门的影响：总体上靠近大片聚居区的加工工业（尤其在巴黎大区）和为劳动力提供特别优厚条件的"服务部门"（交通、电力等）。在重工业领域，"专业技工"职位（机械师、修理师……）少之又少。劳动艰辛，且有职位空缺的矿场大都靠近能源或天然资源地区，也就是说往往远离城市。1870年以后，要想在这个正准备蓬勃发展的部门找到需要的工人，靠推行专横的政策已经不可能。因为这与体现共和秩序正当性的两大原则相悖：政治民主（通过男性公民的公投实现）与社会流动（由学校教育实现）。②

于是，家长主义成了旨在以满意方式保障工人劳动力招收的一个办法。工人劳动力群体由三个主要部分（存在于地区、历史、劳动性质的

---

① 1872—1891年，服务行业吸纳的人数与脱离农业的劳动力数量相当。M. Lévy-Leboyer et F. Bourguignon, *L'Économie…*, *op. cit.*, p. 91。还要详细说明的是，上述著作的第二大部分主要讲计量经济学模型（modèles），这些模型与社会史学的论题是矛盾的。从马克思到波拉尼，还包括韦伯，他们思考的主线在于想要理解工业化如何成功地从农村世界及其价值观中夺走上千万个体，而上述书中介绍的模型化（modélisation）是基于一种*演绎的推论*：鉴于19世纪乡村的"惨状"，"在新就业部门的快速增长时期，从不缺乏劳动力储备"（p. 299）。在我们看来，至少在重工业领域，到那时为止，大部分已发表的成果都证明了相反的论断。

② 让－马里·马耶尔（Jean-Marie Mayeur）评价道："第三共和国为渴望自我提升的社会阶层提供了大量职位，这是第三共和国的一个机会，是其得以立足的原因之一。" *Les Débuts de la Troisième République*, Seuil, 1973, p. 92。

动态混合中）构成：原 19 世纪工人家庭后代、农民工以及最主要的移民劳工。可能人们没有过多强调移民劳工对 1914—1918 年间工业动员以及接下来 1920 年代钢铁工业与煤炭工业的重振的重要性。

事实上，移民总署（Société générale d'immigration，1924）的创立才真正实现了计划招聘。通过劳动合同以及针对外籍人的特殊法律限制体系，劳动力可被疏导到需要他们的具体岗位。通过停止招收、拒绝多余劳动力入境、招募单身者或家庭中的父亲，就有可能使劳动供应与需求精确相符。由此出现了一支比法国劳动力更"顺从"的劳动力队伍，相比而言，正如加里·克罗斯（Gary Cross）指出的①，法国劳动力越来越抵触艰苦工作。显然，移民的职位主要只涉及非技术岗位（以及矿工岗位），而这些岗位从数量上讲是重工业中最多的。这样一来，矿业和钢铁冶金业中大量外籍劳动者的就业将有利于从底层对劳动市场进行常规补给，也可使法国工人的社会升迁成为可能。但我们也看到，这种情况与 19 世纪的慈善雇佣形成了巨大反差，20 世纪以各地区不使用外籍劳动者为准则（除了"专业技工"短缺，需要外籍人，往往是英国人或比利时人之外）。

家长主义与慈善雇佣形成巨大反差的另一个决定性方面，在于对工人生活的"全面监督"。有关该主题的大部分研究都注意到了罢工运动以后，这种突然的企业主自治主义的发展。彼得·斯蒂恩斯（Peter Stearns）这样评价道，工人的动员为此前几十年的开明家长主义画上了句号，并在工厂内外代之以一种强制性监督。② "全面监督"首先表现为所有产业部门对工人的责任意识。这不仅仅，甚至也不主要出于纪律原因。但是，由于法国工业化的落后以及 20 世纪最初几十年的急剧变化，当时还没有可以接收几十万新工人的基础设施（城市配套设施、住房等）。在国家的放任主义（laxisme）③ 面前、在工人的压力下（所有研究都表明，在住房建设与减少**翻身**机会之间存在直接关系），企业主被迫将部分投资用于住房、学校、公共卫生机构、医院，等等。但是这种全面负责同时也意味

---

① G. Cross, *Immigrant Workers in Industrial France*⋯, op. cit.

② P. N. Stearns, *Paths to Authority. The Middle Class and the Industrial Labor Force 1820 - 1848*, Urbana, University of Illinois Press, 1978, p. 170.

③ 对于洛林的钢铁冶金业，以下著作的作者注意到："不管是学校、医院、公路还是警察局，公共权力都很难面对布里耶（Briey）地区前所未有的人潮带来的问题……默尔特－摩泽尔省（Meurthe-et-Moselle）的企业主不得不暂时应付国家无能的局面。" S. Bonnet, *L'Homme du fer*, op. cit., t. 1, p. 56.

着，炼铁厂厂主们有意不让公众的主动性或独立的个人主动性在他们的地盘发展起来。由于各企业之间在招工方面存在竞争，因而住房、医院等被视为企业的优势，每个企业都认为这一点至关重要。同样的逻辑也可以解释钢铁企业为何会利用自身力量阻止劳动市场多样化。正如我们在不同地区看到的，家长主义还表现为维护工业矿场的意愿。相对于其他工业地区来说，家长主义对矿场的控制强烈而又独断，这样做显然是为了避免工会的"传染"，同时也是为了减缓劳动力向收益更好的劳动市场部门的流动。在实际中，企业主努力阻止竞争工业的发展。通过加强家长主义矿场的垄断工业特点，通过将从事商业或房地产业的中产阶级的朦胧愿望扼杀在摇篮里①，企业主们制造了一些具有地区特色的社会圈子，这些圈子中的职业分化十分微弱。工人在就业人口中的比重达到了四分之三。除了工人，还有一小批雇员（employés）、工头和工厂的工程师以及一个由商贩、手工艺人和自由职业者组成的小集团。被"地狱之圈"（circle infernal）圈住的炼铁厂厂主们总是不自觉地越发强调对工人生活的全面负责，否则他们将要为此付出很大代价，而所有能节约的方法都是好办法。相对于慈善雇佣时代而言，由于与乡村世界的决裂、由于企业的自治化与自我封闭，"乡村"不再是劳动力再生产的主力。炼铁厂委员会（Le Comité des forges）秘书长罗贝尔·皮诺（Robert Pinot）可能是最出色的家长主义"理论家"，正如他所说，在退休问题上，老年人从前在自身环境中寻求的帮助今后应由企业承担。②但随着19世纪末工人法的出台，以及将有助于劳动力量再生的所有因素（家庭补助金、社会保险、退休金、失业补助等）都给予货币报酬的"薪资社会"的普及，对于一个企业或企业界整体而言，承担起这些开支变得越发困难。于是不惜一切阻止工会存在

---

① 罢工之后，企业主们都对那些顽抗的咖啡馆老板和商贩有所行动，让他们守规矩。在勒克鲁佐，1905年，规章中规定禁止工人开咖啡馆或做买卖；参见 J. -P. Frey, *La Ville industrielle et ses urbanités. La distinction ouvriers-employés 1870 – 1930*, Bruxelles, Pierre Mardaga, 1986；在19世纪末德南（Denain）地区也有同样的变化；参见 P. Veitz, *Travail, société, politique dans une région ouvrière, le Valenciennois, 1830 – 1980*, thèse de 3e cycle, EHESS, 1982 (dact.)。

② 罗贝尔·皮诺按照原文逐字逐句地说："（19世纪末）当工人年老时，所有由自身家庭和乡村中心机构提供的帮助都应该被替换", R. Pinot, *Les Œuvres sociales dans l'industrie métallurgique*, A. Colin, 1924, p. 25。

成为必要,因为工会行为只能导致再生产成本加重。① 承担起全部责任至少可以减少这些开销。就像我们在许多钢铁矿场注意到的,20 世纪初,人们重新界定了工人阶级中的女性角色。在慈善雇佣时代,劳动者的妻子往往都是农民,而家长主义时代则将她们变成了女性工人。她们要学着在城里找住所、对家庭收支精打细算、缝补衣服、做饭,等等。这些免费劳动是压缩工人支出的办法,也是利用感情纽带使工人"遵守纪律"的方法。我们在那一时期看到家务学校不断增多,这是企业主对女性投资的很好证明。② 能最准确反映家长主义管理的城市化类型就是单调的整齐划一:各居住城区四周园地围绕,并由此形成一个个整体,以至于我们很难给城市起名,这一方面,正如我们看到的,是因为家长主义不允许真正的社会多样化出现;另一方面,是因为企业主想要压缩用来养活工人家庭的货币开支,故而迫使他们去种植园地,甚至更多情况是田地。直到第二次世界大战时期,这些田地或园地的产出对工人的日常生活都是必不可少的。最后,应该强调指出,企业所承担的开销并非在同等水平上涵盖了所有的工人劳动力。由于炼铁厂厂主的主要责任是保证工厂的良好运行,我们十分理解,厂主们对其员工的态度主要取决于劳动过程的性质。从这个角度看,尽管合理化的开端已经出现,但我们还是处在介于原来状态(专业工人占有核心地位)与当下阶段(即生产过程越来越自动化)的中间状态。1900—1930 年,在钢铁冶金业,尽管供养服务不断增多,但还是缺少大量的劳工和有劳动经验的专业工人(铁矿场也是如此)。正是出于招聘、稳定和保证合格技工的更新之需要,家长主义管理才得以推行。如果说为合格技工付出的代价最高,那是因为对他们的期待也最高。另外两个群体农民工和移民反而不是那么直接地卷入家长主义体系。往往好几

---

① 1908 年,在隆维(Longwy)的炼钢厂,"社会福利"(œuvres sociales)占盈利的 46.3%;1930 年,"社会福利"占钢铁企业产品成本的将近 10%。关于这些方面请参见 G. Noiriel, *Les Ouvriers sidérurgistes et les mineurs de fer dans le bassin de Longwy pendant l' entre-deux-guerres*, thèse de 3e cycle, Université de Paris VIII, 1982 (dact.),该方面更长时段的研究参见 G. Noiriel, *Longwy. Immigrés et Prolétaires*, op. cit.。

② 像隆维以及许多其他地方一样,在勒克鲁佐地区,家务学校是在罢工之后才创立;施奈德(Schneider)的学校将弗朗索瓦·科佩(François Coppée)的箴言作为格言:"学会知足,这才是智慧与真理;"参见 R. Parize, *Le Paternalisme et son influence politique au Creusot (1899 – 1939)*, thèse de 3e cycle, Université de Toulouse II, 1981, p. 157 (dact.); P. Galloro, *La Main-d' OEuvre des usines sidérurgiques de Lorraine, 1880 – 1939. Étude des flux. Analyse des Forges de Joeuf*, thèse, Université de Metz, 1996 (dact.)。

代农民工都在工厂里工作，他们培养了许多专业工人，但却仍然生活在城外的乡村中。移民是被当作苦力招收进来的，他们与家长主义也保持着距离，我们可以说，虽然只是由于有了移民工人，家长主义体系才得以维持，但是该体系却反过来反对他们。① 招聘的合理化使得炼铁厂厂主找到了健康状况良好的年轻人，厂主们需要他们去从事体力劳动。对这些人的培训几乎花费不了几个钱，因为是他们的输出国养大了他们，此外，尽管厂主们需要分摊一些救济金或退休金，但是由于外籍劳动力极不稳定（该特点是外籍劳工自我防卫的主要方式），这些人很少能从中获益，尽管他们距离工业劳动的危险是最近的。同样，由于在法国没有妻儿，他们也与"社会福利"无关。这些人生活在临时搭建的棚屋中，或寄居在生活在城里的已婚同胞家中：他们加重了家庭妇女的劳动负荷。因而劳动力的这一分支是以很微弱的方式影响着企业的开支，尽管有时他们在数量上占绝对多数。

作为家长主义特点的"全面监督"的最后一个方面，在于对工人限制的加强。在所有冶金业地区，罢工的结果都以纪律的加强而告终。与乡村环境（往往为罢工者提供了重要的软件支持，增强了斗争的韧性）的决裂也是迫使工人从此只依附于企业的一个手段。当勒普莱将乡村产业鼓吹为独立元素时，谢松却只夸耀房产的功绩。但是，在20世纪最初几十年，连房产也呈现衰退状态。比如在勒克鲁佐，1867年约有25%的工人家庭拥有自己住宅的产权，尽管有许诺，但是在接下来几十年中工人产权并没有得到普及，因为极少有人担负得起超过普通家庭收入28%的这些开支（用来偿还工厂）。② 在隆维地区的矿场，租赁几乎是居住在城里的唯一方式。1905年罢工潮以后，花销明显增加。企业从此以后按月租赁而不再按年，工厂的看管者每周巡视一次。住房人每月必须清洗地砖一次，必须每月清洁两次天花板和墙壁，每天都要清扫门口、便道和厕所。③ 两个因素可以解释企业主这种不同以往的严格。第一个因素是有必要向没有工业经验或在新事物面前举步不前的工人阶级反复灌输工厂的劳

---

① 矿业的情况多少有些不同，由于缺乏法国工人，甚至是合格技工，就不得不让外国劳动力扎下根来。

② R. Parize, *Le Paternalisme*…, *op. cit.*, p. 88.

③ 清洁是企业主将女性农民打造成为女性工人策略中的一个元素。这是向工人家庭反复灌输家庭纪律标准的一种方式。

动纪律。此外一个因素是,我们可以认为,由于劳动力稀缺,在职位方面拥有要挟筹码的"工业储备军"还未出现。在这种条件下,企业主希望在工厂之外,通过以住房和多种"福利"为诱饵,形成他想要的员工群体。

工业家长主义的最后一个基本特点是,其支持者努力赋予企业主新的合法性。在慈善雇佣时代,由于厂主对更大群体施加权威似乎是"理所应当的",因而不太需要后者表现出更多象征性符号证明前者的慈悲角色。而在家长主义形式的企业主/工人关系时代,这种权威不再是自然而然的。19世纪末的失望加重了罢工的创伤。此外,从此以后,至少在国家层面上出现了工会和政党,它们不懈地致力于削减企业主的权威。最终,更高水平的"全面监督"的必要性使得有关慈悲企业主的陈词不那么可信了。所有这一切都可以解释为何炼铁厂厂主或他们的代表拥有如此出色的动员能力,我们可以将这种动员看作自我克制权力的努力。我们看到,几乎所有地方都一样,在罢工之后,工厂的"娱乐"联会数量增多,还看到节日安排的调整,这种调整不利于传统的节日庆祝,只有利于工厂的利益:好像时间与空间都由工厂掌控似的。① 需要说明的是,对"工厂魅力"的驳斥,也不是为了全体劳动力着想。19世纪末,埃米尔·谢松——他见证了独立于周围环境的大工厂的诞生——认为慈善雇佣危机的主要原因在于企业主从此不再能够与其全体员工保持直接关系。与家长主义一同施行的分隔形式似乎是解决问题的新办法。内部工人与外部工人的划分代替了更为复杂的包含家庭标准(家庭中的父亲/单身),尤其是国籍标准的划分。这只是因为炼铁厂厂主主持的庆祝活动(爱国日、颁发劳动奖章、颁发学徒奖)只惠及数量有限的工人,厂主与这些人建立直接联系,使他们"依附于"自己。劳动力的异质性使企业领导可以——为工厂的利益,同时也是为自己的利益——靠各种各样的个人经历与渴望获得支持。遭到过度剥削的是单身移民,而过度剥削之所以成为可能,只是由于对单身移民来说,工厂或矿场仅被视作其人生中的一个短暂经历,是为了挣到他们能在"自己国家"实现自身计划所必需的金钱而付出的

---

① 1899—1912年,在勒克鲁佐,企业领导创立的社会机构与此前63年间出现的社会机构数量一样多,所以领导们组织了不少典礼活动,目的是在象征意义上重新掌控罢工时存在争议的地方。R. Parize, *Le Paternalisme*…, *op. cit.*

代价。通过激起法国劳动力的爱国主义，甚至地方主义（尤其是在洛林），炼铁厂厂主打造了"归属标记"（signes d'appartenance），这种标记是厂主与这里的一部分员工所共有的，也正是这种标记使他们与外籍工人区分开来。并不是企业主"制造了"法国劳动者的排外言行。法国劳动者往往处于潜伏状态：要想从这些人中获得利益，只需吹嘘他们、稳住他们即可。① 更何况仅凭法国人这个身份，就是避免失去社会地位和要求最好职位的一个很有分量的理由。正如铁矿场中工人运动最终衰落为人民阵线党（le Front populaire）的过程那样，如果说炼铁厂厂主最终挽回了部分正当性——这的确无可争辩，但同时这也说明该时代提供了社会升迁的前景。勒克鲁佐的工人可能是个谜题：他们的儿子成为职员，孙子由于有了施奈德的学校成为了工程师。尽管如此，随着劳动越来越合理化，还是出现了资质鉴定的混乱，这反映在维修、职员、工长职位的猛增上。由此出现了符合当地工人渴望的社会升迁前景。在这两类群体（"单身"移民苦力和法国合格技工）之间，应该为由父辈移民工人构成的中间群体留有一个位置。在放弃回国或无法回国的情况下，要想不被"接收国"赶走，父亲移民群体必须具备特殊的辨别力，就像他们的许多同胞那样。从家长主义中，他们只了解到严格。这一群体被幽禁在内部等级之中，与人们所说的"便于生活的分期实现"（les échéances qui aident à vivre）有着最为密切的关系，这种分期实现也属于塑造工人生存方式的家长主义策略的一部分。这些人盼望着能从木板房搬到城里居住，到时就可以把家人都接过来；盼望着工厂中缺少苦力时离开矿场，盼望着在工厂中获得资深资历时由助手变成有职称者，等等。

要想理解从慈善雇佣到家长主义的历史进程，我们更愿意用诺贝尔·埃里亚斯所说的相互依赖的特殊案例②进行分析，而不愿一方面用（雇主的）纪律，另一方面用（工人的）抵抗来进行推理。实际上，这是一个辩证的进程，在这一进程中，企业主远没有完全自由地采取行动。相反，他们的策略是事先没有想好、一点点摸索着实施的，这种策略是面对诸多

---

① 这难道不是根据马克斯·韦伯所说的"社会荣誉点"（point d'honneur social）而来么，该观点使得民族群体倾向于贬低新的外来者。诺贝尔·埃里亚斯曾分析过"工人的社会性"（sociabilité ouvrière）是如何服务于这些歧视的。参见 M. Weber, *Économie et Société*, *op. cit.*, p. 419；N. Elias et J.-L. Scotson, *The Established and the Outsiders*, Londres, Franck and Co, 1965。

② 参见 N. Elias, *Qu'est-ce que la sociologie*? Pandora, 1981。

束缚的一个回应，这些束缚中最主要的一个是虽然使用小写形式但却很真实的权力（pouvoir），即面对厂主施加的权力，工人选择逃避。企业主为了稳定劳动市场而进行的努力，与家长主义一道，构建了一个分化不明显的社会世界，在这个世界中，企业领导者要一直"付给员工薪水"才能让"机关转动"，这与那些大城市的企业主不同，在大城市中，社会关系的复杂性足以使自身的"社会机器"运转，并完全可以提供工厂所需的帮助。①

---

① 因此，在这种情况下，（在企业外）对劳动力进行监督的策略与家长主义策略具有很大不同，这要依靠独立于企业主之外的权力网络，但同时还要能对工人有利。有关工人统治形式的长时段分析，参见 R. Castel, *Les Métamorphoses de la question sociale*, Fayard, 1995。

第七章 工人移民空间分布
——1830—1930

19世纪以来，移民进程的出现被视为美国城市发展史的最高峰。1920年，有四分之三的移民生活在城市，确切地说是大城市。实际上，在该时期，新移民约占该国总人口的15%，占城市人口的48%，占人口规模超过10万居民的乡镇总人口的58%。① 这种现实毫无争议地证明了该现象的"可视性"。我们知道，尤其在社会科学领域，自20世纪之初以来，尤其在芝加哥学派的推动下，移民研究与城市社会学紧密联系在一起。19世纪末起，英国的拉温斯坦（Ravenstein）曾解释过将移民与城市优先建立联系的原因，他将以下事实视为一种社会学"定律"：所有国家的移民都偏爱大城市，因为大城市会为那些懂得把握机会的人提供更多社会升迁的可能性。

尽管法国自19世纪末起由于移民规模的庞大已经成为头号工业化国家，但我们还是要在接下来的篇幅中展示，外籍人口的空间分布与拉温斯坦的"定律"是相反的。② 法国的这种特殊性从未被发掘，因为所有思考过移民人口在法国领土上分布的人，从乔治·莫科到埃尔韦·勒布拉，都无法突破以省划分的法国统计总署目录的禁锢，这种做法虽然为从制图学角度进行地区性描述（比利时人在北部，西班牙人在西南部等）提供了方便，却掩盖了城市中的移民分布状况。③

因此，对该问题的深入研究已经表露出某种方法论方面的旨趣。就像

---

① 根据以下著作的统计：J. Brun, *America! America! op. cit.*
② 至少直到1930年代都是这样。
③ 参见 G. Mauco, *Les Étrangers en France, op. cit.* et H. Le Bras, *Les Trois France*, Odile Jacob, 1986, p. 201 sq。1935年以前，无论是法国统计总署还是年度数据年鉴都没能显示出城市人口中的移民比例。

我们将要看到的，这不仅是对一个世纪以来在评论移民时最常用的工具的批判，而且还是对一股有必要予以推动的社会科学研究思潮的先见。要想弄清移民的空间分布中存在的这种"异常"，就需要回过头分析移民的法国"模式"：也就是要摒弃移民的共通定义，甚至史实化定义，然后再进行概念**建构**。

多样的居住格局：移民空间分布类型学草图

很可能统计数据对社会科学领域的影响不像对移民领域那么大。通过增加几种简单标准：国籍与省份，再补充上性别（1891 年开始）、行业和职业类别，法国统计总署的工作人员便可为一百年来大多数关于移民的论说提供材料支撑。在乔治·莫科的地理学论文中，作者首先发掘了这一源泉。他是第一个撰文讨论可能会逐渐向国家内陆扩散的"边境"移民的人。他认为，19 世纪末期，"外籍人十分明显地进驻与其母国接近的地区"[1]。在前文中提到的埃尔韦·勒布拉的著作中，作者也作出了同样的肯定：在 20 世纪中期，外籍人"是我们的邻居，他们像我们一样，都有些越界"[2]。勒布拉在认真参考拉温斯坦的著作后，进行了后续分析。移民被描述为一条逐渐干涸在河床上并于 19 世纪末沦为冲击地的**河流**，外来人口在法国的分布大势应该已经确定。从安德烈·西格弗里德那里借来宝贵的"民族气质"比喻后，勒布拉认为，从省级行政区图的比较中，至少可以看出 1851—1936 年的稳定性。例如，尤其在洛林与东南部地区，大部分波兰人一直生活在同一地方；意大利人在一个世纪的时间内都保持同样的"传统"布局。信息制图学为社会科学发展带来的益处的确不可否认，然而在我看来，在使用它时还应更加系统地思考这些数据的来源。以上评论实际上隐藏着不少含混之处。往往那些致力于发扬法国"人类学"体系之持久性[3]的作者会原封不动地照搬那些依据法律与行政标准得出的数据，不必多说，仅就这一点而言，就已经很令人好奇。大区（région）被设置为几个省的汇集，以大区为单位的地图过于粗略，因而

---

[1] G. Mauco, *op. cit.*, p. 41.
[2] H. Le Bras, *Les Trois France*, *op. cit.*
[3] H. Le Bras et E. Todd, *L' Invention de la France*, *op. cit.*

无法度量出外籍人空间分布的持久性。19世纪中期意大利人在洛林的出现无论是在居住地点上，还是在从事职业方面，与20世纪中期的情况都不可同日而语。这种表面上的连续性实际上隐藏了始于1890年代的深刻的工业化中断。同样，谈论波兰人在北方省之持久也没有意义。19世纪中期，社会出身高的政治避难者通常被法国行政机构专横地"派遣"到外省城市中。第一次世界大战以前，波兰工人移民为数很少。第一批集体招聘主要招收了散布在巴黎矿场周围各大农场中的农民。① 此外，在"波兰人"或"意大利人"标签背后，隐藏的是差异巨大的族裔和历史事实，这些事实也使一个世纪之久的"持久性"观点靠不住，说明不了"民族气质"。官方标签还用另一种方式掩盖了"人类学"多样性。所谓的"边境"移民或"邻国"移民往往在实际上遵循的是输出国内部迁徙的复杂形式。拉乌尔·布朗夏尔（Raoul Blanchard）在其有关弗朗德尔地区（les Flandres）的论文中这样写道，位于边境地区的比利时小镇通常不过是"打算长期迁居国外的移民的中转站，那里汇聚了前往西方的弗拉芒人"。例如在新教堂村（Neuve-Église），20世纪初期，有50%的居民来自伊普尔（Ypres），他们填补了此前已经前往法国各煤矿厂的当地人的空缺。②

这些评价并不意味制图学分析毫无益处，我们可以将其作为研究起点。19世纪外来人口在边境地区的大量集中表明了皮埃蒙特（Piémont）、弗朗德尔、加泰罗尼亚等地区古老迁移传统的保留，这类移民往往是农民工以及法国手工业行会中的手工艺人或者特殊小行业从业者（萨瓦地区的通烟囱工）的暂时迁徙。而两次世界大战之间人口普查作出的绘图显示的却是法国所有省份中的移民分散现象。正如乔治·莫科注意到的，"移民的地理分布图越来越与国家的经济图保持一致"。这种现象得到了安德烈·贝尔特拉莫（André Beltramone）的肯定，他指出，各省外籍人口集中指数从1891年的800到1936年的608。③ 移民群体在法国整体的分布状况是我们要解释的第一点。我们再谈第二点：某些乡镇中外籍人口的大量集中。仅举一个例子，1930年代，约1700个法国乡镇中的外籍人

---

① 参见 J. Ponty, *Les Travailleurs polonais en France*, Thèse pour le doctorat d'État, Université de Paris I, 1985, 3 vol., repris dans *Polonais méconnus, op. cit.*

② R. Blanchard, *La Flandre*, Lille, Danel, 1906.

③ G. Mauco, *op. cit.*, p. 159; A. Beltramone, *La Mobilité géographique d'une population*, Gauthiers-Villard, 1966, p. 154.

口在数量上与当地法国人口一样多或者比当地法国人口还多。[1] 对该时期的专题性研究使我们得以发现第三个问题：在某些乡镇中的集中绝不意味外籍人的居住情况类型（types d'habitats）存在一致性，我们将要介绍的类型学草图可以作为证明。

我们可以从最早的模式开始谈起，这种模式与美国模式最为接近：即城市中的移民。在法国，这类移民呈现出两种面相。第一种已于第二帝国时期形成，存在于北方省的纺织业大城市中。比如在里尔（Lille），圣—索沃尔（Saint-Sauveur）区是典型的里尔人居住区，聚居着世代生活在这里的工人（比如捻线工），他们是当地工人文化的核心（小酒馆、唱歌等），而郊区的乡镇（1858年并入）中，比如拥有棉纺厂或麻纺厂的瓦扎莫（Wazemmes）或穆兰—里尔（Moulin-Lille），弗拉芒移民是聚居主体（在穆兰—里尔，1.6万居民中有9000弗拉芒移民）。他们有自己的神甫、自己的宗教道德准则，不对外通婚。他们形成了一个"经过缓慢过程才只向原住人口开放的多疑、嫉妒而又倨傲的封闭共同体"[2]。在接下来的几十年中，城市中的这类移民聚居区越来越多地出现在郊区，在郊区工厂周围，很快形成了工人居住区。乔治·莫科描述过两次世界大战之间巴黎地区的这种状况："除了大城市中心与近郊及远郊的反差外，就再也没有什么可以吸引散步者眼球的东西了，大城市中心地区满是富丽堂皇的商店和清一色的法兰西人，而郊区满是工人。刚一远离中心街区，进入艰辛群体的生活区，我们就会为异国元素之多感到震撼，往往会得出结论：法国元素在那里处于少数地位。"[3]

城市移民的另一种类型比第一种类型出现还早，且一直持续到1950年代，该类型表现为城市中心的聚居区。这里的移民多为从事小手工业生产的劳动者：渔业、服装业、商业、建筑……产业工人较少。通常，他们生活在居住条件破旧、卫生条件差的中心街区。那里的房屋业主更愿意搬到外面的新建空间。这种变化可以在19世纪末期马赛的旧港（Vieux Port）观察到，在那里，那不勒斯渔民是主体。土伦（Toulon）也是一

---

[1] 根据以下著作的统计：G. Mauco, *Mémoire sur l'assimilation des étrangers en France*, op. cit.

[2] P. Pierrard, *La Vie ouvrière à Lille sous le Seconde Empire*, Brionne, Gérard Montfort, 1965, p. 192.

[3] G. Mauco, *Les Étrangers*, op. cit., p. 344.

样，中心街区散布着热那亚人（les Génois）、那不勒斯人（les Napolitains）、皮埃蒙特人（les Piémontais）①，这些人也对应着职业部门的划分。瓦朗斯地区（Valence）的亚美尼亚人（les Arméniens）或巴黎马莱（Marais）区的中欧犹太人都是同样类型的例子。② 单身者的住所往往都集中在市中心的聚居区：配备家具的单间、专供公寓、旅店、膳宿公寓……尽管如此，城市移民只是两战之间法国总移民的一部分。实际上该时期还存在另外两种典型的空间分布：那就是工人城（cités ouvrières）与农村移民团（colonies rurales）。

工人城，或称"城市—工厂"的重要地位是不容忽视的。显然，我们可以在所有工业国家找到这种居住形式，但法国的特殊性在于这种劳动空间分布的广泛与持续性。事实上，直到1950年代，城市—工厂都是重工业时期城市化的主要形式，而在其他工业化国家，真正的城市是在工厂周边发展起来的。③ 正如我们将要看到的，这种持续性只能通过移民才能被理解。我们可以认为，这些地方呈现的是一种弱城市化形式，这种形式使人更多联想到乡村而不是城市。乡镇人口很少能超过2万人，那里的居住形式单调，因为企业自己建造了大部分住所。而社会职业结构的相对单一也加重了这种单调。两次世界大战之间，很可能这种空间分布类型中的移民比例是最高的，往往超过80%，北方省的矿工宿舍、洛林的矿工城或阿尔卑斯山谷矿工城都属于这种情况。雅尼娜·蓬蒂（Janine Ponty）注意到，"居住形式的布局更符合社会划分而不是民族划分"④。在矿工宿舍里，生活着波兰籍、法国籍或其他国籍的采煤工；在主要街区，我们可以看到手工艺人、商贩、工程师、企业中的医生，他们几乎都是法国人。由于移民在当地形成了一支无产者大军，所以即便企业主没想故意构建"族裔聚居区"，这种聚居区在事实上也不在少数。此外还应说明，在移

---

① 热那亚、那不勒斯、皮埃蒙特，均为意大利的地区。——译者注
② 关于土伦地区，参见 M. Serre, "Problèmes démographiques d'hier et d'aujourd'hui; note sur l'immigration italienne à Toulon et dans le Var", *Revue de géographie alpine*, 1952; 关于马赛地区，参见 A. Sportiello, *Les Pêcheurs du Vieux Port*, Marseille, Jeanne Laffite, 1981; 关于瓦朗斯地区，参见 A. Keuroghlian, *Les Arméniens dans la region Rhône-Alpes*, thèse pour le doctorat de 3ᵉ cycle, Université de Lyon, 1977 (dact.); 关于巴黎的马莱区，参见 N. Green, *Les Travailleurs immigrés juifs à la Belle Époque*, op. cit.
③ 我们可以将美国的匹兹堡与法国的隆维作一比较，这两个城市都是钢铁冶金业"中心"。
④ J. Ponty, op. cit., p. 460.

民方面,"家长主义"空间由两大整体构成,这两个整体反映了一种罕见的劳动力量分割形式:那就是以有无**家庭**为标准的分割。虽然工人城全部由工人家庭占据,但是为单身者准备的棚屋或食堂却又随处可见。于是城市—工厂的空间根据国籍、家庭状况和职业归属的标准被组织起来。例如在于日纳,法国人居住在稍显高级的首府;工程师暂住在位于居住区的"夏尔迈特村"(Charmettes);移民工人家庭则占据着大部分工人城;至于单身男人,他们则聚集在保尔·吉罗(Paul Girod)于1921年建造的居住区内,以国籍作为区分:一幢东欧移民楼,一幢西班牙楼,一幢意大利楼。① 甚至在一些旧的工人中心,比如德卡兹维尔(Decazeville),移民聚居区的存在在两次世界大战之间也通过以下事实得到印证:"体质与心理上的隔离首先体现在工厂与矿场所在城市的地理区分上:外籍人在工业中心以外的东部以及南部接收区(棚屋最接近矿井),而西部则是商人、高档住宅和法国人。"②

第二次世界大战前移民的最后一种空间分布形式是农村世界。我们不应该忘记,实际上,有大约20%的在法外籍劳动者从事农业,被雇佣为农业工人或佃农。前一类人在实际中并没有固定的空间分布:他们往往有的作为家仆,生活在法国业主家,但却与业主隔离,或者生活在巴黎矿场开发者们匆忙搭建的简易野营房中。而佃农和小产业者反而摆脱了原来的村民,重新组建了完整的村庄,在热尔省(le Gers)、瓦尔省(le Var)、甚至法国东部地区都存在这种情况。③

空间逻辑不足以解释外来者的分布

现在,我们要解释为什么不能像埃尔韦·勒布拉那样,肯定"空间逻辑足以解释外来者的分布"④。首先,我们要远离众多地理学或人口统计学分析的预设,这些预设被当下的人类学模式以及统计、信息学方法加

---

① J. Miège, "Le dévoloppement d'Ugine (Savoie), 1901—1933", *Revue de géographie alpine*, 1934. 需要补充的是,在所有这些重工业中心,从周边农村招收来的农民工仍然为数可观(1930年代在于日纳地区占总就业人口的80%)。

② J. Tomasi, "Le migrant dans l'entreprise", *Recherches régionales*, 1975.

③ 有关热尔省,参见 G. Marcel-Raymond, *L'Immigration italienne dans le sud-ouest de la France*, Dalloz, 1928.

④ H. Le Bras, *Les Trois France*, op. cit., p. 205.

以巩固。在这种视野中，移民类似于迁徙，也就是从物理空间的一点到另一点的过程。在自由主义经济原则的旗号下①，劳动供与求的游戏似乎不言自明，可能正是这种游戏左右了移民流动机制，工业中心就像巨大的"吸水泵"，吸引着试图躲避乡村惨况的移民。这些情况当然多是真实的，但这样的解释却绝不能让人理解现代移民的**特殊性**，因为这种说法也可以很好地解释本国内部的人口迁移。此外，很多学者将国内迁移与移民视为相似（这种观点鼓励了那些蛊惑人心的宣传："我们都是移民"）。因此，"移民"（immigration）成为从旧制度时期就可以察觉到（但为什么不是从史前时期开始？）的一个长时段进程。在一次历史学国际研讨会上，"重新质疑指代行为过程的移民（immigration）与指代人的移民（immigrant）的实践特点"作为目标被确立，有人认为这一目标过于笼统，但该目标的确立有利于这样一种微观历史学视野："最终的理想，是在充分考虑到**历程**（parcours）的真实性的同时，为每个移民建立丈量主客观距离的指示器（indice）。"② 这种思考在有关"边境"移民的分析中也可以找到。乔治·迪珀（Georges Dupeux）这样评价道，在 19 世纪，工作在法国北方省的比利时人并不是真正的移民。由于"文化的接近"拉近了他们与当地人的距离，可能比利时工人在里尔比在布鲁塞尔还会"习惯"。"文化不适"（dépaysement culturel）——该问题没向我们展示出国家在当代社会中的样子——与行程、人潮、流向一致，简言之就是与某种地理学一致，这种地理学肇始于强调移民**创举**（即便这样的创举带来的是经济约束）的维达尔·德拉布拉什。我们在这里引用的埃尔韦·勒布拉的所有典型解释都含有动词形式：移民将法兰西人"推向"更高一级的社会范畴；前者"潜入""前往""建立""有次序地安家""让出他们的位置""自我抹杀""重拾起被抛弃的土地"，等等。③ 如果说这类分析并没有注意到当代社会移民现象的特殊性，那么这在很大程度上是由 20 世纪初期以来在社会科学领域中一统天下的劳动分工之深化造成的，这种深

---

① 可以作为谈判条件的，只有劳动能力，马克思所强调的经济约束反映的是这个事实，但他的分析低估了法律的作用。

② 斜体部分是我为了强调而作出；参见 E. François (dir.), *Immigration et société urbaine en Europe occidentale (XVI e siècle -XX e siècle)*, Éd. De la Recherche sur la civilisation, 1985, p. 7。

③ H. Le Bras, *op. cit.*, pp. 206 - 208 ; G. Dupeux (dir.), *Les Migrations internationales de la fin du XVIII e siècle à nos jours*, Éd. Du CNRS, 1980, introduction。

化尤其影响了与移民相关的领域。一方面,法律与政治学专家就国籍法或暂住证问题展开争论;另一方面,人口统计学家、社会学家或地理学家聚焦于文化"认同"、数量与界限、出生率与生育率问题。历史学科的独特性在于**从深处**再现这种劳动分工。政治史学[皮埃尔·勒努万(Pierre Renouvin)与让-巴蒂斯特·迪罗塞勒(Jean-Baptiste Duroselle)]属于一个阵营,主要研究移民与"舆论"或"公共权力"之间的关系、移民与"国际关系"之间的关系;而《年鉴》学派所青睐的经济与社会史学(费尔南·布罗代尔和厄内斯特·拉布鲁斯)则属于相反的阵营,在完整历史学的抱负背后,拒绝政治与法律问题,或表示无法将这些问题整合进不同于政治史学的问题之中。① 然而,要想建构移民的科学概念,使它摆脱常识中的明摆事实,就需要将以上两个阵营结合起来,哪怕这样做无法反映出"地理学"特点。也就是说要说明"政治的"或"法律的"如何能存在于"经济"或"地理"范畴,以及相反,"经济的"和"地理的"又是如何能存在于"政治"或"法律"领域。

移民或社会空间在法律上的建构

至少在法国,移民是 1880 年代严重的经济危机的主要后果,这场危机与"第二次工业化"带来的整体社会动荡相关。从方法论上讲,首先不应该强调专属于移民们的单方举动,而应强调**接收社会**的问题。只需对长时段内法国与美国的移民状况作一对比就可看出,法国模式中的移民是经济形势的忠实反映,而美国则不同,移民潮的独立性更明显。"移民"术语在第三共和国之初突然出现在法语中,其多种含义从一开始就有别于"外国人"这个陈旧的法律词汇。② 贝蒂荣(Bertillon)很可能是为移民作出特殊定义的第一人,他清楚地解释了移民与工业社会之间产生的关联:"从社会核算的角度看,一个民族类似于一个工厂。无论是生产人还是东西,记账要遵守同样的规则、同样的义务:登记所有**收入**(原文作出的加重标记)和支出,建立这一往来的**平衡**,通过商店里的现金和存货状况

---

① 这是由于受到类似于阿里亚娜火箭的社会"全面体"观念的影响,也就是按"层"划分,每层之间相互隔离。

② 诺贝尔·埃里亚斯注意到,某个新词在日常词汇中的突然出现是一个重要社会问题出现的征兆;参见 N. Elias, *La Civilisation des mœurs*, op. cit.。

核查（出与入）往来的准确性"①。

更进一步说，移民与重工业的出现，或更确切地说，与重工业独立于乡村环境之外密切相关，这种**独立化**是 19 世纪末大型工厂的象征②。直到 1930 年代，随着劳动市场的不断扩大与多样化，重工业这一关键部门——对于法国经济和民族地位而言——却一直在寻找劳动力。早在第二帝国时期，朗斯矿业公司（Compagnie des mines de Lens）负责人就反对拿破仑三世制定的限制外籍劳动者入境的措施［在 1858 年奥尔西尼（Orsini）被暗杀后］："没有比利时矿工，多佛尔海峡（Pas-de-Calais）矿场将不会顺利地开展开采工作。"③ 半个世纪后，该问题波及大部分大工业部门。一位企业主代表在 1907 年的《时代报》（Le Temps）上撰文对以上情况表示肯定："法国所有的工业发展都将离不开外籍工人。没有劳动力，法国工业将不能得到长足发展……此前，法国工业在农业人口中找到了劳动力储备，并使他们忙于自己的收益。而现在，这些储备已干涸。"④ 战后这种匮乏更是大幅加剧。煤矿中心委员会（Comité Central des Houillères）的一位负责人注意到："在战前，通过召唤外籍劳动力来扩充队伍是一个工业时机。今日它成了民族需要。"⑤

这些话足以表明，那些为证明法国移民的历史悠久而引用的人口统计学论据是不足的。实际上，1920 年代移民现象的主要原因并不出于接替 1914—1918 年死亡的工人与农民的必要（即便这个原因的影响很大），因为早在战前，大量招收外籍工人的需要就已经初现。人口统计学认为是法国出生率低导致了劳动力"短缺"，证明这种论断站不住脚的事实则是，在许多地区，是大工业的出现造成了当地人口的流失。在萨瓦省，19 世纪末期的工业膨胀加速了乡村人口的大批外流。"没能被工业挽留住的迁出居民流入了法国各个地区"。这才是"通过招收外籍工人弥补不足"⑥

---

① A. Bertillon, "Migrations", *Dictionnaire des sciences médicales*, 1878.
② 遵循**连续性**与常规性工业规则的劳动节奏独立化了，劳动空间独立化了（尤其通过工厂的封闭性实现）。
③ Cité par F. Lentacker, *La Frontière franco-belge*, thèse pour le doctorat d'État, Université d Lille, 1973, p. 377 (dact.).
④ Cité par J. Ray, *Les Marocains en France*, Lavergne, 1937.
⑤ Cité par J. Ponty, op. cit., p. 130.
⑥ C. Hauser, *La Population italienne dans les vallées intra-alpines de Savoie, du rattachement à la Seconde Guerre mondiale*, thèse pour le doctorat de 3e cycle, Université de Paris, 1978, p. 135 (dact.).

的原因。一些旧工业矿场也有同样的现象,但是那里的企业主却成功地在之前几十年中培养了一支配套劳动力队伍。在德卡兹维尔,"可用的法国工人越来越少(人口少、迁往巴黎、厌恶矿场和炼铁厂),使得国家于1911年以后出台一项政策,由此吸引了越来越多的外籍人"①。"第二次工业化"的出现使得拒绝继承矿业职业的现象随处可见。在圣-艾蒂安(Saint-Étienne),超过70%的矿工拥有与父亲一样的职业,在20世纪头十年,该比例下降到三分之一。② 于是,大工业中劳动力的缺乏也导致工人世界中"逃避"行为的出现。马尔萨斯主义是另一类模式。加里·克洛斯(Gary Cross)是第一位挖掘法国民众阶层抵触工业化与借助大量移民之关联的人。他指出,通过严格控制出生,法国工人"开始避免从事从社会身份上讲不可接受的艰苦工作"③。可能19世纪法国社会最大的矛盾在于本应随着资本膨胀而不断增长的工业储备大军却在1850年后逐渐消失。

在此,我们不再谈论此前著作中已经谈及的问题④,仅探讨可以直接解释1880年代形势的原因,因为移民问题正好出现在那一时期。我们注意到,大萧条对法国的破坏比其他国家都强烈,能够解释这种剧烈程度的,正是第一次工业化的条件。由于没能使法国当时数千万的小土地所有者转变为无产者,大工业企业主在工—农业互补的机制中寻求发展,这种战略实际上加强了劳动力与农村世界之间的联系。但这种逻辑只在独立性强、地区市场彼此分隔的经济范围内行得通。然而同时,第二帝国通过使交通(铁路、公路、运河)迅速发展、借助银行体系的辅助以及自由贸易政策,在相当程度上巩固了各市场相互依赖的条件。这些革新带来的意想不到的影响尤其在1880年代的大萧条时期凸显出来。法国既遭遇了国际危机的反冲(由于出口的地位,尤其是奢侈品工业)以及国内市场中比利时或英国产品带来的竞争危害。

19世纪末期由共和资产阶级推出的"贸易保护主义"是解决危机的

---

① J. Tomasi, *op. cit.*

② 参见 J. -P. Burdy, *Le Soleil noir. Formation sociale et mémoire ouvrière dans un quartier de Saint-Étienne, 1840–1940*, thèse de doctorat d'histoire, Université de Lyon II, 1986 (dact.); O. Hardy-Hemery, *De La Croissance à la désindustrialisation. Un siècle dans le Valenciennois*, *op. cit.*

③ G. Cross, *Immigrant Workers in Industrial France*, *op. cit.*

④ G. Noiriel, *Les Ouvriers*…, *op. cit.*

办法之一，这种办法远不只限于我们通常所认为的关税问题。它实际上是一场深刻而又不可逆转的法国社会重建，这种重建表明了国家—民族原则在社会生活各部门的成功。① 正是在这种背景下，"移民"的现代含义诞生了，与此前所有形式的"迁移"（migration）都不同，它看重的是国家干预个体日常生活的法律与行政手段。从这个角度看，1889 年的国籍法之所以至关重要，不仅是因为它是法国在该领域的立法基础，还因为这也是第一次尝试在劳动市场的保护主义措施中寻求经济与社会危机的解决之道，这些措施建立在国籍的法律标准之上，并在接下来几十年中不断得到巩固。②

在利用一整套法律措施将整体社会空间重新划分为一个个禁止的、不被推荐的或预留的区域的同时，在这个基础性阶段，议会所做的广泛工作对移民空间分布的新形式起着重要作用，这种新布局主要强调将移民集中于新工业中心周围。国家从此时起已经拥有让最偏僻地区都能实行这种法律原则的办法，而这种法律原则也成了区分内部迁移者与移民的主要标准。由于大部分历史学家（不说其他社会科学学科）看不到法律的社会效力，所以对他们而言，通过社会条件的同质性可以认为，移民就是指背井离乡。在两次世界大战之间的马赛，意大利移民与科西嘉人是该城市中两大主要迁居群体。然而，通过审查他们各自的职业，我们看到，科西嘉人大部分都是监理人、警察、雇员，并"在马赛人口中形成了一个独立行政群体"，而意大利人则是渔民、挖土工，更多为产业工人。③

在第一批社会法实施时，权利问题也被纳入移民问题范畴。人们没有充分强调，与此前时代不同，这些法律的受益者是所有国民。后来法国与移民输出国陆续签署的互惠性条约才使移民被纳入社会法律。然而，国际法（有其自身逻辑和标准）在移民领域的突然出现深刻影响了"移民"（immigré）的当代含义。移民接收国官方代表与移民输出国之间为了搞清楚谁应付出什么、何为"权利人"（ayant droit），等等而进行的多次商谈慢慢相互靠拢，以使合规与否和暂住期限作为界定入境移民的明确标准。在此，我们也看到了法律（droit）都在哪些方面影响了移民潮的空间流动

---

① 正如以下作者所证明的那样：Karl Polanyi, *La Grande transformation*, op. cit。
② 更多详情参见 G. Noiriel, *Le Creuset français*, op. cit。
③ G. Rambert, *Marseille : La formation d'une grande cité moderne*, Marseille, SA du Sémaphore, 1934.

和走向。实际上，这些合约中规定的每项条款都是个体自发流动的障碍，都会促使外籍劳动者为享受社会法带来的益处而在接收国逗留时间更长、更有规律。因此，有关当代移民的思考离不开对法律的分析，因为在短短几年之内，法律就构建了一种新型个体类型，这类人无法像其他人一样享受优惠。这是相对于前一阶段，尤其是第二帝国时期的中断而言。在那一阶段，大部分法学家，比如欧仁·埃普（Eugène Hepp），认为"民族偏见（是）最无法避免的，因为它蒙蔽全人类，阻碍人类的进步"。他还补充说："1790 年 8 月 6 日，长辈们提倡的情感在我们所有人心中都存在，并且在不断增加，我们一定要证明，法兰西人愿意成为当今世界上最好客的人民。"① 当然，如果我们将"保护主义"限制在贸易领域，那么它就有可能在接下来几十年中被代之以新"自由主义"，而"民族主义"言论则会被对"人权宣言"的颂扬所取代。但是"移民问题"今日还能够在政治舞台上叱咤风云的事实本身，已然证明 19 世纪末的骤然变革是**不可逆转的**，并且很可能由于内部界限在法律条文中的明晰性，而继续将人们分隔。

身份、进程与市场

通过研究移民劳动力在法国这片六边形空间内的分布，我们看到，法律定义不足以阐明移民概念。实际上，尽管法律边界的构筑已经将移民潮疏导进某些劳动市场部门，但是移民劳动者在这些部门内部却多为边缘的苦力。然而，随着第二次工业化的实现，在 20 世纪之初，接收移民的不同工业分支之间出现了深刻的不平衡：

——正在腾飞的重工业（矿业、钢铁冶金业、化工业等）以及农业（农业工人）是最不受欢迎的部门，既因为这两个行业的工作都是技术含量低的艰苦劳动，也因为它们都远离大型城市中心。

——其他活力部门更为多样。某些部门尤其受到工人的青睐，因为它们象征着"现代"工业和新资质（汽车、机械制造）；其他部门也很受欢迎，因为它们可以作为跳板，跳出工薪圈"自谋生路"（建筑、商业、服装业等）。以上这些部门由于集中于大型城市中心及其郊区，所以得以

---

① E. Hepp, *De La Condition légale des étrangers en France*, Nancy, Berger-Levrault, 1862, p. 4.

统一。

在这些条件下，当我们看到移民劳动者的"自发"倾向是对著名的拉温斯坦"定律"的印证时，就不会感到惊奇了。就像乔治·莫科指出的，"城市散发着一种异常强大的诱惑力，尤其吸引农业以及外省大型工业企业中的劳动者。来到这些地方的外籍人幻想多于经验，城市的工作前景宽阔而多样，在城市里，外籍劳动力的流动达到了难以想象的强度。这样一来，保证外籍劳动力的招收和有偿引进的任务就主要交给外省大工业和大型农场了。城市和小雇主们在某种程度上喜欢移民天然的不稳定性和对更好事物的追求，这种追求会使他们更换地方和职位"。①

1920 年代，负责招聘的大企业主普遍抱怨合同中止率之高。② 例如卡尔莫（Carmaux）地区的矿场，"在 1931 年，1914 年以后招收的 9644 名外籍人中，只有 1110 人还在煤矿工作"。③ 在钢铁工业和纺织工业，有一半波兰员工没有工作到合同期满；同样，"作为农业劳动者被招收进来的波兰人中，有将近三分之二去了工业领域，而他们在工业领域往往也只是工作几个月或者一年"。④ 这种情况引发了不同企业主派别之间强烈的论战，最终惊动了议会。他们相互指责对方"挖自己的工人"。那些在劳动力规划中处于劣势地位以及作为集体招聘主力却没有从个体自发的移民潮中获利太多的企业领导，认为劳动市场的这种失衡令人无法忍受。由于重工业企业主以钢铁委员会和煤矿委员会为媒介，于第一次世界大战后组建了对公共权力最有影响力的压力集团，所以出现了许多行政约束对法律条款进行补充，目的是将外籍劳动力大军导向最需要他们的具体岗位。然而，虽然移民的行政管理在两次世界大战之间达到了顶峰，但这也需要追溯到 1880—1890 年代去探寻这些实践的基础。第一部国籍法投票（1889）之前的几个月，曾经颁布过一项政令（décret）（1888 年 10 月），

---

① G. Mauco, *Les Étrangers*…, *op. cit.*, p. 278.

② 以下著作的作者估计，在法国中部矿场，招聘和安置一位波兰籍矿工，企业主要花费超过 5600 法郎：D. Ducellier, "L'immigration polonaise dans le bassin de Blanzy dans l'entre-deux-guerres", *Revue périodique de la Physiophilie*, Montceau-les-Mines, 1981 – 1982。

③ R. Trempé, "La main-d'Œuvre étrangère aux mines de Carmaux entre les deux guerres", *Revue du Tarn*, 1971.

④ J. Ponty, *op. cit.*, p. 361.

300 这是第一个提出外籍人有必要通过官方"证件"证明他们身份的政令①，几十年后，这种"证件"变成了身份证，尔后又变成暂住证。1888年政令以及为其作补充的1893年法律被明确定义为"保护劳动市场免受外籍人竞争"的举措。的确，这种鉴别外籍人的方式可以让招聘服从于劳动市场实况。他们就这样被逐出了可能对法国人构成竞争威胁的部门。继身份证件出现之后，另一种移民行政证书就是**劳动合同**。随着农业和矿业领域组织的集体招聘，为移民提供某些"保障"（理论上合法的工资、如果其输出国与法国签署过互惠性协定的话还可以享受社会法的福利等）的"类别化合同"（contrats-types）出现了。然而，这些合同的主要目的是保证劳动力在最初接收地固定下来。为防止合同的中止，在工作的第一个月，农民会向波兰籍农业工人征收一笔保证金，数额可以达到工资的50%。这样一来，一位每月有42法郎收入的季节性工人如果在4月1日来到法国，就得等到6月的最后一周才能拿到他全部所得！这种做法公然违背了禁止扣留超过工资10%的法国1895年法律。②

301 随着"证件"和"劳动合同"的出现，具有现代移民特点的世界诞生了，此后人们整天忧虑的便是是否"符合手续"。甚至在移民内部还形成了"合法"与"偷渡"的新边界，这种边界的经济功能也不可否认。经济学家们指出，实际上，偷渡者对"次级"劳动市场的运转是不可或缺的。这些"移民中的移民"，甚至连"无权利者"的权利都没有，这些劳动者由于自身所处的违法状况而更愿意选择一些复因决定的流动类型。正是这一点促使他们不可避免地走向过度剥削劳动力的大城市边缘经济部门：建筑、服装制造业③……但是这种估量不过是更广泛整体中的几小部分。1880年代末，巴黎地理商贸协会（Société géographique commerciale de

---

① 瑞迪·雷尔顿（Judy Reardon）指出，直到第二帝国末期，要求外籍劳动者必须拥有的各种证件（良好品行证书、暂住许可证，等等）随地区和形势而有所不同。"那些没有被详细说明、甚至反复无常的各种规定的优点通常就是可以根据情况随机应变。"此外，这些文件的"合法"方面也往往不够确切。菲尔曼·朗塔克（Firmin Lentacker）认为，第二帝国时期前往北方省的比利时工人往往对他们市长只有一句话："能去巴黎就行"；参见 J. Reardon, *Belgian Workers in Roubaix in the 19th centry*, Dissertation of philosophy, University of Maryland, 1977, p. 123 (dact.); F. Lentacker, op. cit., p. 375。

② 参见 J. Ponty, op. cit., p. 63。

③ 关于该问题，主要参见 M. Piore, *Birds of passage and Promised Lands: Long Distance Migrants and Industrial Societies*, Cambridge, Cambridge University Press, 1979。我们注意到，1920年，法国北部与东部田地改建过程中使用的非法移民数量与合法移民数量一样多。

Paris）曾强烈反对公共权力对移民领域的干涉，但第一次世界大战以后，建立在国家与大企业主之间行为互补基础上的移民劳动力管理与招聘体系便开始运作起来。我们不想再探讨其他著作中已经论及过的问题①，而是要强调该政策对移民潮的导向所起的作用。授予各省人员流动办公厅（工会所在地）的权力加剧了法籍劳动力居多的区域中的排外现象。1918年起，要想使外籍工人的劳动合同生效，法国工人的同意必不可少。② 此外，国家为了对以个人方式或集体方式入境的移民进行三重筛选（卫生、职业与治安），设立了十多个边境与中心招聘办公室。移民们会直接从这些办公室被派往对他们有兴趣，并在火车站准备"验收"的雇主那里（在两次世界大战之间，通常用"邮政包裹"来形容这种过程）。所有这些措施都是为了防止外籍工人脱离人们为其指定的轨迹，而且还有警察的监督作为辅助。政府建立起14个覆盖全国的监督区域。设立在边境地区的警察局是移民的"安全通行保证"，它可以核实移民是否去过市政厅并用自己的资料换取过身份证。这种身份证根据不同职位拥有不同颜色（这是为了迫使移民保持其职业类别），更换工作地点时要进行更新，每两年可更新一次，这种身份证是指引外籍劳动者走向岗位的主要工具。1926年反解雇法还进行了补充：有"让劳动力飞走"嫌疑的雇主将受到惩罚。

  法国行政机构"就这样建立了一种新形式的国家干涉主义（étatisme），可以直接影响到一部分人口的职业与地理分布"。这种政策"在某种程度上减缓了移民大军涌向工业领域和城市，因为在这些地方，拥有农业证件的外籍工人不能合法地找到工作"③。另一位该时代的观察家指出，相对于1914年以前的自由主义而言，国家干涉的主要优点，是"懂得将他们（移民）分散到整个法国，到最需要他们的省份中去"④。大家从这里可以看到我们离移民潮的"自发性"有多远，这里的空间逻辑足以解释清楚。

---

  ① 尤其是以下著作：J. -C. Bonnet, *Les Pouvoirs publics et l' immigration dans l' entre-deux-guerres*, op. cit。
  ② 参见 G. Cross, op. cit。
  ③ G. Mauco, *Les Étrangers*…, op. cit., pp. 131 et 129.
  ④ J. Perrin, *La Main-d' œuvre étrangère dans les établissements du bâtiment et des travaux publics en France*, PUF, 1925, p. 125.

这种研究表明，我们在分析移民时不能不参考其与接收社会的关系。由于法国特有的社会与政治条件，直到1930年，重工业领域的劳动市场建构问题仍是一个化圆为方的问题。只有跳出这个圆圈，也就是这片六边形土地，管理者才能解决这个问题。第三共和国时期，为了将民主抱负合法化，国家放宽表达自由权，结束限制个体流动的各种束缚（取消工人证），与此同时，国家还设立法律与行政条件催生了一种新的个体类别，其中大部分都是工人，他们被归类于"次级法律保障范畴"（infra-droit），这并不是由于意识形态方面原因，而主要是因为没人能找到其他办法来保证第二次工业化要害部门的经济腾飞。为了引导和稳定移民大军而实施的诸多办法被补充以企业主专属战略行动（"家长主义"），这些办法在很大程度上对1950年代被固化的移民空间布局负有责任，但在今天，这种空间分布在资本主义新变革的影响下，在"法兰西遗产"保卫者们的怀旧情怀中消失了。

第八章　共产主义、政治传统与移民
——研究的基本要素[①]

社会史学家，这个魔鬼般的刽子手，即便他表现得很谦恭，也总是不能自禁地向政治史学专家提一些不恰当的问题。实际上对社会史学家来说，一个政党，无论其手段多么强硬，无论支持它的内部或外部力量是什么，无论是拥有正确的路线还是为达目的不择手段，要是没有在内部全力支持它的个体，就不可能存在。在这种粗浅的结论背后，隐藏的是韦伯指出的那些可怕的科学性问题（problèmes scientifiques），鉴于有些人在谈到"法兰西""国家""政党"时就将这类机构人格化，于是 20 世纪之初，马克斯·韦伯对这类人的先验推论进行揭露，同时着重指出了以上实体的科学性问题。[②] 因此，社会史学的任务就是解构这些集体实体，以某种方式重新将政策"踩在脚下"，把具体个体视为"基本原子"，并以此为开端（而不是以此为终结）进行分析。在这种视野中，共产主义现象的社会史学核心问题可能就是：如何解释既定形势下（我们指的是 1950 年代），没有任何共同点的人（比如巴黎大资产阶级的儿子与隆维地区的意大利移民无产阶级的儿子）会相聚在同一个政党，即毫不掩饰其革命目的的法国共产党？法国共产党一直将自己视为工人阶级的专门"代表"，如果仅对工人阶级进行分析，又如何解释谢尔公司（Cher）的伐木工与雷诺公司（Renault）的冶金工可以在同一组织内相互承认？共产主义战士在回答这类问题时通常会提出"训导"式论据。他们的政党之所以能成功地扩大听众范围，是因为共产党可以使民众阶层选民"意识到"党

[①] 本章重组和协调了以下两个研究成果："Communisme et immigration ; éléments pour une recherche", *Communismes*, 15 - 16, 1987, pp. 90 - 96, 以及 "Immigration et tradition politique", *Pouvoirs*, 42, 1987, pp. 83 - 92。

[②] 参见 M. Weber, *Essai sur la théorie de la science*, op. cit.。

的路线是"正确的"。通过保卫工薪世界不同组成部分的自身利益(对一些人而言是涨薪水,对另一些人而言是在国家科学研究中心设立教授或研究员职位)和证明真正对人民之不幸负有责任的是"大资本主义"和"右派",法国共产党在各组成部分之间建立了协作关系。当法国共产党遭遇失败时,这些斗士又将"责任"推回给选民,说这些选民还没有理解他们真正的利益所在。敌视法国共产党的人用以彼之道还施彼身的方式予以回击:共产主义在法国社会的建立可能是长期"操控"大众的结果,而"操控"工作则受莫斯科"遥控"。

这类论战不可能被历史学家接受,因为它们表现的是"评判狂热",马克·布洛克认为这种狂热是历史研究的最大危险。① 我认为,显然,关键并不在于置身于"纯科学"的"象牙塔"内拒绝与时事接触,而是预留出一个独立空间,一个可以在日常琐事之外,用健康的批判原则(比如尊重他人的形式)进行思考的地方,这对历史学科至关重要。共产主义现象的社会史学研究有助于这种集体工作的展开,它可以阐明支持法国共产党的各种社会群体(它们的历史、它们的集体利益以及它们的文化和渴求)与共产主义组织本身的关联。在本章中,我将通过研究移民在法国共产主义历史中的角色来审视这个问题。

对"工人传统"问题的再思考

在进入中心主题之前,应该对政治史学分析各政党与其社会"基础"之关系的方式作一讨论。自 20 世纪之初以来,最吸引眼球的莫过于选举倾向的持久性问题。历史学家发现,尽管各政党名称在时间长河中变来变去,但"左派"力量与"右派"力量之间大体平衡的地理分布却在 19 世纪中叶到 20 世纪中叶这段时期内几乎保持稳定。历史学家就此总结,共产党之所以能够在法国社会立足,是因为它成功地抓住了 19 世纪以来呈现的革命斗争传统②,尤其在工业化的北方、"红色"南方和利穆赞地区。政治史学对选举倾向的持久性问题的极端重视,说明在将近一个世纪的时

---

① M. Bloch, *Apologie pour l'histoire*, op. cit.
② 要想了解对法国共产主义现象各种解读的总体看法,请参见 S. Courtois et M. Lazar, *Histoire du parti communiste*, PUF, 2000(再版)。

间里，历史学家为"揭穿这种惊人的持久性的秘密……了解深层次原因"① 始终在不懈地努力着。在法国政治史学定位中起到决定性作用的学者是安德烈·西格弗里德。他的《第三共和国时期法国西部政治版图》(*Tableau politique de la France de l' Ouest*) 自始至终贯穿着一种思考：为什么更忠实于旧制度而不是共和制的"古老的"选举倾向在法国西部地区如此持久。所有权体制、教士的影响、贵族的影响等依次被作为决定性因素加以论述。尽管涵盖面广、分析细致入微，但西格弗里德自己也承认，他还是没能注意到该地区东（支持共和制）、西（支持右派）之间循环出现的对立。在他的分析中，他仅将此理解为"族裔因素"和地方政治"气质"。② 1950年代，保尔·布瓦（Paul Bois）使用拉布鲁斯的经济与社会史学工具，反驳族裔因素之说。布瓦将研究集中于萨尔特省（Sarthe），我们在那里再次发现了右派与左派的两极分化（该省西部呈现的是"传统"的政治选举），作者指出，这些传统是法国大革命的遗产。革命战争造成的创伤锁定在当地人民的集体记忆中，使"蓝营"支持者（共和人士）与"白营"支持者［保皇派的朱安党人（les chouans）］相互对立。这种划分（在多种形式下）持续了一个半世纪之久，正是由于所有权形式与社会结构的稳定性才使这种集体记忆一代代地传递下来。③这一论证立基于以下原则：传统的源头是某一群体成员的"真实历史"，这种说法在很大程度上是受到了莫里斯·哈布瓦赫有关集体记忆的研究的启发。这种集体记忆扎根于群体成员的具体经历中，它只有在眼看着新生的社会群体及其生活范畴继续存在的条件下才得以延续。④

除了一些分歧外，安德烈·西格弗里德和保尔·布瓦都从同样的人类学假设出发分析政治传统问题。扎根于一片土地以及家系的延续性在他们看来是选举倾向持久性的两个因素。然而，西格弗里德将在法国西部地区定居群体的族裔起源（尤其是"诺曼底人"）放在首位，而保尔·布瓦则强调共和国的政治起源（法国大革命）。在埃尔韦·勒布拉和埃马纽埃

---

① R. Rémond, *Pour une histoire politique*, op. cit., p. 38.
② A. Siegfried, *Tableau*…, op. cit.
③ P. Bois, *Paysans de l' Ouest*, op. cit.
④ 莫里斯·哈布瓦赫在关于"政治形态学"的研究中强调，人群的扎根对于传统的保留十分重要。参见 M. Halbwachs, *La Mémoire collective*, op. cit.; M. Halbwachs, *Morphologie sociale*, op. cit。

尔·托德致力于"法兰西的诞生"的著作中同样存在这种人类学范式。在这部著作中,人群的扎根与持久性是解释整个法国政治史的两个基本因素。1978年,社会主义党(Parti socialiste)在阿尔萨斯地区取得的进步被视为一种"返祖"现象,因为19世纪中叶时,该地区曾是"共和的、左派的"。在埃尔韦·勒布拉和埃马纽埃尔·托德看来,在东部地区,"选举不是个人意愿的事,而是与社会习俗有关。选举具有像饮食或穿着习惯一样的不变性"。的确,"这些地区的特点不是由地理、气候、工业资源赋予的,而是一个稳定人群的持续性带来的,这个人群传递着他们的社会组织及其人际关系理念"。①

读者们将很容易理解为什么这类分析没能注意到移民在法国政治史中扮演的角色。从本质上说,移民引起了人口结构的变动,打破了原来的平衡。正如本书中第三章指出的,20世纪的法国是一个深受移民影响的国家。20世纪之初以来,在重工业地区(北方省、洛林地区,还有阿尔卑斯山谷),在巴黎郊区和里昂郊区,在临地中海的大部分城市中,移民完全更新了当地人口。保尔·布瓦在其有关萨尔特省的论文中表现了比较谨慎的态度。他强调,自己的分析仅对自己研究的省份有价值。他还具体说道,革命时期的创伤已经组建了有关冲突的集体记忆,因为在该地区,"任何迁移活动都没能改变这两个群体的面貌,在长达一个世纪的时间内,这两个群体保持了自身的纯洁性,没有接收外来者,同样也没有表现出能为本地区带来新观念的外迁行为(émigration)"。② 在埃尔韦·勒布拉和埃马纽埃尔·托德的著作中,情况完全不同。由于他们所推崇的人类学模式是一个可以应用到整个法国当代政治史的阅读器,他们不得不排除掉那些与该模式相悖的"可变的东西"。这就是他们毫不犹豫地断定"向北方省以及洛林地区矿场的大规模迁徙以及工业的吸引力是经济神话的一部分"③ 的原因。当我们了解到这两位作者将法国内部迁徙也考虑在内时,便不难理解一个对这些地区的历史了解甚少的人为何能得出如此惊人的结论了。如果说这些迁徙只是表明,国民人口流动性相对较弱,那就不能以此解释法国20世纪社会与经济史的一个主要现象:工业化与移民之

---

① H. Le Bras et E. Todd, *L'Invention de la France*, op. cit., p. 212.
② P. Bois, *Paysans de l'Ouest*, op. cit. p. 360.
③ H. Le Bras et E. Todd, *L'Invention de la France*, op. cit., p. 212.

间紧密的相关性。①

这些例证表明，安德烈·西格弗里德于20世纪之初创立的政治地理学深刻地影响着法国历史学。这种政治地理学建立在两个假设之上。第一个在于对农村世界和扎根概念的偏爱。第二个在于省级行政区划图的魅力。选举地理学拒绝通过解构作为集体实体的各省以及"地区气质"（或"地方气质"）的办法重新找出真实个体，而且非常轻视政治实践的异质性。但不同党派的显要人物却借助于选举地理学提出了法国政治景观（paysage）"持久性"之说，而没有察觉到这种连续性本身往往都由国家权力制造。在这方面，莫尔特—摩泽尔省的例子很具典型性。由于有了选区（circonscriptions électorales）和行政区（arrondissements）的划分，工业劳动界在政治领域始终没有充足代表。自20世纪初期以来，大多数移民潮被导向唯一的行政区：位于该省北部的"高地"（Pays Haut）地区。共和国就这样创立了一个真正的移民"聚居区"，仅通过各省统计数据去考察根本无法反映出这种情况。②

移民过程与共产主义

在了解到"持久性"以及"传统"的魔力之后，大家就不会对法国历史学家从未对迁徙与政治之间的关系感兴趣而感到惊奇了。要想涉足这一领域，就得借助他国的研究成果。一些历史学研究以美国经济学家艾尔伯特·希尔施曼（Albert O. Hirschman）论述的**退场／发言权**（exit/voice）概念要旨③为出发点证明在英国，19世纪的大规模迁出运动像"安全阀"一样缓解了社会紧张关系。在德国，迁出运动则起到相反的作用。1880年代俾斯麦推行规模宏大的社会立法的各种因素中，减少民众阶层外流的意愿

---

① 实际上，不同工人劳动市场部门中的移民规模也不同。关于该问题的详细论述，请参见 G. Noiriel, *Les Ouvriers dans la société française*, op. cit.。

② 因此，"政治传统"概念应该被更加谨慎地斟酌使用。关于当代历史，我们再次发现了很久以前默兹·芬雷（Moses Finley）对于古希腊的看法："被'传统'一词的闪耀光芒所包围的历史学家……还没做好充分准备用足够的批判精神去审查某些概念"；M. Finley, *Mythe, mémoire, histoire*, Flammarion, 1981, p. 31。

③ A. O. Hirschman, *Défection et prise de parole*, Fayard, 1995 (1er éd. 1970)。

似乎是确定无疑的。① 在法国，主要是大规模的**迁入性移民**对政治生活有影响。第一个影响与两次世界大战之间法国工人运动遭遇的危机有关。夏尔·蒂利与爱德华·肖特曾借助于数据指出，1920—1935 年，法国的工会运动大幅减弱。② 当我们将罢工与有关移民的材料放在一起考察时，我们发现，停工现象最严重的是移民数量最多的地方（尤其在大工业领域）。这种结论肯定了劳动社会学很久以前就已阐明的一个事实：移民是工人世界分裂的一个因素。20 世纪初以来，尤其是 1920 年代（由于第一次世界大战造成的大量死亡），在许多工业部门，原来那个拥有行业传统与集体斗争传统的法国工人阶级被出身农村和国外的无产阶级所取代；后者既准备好接受系统操作职位，也准备好从事工序繁多的机械化劳作，尽管他们不具备这种"工业资质"。沿着这一思路，我们可以认为，1960 年代开始的移民劳工浪潮是法国总工会衰落的原因之一。对这一无产阶级产生强烈影响的**翻身**（turn over）运动、他们的背井离乡、他们的特殊利益（尽快挣到许多钱回"国"），所有这一切都使他们不太容易融入由有资质的法国工人领导的工人运动中。③ 更何况在劳动界，老人与新人、法国人与外籍人的竞争往往会战胜"阶级团结"。诺贝尔·埃里亚斯在其关于英国工业城市近郊的社会学研究中证明，资历老的群体会尽一切努力来阻止新人结成拥有自身特有价值体系与传统等的共同体。似乎群体身份以及群体存在的理由至关重要。④ 当这种让移民始终保持在原子化状态的斗争取得成功时，移民们扮演符合自身经历的政治角色的机会就变得微乎其微。

尽管如此，有时，移民也会为工人运动注入新的力量。为了理解"传统"在这一层面所扮演的角色，我将列举加来海峡省（Pas-de-Calais）的两个矿区镇的例子，这两个镇的政治命运完全不同。努瓦耶勒苏朗斯镇（Noyelles-sous-Lens）和萨洛明镇（Sallaumines）都在第一次世界大战时遭到严重破坏。此后这两个镇均被安排接收大批波兰移民以接替在战争中死亡或远走他乡的法国矿工。萨洛明镇居民于 1935 年（此后很久都是）

---

① 参见 S. Kuhnle, "Emigration, Democratization and the Rise of the European Welfare States", dans *Mobilization*, *Center-Periphery Structures and Nation-Building*, Bergen, Per Torsvik, Universitetsforlaget, 1981。

② E. Shorter et C. Tilly, *Strikes in France*, 1830 – 1968, op. cit.

③ 对该现象在美国的分析，参见 D. Montgomery, *Worker's Control in America*, op. cit.

④ N. Elias et J. L. Scotson, *Les Logiques de l'exclusion*, Fayard, 1997 (1re éd. 1965).

选出一位共产主义镇长。而努瓦耶勒苏朗斯镇却忠诚于1914年以前的社会主义传统。这种分歧的主要原因在于萨洛明镇的断裂是彻底的。原来的村庄没有被重建起来，居住在那里的老式家庭消失了。任何东西也无法阻止与矿场关系紧密的、占统治地位的新工人群体的崛起，他们最终将自身专有的政治传统注入全镇。相反，在努瓦耶勒苏朗斯镇，对原村庄的重建招回了原来的家庭，这些家庭尽管数量上不多，但却成功地保住了他们在地方政治生活中的优势地位，移民的到来使这些家庭成了镇中最富裕的社会阶层，进入了狭小的"名流"圈。而矿工们从一开始就没能拥有自己的政治代表。[1]

从其他研究中也可看到，法国共产党的势力往往在那些与老一代工人传统——在两次世界大战之间仍以国际工人法国分部（SFIO）为代表——决裂的地方最强大。[2] 因此，法国共产党主要在第二次工业化的核心地带：重工业（矿业、冶金业、化工业）以及垄断工业地区、机械建设地区以及郊区建立其势力范围，这并非偶然。随着劳动分工的深化，新的工人类别开始出现，这些人要求组织起来并拥有特别代表形式。在美国，一些研究表明，这种演变的后果包括：引发了1930年代危机和**新局势**（New Deal）的产生，结束了行业工会组织（美国劳动力联盟——AFL）的垄断，促进了获得工人信任的工会的发展。[3] 在法国，我们可以推测：共产党及其组织是这种变革的最大受益者。此外我们还观察到，在法国不少地方，大规模移民与对法国共产党有利的政治态度演变之间存在明显的相关性。该现象在铁矿遍布的洛林大区尤其明显。塞尔日·博内指出，在大部分矿业和冶金业乡镇，共产党的成绩获得很大进步，从比例上看表现为意大利姓氏在候选名单上的增多。[4] 从1950年代起，法国共产党在这一地区取得的巨大成功表现为大量第二代意大利籍移民公民身份的获得。同样进程的例子在法国其他地区也存在。在蒙塔日（Montargis）郊区的夏莱特（Chalette），1920年代，橡胶制品工厂招收大批移民劳工换来的结果，是法国共产党在此后几十年中持久的领导权。马赛的第十六区工业化

---

[1] 参见 C. Dubar, G. Gayot, J. Hédoux, "Sociabilité minière et changement social à Sallaumines et à Noyelles-sous-Lens (1900–1980)", *Revue du Nord*, avril-juin, 1982。

[2] J. Girault (dir.), *L' Implantation du Parti communiste français*, op. cit.

[3] C. S. Sabel, *Work and Politics*, op. cit.

[4] S. Bonnet, *Sociologie politique et religieuse de la Lorraine*, op. cit.

程度最高，移民数量也最多（尤其是西班牙籍），该区在1945年后成了共产党统辖的一个几乎不可摧毁的势力范围。① 在其他临地中海地区比如滨海拉塞讷省，也能看到同样的进程。② 在萨瓦省的大工业谷，意大利移民的输入造成的原有人口结构变化也引起了政治态度的深刻变革：右派政党突然丧失权力，共产党得势。③

如果说大规模移民与共产主义的成功之间存在相关性的话，那么还应进一步讲，这其中的主要原因在于法国的工业无产阶级在一战后失去了工会代表和自己的政治代表。1919—1920年各种罢工的失败使得全国总工会（CGT）和国际工人法国分部重新确定了自己的政策核心，并最终分裂为工人与雇员两派。从本质上讲，移民遭到了资本主义最强烈、最彻底的剥削。该群体由许多"单身者"、年轻人构成，时刻梦想着荣归故里，还忍受着背井离乡的痛苦和最为艰苦的劳动条件。因此，当这些无产者参与政治斗争时，往往倾向于选择最"革命"的组织并恨不得采取暴力行动，这不足为怪。在美国发现的这一现象在法国也得到了证实。④ 19世纪末以后，来自比利时的移民（大部分是弗拉芒人）支持那些在他们看来最"极端"的组织，尤其是于勒·盖斯德（Jules Guesde）领导的法国工人党，这是他们的第一个马克思主义政党，它的对手们经常称其为"比利时人党"。⑤ 1920年代，共产主义者从这些颠覆性观念中受益匪浅。正如拉尔夫·朔尔（Ralph Schor）在其论文中指出的⑥，法国共产党是唯一一个真正为外籍劳动者说话的政党。这种发现没有任何出人意料之处。只有一个无真正选举基础、极少或根本没融入国家机构的组织才能真正做到亲近移民。该时期法国共产党领导者所青睐的"国际主义"政治路线为那些被排除在爱国情感之外的人提供了将政治

---

① J. Barou, "Genèse et évolution d'un village urbain : un groupe d'émigrés algériens dans un ensemble d'Îlots du XVIe arrondissment de Marseille", *Ethnologie française*, 1987.

② P. Martinencq, *Ouvriers des chantiers navals et mode de vie : La Seyne-sur-Mer et son marché de l'emploi (1830 - 1981)*, Thèse EHESS, 1982 (dact.).

③ S. Hugonnier, "Tempéraments politiques et géographie électorale dans deux grandes vallées intra-alpines des Alpes du Nord : Maurienne et Tarentaise", *Revue de géographie alpine*, 1954.

④ 关于美国，请参见 D. Gordon, "Immigration and Urban Governemental Form in American Cities", art. cit.

⑤ P. Willard, *Les Guesdistes*, Éditions Sociales, 1965.

⑥ R. Schor, *L'Opinion française et les étrangers, 1919 - 1939*, Publications de la Sorbonne, 1985.

斗争进行到底的可能，而这种政治斗争真正的筹码往往在移民输出国那里。①

共产党没有融入法兰西民族国家的事实，也表明该党对移民的原籍文化抱有政治关切。由于一直努力追忆工人"传统"或"文化"，历史学家最终忘记了这个事实，那就是无产阶级最广大的组成部分通常来自农村。移民在到达法国之初，仍深刻烙有原村庄的文化实践印记。这种文化之所以不能被定义为"民族的"，是因为它往往没能超越地方或地区范畴。因此，我们在这里谈论"族裔文化"是完全合理的。要想了解1920年代的这些集体实践在法国共产党创造的新政治动员形式中具有怎样的重要性，"红色阿吕安镇"（Halluin la rouge）显然是最好的例子。这个位于北方省的纺织小镇是该地区主要共产主义势力范围之一，其战斗力闻名于整个法国。历史学家们通常会用"阶级意识"作为激烈斗争的解释：突然发现自己被剥削的工人很可能会决定革命。但是，一些新的研究使我们认识到，如果不考虑移民，就无法理解这种激进性。弗拉芒人的到来使阿吕安的人口结构被完全更新。② 米歇尔·阿斯汀斯（Michel Hastings）向我们展示了1920年代以后，法国共产党如何通过以下手段成功地在当地立足：它同时用地区方言和弗拉芒语发行报纸，从弗拉芒民俗（狂欢节），也就是当时当地的**移民文化**中获得强有力的集体动员工具。1924年，共产党曾召集所有工人反对地方纺织厂厂主，要想理解这种非凡的动员力量，就得借助于"阶级"以及与该人群族裔出身相关的因素来分析。这场斗争实际上是以一场为期八天的狂欢节的形式出现，这种狂欢节与最为古老的弗拉芒民俗传统相关。洛林大区的铁矿场内，意大利无产阶级也以同样的方式在共产主义组织中找到了特殊的结社工具，这是打破所有外籍人面临的孤立局面的一种方式。在这种背景下，工人们支持共产主义并不是因为他们深谙"马克思主义理论"，更不是因为他们赞同共产党的政治"路

---

① 在两次世界大战之间，无论是在洛林还是在巴黎大区或中部地区，意大利的法西斯主义者和反法西斯主义者都在为意大利自身的政治筹码而斗争；关于洛林铁矿区的这种斗争，参见 G. Noiriel, *Longwy…, op. cit.*；关于巴黎大区的，参见 P. Milza, "Le fascisme italien à Paris", *Revue d'Histoire moderne et contemporaine*, juillet 1983, et P. Milza, *Voyage en Ritalie*, Pion, 1993.

② 19世纪末期来自比利时的大规模移民导致了语言界限的变动，阿吕安成为法国领土内的弗拉芒王国，弗拉芒语作为聚居区的语言，被四周的法国工人所使用的"方言"包围起来；参见 M. Hastings, "Communisme et folklore；étude d'un carnaval rouge", *Ethnologie française*, 1986, et M. Hastings, *Halluin-la-Rouge 1919–1939*, Presses Universitaires de Lille, 1991.

线"。他们支持的是在那个时代唯一一个尊重他们集体身份的组织,他们依靠它是为了伸张自己的诉求。

"第二代"的决定性角色

大规模移民有助于共产党在工人世界立足,虽然这一事实无可争辩,但是在法国却不可能出现美国那样的"族裔投票"。在许多地方,意大利籍移民都支持法国共产党。然而这种相关性却不是到处都一样。比如在马赛,与法国共产党相比,意大利籍移民更多支持国际工人法国分部(两次世界大战以后,人们选出了一位社会主义市长,他是第二代意大利移民代表)[1]。在法国,族性(ethnicité)的政治化从来都不可持续,这与美国相反,因为共和制国家坚决反对这一点。在法国,第一代移民几乎不可能拥有自己的政治代表。在美国,连续定居五年就可以自动获得国籍,而法国对待申请入籍者则十分谨慎(需要一堆行政文件)。1930 年,美国有 50% 的移民入美国籍,而法国只有 11% 的移民入籍。[2] 1972 年,法国司法部长勒内·普莱文(René Pleven)仍将不允许新入籍者在五年内具备被选举资格的措施视为合法,他说道,应避免以外国利益为根本的政治代表对纯法国利益构成任何危险。一项针对 1889—1939 年莫尔特—摩泽尔省的 1000 份入籍文件的调查表明,办理入籍手续的主要是"第二代"[3],因为 40% 的申请者在 20 岁之前来到法国。按照法律,要想参与工会或政治活动,先决条件并不必须是成为法国公民,但在实际中却禁止外籍工人参与这些活动。在洛林的冶金区,上万名移民劳动者被这一理由拒绝在外,在北方省的矿场亦如是。由于移民没有法国国籍,他们也被排除在政治选举,甚至职业竞争之外。

所有这一切表明,在法国,移民对政治生活的影响出现了**时间错位**,更具体地说是代际错位。在重工业地区,这种进程还得到了企业主的大力支持。由于企业主是承担外籍劳动力招聘资金供应工作的主要一方,因此

---

[1] A. Sportiello, *Les Pêcheurs du Vieux Port*, op. cit.
[2] G. Cross, *Immigrat Workers in Industrial France*, op. cit.
[3] 我们可以不根据出生地,而是根据第一次社会化的地点来定义"第二代"(往往与初次就学最相符)。该调查是与洛朗斯·贝尔图瓦亚(Laurence Bertoïa)合作完成的,发表在以下著作中:G. Noiriel (dir.), *Un siècle d' intégration dans le Pays-haut Lorrain*, op. cit.

他们也在寻求稳住和再生产被招收的工人。而最主要的整合方式是提升内部同一工人阶级的下一代，从低级别提升到更高级别。合格技工在成为选民后往往扎根于一个圈子，也就是由他们组成的霸权性集团，这些移民后代——他们没有忘记父辈们的痛苦与希望——获得了公开表达自己好恶的有力位置。这可以解释我们在前文中提到的相关性问题，即在北部的洛林，共产主义选票的增多与候选名单上意大利姓氏的增加之间的相关性。① 祖籍意大利的工人后来还当选了干部以及该地区法国共产党代表。在上文提到的大规模移民为共产党的立足提供有利条件的大部分地方，第二代移民（尤其是祖籍意大利的）为共产主义的持久性扎根起到了决定性作用。例如，在滨海拉塞讷省，1947年当选的共产主义代表（后再次当选，一直到1969年）是一位移民的儿子，他象征着"占绝大多数的意大利籍选民的复仇"②。

一旦留意了政治史中的移民问题，我们就不能再将阶级利益概念放在过于狭窄的意义上进行思考。第二代移民对法国共产党的大力支持不仅出于经济或职业原因，还因为共产主义组织在将工人整合到法国社会的过程中扮演了主要角色。要理解该问题的重要性，就需要知道，第一代移民从未获得从政治上捍卫自身利益的可能性，在长达一个世纪的时间内，一直是敌视外籍人的政治组织在推动移民政治化进程。这是法国人每逢危机时期排外情绪高涨的原因之一。由于没有能力回应这些敌视，移民家庭不得不默默忍受这一切，并将一直牢记这些创伤。对于第二代移民而言，出身的烙印自孩童时期便已内化于心，这种烙印日后在强化其融入意愿的同时，往往成为他们个人认同的重要组成部分。在阿昌安，当地工人圈子的历史是"弗拉芒人出身的人群寻求融入的历史……这些移民的第二代和第三代长久保留着背井离乡的印记：追溯传统，对仪式和大众信仰的忠诚，聚居区的复杂"③。在洛林，出身的烙印催生出一种不承认外籍出身的做法。这是一个重要现象，它有助于理解导致第二代移民支持共产党推翻一切的原因。

---

① 参见 S. Bonnet, *Sociologie politique*…, op. cit。
② 有关北方省的波兰人，参见 J. Ponty, *Les Travailleurs polonais en France*, Thèse d'État, Univ. de Paris I, 1985 (dact.) et J. Ponty, *Polonais méconnus*, op. cit.；有关滨海拉塞讷省的意大利人，参见 P. Martinencq, *Ouvriers des chantiers navals et mode de vie*…, op. cit.
③ M. Hastings, "Communisme et folklore…", op. cit.

实际上，自 1930 年代中期起，法国共产党政治战略重心的调整已经促使移民出身的工人开始协调自己的身份与发生冲突的各个方面之间的关系。法国共产党和全国总工会是洛林地区在战后几十年中激烈斗争的主力军，它们的斗争先是为了改善劳动条件和涨工资，后来又为阻止矿场和工厂关闭。然而无论是在抵抗（Résistance）时期还是在战后之初的民族经济复苏时期，这些斗争一直被辩解为共产主义者保卫民族的努力。法国共产党的政治路线迎合了为民族经济复兴做出突出贡献的钢铁业工人的"名誉受伤"心理（埃尔温·戈夫曼），这些人想要证明自己是"好"法兰西人和"真"洛林人。但是同时，在当地，共产主义组织的当选者也出身同一阶层这一事实在赢得第二代移民成员的大力支持方面发挥了重要作用。这些代表实际上体现的是对出身和一种不能公开捍卫的轨迹的暗含的忠诚。作者在此不想过早地将一些只存在于隆维地区的现象普遍化，但该地区案例却有助于了解，共产主义选民为何既没有被法国共产党欺骗，也没有被它操控，至少在该案例中如此。他们只是认同一个能为同样出身的战士们成功争取到一席之地的组织。

要想了解该类现象的重要性，就应抛开思想史，甚至"心理"史，而转向社会心理学。一位美国研究者的话将有助于阐明这一点。"似乎我们天性倾向于根据我们认为重要的某些特点去度量别人。如果我们问某个人已故的富兰克林·罗斯福是谁，他将回答：美国第三十二届总统，而不会回答：他是一位小儿麻痹症患者。许多人会在回答第一个答案之后自然而然地补充上他身患疾病的信息，因为人们会对罗斯福不顾疾病毅然开辟出一条直通白宫的道路感兴趣。相反，如果是一位残疾人，只要一听到罗斯福的名字，肯定会想到他的小儿麻痹症"。[①] 在方法论方面，作为历史学家，这样的论断是在激励我们，告诉我们在解释这样或那样的社会群体的政治抉择时应更加谨慎。不同政党的当选代表是一些个体，在这些个体的公众形象中融合的身份特点要比我们一般所认为的还要多。详尽的论说

---

① F. Carling, *And Yet We Are Human*, Londres, Chatto and Windus, 1962, cité par E. Goffman, *Stigmates*, op. cit., p. 34.

和公开的立场所迎合的,是在漫长时间里由统治阶级建立的权力体系的需要。① 然而对于这种政治逻辑,民众阶层只有在将它放入自己的参照世界和社会实践中时才能加以理解。这便是移民社会史学清楚地向我们展示的东西。

---

① 这就是工人出身的当选者在让别人承认其政治行为的合法性方面存在很大困难的原因。关于这个问题,参见 M. Offerlé, "Illégitimité…", op. cit。这些矛盾在以下有关共产党的著作中都有论述: B. Pudal, *Prendre parti*, Presses de la FNSP, 1989。

第九章　不存在"移民出身"的年轻人

"社会学家们是那么习惯使用未经界定,也就是尚未确定的术语,而且也不从方法论角度对他们打算探讨的事物范畴划出边界,他们还时常任由同一种表达在自己不知道的情况下,从其最初所指的概念扩展到多少与之相近的其他概念。在这种条件下,思想最终变得模棱两可,很难进行讨论。因为如果没有限定的边界,思想可以根据事情的需要任意变形,不可能事先预见到它可能呈现出的所有不同方面。"[1] 埃米尔·迪尔凯姆的这一评论是一个惊人的现实,尤其是在移民研究领域。关于移民的大部分术语诞生并活跃于一些激烈的政治论战中。可能正是这一点解释了为什么诸如"移民""第二代""同化""整合"[2] 等词汇在实际中从未被其使用者明确界定。[3] 当"年轻人"范畴被置于批评的热潮中时,所有人却都认为"移民出身"的说法理所当然。然而,在这种明摆事实的背后,隐藏的是一些值得怀疑的社会学问题,我将通过四个有关移民的研究假设来厘清这些问题。

法国的两种"传统"

与阿兰·芬基尔科（Alain Finkielkraut）的说法[4]相反,德雷福斯事件之后,民族的"契约式"定义并非以法国大革命普遍主义价值观的最

---

[1] E. Durkheim, *Le Suicide*, PUF, 1983, p. 108 (1ʳᵉ éd. 1897).
[2] 本章中反复提到的两个术语"整合"与"融入"对应的原文均为 intégration。——译者注
[3] 关于同化概念的社会历史,参见 S. Beaud et G. Noiriel, "'L'assimilation', un concept en panne", *Revue internationale d'action communautaire*, avril 1989。
[4] A. Finkielkraut, *La Défaite de la pensée*, Grasset, 1987.

终胜利姿态出现在法国。事实上，一个世纪以来，有两种传统并存于"法兰西思想"中：一种是"契约的"；另一种是"族裔的"，这也是机会主义者勒南在1882年那场著名的"民族是什么？"的报告会上完美阐述的内容。还应进一步指出的是，不存在一种而是多种"法兰西思想"，它们从不同的层面反映着社会现实。无论是在德雷福斯事件之前还是之后，民族的契约式、普遍主义定义代表的都是法国主流观点。这并不主要因为该观点是绝大多数个体所捍卫的，还因为这种定义被"凝结"和"落实"在了法律法规中。鉴于法律在当代民族中的重要性，这些法规对社会的影响要比时下这样或那样的哲学小册子大得多。这便是迪尔凯姆在德雷福斯事件时期认为排犹主义在法国只是表面现象的原因，因为它主要停留在口头上。政治生活在来回动荡（今天是世界主义占上风，明天是民族主义占上风），"而仍然保持其庄严呆板外形的法律与道德的基本规则却没有变化"①。契约传统在法国的出现要追溯到大革命。实际上，1789年"资产阶级"革命的独特性之一在于对立基于等级出身标准的所有形式的政治合法性提出了质疑，贵族阶级正是从这种合法性中获得社会优势地位。随着宪法法律的成功，专属于新统治集团的法律标准被推而广之，成为法兰西民族意识形态的基础之一。② 比如，在统计目录分类中也能体现这种标准：在个体分类中不考虑原籍标准。在这种视野中，一个人，无论他是谁，永远都有可能（至少在原则上）获得法国国籍，只要他接受游戏规则，也就是人们给他的契约。

然而，当我们审查"法兰西思想"的其他方面时，我们还能看到一种异常持久的"族裔"思想。在这里还是要谈一谈政治思想领域，我们发现19世纪末以来，有大量旨在重新将原籍标准作为移民管理的原则的研究，这些研究往往都是"机密的"。共和国意识形态内化的最好表现，是人们对族裔逻辑的认知方式（"可耻的"或至少是"不舒服的"）。法兰西共和国始终公开拒绝像美国那样为招收移民建立原籍配额制。然而，1945年（我还可以列举许多其他例子），戴高乐将军在写给司法部长的一封"秘密"信件里，"命令"他在入籍方面实行歧视性政策："在族裔方

---

① É. Durkheim, *op. cit.*, p. 356.
② 实际上，正如诺贝尔·埃里亚斯看到的，所谓专属于每个民族人民的"民族感情"，是围绕可以成功地将霸权施加于社会整体，并控制民族国家主要机关的那个社会群体的价值观形成的； N. Elias, *La Civilisation des mœurs, op. cit.*

面,最好限制来自地中海和东方的移民潮,这些人自半个世纪以来已经深刻改变了法兰西的人口结构。不用像美国那样使用严格的配额制度,最好让北欧人民(比利时人、卢森堡人、瑞士人、荷兰人、丹麦人、英国人、德国人等)优先入籍。我们可以将他们的比例定在50%。"①

第二次世界大战以后,尤其是1968年以后,我们再次发现了同样的二分法,但这次却表现出相反的迹象。建立在契约法则基础上的主流传统继续存在;而深入探讨"原籍"问题则服务于"捍卫"移民,颂扬他们的"身份"与"差异"②。以至于极右派将之作为不可能将他们整合的"证明"。这种异常快速的粗略研究足以理解"移民出身的年轻人"这一表达并非中立,该说法表达的是对定义个体的合法标准之本质的立场。

扭转指示标还不够

极右派政党的宣传效果之显著并不在于它们所主张的观点,而是在于利用"媒体"将这些问题强加给公共舆论的能力,由于这些观点过于极端,因而跳不出少数人聚居区范畴。竭力"反驳勒庞论题"的研究者没有看到,是极右派通过媒体将思考对象强加给他们。研究者们通过全力保卫"移民出身的年轻人"反驳侮辱这些年轻人的人,这种做法反而加强了这样一个印象:确实存在一个可用其"移民出身"进行界定的社会群体。但是,只要我们对该概念的内容稍作思考,其中的模糊性便一目了然。在一个像法国这样历史上存在大规模移民的国家里,三分之一的人口都有"移民出身"。19世纪末期,尤其在北方省,比利时—弗拉芒移民已经孕育出"第二代",这一代人成了于勒·盖斯德的法国工人党成员。我们还可以看到1920年代大规模移民中的意大利人、波兰人、亚美尼亚人的"第二代"。然而,这些移民子女却从未被当作现在这样的移民看待,这与美国不同,在美国,两次世界大战之间,大量研究都将"带有连字符的美国人"③ 作为研究对象。

---

① 该信来自人口咨询高级委员会档案,被以下著作引用:S. Beaud, *Les Démographes français et l'immigration (1918–1950)*, mémoire de DEA, ENS-EHESS, 1987 (dact.)。

② 有关第二次世界大战后国家在移民管理方面对"族裔出身"的使用情况,请参见 P. Weil, *La France et ses étrangers*, Gallimard, 1995 (1re éd. 1991)。

③ 即"-Américain",比如美国黑人(les Noirs-Américain)。——译者注

我们看到，在移民领域经常出现揭发/昭雪逻辑，一些想要避开这一逻辑的人解释说，他们之所以采用原籍标准，是因为该标准反映的是社会实际情况，是解释某些个体融入困难的一个障碍。简单的阶级标准（比如工人阶级）可能过于笼统，不能反映出特殊情况之多样，也不能制定出有效的社会援助措施。在这种情况下，才有可能存在一些我们可以将之专门归咎于"移民出身"的问题。如果我们可以未卜先知地接受这些问题的存在，那么我们将不得不发现它们很难得到证明。在今天，我们甚至还发现，根据原籍标准解释某些移民子女就学困难的学者没能反驳过那些从同等社会职业范畴角度得出的结论：后者这些研究证明，移民子女并不比别人做得差。同样，从比例上看，这些人的犯罪率并不比法国青年人高。由于从法律身份上也不能对"移民出身的年轻人"（许多人已经是法国人，所有人都被号召成为法国人）进行区分，那么制定恰当定义的元素都有哪些呢？某些社会学家最终得出以下结论：只存在一种建立在群体归属之上的标准，受伤。这些年轻人，在迈向同化的过程中，越来越多地遭遇到将其视为威胁的法兰西人的仇视。[①] 但如果"移民出身的年轻人"这一社会类别除了受过伤，也就是说遭遇过将他们视为另类和低等的人的排斥之外别无其他基础，那么作为知识分子，我们应格外警惕，不要应声附和。因此，在我看来，要想对"移民出身的年轻人的融入"进行深入思考，应从一个无法绕过的矛盾开始：指代一个需要"融入"的社会群体像用手指人一样，这种做法本身已经构成其融入的障碍。

连恐惧都受"社会影响"

有关排外或种族主义的许多研究都会考虑到"人类本性"方面的基本原则。例如在美国，罗贝尔·帕克（Robert Park）在芝加哥大学的研究问世后，人们都过多倾向于不加检验地使用"种族制服"（"l'uniforme racial"）的比喻，而该比喻可能是同化黑人时无法克服的一个障碍。有些人将这种做法转换到法国，他们试图通过"阿拉伯制服"，也就是某些体质特点来解释"祖籍马格里布的年轻人问题"，这可能会唤醒法国人的种

[①] D. Lapeyronie, "Assimilation, mobilisation et action collective chez les jeunes de la seconde génération de l'immigration maghrébine", *Revue française de sociologie*, avril-juin 1987.

族主义，有时这样的分析是值得怀疑的。埃尔温·戈夫曼将个体区分为"已失去信誉的"（discrédités）个体（无法掩饰其"不利条件"）和"可丧失信誉的"（discréditables）个体（有"不利条件"在身，但可以让别人看不到），借助于这一区分，互动主义社会学可以为分析具体情况做出很大贡献。然而，我们不应忘记，正如马克斯·韦伯在他有关种族主义的分析中指出的，连恐惧都受"社会影响"①。这意味着我们应该思考"差异"的建构过程，理解为什么在这样的国家，遭人排斥的是"黑人"，而在另一个国家遭到排斥的是"阿拉伯人"。

强调主流群体与受伤群体之距离（生物学的或文化的）的所有分析都忘了说明一件事，那就是社会不同，界定这种距离的标准也多种多样。比如在法国，不存在专门针对黑人群体的排外情绪，这就是许多美国黑人（Noirs-Américains）作家在第一次世界大战后迁居巴黎的原因。相反，法兰西民族主义的强劲势头却成功地使法国的"敌人"变成了受伤个体。直到1950年代，所有的民意调查都表明，德国人（"德国鬼子"）曾是生活在法国的最让人看不起的外国人（没有一个"真正的法国人"愿意将自己的女儿嫁给他们）。随着阿尔及利亚战争的爆发，"马格里布"人取代了德国人的位置并一直保持了下来。

因此，最重要的不在于受伤个体的体质或文化本质的不同，而是在于一种象征性进程，每个民族社会都是通过这一进程在历史上建构排斥他人的标准。实际上，要想驳斥"族裔群体"的本体论定义，就应该像马塞尔·马热（Marcel Maget）一样，知道"族裔群体"首先是一个指代、一个"被感知的存在"、一个形象，无论它是被人们声索的还是拒绝的。语言的重要性以及"词汇的使用者"，也就是形象制造者，即知识分子，在该层面的权力的重要性盖源于此。

为了说得明白些，我们将再次回到前文中提到的例子。人们对前一阶段"第二代"的隐蔽性存在三种解释。第一种重点强调各移民群体本身，认为"在文化上更接近的"意大利人本来就应比今日生在法国的马格里布后裔更容易融入。历史研究已经证明了这些研究的无效性。其他两种解释更可信一些，它们强调法国社会的转变。现在的融入要困难得多，因为社会问题更加尖锐、明显。可以肯定的是，"大整体"（grands ensembles）

---

① M. Weber, *Économie et société*, op. cit., p. 412.

在第二次世界大战之前并不存在，且"大整体"是造成社会分裂的一个额外因素。但我们也不能无视1930年的经济危机！我个人是这样认为的，但我也承认，以下这种结论有待证明：那就是今天"移民出身的年轻人"之所以可视，主要原因在于国家的"社会援助"部门的蓬勃发展。从社工到社会学家，还有为该项事业而设立的各种机构中的众多雇员，从此以后，有上万人都在检查、评判、研究、有时还会解决"移民出身的年轻人问题"，而他们的上一代人却毫无差异地融入了这个社会①。这样一来，从前看不到的社会"事实"如今却成了明摆事实，这主要因为现在存在需要这样指代的人，甚至存在靠这种指代生活的人。

在这种结论中，不存在任何价值判断，只是对法兰西社会等级予以区分，目的是检测出真正更新了我们时代的东西。上一代移民在努力融入的过程中所遭遇的痛苦留下了很少的痕迹，或者没有留下痕迹，这一事实绝不意味他们更愿意沉默，不愿说出口。然而这种情况却表明，"移民的融入"是独立于政治计划的一个广泛的社会进程；从对这些人的官方歧视消失的那一刻起，融入将会以所有方式实现。这里想要表达的是，如果说为这样或那样的职业类别设置社会援助计划是完全正当的，那么专门针对基于出身标准划定的群体采取行动，就存在争议。后一种行动甚至可能导致相反的结果，原因在于上文中分析的象征性机制：指定一个要加以援助的群体，就是在指出一个"存在问题"的群体，因而会使人们更加相信该群体的存在，也就为排外政党的宣传提供了便利。此外，我们还可以看到，如果一小部分"移民出身"的年轻人为了"在本地"工作而要求这种归属感，那么很明显大部分人，尤其是民众阶层的大部分人不会坚持公开地强调其原籍，因为这种出身往往是入职或其他方面的障碍。在美国，社区集团（groupements communautaires）直接管理"社会援助"的整个部门，因此可以将移民的"族裔出身"作为融入的跳板，而法国与美国不同，个体面对的主要是一些公共机构，这些机构强烈地鼓动所有依附于它们的人"在模具内流动"。问题不在于比较各自体系的优势（或缺陷），而是要明了这两种体系反映的历史传统不同，这些传统是个体无法通过法令避开的。在法国案例中，对建立在"移民出身"标准上的定义的恰当

---

① 1930年代末以及第二次世界大战结束后，我们看到了移民同化政策的第一次尝试，主要涉及意大利人、波兰人、亚美尼亚人。但是，自1950年代中期起，该政策被逐渐放弃了。

性提出异议,绝不意味拒绝承认"多元文化"社会,甚至在法兰西的"雅各宾"传统中,都可找到多种表达这种"多元文化"社会的渠道(尤其是社团性的)。

换种方式提出移民问题

如果承认上述假设是成立的,那么我们深信,必须着手起草一个有关移民的深入研究计划,以正确认识我们所处的新阶段(稳定最后一拨移民潮)。只要人们承认可以根据原籍标准界定一些人,那么我们将看到一些学者和机构要求——表面看上去很"有道理"——将这一标准落实到法律、行政、统计的各项规定中去。"Beur"① 一词被写入辞典的事实便是迈向这一方向的第一步。然而,历史表明,实体化(objectivation)进程一经启动,便极难倒退回去。令我们毫不客气地做出移民研究"情况说明"的,是 20 年来各种为移民"着想"的行动似乎没有解决移民们遇到的任何大问题。移民群体的失业率仍然居高不下,排外情绪始终是我们政治生活与社会生活的一大祸害。出现这种情况当然不是研究者们的"责任"。但是,在对这种退化进行概括性分析之前,我想如果以反思我们在该领域的学术空白开始的话,似乎更具可信力。移民研究的主要悲剧之一,在于它始终依附于政治问题。这样一来,人们便倾向于将对民族的捍卫与对对象的分析混同起来,忘记这也是法国当代历史的一个基本方面。许多社会学家就是这样建构了移民的临时劳工形象,使拥有这种形象的劳工被认为终有一天会被召唤回"故里"。"多族裔"的战斗精神(militantisme pluriethnique)增加了对这些融入者的反国家角色的揭露。所有争论都巩固了移民的实体论方法,这种方法不顾界定个体的其他标准(性别、职业群体、生存的地理位置等),抽象地隔离出一个"共同体"(主要由最新的和最贫困的移民构成)和一种界定标准(民族出身)。实际上,凸显移民的悲惨、野蛮、难以同化形象的因素也很多。我们坚持认为,这种澄清本身没有什么不恰当的地方。我们似乎不应让一个批判性结论涵盖近几十年来所有的移民研究成果,但这类分析的确只让人看到事实的一个方面,整合问题的复杂性仍躲藏在阴影中。

---

① 指出生在法国的马格里布人后裔。——译者注

为了换种方式讨论，我们可能需要从以下论断入手：不存在"移民（immigrés）问题"，而只存在移民过程问题。这就是说，我们所忧虑的并不是作为移民的个体，而是一个社会进程，也就是一种社会关系整体。在这种思路中，移民过程问题既涉及"土著"法兰西人又涉及移民。因此，我们不能只将后者视为研究对象。我们还应研究所有那些直接或间接地"处理"移民过程"问题"的人（他们当然与移民同样多）。我们现在应该着手进行针对以下这些人的历史学与社会学研究，他们是社会学家、社会机构雇员、公安机关公务员、政治参与者等所有那些导致出现移民过程这一恒久事实的人。①

---

① 在该篇文章发表之后，在那些活动家还没有将其作为参考之前，关于是否应对出身进行分类的争论引起了很大反响。尤其在国家人口统计研究所。发现该问题重要性的埃尔韦·勒布拉在以下著作中以争论的形式展开了分析：*Le Démon des origines : démographie et extrême droite*, Éditions de l'Aube, 1998. 关于统计学家们极端对立的观点，参见 M. Tribalat, *Faire France. Une grande enquête sur les immigrés et leurs enfants*, La Découverte, 1995。

第三编

法兰西社会的国有化

第十章 公民的认同
——共和国公民民事信息登记制度的建立

本章是我多年前对外籍人认同史研究的一个延伸，是对"证件身份"（identités de papiers）① 在保护民族边界的治安战略中之重要性的分析。在本章中，我们将试着扩大思考范围，同时指出公民的身份鉴别问题是导致共和国公民民事信息登记制度建立的各种冲突的核心。

1792年9月20日政令的要点

1792 年 9 月 20 日，立法议会（Assemblée législative）通过一项政令，制定了公民民事信息条例。这一决定是 1791 年 9 月 3 日宪法的一个直接结果，宪法规定："立法机关将为全体居民建立一种毫无差别的模式，以确认出生、婚姻和死亡；并指定公务人员接收和保存文本。"（第二条第七款）该条款与界定法国公民的标准（第二条第二款）（住址、亲子关系、年龄、身份，等等）之间显然存在逻辑关联。为落实这些规定，首先要有识别个人民事身份的手段。事实上，几个世纪以来，出生、婚姻和死亡信息的登记都是出于这个目的。1539 年，维莱尔—科特莱法令（Ordonnance de Villers-Cotterêts）作出规定：在整个王国，所有登记簿都将登记出生信息。1667 年法令将教区登记改为真正的民事信息登记。随着法律越来越理性化，司法诉讼中的文书证据必然要取代人证。用以证明个体身份、年龄、直系亲属、婚姻等的文件资料变得重要起来。1667 年法令

---

① 在发明身份证之后（在一战期间），反对造假成为身份鉴别战略的主要目标之一，针对证件格式与形式的不懈努力由此而来（颜色、身份信息、印刷效果等）。关于这些问题，参见 G. Noiriel, *Le Creuset français*…, *op. cit.*, pp. 87 – 90, et *Réfugiés et sans-papiers*…, *op. cit.*

是法学家长期以来在反造假领域积累了一定经验的结果,包含了许多今日仍然沿用的技术性规定。此类文件应一式两份,副本要提交到皇家法官那里。皇家法官在上面签字并编号后,再由本堂神甫填写,"不留下任何空白"。想得到这种文书的个体,需在缴纳一笔税金之后才能得到副本。①在接下来几十年中,其他措施,比如盖章文书的引入或王权对自由更换姓名的限制等,都是识别个体身份的补充性手段。然而,在旧制度下,民事信息制度却遭到宗教与世俗双重性之矛盾的破坏。王权间接掌管登记簿。我们看到,法令明确规定的所有原则与其实施方式之间存在距离。路易·亨利(Louis Henry)观察到,"在17、18世纪的民事信息登记中,个人的姓氏与名字是确定的,而年龄往往是指定的,极少有出生日期的信息;出生地点也是不规律地有所涉及且不总精确。住址、职业则以各种不同的方式标明。"他还补充说,"由于书写和发音的不同,出现了不同形式"的姓氏。② 更何况对于大部分本堂神甫而言,民事信息登记不过是宗教礼仪的次要部分,这个事实又加剧了这种异质性。比如在阿朗松镇(Alençon),"本堂神甫记录了许多事,简直可以作为当地历史的摘要,有些片段甚至与民族历史有关"。③ 这些记录的宗教特点表明它们只涉及天主教徒。犹太人没有民事信息情况登记,新教教徒自1685年起剥夺了他们的这一权利。为解决这种排斥造成的诸多问题,1787年的一项敕令(édit)准许所有非天主教徒在本地法官或神甫那里进行民事信息登记。甚至在法国大革命之前,就已经有许多人认为民事信息登记的世俗化是社会良好运转所必需的。

很可能以上才是1792年民事信息登记世俗化没进入真正的辩论主题的原因。所有人都同意亚当(Adam)代表的观点,他认为,"所有人的宗教信仰自由都受到宪法保护,在这样的管理体系中,确认出生、婚姻与

---

① 关于现代民事信息的构成,参见 J. et M. Dupâquier, *Histoire de la démographie*, Perrin, 1985。

② L. Henry, "Variations des noms de famille et changements de prénom. Problèmes qui en découlent pour le couplage automatique des données", *Annales de démographie historique*, 1972. 历史人口统计学研究提供了大量的旧民事信息情况特点的材料;然而鉴别元素的多变性却往往被视为一个"缺点",而不是作为一个研究对象。这种情况体现在谨慎的计量方法中,它要求我们将所有想要录入计算机的材料加以同质化。

③ M. Bazeille, "Étude sur les registres paroissiaux antérieurs à l'établissement des registres d'état civil", *Bulletin historique et philologique*, 1909。

死亡的方式不能存在差异"①。1792 年 2—9 月，讨论的焦点是谁将取代神甫完成这个任务。支持亚当草案的人想要将民事信息登记彻底变为一种政治行为。因此他们认为，只有市镇代表才能被授权进行登记。米雷尔（Muraire）在其开场报告中，在此方面也进行了辩护，他认为，共和国设立的所有机构都要以最大限度地服务于民以及拉近管理者与行政相对人（administré）之间的距离为目的。然而，"公民出生在他的镇政府②管辖范围内，在那里成长；在那里长到 18 岁时，他要用自己的实际行动向祖国致敬，承担其民族保卫者的角色"；21 岁时，他要接受公民洗礼；25 岁时，他被宣告有资格代表民族。米雷尔补充说，这就是为什么，"所有试图要确定、确认、重建某人政治状况的东西都要由他所属的镇政府管辖；因此，这种管辖范围要延伸至确认民事信息权"。这样一来，由于镇政府是体现"公民身份"（citoyenneté）③ 的自然场地，那么它也应该成为个体登记民事信息的地方。同样，之所以最好在市政代表中间选择承担该项任务的公务人员，那是因为这些代表是"民众的常任法官"，公民信任他们。在这次辩论过程中，好几位雄辩家都要求该法案的民事维度要更有力地得到法律确定。对戈耶（Gohier）而言，"奴隶无民事信息可言。只有自由人才拥有城邦和祖国；只有自由人作为公民出生、生活和死去。因此，所有与其出生、婚姻和死亡有关的证书都应显示出这个显著特点"。他认为，要想不同于旧制度的"法律手续"，应该"在帝国所有市镇内设立一个简单却值得所有自由人士尊敬的建筑物；还要有一个为祖国而建的石头祭台，在上面刻上人权宣言"④。为反对宗教仪式而创立公民仪式，这样做的目的是表明，在向市政公务人员申报民事信息的同时，个体也成为公民共同体成员，就像洗礼标志着进入基督教共同体一样。这便是法案

---

① *Archives Parlementaires*（议会档案，此后缩写为 AP），19 juin 1792, t. 45, p. 379.（本文中引用的所有卷都属于第一序列议会档案）。

② 市镇或称镇，在中央集权制时期是最低一级的行政区，其上为省。各镇的城市化进程不同，有的是作为城市的市镇，有的仍然处于农村状态，被称为乡镇，所以法语中市长与镇长系同一个词 le maire，而市与镇也是同一个词，即 la commune。——译者注

③ 我将此术语打上引号，是为了指明，与大革命同时代的人在实践中从未使用过该词（就像 "nationalité" 一样，是 19 世纪的词汇）。历史参与者对陌生词汇的科学使用问题，请参见 R. Koselleck, *Le Futurur passé, op. cit.*, 尤其是第一章："Histoire des concepts et histoire sociale"。

④ AP, t. 45, 19 juin 1792, pp. 388 – 389. 他的建议被提交到公共教育委员会（comité d'Instruction publique）以求深化。

规定所有新生儿都要在父母的陪护下"前往"这个像世俗教堂一样的"市政厅"的原因。只有以这些原则为起点，才可以讨论纯粹意义上的个体身份鉴别问题。显然，政令草案重拾了大部分原先旨在防止造假的一些条例，并为造假者作出了严重的惩罚规定，然而许多人认为，首先应由新的公民仪式承担公民的身份鉴别任务。戈耶认为，应该在每个镇建造一个祖国祭台，因为"最主要的是预防非法念头驱使下出现的欺诈"①。米雷尔说，公民民事信息的确认应该成为一项"为预防所有非法活动而设的隆重的公众"行为（acte）。这里的"行为"几乎与"行动"（action）同义，远远超出了"文字材料"的含义，而"公众"是指作为旁观者的公民群体，他们可以在必要的时候证明行为的真实性。由此一来，我们只有通过缩短事件行为（acte-événement）与资料行为（acte-document）之间的距离才能有效鉴别个人身份。这种拉近距离的论说反复出现在要求将民事信息登记转交给市镇政府管理的人的言论中。当所有人都互相认识，当申报之路被缩短时，人们又怎能对其身份作弊呢？②

有些代表却强烈批评这种观点，认为最主要的原因是乡村代表没有能力承担这项任务。来自讷沙托镇（Neufchateau）的弗朗索瓦（François）于3月17日最清晰地表达了这种批评："在一些省的乡村中，有些十分值得尊敬、公众十分信任的市政官员甚至不会写字，我要问一问，难道不存在这样的省份吗？那些学过写字的人也极少写字，他们之中的大部分人甚至很难写出一张便条；他们对这方面几乎没有概念，以至于害怕听不到那些规定他们要做之事的话；另一方面，他们的日常工作使得留给自己的时间很少，他们的市政职能占用了很多时间，以至于他们的大部分事务性工作没有完成或完成得过晚，并且总是做得不好。"他还解释说，尽管王权有诸多命令，尽管有主教和总检察官的时刻监督，也尽管接受过培训并且别人也给出了范例，但本堂神甫还是"无法理解这种登记工作的目的，不能做到无可指摘地履行职责"③。如果说这些批评也能体现出对更高的

---

① AP, t. 45, 26 juin 1792, p. 595.

② 法律规定父母要在24小时内申报他们孩子的出生，因为人们认为超出那个时段以后"证据就会变弱"。我们还可以给出许多其他有关界定身份过程中"直接看"（regard direct）的例子。通常，各部指令会要求各省省长通过"语音和张贴方式公布"所有法律。1791年7月，安德里厄（Andrieu）反对人口普查方案时说："你们要知道，在一个人口不多的城市里，不可能出现所有市民都不了解的外籍人"；AP, t. 28, 22/7/1791, p. 700。

③ AP. t. 40, 17 mars 1792, pp. 68 - 72.

民族利益的关切，那么这并不是由于对民事信息证书的作用没有信心，而是出于这样一个认识：社会是不能在行政任务没被正确执行的情况下运转的。这就是这些反对者提出民事信息登记要委托给治安法官、公证人，甚至国家准备聘用的小学教师的原因。然而，草案的支持者却完全不考虑这些建议。一方面是因为他们认为，这些建议歪曲了民事信息的公民含义；另一方面是因为这些建议低估了"人民的成熟"。为了帮助乡村代表完成他们的任务，人们准备让他们"接受一些简单培训，给他们一些清晰的样本"，使负责民事信息登记的公务人员"只需签上自己的姓名"即可。1792年夏天国家遇到的困境（破坏民事信息登记的顽抗神甫的逃跑、标志着无套裤派登上舞台的8月10日暴动、外国军队的入侵）促使立法议会代表们加快讨论，以使法案在该议会解散（发生在9月20日）之前投票通过。

公民社会的建立及其困难

（一）大量的错误

1820年，司法部部长通告要求各总检察官自检察官纪要完成之时起再撰写一份有关民事信息登记情况的报告。这些报告是了解1792年政令颁布三十年后实现程度的极好观察点。① 在阅读这些报告时，我们除了惊讶于该政令在实施过程中遇到的困难之多以外再无其他。没有一个地方的登记工作是完全符合要求的。检察官们提供的某些统计很能说明问题。比如在贝莱（Bellay）地区的111个镇中，只有6个镇的登记与政令规定相符；在里昂（Lyon）地区，该比例是9比125。在冈城（Caen），检察官估计需要修改6万份证书。在汝拉省（Jura），只有一位镇长写的证书没有错误。总检察官们的评论表现得十分灰心："我们只能对这些缺陷感到悲哀，其中某些缺陷甚至给一些家庭带来了最不幸的影响。"［利摩日市（Limoges）］"这是检察院的所有职能之中最令人厌恶、最费力气的一项；我们身心疲惫，没有胜利的希望；镇长在上一年被警告过，但来年还犯同

---

① AN BB1 212.《民法》重拾了该法律中的大部分规定，除了两个基本点以外：第一，只有镇长（不再由选举产生，而是由省长指定）或其助理才能确认民事信息登记；第二，登记簿的副本从此由初级法院保管，不再由省政府保管。

样的错误，或者犯其他以前由于疏漏造成的错误"（里昂）。这些哀诉只是19世纪之初各省长对该主题的诸多批评的一个延伸。① 我们可以将所有违规归为三大类：

——由负责登记者的能力低下导致的错误为数最多。这些错误首先与证书的格式有关。检察官与省长强调最多的是涂改痕迹、涂改后加字或附注现象太多，这些都是民事信息登记所不允许的。同样，他们还指出许多登记工作在年终时既没有中断也没有终止。有时，已婚夫妇的姓氏在公布结婚公告的证书和民事信息登记证书上被冠以不同的拼写。许多登记簿没有当事人签名，该程序有时甚至被负责登记的公务人员忘记。许多证书上有空白栏。在一些情况中，人们填写证书的时间不对；在另一些情况中，当事人民事信息的相关材料和凭证（出生证或父母同意一对年轻人结婚的证明）缺失。更不用说法律禁止的行为：比如在许多地方，让未成年人以及尤其是妇女作人证；我们还发现在某些非婚生婴儿出生证明上写有"准父亲"的姓名，而《民法》为了保护"家庭和睦"，严格禁止寻找生父。

——许多证书表现的是另一种形式的违法行为："勾结。"负责民事信息登记的公务人员通过多种手段为某些违法勾当披上合法外衣。这里涉及的主要是证书日期的真实性问题。亚眠市（Amiens）总检察官揭露了日期的"严重滥用，核查员根本无法纠正。日期颠倒错误是其中一种。更为多见的是出于多种思虑在证书上填写其他日期，而不是真实日期"。多种迹象可以让法官检查出这类"造假"。常常会发生这样的事：所有证书都由同一个证明人签名，这说明这些证书是在事后一次性被冠以签名的。此外，检察官们指出，"在有些登记中，签字位于证书中间位置，这表明负责民事信息登记的公务人员是先签好名再填写的。"在利布尔讷（Libourne）地区，有些镇长只将申报信息抄写在一个登记簿上，在更晚些时候才将副本上交。有时当镇长或证明人不在时，接班者会假冒他们的签名或使用更换了镇长或证人姓名的登记簿。

——这种情况将我们引到第三类违规行为，该类行为比前两种出现得

---

① 本书借助于几十个做了民事信息登记工作的局部地区的详细分析，这些分析被保存在国家档案馆，分别是：AN F1 a 50；F2 I 124－128；F2 I 379－428；F6 I 20，F19 11012；F 20 105；F 80442；BB1 212；BB 30 1164－1175；BB 30 1606－1613。

少，但却比它们更为严重：蓄意伪造。我们可以将毁坏登记簿的行为归入这一类。在有些省，存放登记簿的地方曾经着过火［尤其是阿列日省（Ariège）和旺代省（Vendée）］。在科西嘉，在该政令颁布30年后，许多镇长却从未执行过。该省省长说道，登记工作"在将近三分之二的市镇都没有进行过"。1807年内务部长的通告指出，在许多地方，"向负责民事信息登记的公务人员申报子女的诞生往往被新生儿的父母……忽略掉。通过将民事信息登记簿与教士手中的洗礼登记簿进行对比，我们发现后者比前者有多一半的数量优势。在同样的这些省份，死亡申报不比出生申报准确多少"①。官方证书本身有时也被篡改过。在标着第八年的一份报告中，司法部长写道，我们在法国多个省份看到"将男孩儿名改为女孩儿名的现象……出生证明和结婚证被篡改日期"，我们甚至看到了"乔装外表和更换名字的两个男孩儿"结婚。洛泽尔省（Lozère）省长估计，在该省192个镇中，有9.6万人有问题。在阿尔代什省（Ardèche），有超过1500份证书是伪造的。正是通过这种方式，有些男性与素未谋面的女性有了婚姻关系，有些男性与自己姐妹以外的女性亲属有了婚姻关系，还有一些与80岁或90岁女性结了婚。②

（二）法兰西社会的异质性

我们的所有资料都表明，30多年来，城市与农村的割裂是落实该政令的主要障碍。③ 1820年代初，阿让市（Agen）总检察官同其他所有总检察官一起观察到："在城市中，对登记簿的管理一般都很认真"，而主要"在乡镇中（发现）存在遗漏和违法行为"。关于"人民"的充满恭维的乐观主义论说在1792年的辩论中占据上风，该论说在接下来几十年中则让位于揭露农村镇长无能的没完没了的怨言。人们首先指责这些镇长是文盲。1820年，冈城的总检察官写道，"几乎所有的乡镇中，镇长及其助理都是小产业务农者、农场主或手工艺者，他们只会写自己的名字，要么不会写字，要么写得无法辨认，他们不懂拼写规则，因而无法读懂他们所写的东西"。在马耶讷省（Mayenne）亦如是，登记簿上写的东西"无

---

① AN F1 a 50. 在所有这些引文中，我重新将词汇改写成了现代拼写方法。
② 关于这些，参见 F2 I 380 与 F2 I 382。
③ 有关19世纪这种割裂的广度，参见 E. Weber, *La fin des terroirs*, op. cit.

法辨认,满是粗糙的拼写和错误拼写"。在乡村世界,镇长在执行政令时所履行的法律手续远不是他在日常工作中要考虑的事。格勒诺布尔市(Grenoble)检察官用以下事实解释民事信息状况的不确定性:"这些镇长中的大部分人,尤其是山里的镇长,他们的时间需要用于维持生计",这就是"乡村镇长很难离开耕犁去接收这些证书"的原因。同样,在冈城,农民镇长会"因为去集市或市场以及在乡镇外工作而缺勤。证书的填写工作要等到镇长及其助理返回时进行,尔后人们就不关心证书的事了"。奥尔良农村(campagne orléanaise)也发生了同样的事:"登记簿上面的文字和要填写的东西是如此简单,但对他们来说,由于习惯的缺乏和思想上的差距,这些工作要比劳作还累。他们也不太可能利用周日检查这些遗漏。"这些疏忽出现得越多,政令规定的诸多手续在一个所有人都相互认识的圈子里便越显得多余,结果,群体的直接看和传统成了身份识别的工具。杜埃镇(Douai)的总检察官报告说,北部许多镇中,镇长直到那时还没有索要出生证副本(这些证明需要缴纳印花税),这是"因为当事人出生在本镇,因此所有居民都知道这个人,没人怀疑他的年龄"。某些实际问题体现着许多不规律性。在贫困背景下,经济忧虑是一贯的烦扰。第戎镇(Dijon)检察官注意到,出于"节约带有印花税的证书的想法",镇政府公务人员不遵守有关制作证明的相关规章。"因此,有时会出现这样的情况:在某些镇,证书上同时出现好几个人的登记信息,一个挨着一个,几乎没有签字的间隙;每行间距很近,证书主体部分只留下很少的空白,有时甚至完全占满,以至于在需要更改时,不能像常规允许的那样在边缘空白处添加附注和签字。"乡村代表在理解作为官僚主义(bureaucratie)逻辑基础的抽象原则方面存在很大困难,这使他们对传达下来的叮嘱不屑一顾。在法比边境的埃纳省(Aisne),乡村代表们抱怨政令没有具体说明什么时候可以进行民事信息的确认。他们希望知道能否在"夜间"进行,得到同意的答复后,他们又进一步询问"通常认为从傍晚几点开始进入夜间"。一位来自吉罗市(Girod)[位于安省(Ain)]的人民代表询问是否应该为聋哑人举行婚礼,因为法令规定双方当事人应"高声"宣布他们的爱情宣言。北滨海省(Côtes-du-Nord)省长看到一位小镇镇长从未在其管理的登记簿上签过字,他写道:"我相信这位公务员认为在证书上填写过自己的名字就等于签字了。"另外,一位镇长注意到有一份出生证明上写着:"婴儿性别合法。"有时想要把事情办好的愿望反而使得镇长们办出不合规矩的事。在上莱茵省（le Haut-Rhin），有些镇长"总是害怕遗漏某些主要手续，但由于他们没有履行职责的好习惯，因此证书内容仅简单记录，事后在当事人不在场的情况下一下子抄写上去，或让别人抄写上"。这就是为什么"证人的姓名常常被刮去，代之以年终作为证人签字的那些普通证人的姓名"①。在这些条件下，本应可以解决所有问题的印刷样书和表格起不了多大作用。首先因为它们不能送达所有地方，且发放方式也不规律，这是由于扰乱行政活动的变动不断［在卡尔瓦多斯省（Calvados），各镇镇长在1820年还在继续使用1792年印制的表格]②。接下来，日常现实出现了许多情况，这些情况是立法者们最初没有预料到的，它们使镇长的工作更加复杂（法兰西共和历十一年，22份证书样本被转发到每个镇政府，要求将民法中涉及非婚生婴儿以及不同的承认方式等的主要规定考虑在内）。拿破仑政府行政机构在吸取从前的失败教训后恳切地请求各镇长不要再在信件结尾处附表格了。正如共和历十二年第十二月二十二日的通告指出的，"中央政府在决定使用这些词汇表达时，并没有打算作出精确规定，以使所有其他表达都被禁止，这样做有损于行动的主旨。政府想要通过不在《民法》中增加任何特别用语来避免这些弊端。这些特别用语的主要目的是为人数众多却没有同等经验水平的公务员阶层提供指导。这些用语应该当作建议使用，而不是当训诫使用，应当作为例证使用，而不是当严格的义务规定使用"。

体现建立民事信息登记之难的第二种困难存在于宗教领域。在某些地方，将教区登记簿转交给世俗政权的做法引起了教士的强烈抵抗。③ 共和历五年以后，一份官方报告就阿尔代什省的情况指出，"拒绝宣誓遵守1790年法国《教士公民组织法》的教士重新取得了他们原来的教区职位。他们在那里履行职责：主持洗礼仪式、婚礼和葬礼，对所有活动进行登记，让人民以为自己没有必要向公共官员们申报。"在不少省份，本堂神甫的影响被认为是不申报民事信息的主要原因之一，以至于在填写证书

---

① 这些例子出自：AN F2 I 379，F2 I 381，BB1 212。

② 1792年9月的政令通过后，证书样本被发送到所有市镇政府。新的样本将《民法》的新内容补充进来，于法兰西共和历八年、十二年再次发放。

③ 民事信息的世俗化在1792年成为一项紧急任务，因为自1791年起，拒绝宣誓遵守1790年法国《教士公民组织法》的教士禁止教区教民在支持宪政的神甫面前参加宗教仪式。这样一来许多公民都没有进行民事信息登记。关于这一背景，参见 P. Sagnac, *La Législation civile de la Révolution française. Essai d'histoire sociale (1789–1804)*, Hachette, 1898。

202　国家、民族与移民

355　时，许多本堂神甫实际上成了镇长助理，镇长只需签字即可。① 除教士外，宗教传统的痕迹在乡村还很深刻，这是最大的障碍。农民通常不会向镇长申报出生信息，因为他们认为"教士手中的洗礼记录足以确认这一情况"。此外，人们注意到有些家庭仿照"教堂洗礼过程中允许教母进入的做法，而（接受）让妇女作为出生证明上的证人"。然而，有必要指出，天主教会的遗产同时也是实现民事信息登记的有利因素。由于有了大革命前各地神甫手中的登记簿，世俗政权才能得知1792年以前出生的个体情况，共和国法律不过是将中世纪以来由教会提出的个体与家庭概念合法化。而非天主教公民的问题则要复杂得多。公共政权往往不掌握1792年以前出生的新教教徒的民事信息登记簿。省长们认为，这种情况可以解释为什么他们之中许多人不顾法律规定逃避所有形式的正式教育。但是问题突出体现在犹太人身上。为了让犹太人能够在事实上行使共和国赋予他们的公民权利，他们也应拥有自己的民事信息。就像所有其他公民一样，他们也是1792年法律的对象。但这种法律手续首先应是一次取名行动，国家可通过这种行动为个体指定一种严格的个人身份。此外，法国共和历

356　十一年第七月法律还要求全体公民固定自己的姓名。② 然而在18世纪末，一部分犹太人，尤其是法国东部的犹太人，仍无视这个已经在基督教徒中间生效的取名制度。③ 公共政权想通过1808年7月20日政令强制要求1792年以前出生的犹太人申报他们的民事信息，目的是不让他们逃避公民从此后应承担的义务（尤其是服兵役）。这就是为什么该政令除强迫使用固定的姓与名之外（有些人直到那时还没有固定的姓名），还强制要求全体犹太人向他们所在镇的镇长申报自己的民事信息，让镇长建立一个特别登记簿。该政令规定三个月期限来完成这项手续，否则将被判流放。为

---

① 1816年，一项法案提出重新将民事信息登记簿的管理工作交给本堂神甫。接下来几年中，议长们（conseils généraux）的许多请愿书和建议都在朝这个方向努力。1830年革命为这些尝试画上了句号。

② 该法律罗列出一张被许可使用的名字清单，规定了更改姓氏的程序。1790年6月19日以后，所有贵族姓氏被取消，共和历二年第十二月六日，制宪会议禁止个体使用自己出生证明以外的名字。关于这些情况，参见 A. Lefebvre-Teillard, *Le Nom. Droit et histoire*, PUF, 1990。

③ 据统计，那时生活在法国的4万名犹太人中，生活在阿尔萨斯—洛林地区的有2万到2.5万人。其他犹太人，尤其是"葡萄牙"和"普罗旺斯"的犹太人在很久之前便已接受使用姓和名。关于19世纪初犹太人状况，主要著作有：R. Anchel, *Napoléon et les Juifs. Essai sur les rapports de l' État français et du culte israélite de 1806 à 1815*, PUF, 1928。

犹太群体建立一个特别登记簿的做法（他们本可以使用现成的登记簿）清楚地表明，该政令体现的是该时期拿破仑推行的歧视性措施的延伸，政令的出台背景带有强烈的排犹主义色彩，尤其在阿尔萨斯－洛林地区。但是该决定也是将犹太人融入民族共同体进程中的关键一步，因为多亏了这些登记簿，他们从此可以走进公民生活中。尽管犹太教教务会议（负责在犹太人群体中推行该法令）代表规定了期限，但是民事信息登记的推行还是引起了许多不解和强烈的抵抗。成千上万的个体突然要面对一种与自身传统相距甚远的起名和身份鉴别逻辑。在阿尔萨斯－洛林地区，在民众阶层中，有些人是文盲，许多人只说当地方言。一项致力于洛林地区吕内维尔镇（Lunéville）登记情况的研究显示，犹太人要么以整个家庭为单位，要么以职业行会为单位成群结队地来到镇政府，工人们跟在老板后面。许多人在看到他们的新姓氏后（尤其是妇女），还不能正确拼写出来，也不会签名。罗贝尔·安谢尔（Rober Anchel）认为，在阿尔萨斯，在很长时间之内，对法式取名方法的采纳不过是对官方规定的一种让步。在犹太人的日常交往中，他们还保留自己从前的取名方式。① 档案显示，他们之中不少人直到很晚才使自己的情况符合法律规定。这是一个新证据，它证明19世纪初期，国家艰难地触摸到了各项决定涉及的每个个体。为了证明自己的迟到行为合理，某些犹太人称自己由于旅行或战争原因不在法国（许多人曾被动员去了西班牙前线）。其他人则说自己在1808年还是小孩，没人想着为他们申报（通常是因为他们是孤儿）。一位年轻女孩解释说，由于身处天主教家庭，她"在那时与她的犹太教友们没有任何联系……她既不会读也不会写"，她没有被通知到。我们同样注意到，对于大部分人来说，按规定登记的要求只在结婚的时候提出，这种情况表明这些个体与公民生活的联系极少。②

　　民事信息登记历史上的第三种关键性阻碍存在于地区层面。一般来说，越是远离巴黎中心，事情越是艰难。最大的问题是语言。1821年，梅斯市（Metz）检察官指出，"在摩泽尔省所有将德语作为日常用语的选

---

① R. Anchel, *op. cit.*, pp. 433 – 461.
② 这些评论主要针对平民阶层。在富裕阶层中，更改姓名主要是为了让自己变得法国化或有别于同名者。奥尔里·阿扬·沃姆斯（Olry Hayem Worms）（银行家、巴黎第五区的市长助理）更名为Olry Romilly Worms，为的是不与许多从事同样职业的其他的沃姆斯混淆，因为这对他的事业不利。参见：AN F19 11012。

区……登记中出现的不规律性最明显"。他的科尔马镇（Colmar）同事补充说，在证书中检查出来的许多书写错误"似乎应该全部归咎于大部分镇长极少书写和极少使用法语"①。同样的问题在比利牛斯山脉地区（les Pyrénées）也存在。乡镇镇长看不懂上级下达的命令，因为有些人"不懂法语。巴涅尔（Bagnères）地区的一个镇的登记簿有一半用方言，一半用法语"。检察官援引最近一个刑事诉讼案件说："在这场诉讼中，巴斯克地区的镇长被作为证人召唤上法庭，他们却不会宣读他们的笔录……也看不懂它们：我们不得不为他们翻译成巴斯克方言，然而这些书面文书虽然用法语撰写，但却有他们的签名。"在偏僻地区，民事信息登记同样遭遇了地方传统力量的冲撞。在科西嘉岛，1820年的报告中，无论是省长撰写的还是总检察官撰写的，都反映出了一种彻底的无政府状态，这种状态归咎于"造成许多家族不睦的帮派思想"。1792年法律颁布30年后，没有一个城镇拥有一套正规而又完整的民事信息证书。"国家行政本应在这些证明的基础上进行运作，但是，遇到需要求助于证书的特殊情况时，没有任何可以确定的东西，而证件造假在行政机构中却不受处罚。"

（三）拒绝征兵

要想对本小节作一总结，我们还要审查这一时期民事信息登记中发现的蓄意造假的原因。我们已经强调过，在乡村，许多人对申报民事信息并不感兴趣。正如卢瓦尔－埃歇尔省（Loir-et-Cher）省长所说："他们很难想象到，确认他们子女的出生信息所需要的手续要比确保他们自己的出生状况的手续多得多。"正因如此，《民法》中针对个体依法申报自己民事信息情况的正当性而设立的条款被认为不现实。"对某些方法不在意、缺乏远见、忽视，或者对个中利害没有仔细思考，各种事务、必要的日常工作、照顾家庭或外出，以上这些都将阻止一大群人，甚至群体整体对法律的履行情况予以上报，除非是出于当时迫切的需要。然而，有这种需要的人极少，或者这种需要不是迫切的或直接的，因而很少有人想费力气让人确认其民事信息情况。"② 如果说公民们还不懂什么是权利，那么他们很快将会

---

① 他补充说，有大批证书需要"一个翻译文本给那些说德语的当事人看"，但是只有极少数镇长指出这一点。

② AN F2 I 379.

知道，什么是随着融入公民生活而来的义务。实际上，直到复辟时期，征兵问题仍是民事信息登记的核心障碍。详细鉴别所有被征士兵一直是各种调查和官方报告中的困扰。为避免被征用，相当一部分公民求助于造假公司。1820 年，科西嘉省省长指出，在参加抽签的 1699 个年轻人中，有 687 人的出生信息无法得到证实。由此导致诸多证明书的出现，这些凭证实际上是为了"证明某人已经超龄或年龄不够"。在阿尔代什省，政府特派员在他撰写的法国共和历九年第七月的报告中指出，"许多出于厌恶或其他原因不想参军的年轻人通过假结婚作为逃避征用和征兵的方式"。1807 年，也是在科西嘉省，"推迟或提前申报人出生日期"的证明书大肆泛滥，"以这种方式建立自己的民事信息"。上阿尔卑斯省（les Hautes-Alpes）南部地区"假结婚证书泛滥成灾"。一些前公务人员"为使年轻人逃避征兵或征用，往往让他们与一个不认识的人结婚"，然后让这两个人都消失。① 省长们还指出，死亡信息常常被忽视，"这是因为继承人需要到国家管理局申报并缴纳遗产税，他认为不向镇政府申报他们父母的死亡，就可以不去国家管理局去申报"。

认同的社会—历史学要素

（一）"远距离行动"

要想了解所有这些困难的成因，就应时刻记住 1792 年法律造成的断裂面之广。为使新的共和国公民资格变得有效，需要在国家整体层面实现统一的个体身份鉴别手续。民事信息方面的立法应该涵盖分散在民族领土上的全体个体，使他们从此以后前往新的地方（镇政府）履行完全脱离于宗教仪式的手续。法律的实行还需要将近 4 万名负责民事信息登记的公务人员，他们应遍及所有乡村，铭记自己代表政府。为使中央权力能对几千万个体采取"远距离行动"，还需要一些可将所有公民连在一起的纽带。马克斯·韦伯强调过下列事实："在财政预算方面，官僚主义行政管理需要一些与沟通技术有关的基本条件。具体而言就是需要铁路、电报、

---

① AN F2 I 382. 官方调查还显示，新教教徒以没有 1792 年以前的登记簿为借口，逃避强加给年轻人的征兵。

电话，官僚主义行政管理与这些条件的相关性在不断增加。"① 然而在 19 世纪初期，这种"用来沟通的基础设施"还尚未建立。在电话和广播时代之前，只有书信可以实现远距离沟通。然而，在大众阶层，绝大多数人并不掌握书面交流的基本规则，我们看到，这种情况是法律在乡村世界推行的主要障碍。同样，交通困难是官方报告中的主旋律。汝拉省省长在得知冬季结束时一大批镇长还没有将新一年的登记簿取走后，写道："怎么能希望 728 位相距遥远而又极少相互沟通的镇长都能在新年伊始便准备好一切呢。"《民法》始终要求与公民距离最近的各市镇政府负责民事信息登记，而不顾其中弊端，距离是其中一个主要原因。同样，也是部分地出于这个动机，所有副本被移交给初级法院，它位于本区（arrondissement）内，而不是省内，像省政府那样。交通困难是另一个不利于组织工作的缺陷，它是行政机构内部关联脆弱的原因所在。比如在特雷戊区（Trévoux），该区行政人员看到，"民事信息登记簿并没有到达镇政府"。当人们问他们对最近一期通报的看法时，他们回答："我们不了解。通报没有到达我们这里。"在很多情况下，民事信息证明书从一个镇到另一个镇的传送过程会由于邮政服务的不完善而受到阻碍。该问题主要发生在某人客死异乡的情况中，比如死在医院或军队中的人。1812 年的一份通报详细指出，在以上情况中，死亡证明应寄往最后接收地的镇政府。但是很多镇长拒绝接收，因为邮包未付邮资。在纳税王朝②（Monarchie censitaire）时代，以上问题也一直没有解决。1825 年的一份通报遗憾地说道："由于缺乏统一模式，这些登记簿往往被送到邮局或委托给不熟悉的代理人，最终下落不明。"该通报要求各镇长将邮件委托给省政府专用"邮递员"。但 1829 年，这些专门职位被撤销了。20 多年后，另一份通报指出，有时"证明书要么被镇长们寄到法院院长手里，要么被寄到法院书记官手里。这种模式不合理。因为镇长并没有通信免费权，因而他们寄给收件人的邮包要被核定收费，尔后则被拒绝并打回巴黎邮政管理中心，由于会

---

① M. Weber, *Économie et société*, op. cit., p. 230.
② 纳税王朝与纳税选举制相关，在这种选举模式中，选民全部是缴纳过一种称为年贡（cens）税的人。要想成为选民或具有被选资格，必须缴纳一份超过选举法规定的年贡。1817 年 2 月 5 日规定：30 岁以上、缴纳超过 300 法郎年贡的男子可以成为选民，40 岁以上、缴纳超过 1000 法郎年贡的男子具有被选资格。此后 1830 年《宪章》将年龄分别降低到 25 岁和 30 岁；1831 年 4 月 19 日法律将年贡降低为 200 法郎和 500 法郎；1847 年，缴纳超过 100 法郎的人可成为选民。——译者注

签无效再从那里寄回镇长手里"。① 随着革命动荡对行政管理的扰乱，印刷表格、样书、说明开始不足，纸张材质开始不符合要求。1812年，科多尔省（Côte-d'Or）省长写道："到目前为止，政府提供的公文纸基本上都是质量最差的：颜色发暗、纹理粗糙不均"，他还补充说："羽笔很难在上面写出字"。财力支持是中央政府为"远距离行动"而采取的另一办法。但19世纪初期，这方面也很匮乏。财政部门一直以来都要赊发造登记簿用的印花公文纸。勒令各镇偿还债务的许多通告全都白费力气。有时，由于缺乏印花公文纸，镇长们不得不做出违法之事，在普通白纸上抄写证明。治安法官对民事信息情况的修正以及法院书记员每十年的抄写工作多则被打断，少则被推迟，因为相关行政机构无法支持这笔开支。尽管如此，在第一帝国时期，行政机构还是逐渐确立起来。各部指令多通过通告方式传达给各省省长，各省省长将通告再分发给各镇镇长，并根据需要在行政文件汇编中加入省长令。根据规定，最重要的官方文件要"一直在布告栏中使用大号字体在申报民事信息的地方或办公室以及所有存放登记簿的地方张贴"。副省长在巡视时应检查文件是否"一直"张贴着。第一帝国末期，民事信息管理至少在有些地方开始实行了。

（二）拥有守纪律的行政人员

统治者在实施民事信息法过程中遇到的第二个主要问题在于：负责实施的镇政府官员不可靠。前文引述的有关阿尔代什省民事信息造假的报告中估计，"可能有2万名公务员、公务人员以及公民有嫌疑"。另一份调查具体指出，"政府不敢针对这些不法行为进行特别追查并将之诉诸法庭，因为这将牵连到一大批个体，使监狱被公民和前政府公务员占满"。有人认为压制是不可行的，因为对如此众多的公共机构办事员的质疑，有可能严重扰乱国家的运转。调查得出结论：有必要采取"不作声或不介意"的方式，在不压制的条件下纠正证书造假行为。实际上，国家的合法性是这些事件的核心，因为在不少地方，"小祖国"利益超过了大祖国利益。拿破仑垮台后，科西嘉的情况很可能是最严重的。1820年，该省省长写道："有些人在地方议会（Conseil）面前表现得放肆无礼，他们深信，耍这种伎俩是光荣的，没有罪，因为这意味着忠于他们的父母或朋友，还因为这种行为被冠以公众意见的头

---

① 关于这些，参见 AN F1 a 50；1844年镇长才拥有邮寄登记簿的邮政免费权。

衔，我只能这样解释他们的这种无礼。"① 人民与其代表之间的信任与接近，是1792年革命者们所热切盼望的，但是这样一来，这种信任与接近反而成了民事信息制度建设中的一个主要障碍。在阿尔代什省，不仅许多镇长是造假者的同谋，连司法机构都被污染了。当选的警察局长为了制止本地区造假泛滥写道："陪审员，这种独立权威，我对他们没有任何处置权。许多陪审员为了帮他们的儿子、外甥、侄子、亲属、朋友逃避征兵，在民事信息证明方面都存在违法行为。"至于那些没有参与造假的人，他们则"听从大众的声音"，这就是他们"认为不应对一种如此普遍的犯罪行为进行惩罚"的原因。在阿尔代什，大部分镇长"很害怕招来最暴躁和最爱记仇的人的报复"，这也是接近社会的后果之一。造假者越是无法拘捕，这种情况越是严重："两个月的拘禁并不能使他们感到害怕"，因为这些人生活在"几乎无法进入的大山中，他们能很轻易地躲避追捕"。此外，中央政权也不能很有效地严惩某些镇长，因为他们还没真正领到国家薪水。马耶讷省省长认为，如果"官方责备……那些不计报酬的公务员，那么很快就会有人递交辞呈"。在波尔多（Bordeaux），有一位过于勤勉的检察官，他曾制裁过多位迟交登记簿的镇长，后来不得不放弃这种做法，因为所有人都辞职了。"由于他们之中的每个人，无论能力大小，都几乎是镇上唯一一个可以承担政府职能的人，如果不采取明智做法，行政将一片混乱。"

《民法》从所有这些困难中汲取经验，彻底与1792年盛行的做法决裂，该法典不再将民事信息作为一种公民证书，而是作为一个纯粹的行政手续。按照规定，只有镇长及其助理能作为民事信息管理官员，从此以后，他们将由国家任命，而不是由人民推选。另外，《民法》将省长的部分权限移交给了法官。这样一来，登记簿的副本应该向初级法院提交，而不再交给省政府。检察官负责为新的登记簿草签和编号。今后也是由他负责对民事信息登记管理官员的签字进行确认。② 这种特权的移交首先瞄准的是全体公民。鉴于省长在造假领域的无能为力，《民法》起草者放弃了1792年法律中规定的有关不申报的惩罚，但是要求个体在三天合法期限内在法庭上准备好所有证明。然而，为法官确立这种地位的主要目的，是

---

① AN F2 I 379.

② 司法机构对民事信息问题的干涉导致镇长与检察官之间以及检察官与省长之间出现很多冲突，省长们很难眼睁睁地看着自己的特权被削弱；参见 AN F2 I 165。

加强对镇长的监管，镇长从此以后既隶属于省长也隶属于检察官。其他措施也是朝这个方向努力，其中尤其重视官方文件上的签名问题。如果镇长能够授权其工作人员（employé）接收或抄写证明，那么将有人时常提醒他"要亲自为发放出去的所有公民证明文书签名，且必须只有他一个签名"。1807 年一份通告指出，在许多城市中，"镇长助理负责民事信息工作，且不管镇长是否在场，都在证明上签自己的名字。但镇长助理只有在得到镇长特别授权的情况下才可以承担该项职能，因为镇长是**唯一**的行政部门主管官员和负责保管登记簿的民事信息管理官员。正因如此，如果没有镇长的授权，那么从镇长助理手中发放证书或副本都是违法的"。人们希望通过这种方式使镇长"有责任心"，同时反复向他们灌输国家责任的含义。省长们越来越多地批评某些镇级政府官员，因为这些官员大张旗鼓地操办自己的婚礼，混淆了他们的私人生活与公共角色。他们会经常被提醒："镇长不能作为证人，也不能办理自己的各种证明"，他们如果这样做，会"通过这种行为降低法律赋予证书的保障力度，因为他们减少了本应享有同等权利的人的数量。因此，他们有可能存在意图捏造自己身份的嫌疑"。尽管存在前文中指出的那些缺陷，对印刷表格和样书的大量使用也表明了中央政权为更好地整合各级政府部门所做的努力。国家希望可以通过这些样书远距离"把控"镇级政府官员的"手"。科多尔省首府第戎镇的总检察官写道："通过印刷表格和样书，我们可以确保规定的手续被忠实地履行，因为公共官员要亲自填写的印刷表格会提醒他要履行的条文有哪些。另一方面，印刷表格指定了填写范围，这样一来，在填写时就没那么困惑，可识别性强，且更正时更加方便、规矩。"

所有这些安排，无论是法律上的还是规章上的，目的都是建立一个中立、客观，简言之就是脱离社会主体（corps）的公务员主体。但是，这场行政外科手术要求所有镇长配备好适当的工具。因此，《民法》的编写者们为了摆脱那些"模棱两可的危险证据，比如人证（其不确定性总是令立法者担心）"做出了巨大努力。《民法》第 1317 条将"真正的证书"定义为"在证书制作处从有权制作证书的公共官员手中郑重接收的证书"①。与此同步，《刑法》也修正了此前立法中的模糊之处，用整整一节

---

① E. Bonnier, *Traité théorique et pratique des preuves en droit civil et en droit criminel*, Plon-Maresq, 1888, pp. 399 et 462.

的篇幅对造假问题进行规定。为防止"书写造假"还规定了一个特殊程序。旧法律中多有关注的"话语造假"从此被放入《刑法》的另一节中("证词造假"的那一节)。所有这些革新都很好地表明了身份鉴别程序中文书与行政的重要地位,尽管许多条文表示继续相信目之所见,以确保个人身份。儿童应来到镇长面前,以便让镇长亲眼看到他的存在,且所有证明都要求必须有证人在场。①

在接下来几十年中,真与假的司法界定与身份鉴别方面的另一种权威发言:医生的观点,一同进入争论中。1829 年起,维莱梅(Villermé)② 向内政部长提交一份关于冬季婴儿超高死亡率的研究,该研究对将新生儿带到镇政府的规定提出质疑。③ 在七月王朝时期,医生们被动员起来反对这项规定。他们指责镇长过于教条地解读法律,可往往连婴儿的性别都不检查,也不能辨别婴儿有一天、三天还是八天大。此外,在医生们看来,镇级政府官员在某些不确定的情况下没有能力确认婴儿性别,比如两性畸形。卢瓦尔(Loir)医生是这场运动的领头人,他的研究认为:"身份问题、调换婴儿问题具有很高重要性,这些问题需要一些保障,而这些保障是现有民事信息证明无法给予的。"④ 在很长时间内,公共权力对医生们的讨论充耳不闻——这场论战持续了 20 多年⑤——因为公共权力拒绝让个人的民事身份鉴别依靠医生完成。司法部部长认为"授权医生或其他镇长代表确认婴儿的出生,会深刻触动民事信息管理的各项规定,并使被授权人的工作效率大幅降低"。最好仍把"民事信息工作作为公务员的专门职权,既然法律已经如此明智地授权他们出具证明以及认证他们确认的情况"。医生

---

① 随着官僚机构身份鉴别技术的完善,出生的"见证人"越来越被认为多余,最终于 1924 年被取消;参见 E. Lévy, Les Transcriptions et les témoins d'état civil, Librairie de Droit Usuel, 1919.

② 维莱梅 (1782—1863),全名路易·勒内·维莱梅(Louis René Villermé),法国医生、社会学先驱之一。

③ AN F2 I 380.

④ J. N. Loir, "De l'exécution de l'article 55 du Code civil relatif à la constatation des naissances", Revue de droit français et étranger, 1846, t. 3.

⑤ 在第二帝国时期,新生儿要送到镇政府的规定被取消。从此以后,婴儿的出生由家庭医生或大城市中为核实新生儿而被派往父母家中的核查医生出具证明。到了 20 世纪,产科医生或产科医生的助产士负责出具证明。

没有任何资格说"认证",因为他们没有公共职能。① 法律不要求镇长们说出个体的"真实"身份或"自然"身份(这方面的争议移交给了司法机关),仅要求他们登记这些个体的申报内容。《民法》规定,儿童的性别应该被"说明"而不是被"核查",而 1792 年法律也有同样的规定,这并不是巧合。在《民法》的前期讨论中,法案评议委员会委员西梅翁(Siméon)谈到了大革命时期民事信息管理官员的流弊:"我们看到他们对已经证实的合法性表示怀疑、对已经生育子女的婚姻予以否认或提出质疑、要求提供婚姻证据,超越了仅局限于收集申报单的简单职能。"因此,很明显《民法》将公民身份鉴别定义为证书的登记而不是探寻个体的真实身份正是为了保护个体,反对武断,确保"家庭和睦"②。在整个 19 世纪,医生们一直在试图质疑这种自由逻辑。③ 关于两性畸形患儿,1816 年,司法部部长认为:"应该由(与之)有关的个体或患儿父母选择适合于婴儿的性别"。19 世纪末期,合法医疗事业(médecine légale)奠基人之一,拉卡萨涅(Lacassagne)则要求对《民法》第 57 条进行修改,以求在青春期时通过医学检查"决定性别,并在民事信息簿上作出男性、女性或中性的登记"④。

(三)形式与内容问题

所有这些条文相互靠拢的目的是使书面证明成为身份鉴别过程中的一个方面和关键环节。在民事信息界定方面存在的利益冲突影响着证书的形式与内容。为了让别人承认自己在该领域的正当性,医学专家们要求在民事信息方面增添新信息。⑤ 省长与检察官之间之所以会发生冲突,是为了

---

① 由于没有脱离社会实体,医生可能会出于客气帮助一些家庭进行民事信息造假,因为这些家庭支付的诊费是其生活来源。

② 参见 Locré, *op. cit.*, p. 15. 这正是禁止调查非婚生婴儿父亲是谁的原因。关于《民法》的哲学基础,参见 F. Ewald (dir.), *Naissance du Code civil, An Ⅷ-An XⅡ, 1800 – 1804*, Flammarion, 1989。

③ 然而,在民事信息方面的《民法》原则直到今日都有效;参见 J. Carbonnier, *Droit civil*, PUF, 1955, t. 1, pp. 223 – 240。

④ A. Lacassagne, *Les Actes de l' État civil*, A. Storck, 1887, p. 91.

⑤ 19 世纪末,人体测量学身份鉴别之"开创者",阿尔封斯·贝蒂荣(Alphonse Bertillon)写道:"我们相信,在出生时刻将某些耳部特征记录在民事信息簿上将会杜绝调换现象,甚至在成年人身上也适用。"引自 C. Phéline, *L' Image accusatrice*, Les Cahiers de la photographie, 1985, p. 128。

确定谁将拥有在登记簿上作官方标记（签字、盖章）的权力，他们的合法性使他们都拥有这种权力。然而之所以形式与内容方面的工作总是无休止，主要是由于造假者与"正版"保卫者之间在不断斗争。① 就像我们看到的，主要的防造假技术早在旧制度时期已经发明。到了 19、20 世纪，这些技术逐渐完善，迫使民事信息官员在执行命令时愈发细心，主要是在书写（1824 年起，印章痕迹既不能被文字覆盖也不能被更改记号覆盖，不能在印花税票背面写字，等等）、页面（在文字内容与签名之间不能有空隙，页面底部也不能有空白，附注之间要相互分开，每个附注要逐个签字，不能统签）方面。② 要想确认前来办理证明的个人的身份，还需要让该个体所包含的所有指征完全可读。因此，"民事信息证明应用唯一的官方语言即法文书写。禁止使用法国不同地区的方言，那些被并入法国的省：尼斯（Nice）和萨瓦省亦如是，也不能使用意大利语"。③ 但这些要求同样关涉各当事人的签名。1808 年，某些公务员正是以这种可读性的名义意图禁止犹太人用希伯来语签名。为证明这种措施能完好体现官方证明上的签字功能④，科尔马镇检察官作出了如下解释："伪造证明往往使用最奇怪的签名，这证明了造假者的心虚，签名应该名副其实，应该有一位公共官员负责证明它合法，且在场的证人可以肯定文书上多少可被识别的字母真实代表了签名者的名字。然而，当使用希伯来字母签名时，任何相关人员都不能完全确定其真实性，因为民事信息官员以及所有那些不信仰犹太教的居民一般不认识这些文字。"⑤

---

① 公权力机关还努力不将官方文件混同于"世俗"文书。1791 年 7 月 22 日的一项政令为"预防行政官员话语与普通公民话语的混淆"，决定"为所有私人布告指定一种颜色，同时指定底色为白色的纸张要专门为行政与司法主体所用"，AP, t. 28, p. 508。

② 摘录自以下著作：E. Mersier, *Traité théorique et pratique des actes d'état civil*, Marescq, 1892；作者还补充道："页边距要占页宽的四分之一。"（p. 18）当然，罪犯也相应革新了造假术。1826 年，司法部长写道："几年来，造假技术已经取得十分惊人的进步，我认为应该求助于自然科学院的人才，通过他们找出预防混淆的办法，避免可能由此带来的不可逆转的后果"；AN BB 1287。

③ E. Mersier, *op. cit.*, p. 16。

④ 关于将签名作为鉴别工具的创举，参见 B. Fraenkel, *La Signature : genèse d'un signe*, Gallimard, 1992。

⑤ AN BB1 212。

（四）身份鉴别与民族认同

与公民身份鉴别相关的行政手续本身就是民族同化的强有力因素：这是由于这些手续的"广泛性"没有超过国家践行主权的范围。我们已经看到，有关民事信息的各项法律在实行过程中遇到挫折首先是由于"法兰西"社会存在极大的异质性，尤其在语言方面。强制要求镇长和公民使用法语进行民事信息登记无疑有助于遏制各种方言土语，但我们缺乏用以支持这种论断的研究。随着1808年犹太人民事信息法的颁布，人们开始对宗教传统提出质疑。该法律由拿破仑主持的中央主教会议负责实行，在1810年3月一份面向法国所有教务会议的通报中，中央主教会议指出，"在许多教堂中，仍然保持下列习俗：那些应观看朗读戒律（lecture d' un Loi）的犹太教徒……只称呼他和他父亲的名字，比如雅各布·巴尔·亚伯拉罕（Jacob Bar Abraham）……这种旧习已经泛滥，在本质上有悖于法律的意旨，企图打乱法律的规定，让人们不由得违反法律条文"。这就是为什么中央主教会议规定唱诗班"今后在称呼那些享有观看朗读戒律礼遇的人时，只称呼他们行割礼时的姓氏，该姓氏源于符合此前法令中规定的家族姓氏"。①

新的身份鉴别思想在民族认同的形成过程中扮演了极其重要的角色，因为该思想深刻影响着个体身份。姓氏问题最为凸出②。法兰西共和历十一年第七月十一日法律要求固定姓氏，以便更好地鉴别个体身份，该法律确立了选择名字和更改姓氏的民族法规。今天，每个国家的这类法规都各不相同，使得各自的姓氏成为"民族归属感"的一个重要元素。对姓氏的控制同样成为民族同化的一个强有力因素。致力于1808年吕内维尔镇

[374]

---

① AN F19 11012. 中央主教会议与拿破仑同化政策的通力合作造成了共同体内部激烈而又持久的紧张关系。我们可以向大家展示，民事信息法在殖民地的实施也遵循同样的同化思想。在阿尔及利亚，几次失败的尝试后（1854年和1873年），1882年3月23日颁布了阿尔及利亚民事信息法。行政机构首先确立"阿拉伯家系"，让每个个体固定姓氏并为其制作身份证。为"土著民"提供的姓氏尽量尊重"当地习俗"。教名、先知类修饰语、体现族裔特点的名字，甚至是"给河流起的别名"（比如 Saba = 狮子）都是允许的。登记簿以两列显示，分别用法语和阿拉伯语填写。关于阿尔及利亚的首次民事信息尝试，参见 AN F 80442；关于1882年法律的实行情况，参见 E. Cornu, *Guide pratique pour la constitution de l'état civil des indigènes*, Alger, Librairie Adolphe Jourdan, 1889。

② 有关民事信息的鉴别与姓氏问题，参见 N. Lapierre, *Changer de nom*, Stock, 1995。

犹太人民事信息法实行情况的研究表明,该镇镇长很不情愿地通过将拼写方法法语化来改换居民的姓氏(居民中没有任何人想要法语姓氏):字母 u 变成了 ou,字母 g 与 i 之间多加了一个 u,等等。① 某些地方性语言特点的逐渐消失也出于同样的原因。在布列塔尼地区(Bretagne),有一种十分古老的习惯,在以 Ker 开头的姓氏中,通常用带有下划线的 K 代替这一音节。但是法国其他地区的政府官员根本无法理解这种标记,许多姓氏,尤其是移民的姓氏,在民事信息证明中完全变了样:Kerandavelec 变成了 Kandavelec,等等。② 最后,我们还不能忘记民族主义者对"美丽的法语名字"的称颂。19 世纪以来,对特殊姓氏的非难成了排外和排犹言论的主要内容。③ 受害者往往为了逃避这种责难才想将自己的姓氏法语化。④

今天,借助于现代身份鉴别逻辑的民事信息手续已成为常规行政工作的一部分。⑤ 我们之中的每一个人都在不由自主地履行这些手续,好像这是理所应当的事。以至于我们很难想象这方面曾经存在过争议。研究这些实践的起源可以了解最初催生它们的社会必要条件。本章中凸显的缓慢的民事信息官僚化过程不能像有人说的那样,被理解为"国家"对"个体"的胜利。⑥ 在社会—历史学视野中,人与人之间相互依赖链条的延伸可以解释为什么要不断强化身份要求。我们看到,与这些革命性变革对立的主要是仍未很好融入"公民生活"的社会各部门。但是很快人们就发现,没有民事身份会成为民众最大的不幸,尤其在城市中。路易·舍瓦利耶

---

① F. Job, "Les Juifs de Lunéville d'après l'inventaire de 1808 : état civil, alphabétisation, professions", *Archives juives*, 1974, Vol. 10, No. 3, pp. 44–52. 19 世纪初期,这种"法语化"运动还具有种族含义。在大革命时期消失的禁止黑人与白人通婚的禁令在执政府(1799—1804 年)时期再次出现。参见 AN F2 I 382。

② 引自 R. Lyon, *Jugements et ordonnances de rectification d'actes de l'état civil. Examen de quelques difficultés*, Jouve et Cie, 1921, p. 51。

③ 在法国,主要是"外国"姓氏遭到非难,甚至在排犹言论中也如此;参见 M. Catane, "L'élément français dans l'onomastique juive", *Revue d'études juives*, 1985, vol. 144, No. 4, p. 339。关于德国,参见 D. Bering, *Der Name als Stigma. Antisemitismus im Deutschen Alltag 1812 - 1933*, Stuttgart, Klett-Cotta, 1992;关于女性在这方面的情况,参见 B. Hahn, *Unter falschem Namen*, Frankfurt, Suhrkamp, 1991。

④ 1986 年以来,据统计,在入法国籍的外国人之中,每年有 7500 例将姓和名法语化的案例。

⑤ 七月王朝以来,对民事信息手续的指责之声越来越少;在第三共和国时期(随着铁路和小学教师的出现),该问题得到根本解决。

⑥ 以下著作正是从这种角度解读姓名的历史,A. Lefebvre-Teillard, *Le Nom*…, op. cit。

(Louis Chevalier)回忆,在19世纪,民事信息的不确定性在容易出现非法买卖儿童的大众阶层中是一个现实。① 在民事纽带的国家建构中凸显这些不解、拒绝与痛苦,不是要进行揭露,也不是要否认其必要性。马克斯·韦伯谈到官僚主义时说过:"我们的全部日常生活都在官僚主义范围内展开",然而如果没有官僚主义,"现代生活方式将不可能存在"。②

---

① L. Chevalier, *Classes laborieuses, classes dangereuses*, Hachette-Pluriel, 1978, p. 217.
② M. Weber, *Économie et société*, op. cit., p. 229. 在这方面,有理由肯定,民族国家对个体实行某种"专制"(就《罗贝尔辞典》中给出的"专横的约束"意义而言);显然,这与捍卫某个政治"主题"或揭露权力形式都无关。

第十一章　民族表象①与社会类别
——以政治避难者为例

> 我等待那能令我继续留下些时日的盖章的一刻。
>
> 克洛德·韦尼耶《温柔的放逐》

几年来，尤其在法国②，社会史学经历了一场重要的研究领域更新运动。这些新研究方向的共同点之一在于否定上一辈人建立经济与社会计量史学（histoire économique et sociale quantitative）时所依托的假设，转而尝试研究集合实体（阶级、群体、共同体，等等）的建构，而这些集合实体此前曾被社会史学视为无须言明的明摆事实。近些年，我借助于一些实证研究展开了对法国移民史的思考，我想通过专门分析作为当下核心问题的"表象"（représentation）与"类别"（catégorie）概念，为有关该领域的思考尽绵薄之力。

问题的出现

（一）为权力关系的社会—历史学

在我看来，战后几十年，经济与社会计量史学锻造的概念和工具不适

---

① 本章中出现多个与"代表"相关的词语，它们分别是"représentation""représenter""représentant""représentatif"，它们分别是"代表"的动名词、动词、名词和形容词，为区分起见，统一将"représentation"译为"表象"，而动词和名词由于可通过上下文区分，故统一译为"代表"，形容词性译为"代表的"。——译者注

② 我们在以下著作中可以找到很多这方面的简介：Bernard Lepetit (dir.), *Les Formes de l'expérience. Une autre histoire sociale*, Albin Michel, "L'évolution de l'humanité", 1995；Jacques Revel (dir.), *Jeux d'échelles. La micro-analyse à l'expérience*, Hautes Études et Gallimard-Le Seuil, 1996。

合研究移民问题，因为该学科将历史世界想象成各领域（经济、社会、文明）的并置共存，这种做法掩盖了国家在社会关系建构中所扮演的角色。然而，只有通过研究这一角色，我们才能理解"移民们"的特殊问题，因为这些"移民"首先是外籍人，也就是说，从法律上讲，他们不属于自己所处的国家。要想解释这一现象，就不能求助于迪尔凯姆的社会学，而应转向马克斯·韦伯。后者将社会学定义为研究人类*行为*的学科，借此为历史学家提供了解构"物化"的集合实体如国家、民族、阶级等的方法，凸显将构成这些集体实体的个体联系在一起的社会实践。但是除此之外，韦伯还教给了我们将历史研究本身视为整体实践的方法，这就要求我们不能再将社会史学视为一种历史现实，而是以人类活动为中心的调查研究，无论这种活动是经济的、政治的，还是宗教的……正是这一点促使我，以及另一些人，放弃这个已经变得过于模糊和不确定的"社会史学"术语，转而鼓励"社会—历史学"的发展，后者是历史学家与社会学家职业能力的衔接。① 近十年来，对经济与社会计量史学的批评多于其他学科，尤其多于微观历史学和社会群体历史社会学，其原因在于法国历史学家仍旧对韦伯著作漠不关心。② 当然，这里并不是要否认这些学科带来的丰富启发性，也不是意图"超越"它们，这些做法与本书主张的韦伯式〔"远景"（perspectiviste）〕知识构想相悖。然而，即便必要时谈到了这些学科的局限性，那也仅仅是为了让大家理解为什么它们不能解决移民的社会—历史学研究中的**特殊**问题。微观历史学从个体间建立的**直接**关系出发，将社会纽带严格设定在地方层次，忽略了在法律中被"客观化"的远距离统治形式：各种身份证件等，这些统治形式是我们在此要探讨的问题。社会群体历史社会学对远距离纽带抱有兴趣，吕克·博尔坦斯基（Luc Boltanski）撰写过一部对这种研究潮流的发展产生巨大影响的著作，正如他在书中指出的，这是因为社会群体历史社会学想要证明"行为人"是如何"联合起来，将自己视为某些集体表象中的一员，为自己设置各种制度和代言人，并授权它们象征自己"③。但是，本章所讨论的远距离

---

① 在此我总结了以下著作所论述的问题的三大特点：G. Noiriel, *Le Creuset français*…, op. cit.。

② 关于这一点，参见 H. Bruhns, "Max Weber en France et en Allemagne", *Revue européenne des sciences sociales*, 1995, No. 101, pp. 107 – 121。

③ L. Boltanski, *Les Cadres*…, op. cit., p. 53.

问题主要借助于"**表象**"概念。我们甚至可以说，社会群体历史社会学利用该概念的多义性，逐渐扩展了自己的领域，同时将最初建立在"干部"、"利益团体"整体以及"各社会职业类别"之上的实证观察加以普遍化。① 例如，阿兰·德罗西埃（Alain Desrosières）和洛朗·泰弗诺（Laurent Thévenot）认为，归根结底，"代表就是将一些人置于对等位置"，他们从这一假设出发，在"表象"的三个层次（统计的、政治的和认识的）之间建立了一种关联，这使得他们从社会"群体"逐渐转变为社会"类别"，这两个术语被认为是可以互换的。② 但是，这样一来，如果那些像"移民"一样的社会实体成为"类别化"（catégorisation）的法律—行政工作产物该怎么办，尽管这些社会实体最终不会导致社会动员进程的出现，也不拥有以它们名义说话的代言人。

　　迪尔凯姆式论题在"表象"方面忽视了一些问题，正是为了回答这些问题，我才逐渐转向韦伯的统治（domination）社会学。我们知道，韦伯将政策定义为"由某个人或几个人组织起来的对其他人"实行统治的社会行为。在现代世界，随着国家的发展，合法的统治形式被固定下来。韦伯对法学问题的重视以及他的政治社会学与法律社会学之间的密切关系都基于这一点。米歇尔·福柯使用过一些术语对"权力关系的国有化（étatisation）"进程进行了界定，这些术语可以让人立刻理解它们在社会身份历史上的重要性，在我看来，这是一个很有意思的起点，我们可以由此展开一项历史学、社会学和法学的联合研究计划，该计划可以阐明这个"权力关系的国有化（étatisation）"进程。"这种权力形式被用于眼下的日常生活中，将个体分门别类，通过他们的纯个体性指定他们，让他们与各自的身份连在一起，向他们强加一种现实规律，对于这种现实，不仅他们应该承认，其他人也应该予以承认。这是将个体改造为'臣民'（sujets）的一种权力形式：臣民通过控制与依附臣服于他者，通过自我意识或自我认识将每个人与各自的身份连接在一起。"③

---

① M. Offerlé, *Sociologie des groupes d'intérêt*, Montchrestien, 1994; A. Desrosières et L. Thévenot, *Les Catégories socioprofessionnelles*, La Découverte, 1988.

② Ibid., p. 34.

③ M. Foucault, in H. Dreyfus et P. Rabinow, *Michel Foucault, un parcours philosophique*, Gallimard, 1984 (1re éd. 1982), pp. 302–303.

(二) 关于"国家"(État)

鉴于"国有化"概念在我们刚刚论及的问题中的中心地位，我们有必要详细说明这里是在何种意义上使用"国家"一词，同时，这样做还可以解释清楚"表象"概念。我们知道，对于马克斯·韦伯而言，国家是"在既定疆域内……成功地为自己争取到**对身体暴力合法性的垄断**的人类共同体"①。然而，人们常常忘记进一步说明，这种定义实际上是对国家概念的一种社会学"翻译"，它是 16 世纪以来法学家们逐渐缔造的。就像奥利维耶·博（Olivier Beaud）在其有关国家的代表作中指出的，博丹（Bodin）是利用全新的主权概念作出国家的现代定义的第一人。② 在中世纪法学中，主权概念建立在国王与各领主之间的共识观念之上，而从此以后，主权则指代君主所拥有的、对其臣民的指挥权力。从那个时代起，统治关系（指挥／服从）开始成为界定国家统一的标准。从霍布斯③开始，公法领域出现了另一个主要概念："法律人格"（personnalité juridique）。如果说主权是指国王指挥权力的统一体，那么为了使君主可以**真正**对整个王国疆域行使权力，将这种权力"委托"给其他个体的可能性便成为必要。这就是为什么国王个人与国王职能之间的区分会逐渐确立起来，这种区分使国王成为"代表者"。有了这种"假定"，我们才可以将国家理解为一个"机构"（institution），也就是独立于统治者肉体存在的一个集体存在。从法律角度看，霍布斯构想的"社会契约"，就像授权君主以国家名义行事的许可证。"表象"观念最初的政治定义就是这样被缔造出来。为了让大家回想起该概念最初表示国家的主权和统一，卡尔·施米特（Carl Schmitt）使用了一个源于拉丁语的德语词汇：Repräsentation（我将其翻译为 représentation）④。在君主体制下，国王个人代表着国家（或"民族"），法国大革命将君主主权转移到"人民"手中。卢梭设想

---

① M. Weber, *Le Savant et le politique*…, op. cit., pp. 112 - 113.
② O. Beaud, *La Puissance de l'État*, PUF, 1994.
③ 托马斯·霍布斯（Thomas Hobbes, 1588 - 1679），古代著名政治思想家，提出了国家的"法律人格"概念。——译者注
④ 卡尔·施米特著作中提出的民族主义假设不应使我们忘记，他有关国家的思考在马克斯·韦伯的许多观点中都有深化；C. Schmitt, *Théorie de la Constitution*, PUF, 1993 (1re éd. 1928), pp. 342 - 357。

的"民主"的现代概念指从此以后，统治关系（指挥/服从）不再连接国王及其臣民，而是存在于公民之间。在《社会契约论》中，实际上是公民规定了他们要遵守的法律。卢梭在该书中主张的"纯"民主原则建立在认同观念（在全体公民平等和相似的双重意义上）和对所有"表象"的排除之上。卢梭认为，人民的意愿是不能被"代表"的。他崇尚像希腊城邦一样的直接民主理想，认为政治决策要由被召集起来的人民决定。但对现代国家的重建起到决定性影响的主要是西耶士。在法国大革命期间，他的有关宪法观念的理论思考最终导致民主的卢梭主义概念（人民主权）与自由概念（将选举作为权力委托的优先模式）开创性地结合在一起。我们在这里不进行具体展开，仅想指出，西耶士缔造的宪政人民理论在这样一个条件下遵循民主原则，那就是该理论将人民定义为有资格规定基本法律标准，即宪法的最高权威。统治者与被统治者之间的认同原则是民主所固有的，该原则是指国家领导者不再能借助于某些"超自然"品质，就像"神权"君主那样，将对他人的指挥权力合法化。在民主体制下，任何质的差别都不能将统治者与被统治者分开。在这些条件下，选举程序在不危及统治者与被统治者之间的认同/平等原则，且只有在不危及这种原则时才是合法的。这证明人民被他们推选的人所代表是正确的，因为全体公民—选民都有机会在某一天成为人民选中的人。随着议会制国家的诞生，出现了三个层次的政治"代表"。国会议员和政府是民族的代表。他们以全体人民的名义说话和行事。然而，为了在施行法律时不危及主权权力的统一，主权权力应将其权威"委托"给另外一类"代表"：由于具有人们所说的严格法律意义上的"权能"（compétence）所以有"能力"以国家的名义行事的公务员。但是，议会制民主同时也要求设立一个"公共空间"，当人们不能像直接民主时代那样在一个公共场所进行讨论时，可以在这个空间展开集体讨论。正是在这一层次上我们看到了第三类"代表"：以"舆论"的名义说话的记者和知识分子。①

在法国，在七月王朝时期，自由主义国家达到了它最为发达的形式。它以社会自我管理（autogouvernement）理想为基础，这是基佐（Guizot）所主张的，这种政治模型仅要求宪法阻止国家对社会生活的侵犯。国家与

---

① J. Habermas, *L' Espace public : Archéologie de la publicité comme dimension constitutive de la société bourgeoise*, Genève, Payot, 1986.

民事社会的分离和公共空间与私人空间的分离同时发生。在基佐看来，当选代表属于"贵族阶层"的事实说明，这些人没有被他们的选民或某个政党"掌控"。这种独立性使得他们在行使代表职能时只考虑民族利益。正因为自由政体认为议会所汇集的只是民族内部少量分散的观点，所以它才为争论和集体讨论的公开性留有很大空间，自由政体坚信，有了反面意见的交流，人们才可以得出正确的决定。19世纪末，这种政治思想之所以会没落，是因为民主国家拥有了一种新职能，即社会权利（droits sociaux）的保障。负责特殊人群诉求的各种政党和其他组织的诞生导致国家与民事社会之间日益加深的相互渗透。于是，一种新型"代表"产生了，卡尔·施米特借助于古老的德语词汇 Vertreter 来强调，与人民代表不同，这些"代表"是捍卫"私人"利益的代言人。正是此时，第一批社会职业集团建立起来。但同时，社会立法的巨大发展导致各种"权利人"类别的激增。要想理解这一点的重要性，就应该指出，"类别化"的全部进程在以下两个方面是同时进行的。一方面，是**分类**（taxinomique）操作，它旨在通过在同一整体内部整理具备同样属性的元素来创造一个"阶级"（或者一种"类别"）。另一方面，是**身份鉴别**（identification）操作（或个体化操作），旨在隔离属于目标阶级的每个元素。① 从以上方面出发，我们便可以理解"群体"与"类别"有怎样的区别。在"群体"的情况中，动员导致政治舞台上社会整体"表象"的出现。集体认同是群体成员对代言人以及群体统一象征的主观认同的结果。而社会类别则是自发形成的，这要归功于**身份指定**这一行政工作，该工作需要一个"客观"的认同过程，即那些隶属于合乎法律规定的各抽象实体的个体的认同。这些类别中的成员，只要他们将施加于自身的权力关系内化，便可享有同一种集体身份，也就是有关他们是谁的定义，这种定义由主权权威为使法律得以施行而委托的一些人给出。我们可以作出这样的假设：社会群体只有在得到国家承认与"保障"的条件下才能达到自身存在的正式化和持久化。换种说法，社会群体永远都是政治重构与法律—行政类别化双重进程的结果。而社会类别并不必须紧随参与者的政治动员进程。要想知道各种类别采用了哪种代表逻辑，就应该思考得更深，并解释清楚"表象"的含义，

---

① 关于该问题，参见 J. - Cl. Pariente, *Le Langage et l'individuel*, Armand Colin, 1973, 以及 P. Ricœur, *Soi-même…*, *op. cit.*, pp. 39-54。

这些"表象"通常被人们称为"认知产物"。"表象"的形式可以是某些个体构建的"形象""舞台"（就该词汇戏剧方面含义而言）。然而不应将这些形象的**建构**与社会对它们的**感知**混淆在一起。① 从社会学角度看，这种区分相当重要，因为这样做可以考虑到公共形象制造者与那些除了在他人缔造的表象储备中分一杯羹之外再无其他资源可资利用的人之间的关系。这样一来，这一研究就被扩展到了获得中央缔造的统一、同质形象的**不同接收形式**问题。

就像我们看到的，社会国家（État social）的发展引发了"表象"模式与形式的极端多样化。前文中提到的每个层级的政治代表都制造了大量自身的集体形象，由于社会阶层、时局和获取形象的地点不同，对这些形象可以产生完全不同的感知。首先，应该谈一谈被动员群体的代言人所建构的象征性表象（无论是以主权人民名义说话的人，还是捍卫这样或那样利益群体之特殊利益的人）。这些集体表象同时还被一些个体创建，他们花费时间缔造了与其自身社会阶层没有直接关系的形象。不应忘记的是，被动员起来的群体代言人在遵循着"他们"／"我们"逻辑的政治斗争和冲突背景中构建对一个阶层的正式认同，他们要捍卫这个阶层的利益。换种说法就是，这些群体在缔造有利于自身形象的同时，也在建构其他群体的负面形象。那些无法靠近政治表象的人（指外籍人，关于这一点我后面还会论及）没有能力反对别人的贬低。这些贬低可以被公众舆论代言人（记者和知识分子）坚持下去，或者相反加以反对，这些人同样也是"表象"的传递者。最后，应该谈一下官僚机构自身建构的"表象"。为了很好地完成对"权利人"的类别化和身份鉴别工作，公务员不得不发明一整套工具：登记簿、卡片柜、统计表格、身份证等等，这些是社会现实的反映。

为了让读者相信，这些关于"表象"概念的多少有些抽象的讨论是必要的，我想在下一小节向大家展示该概念对有关移民的实证研究的好处。为了简化分析，我很愿意在这里讨论"政治避难者"的例子，我将针对该类别历史上两大关键时期：七月王朝与20世纪下半叶（从1950年

---

① 维特根斯坦为了讲清楚这两种意义，在强调客体与形象之间的关联时使用了 Darstellung 一词，在指代主体意识感知到形象的过程时使用 Vorstellung 一词。参见 L. Wittgenstein, *Remarques philosophiques*, Gallimard, 1984（1re éd. 1964），尤其是译者的话，p. 51。

代至 1990 年代）的对照，尝试一种比较的方法。①

一个社会类别的史前史：七月王朝统治下的避难者

七月王朝时期是避难者问题的一个主要研究阶段，首先是因为法国在该阶段接收了大量避难者。在整个欧洲，民主和民族诉求遭到严厉镇压。在华沙（Varsovie）反抗俄国占领的起义失败后，超过一万名波兰人，包括贵族和资产阶级、温和主义者和激进主义者，离开了他们的国家，其中有三分之二来到了法国。然而该阶段的重要性却主要在于下列事实：避难者问题第一次成为议会激烈争论的主题，最终投票通过了 1832 年 4 月 24 日法律。在谈论这场争论之前，有必要简要回忆一下避难者问题在此前一个世纪是如何被提出的。

（一） 被国家主权钳制的庇护权

如果说"避难者"一词可以在一种极其广泛的意义上被用来指代那些逃避危险的个体（今日《罗贝尔》辞典仍这样定义），那么要想理解现代以来，避难者的命运为何与国家命运紧密相连，则只需审查该词的历史即可。"避难者"一词作为一个名词第一次出现于《法兰西学院辞典》(*Dictionnaire de l'Académie française*)，且只在 1694 年版出现过，被用于以宗教罪为由遭到王权追捕的胡格诺派教徒，这种情况并非偶然。正如我们在上文中看到的，君主政体正是在该时期为主权作出了界定，将它定义为臣民对君主效忠的纽带。16 世纪起，这成为博丹在区分以下两类人时使用的主要法律标准，这两类人分别被他称为"公民"[今日被称为"国民"（les nationaux）] 和隶属其他君主的"侨民"（"外籍人"）。从今天的角度看，这种做法导致了两方面后果。一方面，鉴于那时人们处于"神权"君主制下，所有的宗教异见都被视为对国家主权的损害，这就为镇压宗教少数派提供了理由。另一方面，对被追捕个体的收容保护权也进入了国家主权的界定范围，全然不顾忌此前也拥有这种特权的教会。这就是"基督国王"（Roi Très-Chrétien）为欧洲范围内受到宗教战争迫害的

---

① 在这里使用的大部分实证材料都出自我的以下著作：G. Noiriel, *Réfugiés et sans-papiers…*, op. cit.。

天主教徒提供庇护的原因。但是这种做法还是建立在一种以宗教为主导的标准之上。此外，君主制主权仍受制于一个封建逻辑，该逻辑将效忠界定为人与人之间的直接关系。君王对全体臣民的统治也不意味法律对所有人都一样。由于国王赋予这样或那样的共同体或个人的特权、特殊优惠不同，法律条例也极其多样。鉴于外籍人的情况没有任何一致性可言，避难者不享有任何整体"身份"（statut）。

要理解避难者问题如何会在七月王朝时期被提出，就要谈一谈第二个时期，即法国大革命时期。对于庇护权（droit d'asile）历史而言，最重要的一点在于两种基本原则的宣示：它们分别是人权与公民权，这两种原则存在很多矛盾之处。对人权的捍卫为宗教歧视画上了句号，保障了个体的自由，这样一来便导致避难者定义被"世俗化"。大革命时期山岳派1793年宪法第一次将"庇护权"作为民主国家的一种义务。该宪法第120条实际上是在宣告，法兰西人民"给为自由之故被祖国驱逐出境的外籍人提供庇护。法兰西人民不承认暴君的自由"。然而所有持这种政治斗争立场的人的这种休戚与共却与人民主权原则相抵触，因为人民主权原则激发所有公民站在"外国人"的对立面。1793年，战争的连锁反应第一次暴露出作为人民主权基础的统治者等同于被统治者的民主逻辑的所有政治后果。就像公共安全委员会（Comité de salut public）的一位成员所说的，"当我们与欧洲某部分发生战争时，任何一位外国人都不能拥有代表法兰西人民的荣幸"①。正如我们即将看到的，人权与公民权之间的这种核心矛盾将表现在庇护权此后的全部历史上。

（二）1832年4月24日法律的重点

七月王朝体制下处理避难者问题的方式清晰地反映了基佐主张的自由体系作出的政治妥协。就像我们看到的，自由主义建立在国家不应插手民事社会问题的基本思想之上。② 国家的角色仅局限于让人遵守公共秩序和必要时履行"救济"义务，对于那些暂时陷入困境的人来说，公共权力肩负

---

① 引自：Marguerite Vanel, *Évolution historique de la notion de Français d'origine du XVIe siècle au Code civil*, Ancienne Imprimerie de la Cour d'Appel, 1945, p. 121. 这种宣示导致了法兰西共和历二年第四月二十六日政令出台，禁止外籍人代表法兰西民族。

② 关于这场辩论，参见 *Archives Parlementaires* （AP）, 9 avril 1832, t. 76, p. 361; AP, 21 février 1832, t. 75, p. 460。

着这种义务。在那个时代，内务部承担着这两种功能。这种背景有助于理解后来对数千名波兰避难者的接收方式。这些避难者中很大一部分人是成群结伙来到法国的，他们一无所有，但很多人手中有武器。起初一段时期，他们被充军，由战争部管辖，战争部保证他们的给养，并将他们重新安排在分散于整个领土的各兵站内。然而这些专断措施只是临时的。后来，政府推出一项法案，旨在阐明国家应与这些避难者建立怎样的关系。该法案的主要目标与基佐对国家的构想完全吻合：保护公共秩序是首要任务。由于在议会中得到了基佐的坚定支持，法案决定解散兵站，授权政府重新安排外国避难者，让他们自由选择法国的城市作为居住地。此外，法案还规定制造混乱的外国人有可能被驱除出境。争论的焦点在于国家对避难者进行强制立法是否合法。基佐强调，作为外籍人，避难者与国民拥有不一样的权利。但这种论据既遭到像拉法耶特（Lafayette）这样的"人权"拥护者的激烈反对，又遭到旧制度怀念者的激烈反对，后者坚持基督慈悲的"普世"（universel）原则、反对一切针对外籍避难者的歧视措施。于是，正如我们所见，"民族主权"遭到政治界两个对立派别的共同质疑，这两个派别分别是（共和主义）革命派和贵族派。这两股思潮还被避难者自身加以强化，因为这些人还没有完全被排除在民族政治生活之外。他们积极参与众多法—波委员会，这些委员会自从他们到达法国后便纷纷成立，他们还发行自己的报纸，并最终通过向议会提交请愿书，使人们关注他们的特殊诉求，议会代表们在开会时经常会读到他们的请愿书。①

（三）对法律问题的普遍淡漠

然而，关于避难者的讨论也表现了自由主义的另一个主要后果。出于反对国家干预民事社会的缘故，基佐政府仅从政治角度思考避难者问题。该问题的法律维度被完全忽略。直到1832年法律通过后，某些代表才开始思考该方面的有效立法。人们到那时才发觉，连部长们自己都忽略了这件事。正如夏尔·孔特（Charles Comte）指出，"作为避难者或非避难者的外籍人状况方面的法律最为混乱。我认为，这些法律能有80部或100部之多。所有或至少是一大部分法律都是因这样或那样的情况而制定的"。他补充说，这就是为什么"制定一部规范外籍人状况的法律，至少是有关非避难

---

① 关于这些请愿书，参见 Archives du Quai d'Orsay, 尤其是 cote MD Pol No. 31。

者外籍人的法律是当务之急"①。对法律方面的普遍淡漠表明,七月王朝时期的外籍人问题与法国大革命时期类似。在1791年以后制定的所有宪法规定中,"唯一要解决的,就是隶属于某个政治共同体,而不是某一地区(pays)的问题"。因此,"确定谁是法兰西人,谁是外国人不是那么重要的事,哪怕对于国家来说,这都是不再具有任何重要性的简单问题"②。从某种社会学观点看,我们可以这样解释这种过度发展,那就是,在自由主义前景中,宪法的主要目的不再是严格管制民事社会,而是相反,保护它不受国家的侵犯。只有那些直接影响"公共空间"的问题才会被加以考虑。然而,这又与一些只涉及公民的问题相关。在一个绝大多数人民无法参与政治生活的时代,由于统治阶级将"民族"缩小为构成民事共同体的贵族群体,因而才会出现将公民与国民混为一谈的倾向。显然,《民法》结合出生地与血统这两重标准,为"法兰西人身份"作出了定义。但是,确切地讲,这只是一种民事状况,其目的是提供个人身份的详细情况,以便解决某些实际问题(所有权、遗产争端等)。然而,就像在旧制度时期一样,"人们并没有尝试为侨民或法兰西人下定义,只是看到一种事实"③。这些就是缺乏一部有关外籍人的真正法律的原因。外籍人"融入"法兰西社会的问题在一个自认为脱离于社会世界的国家那里没被提出来。也是出于同样的原因,外籍人才没有在劳动市场内遭遇任何特殊的隔离形式。政府甚至还积极鼓励波兰籍避难者融入法兰西社会中。1837年,人们估计,在登记的6130名避难者中,有超过4000人"在艺术、科学、商业和工业的各个分支中"就职。他们之中的许多人成为医生、语言教师、铁路部门以及行政机构雇员。④

(四)"国有化"程度仍然很低的社会

1832年法案最终被议会通过,不过确切地说,政府接受的只是一份非常重要的修正案。只有享有国家补助的避难者(这是最贫困,因而也

---

① AP. 2 avril 1834, t. 88, p. 231.

② M. Vanel, *Évolution historique…op. cit.*, p. 9. 1793年宪法明确规定,要想成为公民,法兰西身份并不是必需的。

③ Ibid., p. 8.

④ 参见AP, 4 mars 1834, t. 87, p. 107; 18 mars 1837, t. 111, p. 377 et 1er juin 1838, t. 120, p. 689。

是政治领域最激进的一部分人）才拥有该法案规定的分配住房。其他人则根据以下原则被当作法兰西人对待："到法国后，他们没有丧失自由"，这是一位议会代表的回忆。因此，"避难者"类别的法律—行政建构史上关键的第一步实际上只涵盖了那些得到国家援助的避难者。显然，这一修正案是政府面对反对者不得不做出的让步。但它同时也反映出自由主义国家的另一主要职能："慈善"义务。因而没有任何人质疑为一无所有的避难者提供公共援助的必要性，因为博爱和基督慈悲的传统原则一直主导着国家的"社会政策"。在这种视野中，避难者主要呈现为一个个贫困、不幸、暂时被放逐的个体。公共援助的支出是为了帮助他们在等待返回故国期间（政治体制改变或大赦措施出现时）能够存活，或者在他们成功找到能养活自己的一份工作后能够融入法兰西社会。然而，为避难者提供援助的争论清楚地表明，议会体系也在推动统治者鼓励国家对社会进行干预，因为这涉及面向某些个体的公共援助。拨给避难者的补助来自每年议会投票通过的贷款。因此，政府不得不关注这些贷款的使用情况，以表明拨出去的这些钱被很好地用在了避难者身上。正是为了满足这些需要，基佐才要求负责实施 1832 年法律的行政机构"一定要确保得到政府援助的避难者确实是在政治事件以后，由于有可能沦为流浪者、累犯分子和需要帮助的不幸者而被迫离开他们国家的"①。然而，政府在这样做的同时，也落入了"类别化"逻辑，这种逻辑使议会最终讨论如何界定人们所说的"避难者"②。在接下来的岁月中，减少这类援助的意愿促使某些代表建议逐渐细化避难者的内部差别。特拉西（Tracy）地区的伯爵建议确立"这样一种个体类别，这一类别中的个体不能通过他们的年龄、性别、地位获得养活自己的资源"。然而，组建"社会类别"的时机尚未成熟。这一议案招致一些代表的敌视，这些代表认为，"在避难者中间区分出各种类别将有损于好客的名声"。内务部长本人也反对这项建议，他认为这样做是"盲目的，因为这会成为一项关于分类的修正案"③。

然而，我们在补助政策中没有看到自由主义哲学的简单后果。国家与民事社会分离的论说也同样强而有力，因为这种分离同样反映着该时代的

---

① AP, 9 avril 1832, t. 76, p. 361.

② 关于这一点，参见 C. Mondonico, *L'Asile sous la Monarchie de Juillet. Les réfugiés étrangers en France de 1830 à 1848*, thèse de doctorat d'histoire, EHESS, 1995 (dact.).

③ 同上书, p. 279。

经济与社会背景。我们很惊讶地看到，1832 年期间的所有论战中，没有任何一场讨论以波兰避难者进入法国领土问题为主题。这并不意味一定要说清楚法国是否应该在其领土上接收这些避难者。有一点很容易被所有人理解，那就是警察局还没有办法监控边境。要想理解那时的避难者问题是如何提出的，就应注意到法兰西社会脆弱的"国有化"程度。为使法律在整个民族领土上统一施行，行政机构应该拥有充足的人力和物质手段。然而，在 19 世纪上半叶，这两种条件仍然大范围缺失。以法兰西国家为中心的金字塔形结构显然为政治决策的实行带来了便利；然而沟通手段以及公职人员的匮乏使得法律在执行过程中存在风险。行政机构只在有能力触及所有处于它权威之下的个体时，才能让法律得到遵守。这就需要这些个体首先应被文书"掌控"，也就是要被登记。为使 1791 年宪法能够得到*实际*执行，共和国权力机关于 1792 年决定委托各镇长保管从前被教会垄断的民事信息登记簿，因为这些登记簿是个体身份的主要书面证明，没有它们，个体就不可能参与政治生活和社会生活。[①] 政府用同样的方法，借助于书面文件核实那些申请援助的个体是否真的是避难者。司法部长认为这些避难者"没有护照，与任何可以批准他们出现在我们领土上的大使都没有关系"。但是人们很快又看到，这种说法根本站不住脚。许多作为非避难者的外籍人也没有护照，相反，有一部分波兰放逐者却拥有位于华沙的法国大使馆颁发的证明。这表明行政机构颁发的"身份证"在使用中还存在不合理之处。公务员要求避难者提供出生证明副本以及可以证明他们属于这个或那个"国籍"的文件副本，这些副本应反映出他们在输出国的社会地位。然而，最为常见的是，这些避难者无法拿出这些证件，要么是因为他们来自书面文件的使用广度不如法国的国家，要么是因为他们没能得到这些文件。面对这些差距以及假证件的增多，行政机构没有其他办法，只能求助于人证，它不得不运用建立在相互认识和面对面基础上的传统身份鉴别技术。为此，行政机构需要吸纳"品德良好"的证人，为这些证人发放补助。在地方上，由贵族构成的一些委员会负责对避难者的证词进行评估，委员会同时还要检验避难者的体貌特征及其话语的真实性。在这种情况下，一些辅助性手段，比如护照，就成为体现个体存在的首选途径。由于避难者不是"权利人"，而是一些请求给予恩惠的

[①] 参见本书第十章。

人，所以他们只是在**现身于**为他们谋取到援助的人面前时，才进入国家监管范围。这样一来，避难者不得不每个月都前往镇政府去领取补助。同样，所有想要从一个地区搬到另一地区的个体（不管是法兰西人还是外籍人），都要从省长或镇长那里申请一个护照。在那个时代，内务部长既负责监督又负责救济，因为国家官员需要让他们想要监督的个体一直"处于视线之内"：定期发放补助是一个让避难者现身的办法。"避难者"类别正是从这些需求出发，才获得一个实质性存在的开端。1832 年法律的实施使管理避难者的职责从战争部转移到内务部，后者于 1833 年创立了一个"外籍避难者办公室"，该办公室集中了从镇长和省长那里上报的所有信息。在避难者前往镇政府领取补助之时，镇长会在一份登记簿上登记其姓名、出生时间和地点、来法国的原因及其社会地位，这些材料被上交给省长，然后交给内务部，最终，内务部决定需要发放的总金额。由于有了这些材料，以"国籍"划分的第一批表格被制作出来。如果说此前还不可能对所有避难者进行整体统计，那么有了公共援助分配后，国家便可以掌握**被援助**的避难者情况。

如何"代表"外来者？

（一）"社会保护"与欧洲社会的民族化

现在，让我们离开七月王朝时期，回到距此一个半世纪以后。在1980 年代，一场围绕"假"避难者问题的辩论使庇护权再次成为法国政治生活的重要主题。今天，有关庇护的对与错的区分标准问题在集体思考中占据着核心位置，因为从今以后，避难者成了一个被法律明确规定的、真正的社会类别，该法律便是 1951 年 7 月 28 日通过的《日内瓦国际公约》。该公约在第一条中明确说明，"避难者"一词适用于所有离开自己的国家、"害怕由于自身种族、宗教、国籍、从属于某一社会群体或支持该群体的政治观点而遭到迫害，或者出于害怕此类迫害，而不敢要求自己国家保护"的外籍人。由此，"避难者"类别从一种普遍标准出发被加以界定：与母国保护缺失问题相关的迫害。要想知道该公约被通过的原因，就应在"国家保护"这个基本问题上停留片刻。"国家保护"概念直到19 世纪末期欧洲出现"贸易保护主义"之时才变得重要起来。在引发大面积失业的大萧条时期，国家承担起一项新职能：保护公民的人身安全。

第三共和国时期"全民"公投的蓬勃发展、党派的创立、传媒界的民主化说明,从此以后,所有社会阶层的"私人"利益将会在政治舞台上被"代表"出来。在经济危机的刺激下,民众阶层的苦难获得了前所未有的可视性,同时它也成为议会政治生活的一个基本重点,因为这些阶层,仅凭其数量可观,已经成为选民的主要组成部分。要理解我们想要探讨的问题,就有必要知道,如果说七月王朝构建的"公民身份"定义排除了民众阶层,那么第三共和国在构建自己的公民身份定义时则将妇女和未成年人排除在外。我们只有在承认公民"代表"的是其家庭共同体的条件下才能谈论"全民"公投。指向全体成年男子的这种投票权创立的是一种家长式民主,这种民主将家庭关系变为连接"公民共同体"与"民族共同体"的纽带。但该纽带还不足以真正"代表"政治舞台上的妇女的特殊利益。然而,这可以使政治领导者更清楚地看到公民权利与国民权利之间的差别。妇女与未成年人越来越多地加入到工薪者行列。于是,他们通过社会保护问题受到领导人的关注,尽管他们没有公民权。从某种程度上讲,国家一直有义务为生活在其领土上的穷人提供援助。但是,正如罗歇·布吕巴克尔（Rogers Brubaker）所说,到了19世纪才有了这样一种思想:每个国家应该只管"自己的"穷人。[①] 就像我们看到的,为了区分"自己人"和"侨民",博丹在16世纪就已总结出的国家效忠标准,从此以后要为区分享有国家社会保护权的人与没有权利的人服务。社会权利的实现很可能是19世纪末欧洲社会"民族化"（nationalisation）最有力的因素。除了该时期通过的所有重要社会法中所包含的对外籍人的歧视外,对民族劳动市场的保护代表了新形势中最为重要的方面。在此我不想强调这个问题,而是仅想指出,从此以后,那些事先没有得到内务部暂住许可的外籍人将不再能够从事职业活动。内务部只在问题个体不会在劳动市场上与国民竞争的条件下才会发放许可证。这些新规定是在大量政治动员的背景下出台的,这些动员使人民代表界定并固定了"民族共同体"象征,同时也打造了外籍人的消极与贬值形象,社会保护思想正是为了反对外籍人而诞生。无论如何,这种变化是可以与人文主义及民主理想相调和的,因为大部分外籍人本身也附属于保护他们利益的某个国家—民族。于是,

---

[①] R. Brubaker, *Citoyenneté et nationalité en France et en Allemagne*, Belin, 1997（1re éd. 1992）.

有关移民的国际公约变得十分重要，不同民族的主权人民代表可以通过国际公约保护他们自己的公民。在我看来，"民族保护"问题的重要性还说明第三共和国开始关注国籍，而不再仅仅关注公民身份。1889年，经过之前的那场辩论，国籍方面的第一部法兰西法律清楚地表明，作为群体统一基础与理由的身份原则，要想对它作出界定，找出全体法兰西人的共同品质是什么才是关键。该法律经历了八年的议会讨论，从社会学角度看，它是"主权人民"形成的这个社会群体制度化进程的结果，由于有了"主权人民"，"主权人民"内部才有可能出现所有其他群体将（即便某些群体在同一时期形成）。

然而，人民的制度化只有在官僚主义得到巨大发展的前提下才能实现。由于隶属于国家是社会保护政策得以实施的基本标准，个人的国籍鉴别便成为法律—行政部门的类别化工作的关键。由于我们只能通过参照出生地及祖籍来确定个人的国籍，所以，实际上个体的全部**民事身份**才是国家身份鉴别事业的中心目标。在此，我不想再强调标志着"身份证"专制统治开端的这种"身份革命"①。而是想简要提醒一句，这场"身份革命"是始于18世纪的领土化进程的结果。在废止国内护照方面的立法后，第三共和国开始践行一个基本民主原则：公民及其家庭在其国家内的流动自由。民族领土的同质化被视为主权人民文化同质化的空间反映。但是同时，对边境的控制也是至关重要的。从此，国家只为隶属于它并提出申请的个体办理护照。职能部门（在法国，该部门是内务部）只有在核实个体身份、确保该个体不在警察通缉单之列以后才下发护照。国家间的一种新型劳动分工就这样被确立下来。输出国制定了能保证自己公民身份的文件凭证，但这些凭证（尤其是护照）却不足以使个体在另一国家停留，因为只有接收国官方才能决定批准或禁止外籍人进入他们的领土。

（二）《日内瓦公约》的要旨

这些变革可以让我们理解，为什么今天的国际法首先将避难者定义为无法享受自己母国保护的个体。除了政治镇压的受害者们能够忍受的物质、身体和精神上的痛苦外，从此后最大的困扰是不再被纳入已成为

---

① 从整体上说，19世纪末的这些革新在相当大的比例上节省了社会监督工作。从此以后，人们不再必须时刻紧盯嫌疑人。只需周期性监控写有个人身份主要内容的文件即可。

国家效忠纽带的权力关系中，因为在当代世界中，能够界定并保证民事身份，即个人的社会性存在的是国家。第一次世界大战结束后，公共舆论才开始意识到问题的广度。战争与革命动乱迫使上亿个体离开他们的国家，却无法找到新的容身之所。鉴于该问题无法从根本上得到解决，于是国际联盟［Société des Nations（SDN）］①决定在国际层面创立难民高级公署（Haut Commissariat aux réfugiés—HCR），该机构直到现在仍是为避难者服务的主力军。由于避难者是社会类别中的一种极端情况，因此，我们可以将这个案例视为一种典型类型，它可以说明所有类别所固有的要点所在。在这种框架下，我们首先要回忆一下导致该类别获得法律界定的协商历程。由于得不到任何国家的保护，避难者不能在国家组织内部被"代表"。由于有了国际机构的公务人员以及各种"人权"协会（非政府组织）的间接作用，避难者的利益才逐渐得到重视。但是像国际联盟和今天的联合国这样的组织绝不会组建成一个世界国家。换种说法，它们没有主权所固有的指挥权。因此，它们也就不可能将自己的意愿强加给各民族国家。避难者的命运掌握在各主权人民代表手中。然而，这些代表不太会倾向于接受对其主权构成挑战的法律规定，因此"避难者"类别得到法律界定的全部协商历程可被视为国际组织各成员国代表为防止其特权遭到质疑而不懈努力的结果。我们可以通过审视他们的某些策略，得出一些初步解释，他们使用这些策略的目的是尽可能推迟建立在政治迫害的普遍标准之上的定义的出台，而这些标准自法国大革命以来便已明确。两次世界大战之间，关于避难者的国际协定中，以民族出身为标准划定了一些拥有权利的群体。随着政治迫害波及越来越多的新人群，避难者类别的数量也在增多。继俄罗斯人和亚美尼亚人之后，这种身份又延续至中东其他群体，此后1930年代，延伸至德国人、苏台德人和奥地利人。然而，由于墨索里尼政府对国际联盟的反对，意大利反法西斯主义者将不能享有这种保护。第二次世界大战后，人文思想的进步以及避难者问题在当时世界上展现的异常广度创造了有利条件，使该类别的普遍定义得以问世。然而，通过研究《日内瓦公

---

① 即联合国的前身。——译者注

约》签署前的协商,我们发现,民族利益继续在扮演重要角色。① 我们可以通过法国在这些讨论中的态度来阐明这一点。同其他国家一样,法国也希望自身利益得到彰显,这关涉它的地缘政治地位及其在近期历史中的地位。法国是两次世界大战之间接收避难者数量最多的欧洲国家(1939 年约有 80 万人)。战争结束伊始,所有这些避难者都没能融入法兰西社会(尤其是 1939 年大批越过边境逃避弗朗哥独裁统治的西班牙人)。这就是前往日内瓦的法国代表团坚决主张"避难者"类别的严苛定义的原因,而英国却相反,表现得更为"世界主义",英国的目的是争取到非政府主义组织的支持,以增强其在难民高级公署和联合国的影响力。但是,法国的立场也不能仅仅通过民族特殊性加以解释。实际上,"法国观点"看起来似乎是某种进程的结果,这种进程旨在将最初十分多样的利益同质化。在国际舞台上以法兰西名义说话的人与那些社会职业群体代言人在做着类似的工作。然而我们可以说,这些同质化行为处于"次要"位置,因为其目的是在一种观点上融合民族政治舞台上出现的多种想法,这些想法本身已经构成了同质化的"基础"。法国在日内瓦所坚持的立场是以下双重统一化努力的结果。第一重是政治秩序统一化。它是民主运行的结果。在选举中获胜的阵营成为法国的全权代表。这就是为什么,即便这位代表了解充斥于社会的各种思想,政府也会以民族利益的名义捍卫其自己的政治阵营。在日内瓦,法国代表团的主要想法是尽可能限制避难者的数量和权利,首先是因为我们当时处于冷战背景下,同时还因为来到法国的许多避难者是共产党的积极分子。很明显,法国之所以坚守立场,与抑制法国共产党的影响有关。为了让不同立场都能作为"法兰西观点"出现在外交舞台上,另外一重是行政秩序的统一。在《日内瓦公约》之前,各部门曾组织多次会议为协商做准备。② 每位部长都向外交部官员表达了自己的利益诉求,外交部官员将以所有人的名义发言。内务部长要求《公约》要清楚地写明避难者要尽一些义务,不能扰乱治安。劳动部长希望详细说明以下一点:避难者要遵守针对外籍人的一些劳动市场保护方面的法律。而能在国际层面代

---

① 有关《日内瓦公约》签署前的外交讨论,我们主要参阅了外交部档案:cotes NUOI n°s 294, 295, 296 et Y. Int No. s 605, 606, 607, 608。

② 参见枫丹白露当代档案中心(Centre des archives contemporaine—CAC)保管的文件:cotes 770623 No. 169 et 810201 No. 1。

表法国利益的外交部部长则对问题的外交方面更加敏感,他要努力缓和同事们强烈的保护主义欲望,为的是不过度损害"法兰西在世界中的光芒"。各方面思想达成妥协后所产生的"法兰西立场"又被融入《日内瓦公约》达成的妥协中。《公约》的最终文本提到了避难者的"义务",同时将文本的涉及面限制在1951年以前各种事件中的受害者范围内,由此可见,"法国利益"是被考虑在内的。后来,这些限制在1960—1970年间逐渐被取消。但并不是因为各主权人民放弃了他们的特权,而是因为发达国家的民族利益促使它们要对外籍人表现得更加开放:工业的蓬勃发展需要大量的外籍劳动力。

(三) 身份的指定

我们可以认为,"避难者"类别被普遍化的主要原因在于《日内瓦公约》使国家完全掌控了与避难者身份鉴别有关的行政手续。要想理解这一点,就应回顾一下,在两次世界大战之间,避难者身份曾更多指代某些群体,而不是个体。根据难民高级公署与接收国之间签订的协议,负责避难者的办公室本身可以对俄罗斯、亚美尼亚、德意志等民族出身进行认证:这种做法足以令避难者享受到国际法规定的保护。但是这些规定给负责在避难者身份证上说明"民族出身"的内务部长留下了无法解决的问题。在七月王朝时期以及第三共和国初期,行政机构曾经以信任的态度主要根据个体本人的申报建立"国籍"目录。这样一来,人们可以通过表格统计出在波兰或意大利没有形成主权人民的这段时期内"波兰人"或"意大利人"的数量。1876年普查后,法国行政机构拒绝相信个体在自身国籍方面的陈述。行政机构不再承认"波兰人",而只承认"俄罗斯臣民"、"奥匈帝国人"等。根据人民既是统治者也是被统治者的民主原则,每个个体都可以被视为其主权人民的"代表"。因此,行政机构将不能再将"波兰人"定性为"俄罗斯帝国的臣民",因为这将成为宣告法兰西国家承认波兰"人民"存在的一个方式。然而,从法律上讲,承认一个新国家是一种主权行为,承认权归人民代表所有。因此,只具有履行职能的行政人员不能使用有悖于个体效忠国家原则的民族标签。正是根据这一规则,在法国政府于1924年正式承认苏联的诞生后,在法国行政机构那里,被布尔什维克剥夺了国籍的避难者突然间丢失了他们的"俄罗斯"身份,转而变成"原籍俄罗斯"①。至于那些来自从未被法国承认为主权国家的地方的避难者，行政机构甚至不承认他们的原籍名称。因此，"乌克兰"（ukrainien）避难者在两次世界大战之间一直被视为"原籍俄罗斯"。这种新的行政逻辑为个体强加了一种"出身"，而这种"出身"往往与他们自己的意愿相反。例如，1940 年 4 月，奥地利移民联合会（Fédération des émigrés d'Autriche）强烈反对法国警察局在他们暂住证上填写的"德国避难者"标签，并强调他们只是在"希特勒吞并他们的祖国"后才成为"德国臣民"。第二次世界大战后，同样的身份指定逻辑再次出现，伤害了从纳粹野蛮行径下逃脱的避难者。维希政府为施行已被废除的《反犹法》而创造出了"犹太人"类别，现在这些避难者再次被认定为"原籍德意志"。于 1941 年被剥夺国籍的犹太人正式成为"无国籍者"，"无法证明自己属于任何国籍；原籍德意志"的语句会出现在他们的身份证上。然而，战争刚一结束，"原籍德意志"又成为一种伤痕，拥有这样出身的人被判处生活在社会之外。此外，"原籍德意志"的个体还成为一种新型避难者类别（les Volksdeutsche），国际难民组织（Organisation internationale des réfugiés——OIR）在苏联的压力下将这类人排除在所有国际保护之外。这就是为什么许多从纳粹魔掌中逃脱的人都拒绝这种标签，这种做法引起了法国警察局的强烈反应，公安局局长给省长写信时说道："他们以自己也是纳粹的受害者或曾经参与过反纳粹斗争为借口，想要取消身份证上原籍德意志的字眼。您要知道，当事人的这种要求无法满足，外籍人的族裔出身是一种无法剥离的身份元素。"②

为保护个人自由、避免行政机构继续以专断的方式为避难者强加民族或族裔出身，国际难民组织于 1948 年决定不再为特殊群体授予避难者身份，而是为个体授予。《日内瓦公约》也作出这样的决定，根据该决定，授予避难者身份需要完全遵循新的行政身份鉴别逻辑，这种身份鉴别的目的是确保申请庇护者确实是由于"害怕"遭到迫害。为得出一个放之四海皆准、且能涵盖各种具体情况的普遍定义，《日内瓦公约》从一些极其抽象而又普遍的标准出发去界定"避难者"的法律类别。"迫害"的含义

---

① 关于欧洲的俄罗斯移民史，参见 C. Klein-Gousseff, *Immigrés russes en France* (1900 - 1950). *Contribution à l'histoire politique et sociale des réfugiés*, thèse de doctorat d'histoire. Paris, EHESS, 1996 (dact.).

② 关于这个问题，参见 CAC cote 880502 No. 14。

虽然没有在文本中明确表达，但也不外乎"威胁"之类的含义。然而，正如我们看到的，为使法律类别成为社会事实，应该在类别化过程和个体身份鉴别过程之间建立一种必要关联。避难者的例子表明，类别越是抽象与普遍，身份鉴别的行政手续就越重要，因为正是这些手续让该类别有了社会内容。由于避难者个体身份鉴别已经成为核心问题，所以《日内瓦公约》将其委托给国家。战争刚一结束，国际难民组织的公务人员就完成了这项任务，这时的欧洲非常虚弱。然而这只是暂时的办法。就像我们看到的，主权概念与国家概念紧密相连。由于不存在一个世界性国家，《日内瓦公约》只在民族国家得到施行。这就是该公约只有在每位缔约者同意后方能生效的原因。由于有了签字这一步，缔约者们便获得了使《公约》最大限度地朝有利于自身利益方向前进的可能。① 然而，《日内瓦公约》把承认避难者的手续与制定规章的工作委托给各签署国，这一办法也使各民族国家中避难者的利益服从于"主权人民"利益成为可能。法国政府利用这个机会创立了一个国家组织：隶属于外交部的法国避难者与无国籍者保护办公室（Office français de protection des réfugiés et des apatrides——OFPRA），当然，该组织的创立还应归功于1952年7月25日法律。该办公室的公务人员从此以后负责在所有申请庇护者之中，确定哪些人属于《日内瓦公约》中规定的"避难者"类别。②

尽管"迫害"标准的推广让避难者的民族出身问题比大战前有所好转，但是"迫害"标准问题却仍是一个主要困扰。虽然《公约》的文本中没有进行明确界定，但实际中"迫害"概念往往指向具有政治特点的暴力行为。因此当法国避难者与无国籍者保护办公室的公务人员审查一项申请时，他们会对申请庇护者的国家现行体制进行定性，更何况该办公室对《公约》的严苛解读也始终促使其公务人员只关注国家直接施行的迫害形式。如果在巴黎看来，迫使申请庇护者离开母国的政治问题只是简单的"骚乱""治安措施"，甚至是不会直接触及国家政权的"内战"，那么他就不会得到避难者身份。例如，想要逃避发生在自己国家中的镇压与恐怖主义的阿尔及利亚人今天之所以不能获得避难者身份，正是出于这个

---

① 为达成一致，协商者们没有触及以下问题：公约是否应该只在欧洲范围内施行，或者公约是否应涉及世界上所有国家。该文本为每个签署国留下了在这两种可能性之间选择的自由。

② 法律规定，遭到法国避难者与无国籍者保护办公室拒绝的人可以寻求"援助委员会"的帮助。

原因。但是对《日内瓦公约》的这种严苛解读不仅没能使法国避难者与无国籍者保护办公室从"避难者"类别中排除掉很大一部分申请庇护者，还增加了该办公室在授予其他身份方面的额外工作。我们在前文中曾快速回顾过"人民主权"的民主原则，该原则的践行所带来的所有混乱最终都会导致鉴别个体身份——无论是作为个人的身份，还是作为这样或那样的社会"类别"成员的身份——的工具全部集中到国家手中。在这方面很能说明问题的一点是，法国避难者与无国籍者保护办公室的主要任务之一，是再次赋予避难者一种民事身份。该办公室"在调查过是否确实发生之后"，被授权发放"一些必要证件，尤其是相当于民事信息证明之类的证件，这些证件可使避难者参与民事生活的各种活动，或者使与其保护相关的内部法律规定或国际协定得以执行"。法国避难者与无国籍者保护办公室主任的签名是证件正式性的保证。因此，这些证件具有"真实性证明"的价值。就像我们看到的，"保护"避难者，首先意味着给予他们民事身份，这种身份是他们的国家不再能够保障的。然而，为了能够"证实"某个人的身份，并证明他确实属于国际法所规定的避难者类别，行政机构就得要求申请庇护者提供能够支持其申请的佐证。由于考虑到只有受到母国迫害的个体才值得拥有避难者身份，法国避难者与无国籍者保护办公室在执行过程中又要让制造迫害证据成为不可能。通常，避难者在逃离时无法随身携带他们的"身份证"，为逃避镇压，他们常常不得不弄一些"假"证。此外，镇压自己臣民的国家也知道，这种镇压行径会遭到国际舆论的谴责。这就是国家的迫害极少被大白于天下的原因。如果受害者出身于优越的社会阶层（政治领导、知识分子等），那么镇压就有可能被揭露并打动民主国家的舆论。但是，如果受害者来自贫困阶层，那么他们受到的迫害很可能不会留下任何痕迹。申请庇护者所携带的能证明自己是"名副其实"避难者的无可辩驳的证据，可能只有其母国通过书面形式出具的证明。然而对于这个国家来说，这种证明可能是"保护"本国国民的办法。因此，这种避难者不再被视为"真正的"避难者。这便形成一种怪圈，今天的庇护权问题被封闭在这个圈子里。"避难者"类别不像其他类别，因为其中的个体不能拿出能够证明他们确实是"权利人"的"正式"文件。因此，法国避难者与无国籍者保护办公室与援助委员会的成员要在申请人对其自身所遭遇的迫害的叙述进行真实性评估之后，才能做出决定。然而，这些法国公务员显然不可能做出违背"民族利益"

的事，因此可以说他们既是仲裁者又是参与者。从 1980 年代起，随着失业和排外情绪的高涨，避难者问题再次成为首要政治议题，这种情况促使法国避难者与无国籍者保护办公室更为严格地审查申请庇护者的陈述。几年之内，法国一边继续履行《日内瓦公约》，一边成功地降低了避难者数量。而另一方面，全世界范围内发生的迫害却从未停止，法国的这种做法表明，如果有必要，行政机构掌控的身份鉴别手续便可成为国家保护主权人民利益的主要武器。

避难者要想形成一个社会"群体"，他们的自身利益就应在民族政治舞台上有所代表。然而，主权人民的民主逻辑让全体外籍个体的特殊利益无法被代表。如果说避难者只是一种社会**类别**，那么首先是因为他们没有直接地和集体地为社会劳动做出贡献，这种社会劳动可以促成他们的集体存在。但这绝不意味着他们的问题不能被"体现"在政治舞台上。相反，正如我们所看到的，近年来，避难者已经成为核心时事。然而，由于他们无法捍卫自己的利益，因此也就只能作为政治讨论的**对象**，只有当这些人在法国领土上的出现被当作"问题"呈现时，人们才能发觉到他们的存在。正是有关该"问题"的这些公共讨论**建构**了避难者被"常识"（sens commun）感知的途径。公民们根据不同的政治观点，摇摆于"行政"视角（检举"伪"避难者）和"人文主义"视角（同情"可怜的"避难者）之间，这两种视角交汇在一起最终导致庇护权问题的去政治化，尽管这是欧洲思想史上缔造的最具政治特点的概念之一。避难者不得不制造一种符合评估人认知的避难者形象，这种必须促使避难者不去陈述自己真正的痛苦，而是述说别人认为应该说的话，以便使自己在法国人眼中像是一名"真正的"避难者。当我们研究这些陈述时，我们很快注意到，他们会强调符合前文中提到的、有条条框框规定的元素。由于不能通过某些"证件"证明自己确实是"真的"避难者，申请庇护者会在他们的陈述中强调所有象征性标记，这些标记就是行政机构为"证实"它所建构的身份而使用的技术（盖章、行政表格等），这些可能会让他们的话语拥有某种"正式"特点。与此同时，他们在陈述时还会相反地强调自身经历的"人文"维度，寻找一切可以打动评估人的方式。[①] 避难者的例子很好地

[①] 关于该问题的深入分析，参见 G. Noiriel, *La Tyrannie*, op. cit., 尤其是以下一章："La persécution et l'art d'écrire"。

表现了米歇尔·福柯在分析"权力关系的国有化"时所使用的核心概念：服从（assujettissement）的双重逻辑。申请庇护者不顾一切地想要符合有权者所持的标准，其目的就是得到一种身份，这是向他们敞开全新生活大门的新民事身份和集体身份。法国避难者与无国籍者保护办公室发放的避难者身份证可以实现迈向新世界的梦想。这种证件是各种指征的融合体（颜色、盖章等），这些指征实际上是鉴别避难者身份的象征，因为该证件体现了他们所属的类别，同时也让他们的新集体身份拥有了外形。

第十二章 福利国家与"生活世界的殖民化"

——以1910年《工人与农民退休法》为例

问题的提出

到目前为止，被福利国家问题所吸引的社会学家与哲学家要多于历史学家。① 受历史学家长期青睐的"社会调查"② 方法以哲学论题之名遭到质疑，比如弗朗索瓦·埃瓦尔德的方法，他追随福柯的研究足迹，将目光集中在社会法引起的权力与知识重组方面。渴望理解福利国家起源的历史学家可以从这些研究中学到很多东西。然而，对于社会史学（在此被视为历史研究的一个领域，明确地建立在社会学概念和方法之上）而言，19世纪社会学"开山之父们"提出的论题比当代政治哲学的论题还要多，要想革新有关国家的历史研究，这些奠基人提出的论题是最有意思的起点。从孔德到迪尔凯姆和韦伯，还包括马克思、托克维尔和勒普莱，的确，新生的社会学不断质问19世纪的两大革命，即工业革命（主要在英国）和政治革命（在法国）所带来的"现代性"的本质。新生的社会学想要理解欧洲国家是如何从原来的社会转变为民族社会，并逐渐形成一个有关当代国家的丰富的阐释性纲要的，原来的社会被个体间的直接纽带统治，其社会凝聚力依托于扎根和传统，由一个个地方共同体并置构成，而民族社会则依托于"有机团结"（迪尔凯姆），也就是建立在普遍法律规

---

① 参见 H. Hatzfeld, *Du Paupérisme à la Sécurité sociale*, Armand Colin, 1971; P. Rosanvallon, *La Crise de l'État providence*, Seuil, 1981; F. Ewald, *L'État providence, op. cit.*, 以及尤其是 B. Dumons et G. Pollet, *L'État et les retraites*, Belin, 1994。

② 例如：E. Dolléans, *Histoire du mouvement ouvrier*, A. Colin, 1948, 2 tomes。

则之上的抽象契约纽带。今天的历史学家可以从这种社会学思想派生的概念和论题出发，只需将它们转化为适用于自身实证研究的工具，也就是使历史学家可以在有关当代国家历史的档案中迅速定位的工具即可。① 本章以 1910 年《工人与农民退休法》的研究为起点，试着将以上这些内容呈现给大家。

该法律之所以格外让人感兴趣，是因为它是第一部将某种社会机构的资助直接发给雇员和领薪者的法律（1910 年，该法涵盖超过 1100 万领薪者）。它也是第一部将"直接薪水"（发给投保人）与"间接薪水"（为退休而"储蓄"，由三方发放：领薪者、雇主、国家）分离的法律。就所有这些理由而言，1910 年法律可被视为研究"福利国家"的真正起点。我们将首先介绍围绕该法律的实施所引发的辩论。然后，我们再试着说明，那时所提出的问题涉及整个当代国家史研究的基本问题。

《工人与农民退休法》要点

许多著作都指出过有利于工人的第一批措施出台之缓慢。关于"社会保险"的第一部法案（针对劳动事故）于 1880 年由马丁·纳多（Martin Nadaud）提交，直到 1898 年该法案才作为法律出台。第一部工人退休法也经历了同样的历程，1890 年提交法案，直到 1910 年才被通过。从众议院到参议院，关于《工人与农民退休法》草案的讨论主要纠结在三点：强制性（obligation）原则、落实法律所需的手段（定期收益的拨款途径以及执行法律文本的行政手段）、实施范围（对权利人的界定）。

关于强制性原则的论战主要聚焦于该法律涉及的个体数量之多上：约 1100 万领薪者。在持自由主义观点的雇主看来，强制范围如此广泛意味着国家将以一种前所未有的广度对个体事务进行干预，这种做法有悖于 1789 年理想。此外，对于自由主义者而言，由于这种原则强制领薪者根据国家意愿储蓄，因而给自由造成了让人无法容忍的伤害。自由主义者们

---

① 因此，我们的研究位于传统的"历史学化的"历史学的中途，这种历史学为了历史学本身而研究这样或那样的领域，却从不告诉我们为什么选择这样的对象而不是其他的，而米歇尔·福柯大为赞赏的"哲学"历史学，既回避了以哲学名义进行的历史学批判，又回避了以历史学名义进行的哲学批判，往往显露出"不可理解"的架势；参见 A. Farge, "Un espace blanc sépare Foucault et les historiens", *Le Magazine littéraire*, mai 1984。

重新拾起 1850 年梯也尔（Thiers）反对老年人保险金计划（projet de Caisse des vieux）时使用的论据，宣称强行上交一部分金额给退休保险机构，会对与工资相关的其他节约形式造成损害（比如，在账户中存入最低额度的储蓄）。在他们看来，强制性原则最终会将个体封闭在某种社会命运中，封闭在他们的工资水平中，这样一来只是对制造不变的阶级界限有利，而与 1789 年的平等原则相悖。法律完全指向领薪者的事实也加重了这种感觉。就像德尼·科尚（Denys Cochin）对众议院所说的：" 先生们，你们方案的错误在于让公民们分化为两个阶级，隔离为两个阵营：领薪者阵营与雇主阵营。实际上，这两种阵营是相互渗透的，这两种阶级是混合在一起的。" 勒福尔（J. Lefort）在其关于该主题的著作中再次使用了这种论据：" 承认退休权利仅有利于领薪者，是在暗中推动公民的阶级分化。"① 法国全国总工会对被纳入该体系的领薪者的调查显示，他们之中的大部分人也反对这种强制。行政机构对个人选择的干预当然深深地伤害到了革命工会主义者们的 " 自由 " 感。然而，除了违背某些原则外，工会主义者还认为强制原则会将工人束缚在工薪条件上。沙尔庞捷（Charpentier）议员于 1910 年 3 月 30 日向众议院指出过这一点，他同时还列举了家庭作坊劳动者的例子：机械师、锁匠、绦带织造工匠在 20 世纪初期的里昂仍然为数众多，这些劳动者在家庭作坊中从事一种、两种或者四种职业，" 似乎属于第 36 条规定的任意性（facultatif）投保人，甚至可归入以下类别：由于响应号召存储了一定份额，故应享有雇主为该份存储份额支付相应份额的那类人。但是难道我们不应该将这些人纳入第一条规定的强制性投保人范围么？事实上，界限并非以某种确定的方式出现，在该法律中它不能自在地游走于小雇主与手工艺人或工人之间"。沙尔庞捷代表要求，行政法规应详细界定哪些人属于第一条规定的权利拥有者，并充分考虑到这种特殊情况。他总结说，整个法兰西社会 " 应首要关注的是，这些为数众多的家庭作坊不要消失，因为如果它们不存在了，你们将会以工厂体系取而代之，但是无论从物质角度看，还是从道德角度看，工厂体系都不如家庭作坊好"②。

---

① J. Lefort, *Les Caisses de retraite ouvrière*, 1906, 2 vol, t. 1, p. 322; D. Cochin, Chambre des Députés, 25/6/1911; 引自 H. Hatzfeld, *op. cit.*, pp. 88 – 89.

② 出自 Archives Nationales (AN), F 22436.

第十二章　福利国家与"生活世界的殖民化"　243

就像我们看到的，强制性问题与对"权利人"的界定紧密相连。全国总工会秘书阿尔封斯·梅雷（Alphonse Merrheim）在一篇文章中指出，工会对政府草案产生怀疑的原因之一在于，经历三十年关于"工人退休"问题的讨论后，公权力机关始终没能提出相关群体数量的具体数值。一些人认为这一群体有 100 万，而另一些人则认为有 220 万。理发师工人联合会秘书吕凯（A. Luquet）此后也表达了同样的观点："为了确定相关当事人的数量，究竟要依托于哪些数据，哪些统计，哪项普查，哪个死亡率表格？总而言之，有多少 65 岁或超过 65 岁的权利人能分享到工人退休金的这块又小又干的蛋糕呢？"① 这种不确定性使所有关于成本和工人有权得到的退休金金额的预测都无法进行，这更使工人感到，该法律不过是为雇主利益服务的"障眼法"或战争机器，有了这种资本积蓄（capitalisation）原则，雇主们便可以把手伸进工人的储蓄中。② 当我们得知，参议院召开不少于六次会议仅仅是为了讨论该法律第一条时（围绕权利人的界定），我们才发现工人们的质问不能再被认为是理由充足的了。

反对该法律的第三个理由与施行方式有关。工人抱怨的主要原因在于政府提出的资金积蓄原则，反对者希望简单地发放即可。许多档案文件均可证明，工会在这方面进行了全国范围的动员。全国总工会于 1910 年 2 月 12 日在勒芒（Le Mans）市投票通过一项议题，反对该法律，要求所有法国及外籍工人享受免费退休金。2 月 14 日，在谢尔省（Cher），反对者们不同意资金积蓄，要求设置发放体系。他们反对法律为占工人总数 5% 的 65 岁的工人规定每位退休者每天 6 苏③的标准，"而一位落选众议员却拥有每天 10 法郎的标准。那些一文不值（原文如此）、只在工人罢工时才工作的军人，尤其是警察，不用上缴一分钱就可以在 45 岁时享受 700—1100 法郎不等的退休金。我们希望他们也和工人享有一样的待遇"④。在资金积蓄方面还存在这样的批评，那就是要为 1100 万领薪者落实这一经济制度的行政"机器"过于笨重。在前文提到的阿尔封斯·梅雷的文章中，作者认为，由于该法律的复杂性，它很有可能会很快避开立法

---

① A. Luquet, "La Capitalisation et les retraites ouvrières", *Le Mouvement socialiste*, mars 1910.
② A. Merrheim, "Les Retraites ouvrières et le projet de loi", *Le Mouvement socialiste*, janvier 1910.
③ 苏，法国辅币名，相当于 1/20 法郎。
④ AN F7 12535.

机构转而落入暗中操控的行政机构之手。在这方面，他引用一位参议员的话说："所有法律均立基于公共行政法规，这些法规是对尴尬的法律的敬礼。"更有甚者，吕凯揭露说，"行政主义①，这个公务员的新武器，将是资金积蓄所必需的"。实际上，正是在"福利国家"出现的背景下，才于 1906 年创立了劳动部（尽管有革命工会主义者的反对），它掌管三大方面：劳动、保险、社会储金与医疗互助保险（prévoyance sociale et la mutualité）。1909 年，该部门拥有 400 人，到 1913 年，该部门拥有 530 人。1911 年，其预算为 1650 万法郎，1910 年的退休法通过后，其 1914 年的预算增加到 2000 万法郎。然而，尽管付出很多努力，但来自各方面的抱怨还是有增无减。用于实施法律的人力和财力被认为不足。该部门总是无法罗列出可靠的投保人清单。主要的工作任务被丢给各省政府。保险机构的多样性徒增了书面材料的数量，使各种操作变得更加缓慢，这种情况引发了权利人的不满，使他们认为该体系过于抽象和不可理解。②

为使中央政府能够触碰到这上千万的领薪者，光增加公务员的数量还不够，还需要能够充当中央政权与领薪者之间媒介的行政手段。这便是投保人的卡片和税票。1910 年 4 月 5 日的法律被众议院通过后，行政机构开始发行一本名为《投保人使用说明》的五十多页的手册，里面详细说明了公权力机构为施行法律而发明的各种机制。这份资料提醒人们，该法律面向所有投保的领薪者：手工艺人、老板、农场主、地产业主、佃农以及妇女或寡妇。该法律规定允许最早从 55 岁，一般从 65 岁起领取退休金。它还区分了两大阶层：强制性投保人与任意性投保人。此外，从前已经享受退休金的领薪者将继续保留他们的特殊制度：这一群体主要涉及 1853 年法律颁布后的国家公务员、煤矿工人、铁路工人和海运业人员。该说明同时也告诉所有领薪者，在 1911 年 4 月下旬，被纳入强制性保险体系的每个人都会收到其所属市镇的政府寄来的一张表格，当事人要在上面填写自己的姓名、出生日期、国籍、职业、地址以及自己选择的退休金管理机构。投保人另外还应附上一份劳动合同，且该合同一定是经过登记备案的，还有一份登记过的劳资调解委员会的工人选民单副本和一份雇主

---

① la bureaucratie，亦可译为官僚主义，但这里的官僚主义并不具有我们今日话语中普遍包含的贬义，而是指官员治国的制度或方式，故译者将其译为更能显示其中性含义的行政主义。——译者注

② 关于这一点，参见 J. A. Tournerie, *Le Ministère du Travail*, Cujas, 1971, p. 355。

证明，且该证明一定是得到雇主认证的。如果缺少这些材料，镇长将在调查后下发一份文书。八天后，一份统计表格将会重新交给镇长，镇长要列出该镇投保人清单。该说明还告知投保人，1911年6月，投保人将收到两张卡片："一张是身份卡，上面会印有投保人在表格中填写的内容，投保人要在整个被保险期间保存该卡片。该卡片即为投保人身份证。另一张是年卡。强制性投保人的卡片颜色为灰色。该卡片上划出许多格子，用来盖章，这些税票要么代表一起支付，要么分别代表投保人雇主支付及他个人支付。投保人在收到卡片的同时要在送件人出示的清单上进行收悉确认。如果投保人不在，将会有一张便条留给他，请他到镇政府领取自己的卡片。年卡的更换由镇政府的相关部门负责：投保人将在其住所处收到新的年卡，并将原来的年卡上交。"因此，投保人应标明家庭住址变更情况。该说明还详细指出："投保人与雇主的缴纳份额用特殊税票表示，这种税票被称为退休金税票。"对于强制性投保人，存在三种税票形式：混合税票（timbres mixtes）（紫色）代表雇主的分摊与工人的缴纳在一起：直接从工资中扣除时使用这种税票；"投保人"税票（timbres assurés）（红色），适用于想自己单独缴纳的领薪者；"雇主"税票（timbres patrons）（绿色），为完全由雇主缴纳的人而准备。除此之外还有为任意性投保人设计的税票，这些人的情况与工薪阶层相近，他们是：小老板、小产业主……这类税票在邮局、税务所和烟草零售店有售。最后还要注意，该法律只适用于拥有法兰西国籍的工人。对于外籍人，"只有在与其输出国签订过特殊协定，保证在该国的法国国民也享有同等待遇的前提下，他们才能领取到雇主存入其账户中的分摊额。如果没有这种特殊协定，那么雇主的分摊额将会被分配到储备基金中。此外，外籍领薪者只有在同样的条件下，即能够享受雇主分摊额的条件下，才有权领取国家补助金"。入法国国籍的工人只有在50岁之前入籍才能享有与法国工人同等的对待。①

投保人的卡片与税票制度是公共舆论中反对派的另一主要理由。尤其是对全国总工会而言，"被印在卡片上"的做法有损于工人的尊严，等于把他们当作"妓女"一样对待。人们担忧卡片和税票是否有可能被雇主当作某种登记手册，用以了解假期长短、工人是否正常劳动等情况。在法律施行的最初几年，"证件"问题成为争议的焦点。"激起指责最多的主

---

① AN F22 4.

要是退休金税票的种类太多、定期将退休金税票贴于年卡之上的周而复始、某些雇主分摊额的兑现,尤其是投保人身份卡片。"这些与"36 种税票法"(loi des 36 timbres)的叫法不符。因此,"许多领薪者希望取消投保人身份证,因为该身份卡会让人联想起当初的工人证留下的不好回忆,那是 19 世纪劳动者最恐惧的东西"[①]。刚刚通过的 1910 年法律马上被 1911 年 12 月法律修正。众议院以保险与社会储金委员会(Commission d'assurance et de prévoyance sociale)的名义起草了一份针对 1911 年修正法的预备性报告,该报告直接指向 1910 年法律带来的困境:"现在,有 36 种退休金税票,它们分属于三大类,即投保人税票、雇主税票和混合税票,每一系列都有 12 种不同的票据。另外,还有一种特殊税票用于确认作为佃农的小产业者的缴纳。使用的票据总数达 37 种之多。投保人以及雇主当然会混淆这些种类繁多的税票,要想使当下的法律得到执行,分清这些税票是必需的。我们可以想想是否能通过简化销售与粘贴来减少税票的数量,这样一来我们可能会简化销售人员的工作和减少他们的存票量,因为他们总是抱怨自己不得不事先买好太多的不同税票,而在一些小地方,投保人必须申报的所有税票可能不全。此外,根据 1911 年 3 月 25 日的公共行政规章的规定,任意性投保人应使用投保人税票,如果他们使用了雇主税票,那么这些税票将不会被计入账户额度中。然而,同样使用投保人税票的小老板却很难理解为什么他们应该使用与工人一样的税票。他们多倾向于购买雇主税票,这导致了许多不利于法律的混淆和错误。"因此,保险与社会储金委员会要求统一税票。同时该委员会还建议取消身份卡片,因为"该卡片具有双重功能(还有保险卡功能),所以有可能在保险到期后被丢掉"。委员会还认为有必要简化年卡上的信息,并再次表示许多镇长抗议国家退休金管理机构的要求,包括在副本上用法语写明出生日期,出生证上的所有名字都要出现在卡片上,且使用同一顺序、同一种拼写方法。委员会最后还要求简化国家退休金管理机构的规章。[②]

对"卡片"的敌视以及"不值得为此大费周章"的感觉(更何况分摊额比例高,收益微薄、支付时间晚)说明该法律是失败的。夏尔·纪德(Charles Gide)在 1911 年年末指出:"此刻正忙着收获葡萄的几十万

---

① J. Tournerie, *op. cit.*, pp. 356 – 357.
② AN F22 4.

男女工人当中，我认为可以这样说，没有一个人拿到那本说明书，因此没有一张红色、绿色、紫色或蓝色的税票已经被贴上去。"① 1914 年，有三分之二的卡片仍未发出，战后这一比例还要高。

该研究提出的一些问题

为阐释《工人与农民退休法》的艰难问世以及法国实现福利国家的过程之缓慢，至此，我们主要都在强调雇主与工人之间的阶级利益冲突。1982 年的一部著作这样说道："对立的社会阶级之间突然的碰撞既说明了法国工人阶级内部持续的革命倾向，又表明了一种晚熟性，由于这种晚熟性，社会保险制度于 1930 年才被确立。"② 然而，这种看法并没有将工人运动本身所彰显的对法律的敌视考虑在内。亨利·阿茨菲尔德（Henri Hatzfeld）关于该主题的先驱之作的伟大功绩之一，在于指出了无论在工人运动内部（参见饶勒斯与梅雷之间的论战）还是在雇主阶层内部（主要是小型企业与大型企业之间），都存在对立的观点。尽管如此，亨利·阿茨菲尔德还是倾向于认为，一些人为阻挠法律的实施而提出的理由多是一些隐藏着群体或政党利益的借口，不是真正的理由。雇主们以捍卫个体自由的名义证明他们反对该法律是正确的，这个名义没能很好地掩盖住这一群体的利己主义，他们想不惜一切手段避免为自己的退休工人再支付一笔钱。同样，全国总工会对卡片和税票的反对表明的是"斗争者想象力的自由放任"③。对"行政主义"的批判可能在某种程度上反映的是对政府的所有措施都抱有敌对情绪的无政府工会主义组织的某种坏信仰，尤其是当该组织支持工人时。因为从本质上看，这种行政主义削弱了队伍的革命战斗力。如果说这种解释并非完全站不住脚，那么我们似乎也应该认真思考，一部分人反对该法的依据是什么，而不是将这些依据当作"借口"认真研究。1910 年法律之所以激起一致反对，是因为国家为笼络个体而施行的技术手段过于新颖。我们应该深入研究的正是这一点。

---

① C. Gide, *Revue d'économie politique*, novembre-décembre 1911, 引自 H. Hatzfeld, *op. cit.*, p. 35。

② P. A. Köhler et H. F. Zacher (dir.), *Un Siècle de Sécurité sociale 1881–1981. L'évolution en Allemagne, France, Grande-Bretagne, Autriche et Suisse*, Nantes, éd. du CRHES, 1982, p. 139。

③ H. Hatzfeld, *op. cit.*, p. 241。

围绕权利人的界定而展开的论战是对以下国家意图的争议：国家想要将个体集中于直到那时还从未出现过的社会类别中。在传统共同体以及"慈善雇佣"关系范畴内，不存在"老年"的普遍定义。个体被认为应该劳动到无法劳动为止，且个体能够在其环境中找到多种适合于各个年龄段的工作。然而领薪者队伍的扩展以及工厂规章的胜利导致了活动的"标准化"，那些不再能盈利的活动停止了。所以弗雷德里克·勒普莱才如此重视工人的土地产业，因为土地劳动可以使不能胜任工业任务的老年人通过自己的方式维持生计。此外，在传统社会中，在个体伤残的情况下，地方群体的团结性可以保障该个体的生活问题。从19世纪直到第二次世界大战时期，人们赋予儿童一项不可推卸的义务，那就是在其父母不再有劳动能力时供养他们。同样，显贵阶层推行的"慈善雇佣"关系也给自己强加了一些道德义务，其中排第一位的便是慈善义务。慈善机构主要靠舞会和节日时的捐款维持，这些机构是地方群体全体成员的集合地，也是能看到他们团结性的地方。享受这种恩惠的人应是"本地"人，也就是扎根于该镇的人，其身份的确定依据是相互认识，在需要时可以有证人证实。19世纪末期，第三共和国投票通过的多数救济法仍遵循这种传统逻辑。1889年的国际公共救助大会（le Congrès international de l'assistance publique）保留了对公共团体（collectivité）的强制性救助原则，但同时规定这种援助一律要分到一无所有的个体手中，该类救助是其他形式援助，尤其是家庭救助的补充。此外，即便国家投入了财政方面的支持，大会还是坚持认为：应在当事人最近的地域范围内实行救助，这种做法可以保持被救助者与行善者之间的直接关联。在这样的范围内，界定权利人的普遍与抽象标准尚未出现。这时主要是当地群体指名道姓地和临时地指定能够享受这种集体团结益处的个体。于是，法国第一部关于救助的重要法律，1893年7月15日《免费医疗救助法》要求，每个市镇每年要罗列一张贫民清单，列入清单的人将能在家中享受免费救助。同样，1905年7月15日关于救助老人、残疾人、痼疾患者的法律（我们注意到，该法仍然将年老作为一种身体上的无能）设立了负责提交救助申请的特殊委员会。在同一时期，关于医疗互助保险制度的立法建立在任意性原则之上，它脱胎于1898年4月1日法律，各种互助协会由此获得了非常广泛的独立性。①

---

① 关于互助主义历史，参见 Y. Saint-Jours, M. Dreyfus, O. Durand, *La Mutualité*, LGDJ, 1990。

同样在这种背景之下诞生的 1910 年法律显得过于新颖。它实际上依托于一个普遍原则（法律对所有人一视同仁），该原则与之前各种权利分配标准都不同。由于它面向好几百万名抽象、不知姓名的个体，因此不能再根据与"贫民"或"残疾人"有关的传统经验数据来确定权利人。夏尔·纪德在指明这种变化的同时，用以下事实证明他更青睐退休法而不是伤残保险制度是有理由的："伤残可以通过医生确诊书来确认，但是这种确诊书往往具有不确定性，随意以及徇私的成分可能很大，而老龄则可以通过无可争议的出生证得到确认。"然而，该法在依据这些普遍性标准的同时，也轻视了个体无穷的多样性以及老龄人在生物学和社会学方面的不尽一致。勒普莱的支持者们提出的这一经典论据在工人运动中再次出现。在前文中提到的沙尔庞捷向众议院的陈词中，这位议员指出，一律将 65 岁定为工人退休界限的这一做法不公正，这种界限有损于某些群体的利益，比如玻璃工，他们比其他人"耗费的工作精力"要多得多。因此，他要求退休年龄可以根据职业进行调整。我们在这里看到"行会主义"思想已露端倪，每个职业群体都会打着这一旗号试图让立法者承认其情况特殊，以便从中得利。然而，从法律染指地方共同体或职业共同体内部的那一刻起，它对社会类别建构的影响就不可避免地显现了。我们知道，在 19 世纪末期，法国社会分化还不明显。小农阶层与"独立"劳动者一直是就业人口中最重要的分支。城市化进程的缓慢、大企业地位的降低、贸易"货币化"水平低又加剧了这一现象。由于补给都以货币形式发放，因此工资作为普遍和客观的标准被确立下来，就业人口和非就业人口被区分开来。这就是为什么工资逻辑的胜利是所有现代社会立法的先决条件，就像它在失业方面证明的一样。①此外，法国工薪阶层这种微弱的可视性是 1910 年公权力机关难以确切掌握权利人数量的原因之一。在这些条件下，我们有理由认真思考，社会法何以能够对 20 世纪的社会群体建构产生影响。例如，把领薪者与非领薪者之间生硬的界限给予正式化的同时，退休法也推动了将小老板、小店主和手工艺人从工人世界，同时也从"人民"中隔离出去的进程，至少直到巴黎公社时期②，这些人还很接近

---

① R. Salais et alii, *L'Invention du chômage*, PUF, 1986; C. Topalov, *Naissance du chômeur*, 1880–1910, Albin Michel, 1994.

② 正如以下著作中指出的：P. Nord, "Le mouvement des petits commerçants et la politique en France de 1888 à 1914", *Le Mouvement social*, janvier 1981。

工人世界和 19 世纪时期有大规模大工业入驻的农村世界。实际上，法律在创造出"权利人"的同时，也制造了为捍卫共同利益而集合在一起的个体类别（参见 1914 年以前，紧随货币的弱化而引发的"对退休资源的再开发"问题）。此外，随着时间的推移，税票或"病历"制度使全体权利人产生一些共同行为，这些行为强化了对同一群体的归属感。正如我们看到的，法律推行之初，小企业老板可以拒绝使用与工人一样的税票，这件事很值得注意。

随着社会法的推行，国家在个体事务方面采取了其他干预方式。要想依据某些客观、普遍的标准对权利人进行界定，就应运用有关社会的总体知识。在这方面，我们需要再次回到米歇尔·福柯的观察分析，他认为，随着制度的诞生，个体走进了一个"文档世界"。个体成为由统计数字、评注和表格构成的登记系统的一部分。① 从这个角度看，建立社会立法的 19 世纪末期是一个决定性时刻。正是在该阶段，先是在法国避难者与无国籍者保护办公室的积极倡议下，尔后是在劳动部或议会执行委员会的提议下，各种调查纷纷展开。也是从该阶段起，首先是在法国统计总局（Statistique générale de la France – SGF）内部，统计机构开始不断增多。因此，我认为，应该再次将全国总工会对 1910 年法律的抵触放入新生的知识/权力组合，这个更加广阔的范畴中加以考察。在这方面，只需重新阅读工人作家皮埃尔·昂普（Pierre Hamp）的小说《调查》（L' Enquête）即可。② 他认为统计数据以及"生活品位"或"购买权"的抽象指标忽视了各地区以及有血有肉的个体的多样性，他的这一批判让人联想到保守党派反对共和国社会法的"抽象"层面时的理由，保守党派认为这些"抽象"层面导致了人的匿名性，忽视了人的多样性，在需求不断变化和多样的情况下，却为所有人提供同样的帮助。然而，社会立法对社会知识的需求并不局限于整体的数据材料。更为基本的是个体身份本身，这才是现在应该详加探讨的东西。既然国家以后要将社会优惠施给它并不具体了解的人，那么它就得找到一些正式而又抽象的途径来核实这些人的身份。人们在界定老龄时所依据的最为普遍的标准便是民事信息，这件事说明了法律身份的新重要性。随着现代立法内在的普遍标准的盛行，

---

① M. Foucault, *Surveiller et punir*, Gallimard, 1975, p. 191 sq.
② P. Hamp, *L' Enquête*, Gallimard, 1911.

随着交通的进步以及人员流动的增多，视觉证据以及传统已不再是个体身份的充足证明。这就需要无可争辩的实物证据，且"必须经过认证"，正如上文中提到的关于《工人与农民退休法》的说明中反复强调的那样。从一个以对外貌和个体经历的直接感知为依据的身份制度到建立在身份证件基础上的间接制度，这种过渡意味着某些体貌特征（身高、"特殊体征"等）与某些生物学元素（出生地、父母姓名等）的抽象呈现与体系化，人们希望通过这些体貌特征和生物学元素对个人进行"概括"。这些新的身份标准曾经是争议的核心。以鉴别身份为目的而使用摄影，是国家为更好地掌控个人身份而发起的第一场战役。自第二帝国起，在一些公务员的建议下，为鉴别罪犯而使用照片甚至在政府内部都引起过非难之声，因为该举动被认为违反个体自由。然而，阿尔封斯·贝蒂荣（Alphonse Bertillon）为阻止惯犯屡次作案而使用的将体貌特征客观化的新技术（身份照的合理处理、对特殊体征的分析、"嫌疑人"档案的建立）的有效性为 19 世纪末以来新身份逻辑的胜利提供了保障。"指征范式"（paradigme de l'indice）首先被应用于犯罪分子，然后扩展到流浪者和外籍人，最后覆盖全部个体。因此，对于每个源于科学发现的新鉴别手段［参见英国人加尔通（Galton）的指纹］而言，如果说它起初引起过像照片那样的怀疑的话，那么最终也会"以法律的名义"被固定下来，因为法律要求，为证明个体的真实身份，所有方法都要各尽其用。雅克·瓦尔杜尔（Jacques Valdour）指出，20 世纪之初以来，各大工厂都在使用新制度。雅克·瓦尔杜尔于 1910—1912 年在库里耶尔镇（Courrières）做煤矿工人，他注意到，自 1905 年起，公司建立了人体测量学的身份鉴别方法。每位工人从那时起都拥有一份体貌特征档案，该档案内附有一张照片和个人指纹。瓦尔杜尔拒绝服从某些在那时看来是专门针对"坏人"的措施，他认为，这些革新——启发于"某种社会主义思想"，该思想"将所有公民视作国家豢养的牲畜"——是加剧矿场工人不满情绪的原因之一。他还补充说，政府只是借助于 1914—1918 年战争的有利局势才得以平息大众对该措施的抵触。为了能领到自己的抚恤金，退伍人员必须填写军事档案，其中包括一张身份照和指纹。① 战争结束伊始，全国总工会继续努力反对这些新的军人证。在马赛，地区劳工联大会对这些"将公民视作苦

---

① J. Valdour, *Les Mineurs*, Giard et Rousseau, 1919.

役"的革新也提出了指责。①

因此，投保人卡片和税票制度成为1911年以后反对该法律的主要理由绝非偶然。该理由实际上代表的是作为福利国家特点的个体/权力关系类型中一种决定性转变的普遍化。这种手段充当了一种中介，此后，由于有了这种中介，中央权力与个体之间的纽带建立了。我们大量引用的1910年法律投票通过后发给所有投保人的说明手册，还展现了公权力机构为执行议会决定而设计的机制之复杂：卡片、清单、不同颜色的税票等。随着福利国家的实现，客体话语代替了人们的对话。今天，我们已经很熟悉这个象征性体系，而且我们很难想象20世纪初期大众阶层在理解其全部含义（每张税票代表着一部分预扣工资，该部分工资将作为未来的退休金，每种颜色象征一个特殊的投保人群体）时所遇到的困难。行政机构部分地意识到了这种困难，在说明中增加了"详细的"解释。例如，说明中这样描述发给投保人的资金走向："粘贴在卡片上的税票所代表的金额由省政府转给保险金管理机构，然后存入投保人账户。"此外，说明中还指明一些"简单途径"，让投保人在任何时候都能够估算出他已经获得的收益水平，等等。地方权力机关（尤其是市镇政府）在法律施行中所占据的位置是意图减少该法律抽象层面的另一种设计。② 虽然主宰这个"证件"世界的是某种匿名力量，但各种证件都规定个体一直要以国家的名义做出一系列新行为、养成新习惯、拥有新关注，所有这些都悄然发生在日常生活安排的缝隙中：要注意别弄丢自己的卡片（于是要找到一个放卡的地方），贴好税票，等等。同时，新的算计出现，在每月缴纳退休金分摊额的同时，个体要使自己当下的行为适应未来（比如，希望某一天能够领取到退休金的念头会促使个体在工作时更守规矩）。从此以后，国家通过所有这些途径在个体内部产生影响，慢慢地为个体灌输新的纪律。因此，抛开所有价值判断不说，应该承认，各阶层在批判1910年法律时提出的"个人自由"论据是在针对西方社会的未来进行提问。所以我们可以认为，全国总工会对投保人卡片和税票的反对，在任何情况下都不能与其上一代反对"工人证"的斗争相提并论。实际上，工人证

---

① AN F7 12975，警察局局长的报告。
② 为复审1910年法律而成立的委员会反对为简化手续"取消在投保人住所换卡"的要求，因为"有偿劳动的公务人员的介入……在告知和协助投保人方面很有帮助"；AN F22 4。

象征的是国家对个体的外部性关系,是一种治安监管,在实际中发挥的效力极小。相反,福利国家特有的"卡片制度"却在个体与中央权力之间建立起一种纽带。从这一点看,对"工人问题"的管理从内务部转移到商务部,尔后又转移到劳动部这件事很值得关注。

以上只是我们尚未探讨的个体与当代国家关系社会史中的几方面内容。这部社会史可以从托克维尔的以下评论出发进一步展开,他已经注意到了日益增长的国家控制:"公民不时地落入公共行政机构的监控中;他们毫无察觉地、就像一无所知一样被引导着,总是将个人的部分独立性贡献出来,同样是这些时不时地要推翻国王宝座、蔑视国王的人,却越来越毫无反抗地服从于办事员的小要求。"① 这段历史可能将与尤尔根·哈贝马斯（Jürgen Habermas）的"生活世界的殖民化"一同实现,这种"殖民化"与行政主义对人们日常生活中不断增长的干预密切相连。②

与1910年法律相伴而生的种种波折反映了国家社会史的另一基本问题:官僚机构工作的合理化（rationalisation）。为践行法律而设立的所有办法都表明了法国行政机构在19世纪末期推行的措施具有高度合理性。我们从中可以找到马克斯·韦伯指出的行政机构运转的主要特点:信息流通渠道逐渐被规范化与合理化、越来越多的规章将尽可能多的行为予以体系化、对写明义务的文本而不是话语的普遍化使用。我们已经看到,1910年法律刚一通过便引发了一个新的集体思考,目的在于通过简化手续、统一税票系统等手段"改善"法律的运转,而所有这些手段最终都会加剧法律实践的集中化与抽象化趋势（例如,地方办事员的逐渐消失,这些办事员最初负责在投保人家里换卡并通过这种方式向使用者口头传达信息与建议）。

梅雷所说的有关1910年法律所固有的行政化危险的批判,同样提出了负责福利国家运转的公务员数量的不断扩张问题。实际上,在谈论国家时,人们永远都不应忘记它涉及全体个体,这个整体同样值得历史学家的注意。我们以简化的方式,借助于《工人与农民退休法》的例子强调了议会、调查委员会、劳动部雇员、市镇政府雇员、省政府公务人员、税务

---

① A. de Tocqueville, *De la Démocratie en Amérique*, Garnier-Flammarion, 1981 (1re éd. 1835 – 1840), 2 vol., t. 2, p. 319.

② J. Habermas, *Théorie de l' agir communicationnel*, Fayard, 1987 (1re éd. 1981), 2 vol., t. 1, p. 398 sq.

局、邮局等角色。从此以后，个体被拴在一个最终由卡片和税票构成的相互依赖的大链条上。这些任务之所以存在，只是因为有需要完成它们的个体以及另一些需要发挥监督作用的个体。我依附于他们就像他们依附于我一样。社会保险机构的雇员之所以能够存在，是因为权利人的存在。相反，这些权利人则要在某种程度上忍受公务人员的权力，这是一种的匿名权力，它对那么多"投保人"无力的愤怒无动于衷。[1]

1910年法律所昭示的国家社会史中的最后一个重点处于被社会权利掌控的民族外衣之下。实际上，福利国家的历史显示了两场很有特点的运动。首先，在界定适用于所有人的一般法律时，国家更倾向于具有人类普遍特点的东西，排斥特殊主义。这就是为什么，像托克维尔和马克斯·韦伯指出的，在民主发展和现代国家的扩张之间存在一种紧密的联系[2]。然而托克维尔和马克斯·韦伯都没有真正看到这里面涉及"民族的"一般概念。在救助的传统逻辑中，属于当地群体的人才能享受社会救助，而福利国家所开创的所有的重要法律都建立在民族基础上。我们看到，退休法也没有避开这种套路，因为它将外籍劳动者划入与输出国签订的互惠协定中，使他们处于次要地位。从那时起，从更高层次上被视为福利国家特点的相互依赖性扩展到国际层面。"社会问题"成为国与国之间相互协商的核心。福利国家的民族外衣提出了许多问题，这些问题可以丰富有关当代民族的历史知识。除了阶级之间的差别，甚至对抗之外，福利国家思想对巩固统一，甚至加强民族成员之间的团结难道没做出贡献么？原来被用来解释民族群体为何在西方国家出现的所有理由都是不充分的。由安德烈·西格弗里德推广开来的有关"民族气质"的分析不具备科学基础。我们还可以认为，精英阶层向大众阶层反复灌输的"意识形态"之类的解释（尤其是以学校教科书为媒介）是恰当但不全面的。如果说"生活世界的殖民化"说法是正确的，那么随着福利国家的胜利，从此以后，民族标准将会渗透进每个"权利人"家庭的私生活中。现在，人们对作为"国民"有一种明显的关注（因为这是界定权利人的主要标准之一）。但最微

---

[1] 马赛地区社会保险机构雇员的最后一次罢工期间，一位空等数个礼拜却没有领到退休金的老人写道："如果继续罢工，我就自杀"，*Le Monde*, 6/12/1988。

[2] 例如，身份证上一些更加普遍的标注（性别、出生地、出生日期、国籍，等等）取代了个体体貌的特殊特点。无论个体的"种族"或"族裔"出身如何，只要他是"权利人"，那么国家行政机构就会发给他一张他所属群体的卡片，也就是带有该群体专有颜色的卡片。

不足道的日常行为，包括填写表格或粘贴税票，同样有助于"民族身份"的建构，这些行为从同样的生活经历出发发展了一种集体归属感，加强了属于同一世界的印象。所有这些成为由社会世界（学校、兵营等）的制度化导致的各种存在的"民族化"的其他形式。有没有这种可能，那就是各种"存在方式"（法式的、德式的、英式的或其他的）以及"民族感情"正是从这类元素出发才逐渐在每个社会内部巩固起来？无论如何，这是一个今日我们不能再忽视的问题。

第十三章 监控人员流动还是鉴别个体身份？

——对法兰西第一到第三共和国护照史的梳理

护照（passeport）作为授权个体流动的公文，是一种与国家同样悠久的事实，至少在法国是这样，因为早在路易十一时期就已经开始使用护照。[①] 然而，护照只是从第一次世界大战起才成为"由省政府颁发给臣民以使其前往外国的一种证明身份的证件"，这是《小罗贝尔》辞典给出的定义。大约一个世纪以前，《利特雷》（Littré）辞典作出了这样的定义，护照（passe-port）（请注意中间的连字符）是"前往一些地方的通行证，人们不能通过除了这种证件外的其他方式前往"；该许可证"由官方颁发，可以保障旅行人员的自由与安全"。这种定义强调从一个地方到另一个地方的行为，该定义在本章中将作为我的导航仪使用。法国大革命带来一种新的、建立在"人民主权"原则基础上的国家定义。为了给这个抽象定义填补上实际内容，这个新国家的公务人员与代表需要一些工具，以使他们能在第一时间掌控民族领土，将其作为实践人民主权的空间。因此他们重视护照，因为这是当时的行政机构监控个体流动的主要方式。在第三共和国时期，作为成员共同体的国家—民族享有这种特权。[②] 从那以后，正如《罗贝尔》（Robert）辞典给出的明确解释，护照应承担起新的功能：在保证个人身份的同时，落实个体对这个共同体（民族）的归属。

[①] 参见 M. d'Hartoy, *Histoire des passeports français*, H. Champion, 1937；D. Nordman, "Sauf-conduits et passeports en France, à la Renaissance", in J. Céard et J-C. Margolin (dir.), *Voyager à la Renaissance*, Maisonneuve et Larose, 1987。

[②] "领土"与"成员共同体"（人们）之间的区别是国家—民族的法律概念的核心；参见 H. Kelsen, *Théorie pure du droit*, Dalloz, 1962 (1re éd. 1960)。

适用于前工业世界的机制

（一）法国大革命时期不可能取消护照

虽然此处的重点不在 1789 年以前时期，但我们却应该记得，在旧制度时期，护照是一种特许工具，使用该工具既是为了施行重商主义经济政策（旨在阻止最好的手工艺人的外迁），又是为了实行针对流浪者和贫民的镇压措施（使用武力将其遣返回应给予他们帮助和保护的原教区）。但是护照也等同于并逐渐代替了旅行者的"安全通行证"，这类"通行证"由王权内部共存并相互交叠的众多"权威"（王权行政机构、行会、城市共同体，等等）颁发。由于被认为是旧制度专制的象征，自大革命初期起，护照成为众多批评的目标，这一点在三级会议的陈情书中有所体现。作为回应，珀谢（Peuchet）在国民议会上高声宣布废除护照："由于它与所有的专制形式密切相连、剥夺了人的首要位置、使人们失去最正当的权利，因而变得越发可憎，以至于已经成为扰乱治安的因素，它就是护照……护照有悖于所有正义与理性原则；护照里体现的只有对权利的忘却和政策的前后不一。"① 这位演说家使人们想起，人权与公民权宣言已经将每位个体随意自由流动的权利作为一种"天然"权利。在确认该权利的同时，1791 年 9 月的宪法正式取消了护照。然而几个月后，国民议会于 1792 年 2 月 1 日通过的法律（于同年 3 月 28 日颁布）又重新确立了护照的使用。经过此后几年多次修改，关于护照问题的立法终于在第一帝国时期确定下来。这部法律直到 19 世纪中期都一直有效。

要想理解为什么尽管在大革命时期就已有人文主义者反对，但第二帝国之前相继交替的各个政府却始终未能取消护照，我们需要从《1816 年条例》开始说起，该法规扼要回顾了直到那时仍然有效的关于护照的规定。这部法规首先回顾道，（15 岁以上）所有想要越过自己所属省份边界的法兰西人以及所有想要来法国旅行的外籍人，都应向职能部门申请护照。预期流动的性质不同，文书种类也各不相同。② 想要前往其他国家的

---

① M. d'Hartoy, *op. cit.*, p. 39.
② 现役军人和在职公务员都有"路条"（feuille de route），有了这种文书他们便可以不使用护照。此处我参照的是旺代省档案中的规章条文。Série 4 M 371.

法国旅行者必须要申请"国外"护照（同时要缴纳 10 法郎的税票费）。其他公民则拥有"国内"护照（两法郎的税票）。无法缴纳这些税费的人可以申请"贫民护照"。"贫民护照"不仅免费发放，而且往往持有该护照的人有权享受公权力机关提供的"道路援助"，这种援助的目的是使身无分文的旅行者在外期间能够存活。《1816 年条例》为外籍人作出特殊规定：外籍人在到达边境时应上交他们原来的护照。作为交换，法国官方会向他们颁发允许其前往目的地的"通行证"。一般来说，所有护照的有效期为一年。

（二）反对"外籍人"的一种保障

我们只有将这样一种机制重新放回其背景中才能理解它。实际上，19 世纪初期关于护照的立法是出于当时的社会需要才得以通过，当时社会的很大一大部分仍沉浸在人员流动少且封闭的乡村世界中。我们观察到，国家公务人员仍在根据地方共同体范围内产生的认知模式进行思考和行事，那一时代社会生活的主要内容仍在这些地方共同体内部进行着。为了支持以上假设，我们可以提出的第一个论据涉及负责实施护照法的公务员理解"外籍人"问题的方式。《1816 年条例》明显对这类旅行者很重视，因为其中关于他们的规定不少于 13 条（共 31 条）。我们看到，19 世纪上半叶关于外籍人问题的所有有效法律全部围绕"国内"护照与"国外"护照之间的区分展开。相对于旧制度时期而言，大革命正是在这一方面产生了最为激进的断裂。废除特权阶级、接受一部建立在全体公民法律面前人人平等原则之上的宪法、建立中央集权且严格等级化的行政体系，这些对法兰西国家主权实践空间的同质化起到了作用。此外，"国内"护照与"国外"护照之间的对立经常被高级官员援引，以凸显护照管理相对于旧制度时期的"进步"。1835 年的一份报告指出，由于法律的统一，从此以后，"不会再有像王国的市镇一样种类繁多的护照表格了，将只有两种"①。从 1792 年起，国内与国外的划分变得十分重要，因为革命的法兰西需要保护自己，抵御邻国政权的威胁。一方面，国王的出逃（1791 年 6 月 21 日）以及支持反革命队伍的部分贵族的外迁要求必须出台禁止公民离开王国的措施；另一方面，要能够阻止属于敌对民族的外籍人轻易地潜

---

① Archives Nationales（此后简称 AN），série F7 12186。

入民族领土内部。为适应这两种需求，1792年3月28日法律规定，所有想离境的法兰西人以及所有想在法国逗留的外籍人必须申请护照。尽管维也纳会议后，欧洲和平得到重建，但是19世纪上半叶期间，外籍人仍必须遵守护照方面的特殊限制。① 一般来说，这些实践都会以《民法》为依据。正如治安部（Ministère de la Police Générale）② 部长所说，"法国不是因为外籍人而抵触外籍人，就好像王国的自然居民不是因为理应享有某种权利才享受这种权利，这是一种简单的宽容带来的后果"。这就是"外籍人只能在得到高级权威的许可，获得官方签证后才能进入法国领土"的原因③。对外籍人的这种说法与今天盛行的说法一致。然而，19世纪初以来，这种抽象的法律手段没能得到大范围普及。治安部一位高级官员说道，"外籍人"首先是一个"没有任何产业、住所、家庭作为保障的个体：他是一个自身经历不为人所知的人，自然会引起怀疑，以至于他提出的被接纳的要求会被仔细审查"④。这种界定清楚地表明，国民/外籍人之间的划分被视为一种熟人/陌生人的对立模式。上述标准（产业、住所、家庭）之所以重要，是由于它们可以证明个体在一个互识的地方群体中的扎根。在行政机构眼中，这些标准可以保证个体分享着其所属集团的利益，并且不可能隐藏住自己的身份，因为他一直处于那些终日伴其左右的人的视线内。头脑中有了这种逻辑后，我们便可以更好地理解有关护照的多部立法的一致性原因所在。正如上一个例证所说明的，首先是由于个体脱离了互识空间，所以行政机构才要求他必须拥有这一文书。1792年法律通过之前的那场议会讨论中，法案报告人科代（Codet）提出的主要理由中并不涉及外部威胁。他援引了许多省、区（district）、镇政府的要求：重新启用护照，目的是应对抢劫与流浪肆意横行的状况。他驳斥那些认为该法案是回归旧制度的人说，"绝大部分公民"不会对护照的重新启用心怀抵触，"因为这一大部分人不旅行，并且非常希望那些旅行的人不是骗

---

① 在第一帝国时期，对于跨出法国边境的监控主要表现在：行政机构欲阻止所有没服完兵役的士兵离开国家，除非他找到一位替代者。请注意拿破仑执政时期关于护照的法律也含有某种种族歧视，该法律规定（第40条）："黑人和有色外籍人或入籍者，无论性别，都不能获得巴黎的护照，除非得到治安部的特批。"
② 由法兰西第一共和国时期督政府（1795—1799）创立，是内政部的一个部门。——译者注
③ AN F7 12186.
④ Ibid.

子与流氓"。他还补充说，诚实的旅行者"不会对带着一份能担保他们是得到社会承认的公民护照四处游历而感到厌恶，此外，有了这种保障，他们将可以在主要道路上遭遇困境时获得救助"①。这种解释一下子指明了从此后法律赋予护照的两种功能：保护地方共同体、抵御陌生旅行者的潜在威胁，以及与此同时保障旅行者的安全，因为，从本质上讲，他们的流动使他们脱离了所属群体的保护。在这种框架内，《1816 年条例》取消边境居民以及不超越省际界限的旅行者的护照是符合逻辑的，因为以上这些个体没有真正远离其相互认识的空间（他们的"地区"）。相反，所有越过这一空间边界的个体都会成为"陌生人"、"外籍人"。这就是我们要求他必须拥有护照的原因。

（三）从归属本镇到归属国家

通过强制规定所有旅行者都要申请"国内"护照，警察不仅获得了监视被视为"危险"旅行者（罪犯和革命军）的办法，而且还得到了解决旧制度以来一直困扰当局的"社会"问题的方法，这个问题便是流浪者向城市的迁移。1790 年春，曾经有大批乞丐入侵首都，这种情况迫使公权力机关采取措施："所有至少一年以来在巴黎无住所的贫民将领取到一份护照，如果是外来者可以凭这份护照重新返回其祖国，如果是法国人且半年内在巴黎没有住所，可以凭护照返回其原来的镇政府。"② 大革命时期通过的关于救济贫民的法律巩固了旧制度时期一个基本原则，那就是想要寻求庇护的贫民应该去的地方是个体所属的**地方**共同体（其家庭所在的镇，这是镇取代教区以后的事）③。国内护照以及贫民护照一直到第二帝国时期仍在沿用，那是因为这种地方救济逻辑直到第三共和国初期都

---

① Archives Parlementaires（此后简称 AP），1re série, t. 38, séance du 31/1/1792, p. 15.

② 一年以后，1791 年 7 月 19 日法律再一次试图解决乞丐与流浪者"入侵"城市的问题。各镇政府被要求统计其所有居民并对居民的申报登记造册，登记册上还要区分出"无担保"者（既无法维持生计，又无人为其担保的人）、"可疑分子"（没有指出从前住所的人）和"不怀好意者"（曾做过虚假申报的人）。关于这些问题，参见 A. Forrest, *La Révolution française et les pauvres*, Perrin, 1986。

③ 1793 年 10 月 15 日法律规定贫困者有权寻求公共救助的"合理场所"是其出生地。"欲获得救济房，应在一个镇逗留一年，经过镇政府秘书处登记后方合法。法律拒绝没有护照或不能证明本人绝非无担保者的文书的人申请救济房"；参见 A. Houzé de l'Aulnoit, *Les ouvriers belges à Lille. Étude sur les conditions d'admissibilité des indigents étrangers aux secours publics*, Lille, C. Danel, 1885。

是国家"社会"政策的一个决定性要素。显然，从此以后，市镇不再只是国家—民族机器中的一个基础性元素。地方政权所承担的义务，即救助贫民也成为一件"国家事务"。根据相关个体是否为法国人这一标准，将乞丐遣返原籍的问题被分成了两部分。如果该个体为外来者，行政机构很乐意将其送至边境处，以便他的国家将其接回原住地。从这一刻起，对于"外来者"（从非国民的意义上讲）的思考开始远离烦扰革命者的政治与军事思虑，转向经济与社会思考范畴，该范畴在接下来几十年中变得越发重要。罗歇·布吕巴克尔（Rogers Brubaker）在谈到德国时说过①，19 世纪初期，正是日耳曼国家之间为弄清谁应对贫民负责的论战，导致了德语中 Staatsangehörigkeit，即国家归属意义上的"国籍"的最初法律定义的出现。这些问题远不止局限在德国，它们成为整个欧洲外交协商的重点之一。大部分国家都签署协议，明确表示同意接收被邻国驱逐出境的自己的"臣民"。这就是为什么，从七月王朝起，法国行政机构要求外籍工人除了出示自己的护照或工人证外②，还必须出示"可保证其返回祖国"的"原籍证"（certificats d'origine）。法国政府准许一些欲通过勒阿弗尔（le Havre）前往美洲的德国人入境，但为避免错误地救济不"属于"自己的穷人，法国的条件是，他们要有足够多的钱穿越法国。同样，在民族领土上，外籍人与法国人的婚姻只在这对准夫妇能够证明他们有能力维持正常生活的条件下才被准许。正是在这些新思考范畴内，七月王朝初期，行政机构才开始使用"nationalité"③ 一词指代个体对国家的归属。

（四）护照："沿轨迹"追踪旅行者的一种手段

19 世纪上半叶，护照被视为行政机构一种无可替代的工具，当然这其中也有技术方面的原因。为了解决个体在整个民族领土上流动带来的诸多问题，公务人员使用地方社会的一些办法和基准。他们认为，自己的首要任务是"紧盯住"旅行者（用他们的话就是将这些人"置于自己视线

---

① R. Brubaker, *Citoyenneté et nationalité*…, *op. cit.*, 尤其是第三章。
② 1816 年法规取消了持有工人证或行会推荐信的工人的护照。
③ 例如，1831 年，内务部宣布，所有欧洲国家都已采取了旨在"要求个体出示自己的国籍证明和批准其离开自己祖国的证明"的措施。正如达尼埃勒·洛沙克（Danièle Lochak）所说，从严格意义上讲，应当用此"国籍"（étaticité）代替法国法律中所谓的国籍（nationalité）以指代个体对国家的归属。D. Lochak, *Étranger de quel droit?* PUF, 1985, p. 49.

以内")。与护照法相伴而生的所有机制都是为这一目的服务。国家代表以发放护照的方式批准个体的流动。但批准的同时，也落实了个体行程的起点（发放护照的地方）和终点（旅行者想要去的地方）。对于那些有可能构成威胁的旅行者，官方会像旧制度时期一样指出其必须经过的所有中转站。这是对待被遣返原籍的贫民的方式，但同时也适用于所有享受道路援助的人，甚至外籍人。从这些人开始穿越法国领土时起，官方就会向他们发放一张"通行证"，一个城市挨着一个城市地指出他们应走的行程，直到他们到达目的地并获得治安部（或内政部）发放的暂住许可。该时期的文书很好地说明了护照为将旅行者"掌控在视线之内"所起到的作用。例如，如果我们审查于1841年被保存在国家档案馆的安德尔—卢瓦尔省（Indre-et-Loire）省长为外籍避难者［曼努埃尔·加西亚（Manuel Garcia）］发放的免费护照情况，我们会发现，护照的背面就是"路条"，上面指示着这位避难者在从图尔（Tours）到苏瓦松（Soisson）这段行程中的"必走路线"。省长的盖章和签名表明省长要求在避难者路单中出现的每个城市的权威机构都要在护照上签字。每当这样一位避难者离开某一省份时，该省省长便会通知邻省省长，以保证监督的连续性。治安部部长正是以同样的想法扣留在法逗留的外籍人的护照（换发一个法国护照）。就像省长自己所说的，没有这个护照，"将会很难定位他们在国内的行程"。如果想要理解护照为何在该时代既承担着救助功能又具有监督功能，就应该在头脑中进行这方面思考。曼努埃尔·加西亚的护照再现了一种传统认知，即文书应该向持有者提供官方保护："我们（安德尔－卢瓦尔省省长）请民事和军方当局为（加西亚先生）放行并任其自由通行，在需要的情况下，为其提供救助与保护。"然而，在这种援助的名义下，官方便自以为有权蓄意限制往来自由。道路援助只提供给依照路单指引出现在城市中的贫民。行政机构通过这种方式就能够因为个体贫穷而被认为"可疑"。所有这些规定都有利于"当面对质"，即国家代表与流动人员的直接关系。随着大城市人口堆积越发成为核心权力的筹码，这种路线管理也变得越发重要。我们知道，在整个19世纪，巴黎既是最大的欧洲工人城市，又是主要国家机关的聚集地，这一事实在1830年至巴黎公社期间的革命"岁月"中起到了重要作用。疏导人员的流动，可以防止敌对力量积聚在权力集中的地方。正如第二帝国之前的许多档案表明的，在动乱和失业时期的首都，内务部的第一"反应"就是要求各省省长停止发放前往巴黎的护照。

被文书掌控（不好）的身份

（一）外表的专制

护照只有在承担起能够统领所有其他功能的功能时，才能成为行政机构手中的有效工具，这种功能便是鉴别持有者的身份。正如1818年的一份通告上指出的，为旅行者发放的所有护照都应"能够确认该人身份及其要求公共权威保护的权利"。为了深入思考前文概述的关于护照的双重功能问题，我们可以将旅行者定义为社会身份无法得到原地方共同体成员证实的个体。这就是为什么在个体身份没有被文书掌控的社会中，外貌在身份鉴别实践中扮演着主要角色。在18世纪，对警察来说，"衣着描述是一种身份鉴别方法，这与大众阶层的做法一样"[1]。面貌描述亦是如此。说话、行为方式以及脸部特征都被视为辨别陌生人的指征。拉瓦特尔（Lavater）发明的"根据面貌特征识人的技术"在18、19世纪的欧洲十分流行。[2] 许多资料表明，这种对陌生人进行身份识别的首要方法直到法国大革命时期都一直有效。例如，在共和历第二年第六月二十五日，库东（Couthon）在法庭上大声宣布："在革命中，所有好公民都应是擅于记住别人面貌的人，今天，所有面目凶恶、眼神惊恐、乔装改扮的人都是坏公民，所有真正的共和人士都有权当场逮捕他（掌声）。"[3] 护照的主要功能之一，是摒弃老一辈的身份鉴别逻辑，在对旅行者进行身份识别时，用可以提供更可信、更"客观"指标的机制取而代之。我们知道，文书的首要功能是使信息在其最初产生背景之外得以传递。因此，护照作为一种文字凭证，是可以建立"发放者"（发放护照的官方机构）与"接收者"（在另一时刻、另一地点对护照进行监管的官方机构）之间**远距离**关系的工具。要使这种远距离识别变得有效，需要满足多种条件。首先，作为"发放者"的官方机构应核实护照申请者所提供的身份信息是否属实。其

---

[1] D. Roche, *La Culture des apparences*, Seuil, p. 317 (1re éd. 1989).

[2] 参见 J. -C. Lavater, *La Physiognomonie ou l'art de connaître les hommes d'après les traits de leur physionomie*, L'Âge d'homme, 1979 (1re éd. 1781-1803).

[3] 转引自：S. Wahnich, *L'Impossible citoyen. L'étranger dans le discours de la Révolution française*, Albin Michel, 1997, p. 41。

次，作为"接收者"的官方机构应保证，一方面，向它出示护照的人的确是最初申请并得到此凭证的人；另一方面，护照本身没有被中途篡改。

(二)"体貌特征"的体系化

对于今天的读者而言，这些方面可能看起来很自然，甚至很普通。但当我们审查1792年3月28日法律通过之前的那场议会辩论时，我们发现，从面对面的身份鉴别逻辑到文书鉴别逻辑的转变并不是没有引发纷争和疑问。分歧是在涉及以下问题时开始出现的：哪些是应显示在护照上的个体身份元素。该问题一开始就使众议员们在两种社会身份维度之间摇摆不定。首先，这涉及固定旅行者的*民事*身份特点。法案的第二条规定，护照上要写明姓名、年龄、职业、家庭住址以及是法国人还是外籍人。主要的分歧出现在建议对使用假名旅行的个体进行刑事处罚的修正案上，比如几个月前的路易十六。但是，韦尼奥 (Vergniaud) 强烈反对这项规定，他宣称："很难理解一个人没有其他犯罪而只是更换姓名就被判处一年徒刑。这显然有损于神圣的人权。"[①] 在该场辩论中出现的第二个问题涉及旅行者的自然身份。为了确保向国家公务人员出示（在那个时代人们称为"代表"）护照的个体的确是收到护照的那个人，法案的起草者认为应该在文书上写明其"体貌特征"。该建议遭到某些众议员的批评，后者认为，由于镇长和警察的受教育程度有限，护照上很有可能会写上一些异想天开的指征。"这样一来的结果便是，个体很容易因为其体貌特征无法被精确辨别而成为市政府的烦恼。"这种看法清楚地表明，在众议员们眼中这种尝试的抽象程度之高：它试图通过文字掌控变动的、主观的元素（或者使其"固定""持久化"），进而去感知一个人的外表。[②]

这种忧虑再次出现在涉及"呈现"护照的辩论中。迪卡斯泰尔 (Ducastel) 众议员反对抽象的身份监控："要么国民警察只抓捕那些他们想抓的人，要么就把所有人抓起来。如果是后一种情况，这将是一场骇人听闻的调查；如果是前一种情况，这将是一场抽象的调查。他们要对哪些人执行法律？是根据面貌特征而定么（自言自语）。我说：是根据着装还是面

---

① AP, 1re série, t. 38, séance du 1re février 1792, p. 62.

② AP, *op. cit.*, séance du 31/1/1792, p. 21. 随着某些众议员要求在护照上重新注明"镇政府能对公民作出的所有评注"，以提供更多关于该个体的道德方面信息，人们对于抽象的担忧变得越发强烈。

貌来进行抓捕？往往流氓无赖长着一张诚实的脸，而不幸的是，好人有时长得像无赖（自言自语）。"① 迪卡斯泰尔很好地指出了演变至今的证件身份的"薄弱环节"。既然界定某人合法身份的元素无法被看到，那么在没对*所有*公民进行强制性身份监控的条件下（这是迪卡斯泰尔提出的解决办法，但没被认可），又如何阻止警察进行"有罪推测"？（根据个体的简单外表推测是否有罪）② 用社会学话语来说，该问题使我们想到，虽然鉴别身份的证件可以为警察节省大量监视活动，但它也没有消除面对面的互动时刻，在这种互动中，个体服从于身份鉴别事业以及负责实施该项事业的国家代表。

为了降低这种抽象程度，1792年提出的解决办法之一，是从护照的正规性方面入手。为了将旅行者体貌特征方面的信息同质化，众议院通过一项修正案，指出所有护照使用由中央政权统一制定的格式，发放到法国所有的市镇。这种格式详细列举了"体貌特征"一栏的应填信息，以禁止市镇政府代表异想天开的描述。此外，在辩论中提出的关于使用"无印花公文纸"制作护照的建议被否定。印花税票的强制使用不仅可以充实国库，而且可以避免伪造。在接下来的几十年中，尤其在第一帝国时期，有许多改革完善了这一官方机制。《1816年条例》第3条规定，"护照需使用印刷表格：页面由两部分组成，每部分要有同样的栏目。这两部分用一条虚线分隔，一部分作为护照发给持有者；另一部分留在权威部门作为存根备用"。第5条补充规定，只有负责登记的行政部门有权在"统一的带有水印的公文纸上"印制上述表格。登记处负责人保管外籍人的护照表格，但会将其他人的表格转交给税务员，税务员将这些表格再转交给税务官和镇长，并从后两者那里换来收条。

我在上文中作为例子列举的曼努埃尔·加西亚的护照给以下措施提供了灵感，那就是行政机构落实这些合法强制的方式。我们看到，这种护照使用了可以鉴别凭证本身是真是假的栏目。在左侧一栏中有详细标明："有效期一年的免费护照"，该护照由安德尔-卢瓦尔省省长在图

---

① AP, *op. cit.*, séance du 31/1/1792, p. 21. 随着某些众议员要求在护照上重新注明"镇政府能对公民作出的所有评注"，以提供更多关于这个个体的道德方面信息，人们对于抽象的担忧变得越发强烈，p. 39。

② 关于当下该种困境问题，参见 G. Noiriel, "Comment reconnaître un étranger?" *Liber*, 15, septembre 1993。

尔签发。有一栏（尚未填写）预留出来用于填写登记号，该栏需要在护照存根上进行填写。最后需要签字和官方盖章，目的是证明凭证的真实性。护照还提供了旅行者身份的信息。有关其民事信息情况的登记很少而且相当模糊。出生日期和出生地以及家庭住址都没有标明。在"职业"一栏，官方机构填写的是这位卡洛斯派避难者在被放逐前在西班牙军队中的军衔。曼努埃尔·加西亚的护照说明了旅行者外貌特征的重要性。我们在这份护照上找到了1792年法律为在整个民族领土范围内将外貌特征描述"标准化"而确立的标准：从身高到面部细节、面色等直到"特殊指征"。值得注意的是，护照的体貌特征一栏中包含了旅行者的年龄，而我们今天的身份证件则标注出生日期，与民事信息登记簿中的登记一样。

机制的危机及其被放弃的过程

直到七月王朝初期，国家最高权威似乎仍然确信，1792年通过并在接下来几十年中逐渐"完善"的护照法是解决个体在民族领土上流动问题的一个有效方式。在1835年旨在阐明该问题的说明书中，内务部一位主要负责人指出，从此以后，"监控旅行者的方式会极其简单，在领土的各个角落，警察会很容易分辨出那些被要求出示护照的人是否符合手续"。对于这位负责人而言，这种有效性主要通过对"统一表格的普遍使用表现出来，该表格需按规定填写，并以相似的方式包含可识别持有者国籍、身份和社会职业的所有必要指征"，此外，这种有效性还可体现一个优势："以统一的、可被官方所有公务人员认识的表格形式派发。"从此，由于有了这些革新，"仅通过格式及内容"，护照便可以提供"其有效性的保证"。① 在19世纪最初几十年中一直有效的这种机制的迷人景象没有立即全部显现，反而尤其反映了公务员在发现印刷品在社会监控方面的潜在力量时的惊讶（和兴趣）。实际上，在那一时代，护照在很大程度上仍有赖于身份鉴别的传统形式。

---

① AN F7 12186.

（一）行政机构的自身缺陷

首先，行政机构并没有真正找到办法核实离开出生地的个体的民事身份。我们在前文中看到，大革命初期，某些众议员曾认为，公民可以按照**自己的**意愿自由更换姓名。关于护照问题的议会辩论出现在1792年9月20日政令出台前几个月，政令确立了民事信息的"世俗化"，几年后，它得到了共和历十一年第七月十一日法律的巩固，该法强制要求固定姓氏。在个体身份鉴别的社会—历史学方面，我们不会过多强调这些措施。就像保尔·杜朗（Paul Durand）指出的那样，旧制度时期经常出现的关于身份的争议，随着"具有常规性和精确性特点（以前从未有过）的民事信息登记在所有开化人民中的普及"而变得越来越少。然而，直到19世纪中叶，沟通渠道的脆弱性使旅行者的身份仍很难核实，更何况这些登记簿都被保管在个体的出生镇。① 至于外籍人，似乎更是无法完成的任务，不仅因为距离遥远，而且还因为他们来自尚未建立我们今天意义上的民事信息登记的国家。即便在国家已成为古老实体的法国，行政机构也远没有以令人满意的方式完成指定任务，尤其是在底层机构中。直到第二帝国时期，民事信息登记簿的保管工作仍不完善。② 同样，尽管有统一的命令和表格，且这些表格只需填写即可，但是有关护照的法规却没有被各镇长很好地执行。省长们怀疑他们是在保护地方利益、对抗更高的民族利益。比如1827年，布洛涅省（Boulogne）省长向部长报告说，其行政区内的镇长"出于一些糊涂的算计，认为如果他们对重点个体进行更加严密的监控的话，就有可能损害到管辖区的利益"。这就是他们建议将签发护照的工作专门委托给警察局的原因。但最常遭到指责的，是镇长们的漫不经心。某些镇长，尤其是乡村镇长，为了摆脱那些不稳定个体，经常为这些人签发免费的、可享受道路援助的护照。而其他镇长则总是不将外籍人护照转交给内务部，满足于自己进行监督，"为的是不让上级行政机构知道

---

① P. Durand, L' *Identité au point de vue judiciaire. Son histoire*, Imprimerie de la Revue judiciaire, 1910, p. 9.

② 在复辟王朝初期，夸尼亚尔（Coignard）事件成为编年史学的热门话题。这位葡萄种植者的儿子被判服苦役后逃跑并更换姓，还把自己说成伯爵。后来他被一名刑满释放的苦役犯认出。这个社会新闻启发了小说家们的想象力（比如巴尔扎克或维克多·雨果）。对于已经改换身份的个体来说，这件事对他们的吸引力可能与那时警察识别罪犯时遇到的困难不无关系。

大量外籍人来到法国,如此一来后者便摆脱了所有监控途径"(1833 年的秘密通函)。护照机制的统一化过程还遇到了以下障碍:那就是镇长并没有系统地使用规定的表格。某些镇长不签发护照,而是用"品行良好证"代替。其他镇长则使用不带印花的公文纸作为个体在整个领土上通行的许可证,但实际上所谓的整个领土不过只涉及他们的管辖区。

行政机构所有这些缺陷说明,面对面的逻辑仍在实践中扮演着主要角色。在缺乏书面证据的情况下,只有互识能够鉴别个人身份。《1816 年条例》中具体指出,各镇长应负责国内护照(尽管存在上述这些问题),因为他们是距离公民最近的国家代表。因此,他们最有机会直接认识申请护照的个体。该法规还详细规定,在紧急情况下,当"镇长对旅行者特别熟悉时",即使后者没能满足所有常规条件,前者仍可以签发护照。在内务部与各省长的通信中,内务部常常提醒"居所证据"(témoins domiciliés)对于确立个体身份的重要性。镇长只有在下列情况,那就是有"两位有固定居所且声誉良好的公民的担保"下才能在本镇为外籍人签发护照。向"不认识、且姓名和身份没有得到两位公民证实的人"发放护照的公务人员将受到法律的惩罚。① 这种逻辑也可以让我们理解为什么需要让部长本人为那些走出国门的法国人以及进入法国的外籍人签发护照。由于这些国际性流动在当时只涉及一小部分个体,他们往往出身贵族或是资产阶级精英,部长本人很有机会认识他们。②

公权力之所以仍然如此重视互识,是因为那时的公务员仍深深地浸身于在我们前文中描述过的祖辈习惯中。他们仍在依据外表判断出现在他们面前的陌生人。"丰富的外部"是对旅行者有利的元素。就像勒内·圣·奥班(René Saint Aubin)的论文指出的,"自由流动权……并不是以同样的名义属于所有人"。"拥有正确归属"的富人"无须经过传唤前去证明自己身份"便可以旅行,而穷人则不然,他们需要

---

① AN F7 12292. 这种证明显然是主观或有利益关系的。"我们知道,往往在法律的强制要求下,才会证明身份。在去见求证身份的公证人或公务人员之前,当事人已经事先找好了在大街上找来的证明人,这位证明人很可能出于一点廉价的诱惑就决定为这个人做身份证人";René Saint Aubin, *Des Faux Correctionnalisés*, Arthur Rousseau, 1906, p. 51.

② 如果不属于这两类人,那么申请护照的人会请求显要人物向部长提交推荐信:这也属于证明。

"服从那句有名的'出示证件'"①。在王国的边境,内务部长要求警察拒绝"没有行李"的工人入境,"来自遥远城市、没有行李、表现出贫困迹象的旅行者"也一样。② 19 世纪中期,公权力机关仍然重视个体相貌这个事实,明显表现在 1849 年 10 月 23 日旨在鉴别累犯身份的通告中。部长建议省长"用最大的细心收集所有特殊身体指征,因为在这些指征的帮助下,不想承认自己应接受以前应得惩罚的个体在事实面前会不得不承认……还应该作出形象描绘,体现出一些可以帮助确认其身份的元素"③。

(二) 铁路与自由主义加速了护照危机

所有这些都在表明护照监控体系的不稳定性和脆弱特点。从七月王朝时期开始有两个因素将加速这一机制的危机,它们就是工业的发展和自由主义价值观的传播。铁路的拓展是该阶段欧洲经济变革的最壮观图景。这种新的交通方式导致人员流动的增多和加速,以至于公权力机关力图维持的对旅行者的直接监控变得完全不可能。上文提到的将外籍人护照送至部长那里并要求这些人必须等待签证的做法变得越来越难以接受。来自使馆的抗议越来越多,内务部长于 1836 年发起一项调查。人们这时才发现,一份护照从鲁昂(Rouen)寄到巴黎需要四天时间;从佩皮尼昂(Perpignan)寄到巴黎需要九天时间。从此以后,旅行者要比他们的证件流动得还快。从那时起,就像内务部长自己承认的,护照的手续"妨碍了很多商业操作的成功"。他还补充说,"自从交通方式的多样及其低廉的价格让所有人的旅行变得如此简单后,相当多的外籍人,尤其是英国人,只是来巴黎待几天,现在这些人却不得不服从某种并不同样迫切、可能还不够真诚的精确态度"④。并不是只有外籍人有怨言。福楼拜尔在一份报纸上曾经举例说明去国外旅游的法国公民的烦恼。在谈到从东方返回法国时,他写道:"公务人员想精确核实我们护照上的外貌特征。而我们的护照是外交部签发的,并未标注任何外貌特征。这可不好办。他们让人通知省

---

① Saint Aubin, *op. cit.*, p. 26.
② AN F7 12186.
③ ADV 4 M 371.
④ AN F7 12196.

长，省长将来到这里对我们进行仔细盘问。"① 然而，经济的发展逐渐从其他方面削弱了这一监控体系。文书的"民主化"以及化学的进步使得假凭证开始泛滥。早在复辟时期，司法部就曾向皇家科学院常任秘书长求助。"几年来，造假技术取得了如此惊人的进步，以至于我认为应该求助于科学院，以便找到预防混淆的办法，否则这些混淆可能造成无法避免的后果。"他补充说，如果造假者很久以前曾试图通过化学手段让证书上的文字消失，那么"他们现在则是在进行完善"。七月王朝初期，造假问题一直没有得到解决，有人认为假证明的增多在相当大的程度上减少了印花税收入。②

同时，自由主义思想不断占据上风。工业领域斥责行政机构束缚商贸阔步前行。政客之中也有越来越多的人认为国家应尽量少地干预个体的日常生活。在七月王朝时期，这种向往与区分两种需要的想法结合起来。第一种需要符合贵族阶级的观点，该阶级反对法律以相同的方式适用于所有人。这种观点最好的证明就是1818年由治安部起草的通告，这份通告要求省长在核查护照时不要做无用的羞辱。"希望所有旅行者，尤其是地位高或在国家中占据显要位置的人，希望杰出的外籍人都能得到尊重和关切的对待，这也是我们的礼仪和道德所要求的。希望在一般情况下，旅行者绝不是被迫出走来到官方面前的。"部长补充道："有些时候，一些高级人物为了能隐匿身份旅行，会使用自己的其他名字。在这方面不应作任何调查，除非是形势所迫。"③ "自由主义"的另一个面相更加接近我们当下的关注，因为它强调对私生活的尊重。以下这类措施正是以这种名义得以通过，这类措施禁止将个体过去的伤痛公之于众。1832年法律为罪犯取消红铁标记是这种新观念的证明。④ 这一观念也引发了越来越多的对护照的批评。

1860年中央铁路警察局（commissaire central de police des chemins de

---

① 引自：J. Sagnes, in C. Phéline (dir.), *Identités. De Disderi au photomaton*, Centre National de la Photographie, 1985, p. 12。
② 1826年2月8日的信；参见 AN, série BB 1287。
③ AN F7 12292。
④ 对可视性歧视的拒绝也触及护照的正规性方面。1834年，内务部一份通告要求省长"为处于合法监控状态……的释放犯重新发放免费但不享受道路援助的护照"，而不再签发"特殊形式的路条……以免让公众知道他们过去的行为，通过这种方式让他们获得就业机会"。ADV 4 M 371。

fer）提交给部长的报告清晰地显示出公权力机构之紊乱。① 为了主动适应交通方式的进步，1855 年 2 月 22 日政令开创了一项新的治安举措，专门用于监督铁路。在报告中，负责这项新举措的中央警察局确立了第一份职能清单。中央警察局指出，如果交通变得更快速，那么"犯罪分子就可以借助铁路逃得更快"。报告补充说，这就是为什么"在使官方公务人员最终能确保旅行者身份的真实性方面"会出现"这样大的关注度"。然而，报告也承认，自法国大革命以来施行的护照制度，如果说当"旅行者人数不多"时该制度很有效，那么时至今日已经不再合适。"为了方便铁路公司，同时也为了提升我们在铁路方面的办事效率，我们必须在护照法规规定的手续方面为享受铁路服务的旅行者进行一些简化。"铁路公司反对身份监控，它们指出，这是"一种束缚人、使人不快的措施"，自从新的沟通方式（铁路和电报）"可以使各级政府快速沟通"以来，这种措施就已经"没用并无法执行"。由于警察以前从未强迫乘坐铁路的旅行者出示护照，因此这种交通方式便被部分乘坐公共汽车旅行的旅行者放弃。这样一来，警察无法再要求乘坐公共汽车的旅行者也出示护照，也不能惩罚到那些没有护照的人了。法国与其邻国（尤其是比利时和英国）签署的自由贸易协定生效后，这些国家的国民在法国旅行时可以不用护照，那时这项措施会显得越发过时。因此，警察遇到的主要问题是想出新的适用于"现代"的身份鉴别技术。

（三）新对策及其局限性：摄影术

虽然工业的进步大幅削弱了以护照为根基的监控体系，但是交通、电报的发展，以及文字材料的普遍使用，所有这些革新都能为新的身份鉴别以及个体监控战略服务。正是这种想法促使中央铁路警察局在上述报告中建议修改原来的护照，"将其简化同时还要使它变得更全面，目的是在方便护照检查工作的同时不至于耽误'各火车公司'的运行"。该报告准备用一种"流通卡"来代替护照，"可在查票的同时核查该卡"。这种卡片是官方发放给旅行者的一种简单的"身份证件"。局长在报告中还补充道，该卡"并不质疑作为天然权利的旅行权"，它只是要规范这种权利。

---

① AN F7 12243.

在技术方面，局长的主要新意在于借助于摄影术。他写道："摄影科学已经达到可以满足所有需求的地步。只需收肖像照以及带照片的名片即可。"他认为摄影术的作用已经在鉴别危险罪犯方面得到了证明。他在肯定"护照上平庸的外貌特征描述不再能满足要求"的同时，建议在这方面增加一张旅行者的照片。为保证新办法能够有效，"法国司法与行政机关自然要为所有被判刑、被指控、有嫌疑、被监视的人照相。另外，这两个机关还要掌握各省大部分居民的照片，然后根据时局需要传送给帝国其他权威机构"①。

但是，这位警察局长拟订的方案从未被公之于世，因为那时的人们被囚禁于身份与监控的传统观念中。他为摄影术赋予一个堪比体貌特征的角色。无论是描写体貌特征还是使用照片，都是在护照上"再现"个体的相貌。照片毫无分类原则的增多使得这种鉴别方法效率低下，且代价高昂。此外，由于首先应用于罪犯，然后是精神病患者，后来是巴黎公社的战士，身份摄影术被舆论视为对个人自由的无法忍受的质疑，这种质疑有可能会强加在诚实公民身上。在本章中，可能我们无法列举促使第三共和国领导人从一战起重新启用护照的所有原因，也无法深入研究从那时起护照被赋予的所有新功能。② 我们只能简单地指出，这一新角色与共和国在19世纪后几十年开始实行的政治计划有直接关系。从那时起，由于政府领导人的主要目标是成功地将民众阶层融入国家—民族，吸引公权力注意力的不再是作为领土概念的国家，而是作为"成员共同体"（民族）的国家。从此以后，公权力将以严格区分身处民众阶层内部但被排除在民族共同体之外的两大类别：罪犯（1885年关于惯犯的法律）和外籍人（1889年《法兰西国籍法》）为主要目标。为达到这一目标，行政机构开发了一种可以更好确定个体身份的新战略。登记簿被中央数据库取代，"体貌特征"和"肖像照"消失在人体测量学鉴别技术面前，该技术建立在肉眼无法测量的身份"指征"的开发

---

① 摄影术出现之初，这项新技术的提倡者就已经看到它作为身份鉴别手段的前景。著名摄影家纳达尔（Nadar）在《娱乐报》（*Journal amusant*）上谈过在护照上贴照片的可能性。但是直到1850年代初期，摄影家里什堡（Richebourg）才向内务部长提交在护照上粘贴照片的可能性证明。有关这一过程，参见 C. Phéline (dir.), *op. cit.*

② 关于这种"身份革命"，参见 G. Noiriel, *La tyrannie*…, *op, cit.*

基础上。① 后来，当这种新技术被投入使用时，护照才重新找回其效用，它的功能是保障在这个由国家—民族演变而来的"生存单位"边界之外进行冒险的个体的身份和民族归属。②

---

① 阿尔封斯·贝蒂荣在这些创新中的作用，参见 M. Kaluszynski, "Alphonse Bertillon et l'anthropométrie", in *Maintien de l'ordre et polices en France au XIXe siècle*, Créaphis, 1987。关于欧洲社会排斥的多样性历史，参见 A. Gueslin et D. Kalifa, *Les Exclus en Europe*, 1830–1930, Les Éditions de l'Atelier, 1999。

② 这种说法是从诺贝尔·埃里亚斯那里借用的：Norbert Elias, *La Société des individus*…, *op. cit.* 关于第三共和国初期对人员流动的政治和新行政措施，参见 J.-F. Wagniart, *Le Vagabond à la fin du XIXe siècle*, Belin, 1999。

第十四章　移民身份识别的治安实践及其对权力关系史的重要性
——对"长时段"的思考

有关移民现象的历史学研究过去一直努力将观察到的事实再次放入长时段视野中。当集体研究与这种逻辑结合时，会倾向于优先选用共同之处，并强调在时间长河中观察到的事实的连续性（continuité）。我们可以理解为什么借用这种途径的历史学家主要从个体在空间中的流动视角思考移民。在古代部落移民与今日外籍劳工移民之间，实际上存在一个共同点：它们都展现了从原归属地到接收地的空间流动过程。然而，我们完全有可能在强调非连续性、中断的同时，研究移民现象的"长时段"。在这种逻辑中，集体讨论的出发点不再在于对话者的共同声音，而是在于将他们区分开的东西。从启发性角度讲，这样一个尝试具有两种相当大的优点。首先，对话者不会自发地相互理解，从这一原则出发的历史学家就像意识到自己与对话者没有操相同语言一样。这些历史学家通过解释自己使用的概念、论题和目标，努力让自己被别人理解。其次，对中断的青睐多于对连续性的喜爱，这使研究者能在一种*比较*视野中（将该主题在历史中的两个时刻进行比较）构思长时段研究，而不再将这类研究视为旨在阐明现象之起源的一种努力。以上这两者是我想在本章中进行的两种尝试。

移民问题的历史学要点

为了能更好地理解为什么我在近期研究中对警察/移民关系问题感兴趣，首先要将这种思考放入 1960 年代以来有关移民问题的法国历史学转型背景。起初，有关该主题的大部分研究都自称为社会史学。更确切地说，这些研究属于社会史学中一个朝气蓬勃的分支——历史人口统计学。这些研究主要涉及现代（常常谈及 19 世纪），并将迁移理解为人群历史的组成部分。因此，重点集中于个体迁移（移民潮）和人口统计问题上。① 从 1980 年代开始，移民史学的出现使得研究重心转向 20 世纪（更确切地说是 1870—1939 年阶段，恰好与第三共和国历史重合）。尤其在皮埃尔·米尔扎（Pierre Milza）、雅尼纳·庞蒂（Janine Ponty）、伊芙·勒坎（Yves Lequin）、南希·格林（Nancy Green）以及这些人的学生的推动下，移民史终于成为法国历史学研究的一个领域。② 出现这种朝气蓬勃态势的原因之一在于，这一新研究领域将此前互不了解，甚至相互争斗的两大历史研究思潮结合在了一起：一方是政治与外交史学［战后，其领头人物是皮埃尔·勒努万（Pierre Renouvin）和让－巴蒂斯特·杜罗赛尔（Jean-Baptiste Duroselle）］；另一方是经济与社会史学（由厄内斯特·拉布鲁斯推动）。以下事实为这两者的结合提供了便利：关于移民的多少有些雄心壮志的所有研究不仅需要政治史学领域的调查（为的是研究输出国与接收国之间的关系，该领域关注政府为使移民"融入"而采取的行动等），还需要经济与社会史学领域的调查（研究劳动力问题、移民的日常生活问题等）。这就是为什么大部分发表于近 15 年的移民研究同时包含了经济、社会和政治维度，这些研究为使移民史学成为一门"完整"历史学做出了贡献。

从社会史学出发，我展开了初步研究：以洛林地区铁矿场为中心，我的抱负是丰富这门移民完整历史学。但是，在进行实证研究的同时，我也遇到一些问题，这些问题是厄内斯特·拉布鲁斯主张的经济与社会史学和皮埃尔·勒努万、让－巴蒂斯特·杜罗赛尔或勒内·雷蒙推崇的政治史学都无法解决的问题。在我的论文中，我最初想研究属于某一"社会阶层"的群体：隆维地区的冶金工人和矿工。我在研究过程中发现，1880 年代起，随着"国籍"的抽象法律概念逐渐转变为一个具体事实，且该事实越来越多地插手从前被人忽视的外籍人的日常生活，于是在该阶层内部出

---

① 以下论文是这方面的一个很好范例：Abel Chatelain, *Les Migrants temporaires en France de 1800 à 1914*, Université de Lille Ⅲ, atelier de reproduction des thèses, 1977。

② 要想了解该研究领域整体情况，读者可以参阅《社会运动》推出的那一期专刊，尤其是以下社论：M. -C. Blanc-Chaléard, "Des logiques nationales aux logiques ethniques?", *Le Mouvement social*, No. 188, juil-sept. 1999。

现一条越来越严格的分界线,将法国工人与外籍工人对立起来。① 在由经济标准界定的这一工人阶层内部,我们看到了由法律—行政标准界定的一些社会类别的发展。这些发现使我确信,当我们研究移民史时,我们不能不思考法律在法国大革命以后的社会关系动荡中扮演的角色。实际上,在现今日常用语中被人们称为"移民"的人并不仅仅是一个离开出生地前往别处生活的个体。在这一空间流动标准之外,还应增加另一条标准:从"移民"的法律含义讲,"移民"是外籍人,也就是不拥有法国国籍的个体。关于法律的社会角色的思考使我得出以下结论:移民史研究的主要旨趣在于,它是理解出现于19世纪的现代世界核心问题的一个极好的观测点。由于今日移民既以流动性标准为特点,又以国籍标准为特点,他们体现了1789年以来世界经历的双重革命:工业革命(使得人类在空间中的流动异常加快)和政治革命(法国大革命开创了以族体为基础的国家—民族时代)。从工业史角度研究过这种现代性之后,我想接着发掘现代性的民族维度。但经济与社会史学和政治史学都无法提供可以理解以下问题的工具,那就是民族事实的出现在哪些层面影响法兰西社会。实际上,这两种研究思潮过去和现在一直依托于同样的预设(这一点有利于它们从1980年代起的相互靠近)。在这两个领域中,"政治的"与"社会的"、"国家"与"社会"被视为两个彼此分离的机构,其中一个在另一个的外部;分歧主要出现在这两个机构各自的位置和重要性上。这种二分法尤其不利于对国籍的历史学研究,因为该概念在法律层面指个体对国家的归属(德国人用明确得多的术语:Staatsangehörigkeit 表示)。因此思考国籍的历史,就是在思考"国家的"与"社会的"之间的关系史,如果从传统的社会史学与政治史学的共同预设出发,我们就无法分析这种关系。法国历史编纂学对这些问题漠不关心的另外一个理由在于,它长期轻视社会学。即便近期这种情况有所改变,但是今天仍有许多社会历史学家认为没有必要从社会学中获得基础性培训,因为他们在"社会的"与"社会学的"之间建立了一种对等。要想将这种混淆区分清楚,我认为有必要明确区分社会史学(通过其对象,即对社会的研究作出的定义)和社会—历史学(按照历史人口统计学的做法,通过自身使用的专业技能类型,即社会学来定义)。正是通过求助于后一学科,我才能够找到展开调查的合适工

---

① G. Noiriel, *Longwy*..., *op. cit.*

具。正如马克斯·韦伯所说,既然是日常生活实践决定着人与人之间的关系,那么有多少行为类别就有多少社会群体。这便是韦伯用经济特点(比如阶层)、宗教特点(比如教会)和政治特点(比如国家、政党等)区分社会群体的原因。马克斯·韦伯补充说,在现代世界中,国家是具有政治特点的主要社会群体,因为连接国家各组成部分的行为涉及了被我们称为**主权**的最高权力。主权概念指代一种权力关系(指挥/服从),君主以这种关系的名义将自己的法律强加给依附于他的全体臣民。韦伯那向著名的国家定义:"在确定领土边界内……为自己成功谋求到对身体暴力的合法性垄断的人类共同体"① 使我们能够将国籍问题作为一个社会事实来理解。如果说对于法学家来说,国籍概念指的是个体对于国家的归属,那么对于社会—历史学家而言,国籍就是连接所有践行和/或服从于同一主权权力(指挥/服从)的人的纽带。直到此时,社会史学仍对这类依附类型不太感兴趣,因为该学科支持者们已经被"人与人之间的关系准则"问题搞得神志模糊,该问题使他们侧重于地方水平的、以同一互识群体内个体之间的互动分析为核心的研究。② 主权被理解为连接所有隶属于同一国家个体的指挥/服从关系,那么作为主权特点的东西就是一种*间接*社会纽带,这种纽带将彼此生活遥远、互不相识的众多个体连接在一起。这就是为什么这种依附类型只有在有了扮演中介角色的参与者(国家"代表"),有了可以触及相距遥远的所有具体个体的物质途径和技术后,才能实际运转。

  警察对移民身份的鉴别问题正是在这种范畴内给我的研究带来了重要意义。对我而言,这并不是一个应然的研究对象,而是一个很可能极其值得研究的例子,因为这个例子的特点是极端,它有助于理解连接隶属于同一国家的个体的主权关系在时间长河中如何演变。在长时段研究方法中最让我感兴趣的是,旧制度时期警察对移民身份的鉴别实践与20世纪推行的实践有何区别。

---

 ① M. Weber, *Le Savant et le Politique*…, op. cit.
 ② 近期对于"微观历史学"的热衷巩固了这种倾向。我在这里提出的思考框架本身也符合当下对"个体"与互动的回归运动。但是我的思考框架却与微观历史学的框架存在一定距离,因为我并不赞同以下预设:只有面对面的关系值得历史学家研究。该预设在我看来是对观察范围(作为研究对象的事实)与研究方式之间的混淆。

面对面的权力关系

首先应该承认,要想撰写关于18世纪至今警察身份鉴别实践的连续性的论文并不困难,因为这方面存在大量资料。樊尚·米利奥(Vincent Milliot)指出,大革命之前几十年涌向巴黎的移民潮使警察的工作增加了10倍,这种情况要求对新来者的监督工作应予以合理化。因此,人们可以接受以下观点:"从巴黎警局史的严格角度来看,控制人口流动之多种形式自18世纪起便已出现,那时的警察局就像一个推行原则与实践的实验室,目的是让原则与实践更好地被结果形式化"[1]。对于"警察的现代形式的出现"而言,这无疑是一个重要时刻。让-弗朗索瓦·杜博(Jean-François Dubost)与皮特·萨林(Peter Sahlins)在1697年合著了一本关于君主制国家对法兰西王国内的外籍人征税史的著作,在这本书中,作者以同样的方式和同样的话指出,从这一时代开始,国家的法学家和领导人所依据的"外籍人"定义与今日的定义相当接近:"外籍人根据其原属领土主权而界定"[2]。虽然"国籍"术语尚未出现,但国家归属概念却已经明显出现在处理这种问题的方式中。法学家们正是运用国家归属概念来证明1697年征税的合理性。外籍人应缴纳这笔税款,因为作为交换,他们可以享受君主保护的特权。对于让-弗朗索瓦·杜博和皮特·萨林来说,这一税种的重要性在于它是第一次面向整个王国范围内外籍人口的尝试。他们认为,这种措施是我们今日所说的"国籍"的一个体系化起点。最后,这种机制在身份鉴别实践中得到革新,因为负责征税的公务员使用的是教区登记簿和其他书面文件来核实个人身份,甚至原"民族"。

所有这些革新表明,从监控移民和外籍人的现代行政实践起源看,18

---

[1] 参见 V. Milliot, "Migrants et 'étrangers' sous l'œil de la police : la surveillance des lieux d'accueil parisiens au siècle des Lumières", in V. Milliot (dir.), *Police et migrants 1667 – 1945*, Presses Universitaires de Rennes (à paraître). 关于现代国家的起源,参见 P. Minard, *La Fortune du colbertisme. État et industrie dans la France des Lumières*, Fayard, 1998。

[2] J. -F. Dubost et P. Sahlins, *Et si on faisait payer les étrangers? Louis XIV, les immigrés et quelques autres*, Flammarion, 1999, p. 163.

世纪是一个重要节点。① 然而，这些变革却没有对作为国家—民族对立面的君主制国家的权力关系结构产生质疑。在君主制国家中，国王本人掌握指挥权。根据封建原则，隶属关系被认为是人与人之间的直接关系。依据中世纪的臣从逻辑，国王在获得臣民个人忠诚的同时践行君主权力。权力关系的这种人际特点的最明显表现是，国家主权不是在同质性和明确划界的领土上践行。1750年以前，法兰西王国拥有许多脱离于国家权力的飞地。同样，边境地区也尚未形成不同主权空间之间的严格分界线。② 主权个人化特点的另一种表现是，法律并不是对所有人都一样。特权、豁免权、土地特许权相互联合，强化了旧制度社会的法律异质性。当我们审视"外籍人"地位时，这种特点会明显表露出来。直到18世纪，接收外侨遗产权（droit d'aubaine）仍是鉴别身份的标准。君主制国家很愿意从自身利益出发回收利用典型的封建办法。中世纪时期，所有想要在非出生地的庄园内定居的人应在他想定居的土地上自认是该庄园主的人。另一方面，庄园主要向其征收捐税［农奴违禁婚姻税（formariage）］，并在其死去时没收他的遗产（没收外侨遗产权）。这种封建逻辑的持续性说明，直到18世纪，"外籍人"概念仍然非常模糊。有一些"法兰西"臣民，尤其是私生子，也要缴纳没收外侨遗产税。相反，王国的某些地区（尤其是边境地区）以及某些整体性外籍人群体（比如阿维尼翁人和苏格兰人）却由于国王赋予的"特权"而免除这一税种。因为这是"对征收没收外侨遗产税的免除，而不是对这类外籍人的直系亲属的免除"③。"正常法兰西人"概念指的是一种现实状态：出生在王国内。该概念并不具有族裔特点，也没有语言特点。这一权利反映出的逻辑与旧制度时期的归化逻辑如出一辙。它是一种以填充国库为目的的手段，可以使出生在王国以外的个体获得与"正常"法兰西人一样的社会地位。因此，在18世纪，外籍人并不是与法兰西人相对的一种"社会类别"。

1679年的征税之所以值得注意，不仅因为它是国民与外籍人的现代划分之开端，更是因为它表明了君主制国家从一个时代到另一时代的过

---

① 这种国籍的"现代"观念的另一方面表现为：早在旧制度时期，原则上，外籍人不能承担公职。

② 参见 D. Nordman, *Frontières de France. De l'espace au territoire*, XVIe-XVIIe siècle, Fayard, 1998。

③ J.-F. Dubost et P. Sahlins, *Et si on faisait payer les étrangers? op. cit.*, p. 32.

渡。这一片段处于数世纪以来王权为将其统治权强加给全体臣民而进行的斗争中。法学家通过列举没收外侨遗产税的例子为新税种辩护:因为从前庄园主为了君主放弃了这项特权。① 1697 年法令(édit)取消了从前赋予那些吸引外籍商人和手工艺人并让他们免除没收外侨遗产税的城市的特权,这件事是王权对全体臣民不断增长的影响力的另一个说明。让-弗朗索瓦·杜博和皮特·萨林正是从这一事实出发才得以肯定:"无论王国居民出身何处,都要让皇室统治权施加于他们全体,从这种绝对主义企图中可以得出这样的观点:在所有规定了隶属于国王的臣民身份的王国里都存在一种普遍而又统一的社会地位。"② 这种法律同质化进程无疑具有很大历史重要性,因为如果没有该进程,国家—民族可能无法形成。③ 然而,这一进程却没有从根本上改变主权权力的本质,这种权力仍然建立在对国王个人的效忠上。

如果说人与人之间的关系对于旧制度末期以前的君主制国家都保持着这样一种重要性,那么这并非都出于政治秩序原因。在前工业社会中,实际上,国家领导者在施加他们的"远距离"权力方面所拥有的办法很少。文字材料的使用并没有在人民之中普及,行政体系尚处于萌芽状态,机械运输还未出现。在这些条件下,中央权力只有在"中介主体"(corps intermédiaires)代表忠诚于它时才能得到臣民的服从。在社会方面,向个体提供生活帮助和安全,并对个体实行严格社会监控的是基础群体(家庭、教区、乡村共同体、职业行会等)。旅行者一旦离开其归属群体,便失去了常规支持,处于一种不安全状态。与此同时,他自身对其他人也构成一种威胁,因为在那个主要依靠互识和"面对面"来识别个体身份的世界中,离开其所属地的简单事实足以使旅行者变为意图可疑的"外籍人"。17 世纪末期,外籍人的法律定义(也是抽象的)与共识存在深刻矛盾。实际上,对大部分人来说,其中包括收税员,外籍人是指我们并不认识的人。所有居住在非出生地的居民都冒着被当作外籍人和税收对象对待的危险。以至于拒绝支付这笔税款的拒缴总额之中有 40% 来自那些被

---

① 正是在同一时期,王权垄断了庇护权,这项特权从古代开始就属于教会。
② J.-F. Dubost et P. Sahlins, *Et si on faisait payer* …, op. cit., p. 399.
③ 在德国,全体臣民臣服于王权的进程没能在 19 世纪之前完成,这在相当大的程度上延迟了国家—民族的建立。参见 R. Brubaker, *Citoyenneté et nationalité* …, op. cit.

错认为外籍人的人，因为他们居住的地方不是自己的出生地。①

我们从这些研究中得出的结论是，君主权力对外籍人和迁移民感兴趣的原因是不同的。如果说外籍人可以接济王国的国库，那么迁移民则存在制造混乱的危险。在旧制度时期，流浪者的大规模流动的确造成了一些麻烦，并对其汇集地的社会经济平衡构成了威胁。但该问题主要困扰城市，也就是迁移民优先选择的地方，因为那里财富较为集中。因此，直到18世纪，困扰警察的主要是"迁移民"，而不是"外籍人"②。另外，警察机构也尚未在民族基础上形成一定结构。警察局是城市里的一种机构，尤其在巴黎得到发展壮大，因为从当时的标准来看，巴黎形成的城市规模是巨大的。我们知道，在那样一种背景下，警察身份鉴别实践的首要目标就是疏导人员流动，以阻止流浪者在同一地区聚集。警察进行身份鉴别的另一个目的是将"贫穷的坏人"从社会主体中剔除出去，将他们遣返回原教区或把他们囚禁起来。在18世纪，警察与迁移者的关系仍反映着建立在武力使用、身体限制、"身体对身体"基础上的权力关系。这种面对面的逻辑同样指导着身份鉴别实践。在一个身份多样的社会中，文化实践、传统都是极端的，公权力机关的公务人员会动用一切"外表文化"③（culture des apparences）资源来完成他们的日常监督任务。着装、说话方式、举止都是可以显示个人身份具体指征的信号。当然，警察已经掌握可以简化其工作的书面证件。但护照是服务于直接监督的工具。它负责确定行程、规定居住地。它也是降低旅行者危险的一种方式。发放护照的权威机构"从个人层面"保障持有者的诚实，并要求人们在路途中为其提供住所和铺盖物。因此，比起身份证件来，护照更像一种书面"指令"。它是为特权阶层的旅行者准备的，大部分迁移者没有护照。

国家—民族中的警察与迁移者，或远距离身份识别的胜利

国家—民族依托于主权概念，这种概念与君主制国家原则全然不同。

---

① 根据以下著作：J. -F. Dubost et P. Sahlins, *Et si on faisait payer les étrangers?*, *op. cit.*
② 关于该时期迁移者涌向巴黎的社会问题，参见 D. Roche (dir.), *La Ville promise*, Fayard, 2000。
③ 参见 D. Roche, *La Culture des apparences*…, *op. cit.*, notamment p. 177 sq。

指挥/服从关系不再以个人对国王的效忠为基础，而是建立在对一种抽象实体的依附上，这种抽象实体被我们称为"人民"或"民族"。根据让－雅克·卢梭在《社会契约论》中的论述，原则上，所有属于同一人民的个体都可以参与权力实践。相对于君主制国家而言，指挥/服从关系新增了一个重要维度。不仅隶属于同一主权国家的个体应服从于他们的法律，而且这种依附关系只有在每个人（直接或间接地）参与到法律的制定的条件下才是合法的。因此，国家—民族表现为以下特点：它将国籍原则（隶属于国家）和公民身份原则（参与国家生活）联合在一起。在社会学领域，国家—民族的降临具有核心重要性，因为它标示着具有政治特点的社会群体出现。大革命时期确立的新主权观念以"人民""民族共同体"的存在为前提，这两者由成百上千万生活在由国家控制的土地上的公民构成。大部分公民相互之间并不认识。但这样一个政治集合体只有在依托于间接关联（文字交流）和中介（人民选出的国家"代表"和公务员）的条件下才可能运转。

这一新政治集合体，即"人民"的出现将导致人们对相对于"外籍人"而言的所谓的"法兰西人"进行彻底的重新定义①，这是由于个体对其民族共同体的归属从此将被严格地加以体系化和制度化。这些变革给身份鉴别的行政实践带来了影响。以间接纽带为基础的所有社会集团的特点之一，就是可以识别成员身份的标准必须要抽象。1791 年，革命政权通过的第一部宪法从普遍标准（尤其是性别、出生日期和出生地）出发对法兰西公民进行界定，只有在相关信息从前被以文字形式登记过的情况下，这些标准才能被核实。随着国家—民族的发展与个体流动加快的同步进行，远距离身份识别变得越发必要。19 世纪起，个体流动的加速显然是受到工业化带来的所有技术进步的刺激。然而，政治动荡也在流动频率增多方面扮演了重要角色。人民主权原则的实现导致特权、中介体的废除以及个人自由的发展。同一民族群体成员可以从事各种活动的合法空间超出了地方范围，从此后将扩展到国家控制之下的全部领土。

要想理解接下来对警察身份鉴别实践产生影响的所有变化，就应在脑海中对这种新历史背景保有意识。第一个变化，过去曾是一种城市机构的

---

① 19 世纪初，吕西安·弗夫尔已经开始注意不同时代人们为"法兰西人"赋予的不同含义，但没有取得太大的成功；参见 Lucien Febvre, Combats…, op. cit.

警察局变成了国家权力的一个主要机关。治安行动的民族化与新的身份识别任务同步。实际上，从此以后，警察应具备在迁移者、国民和外籍人之间进行区分的能力。但是，在越来越难以通过个体衣着和举止特点进行分辨的情况下，怎样鉴别流动越来越频繁的个体的身份？中介群体取消后，从前由基层共同体承担的社会监控职能向国家警察机构转移，随着这种转移，该问题变得越发尖锐。当个体在互识的地方群体内部发生变化时，他会很容易被辨认出来，因为空间（面对面）和时间（地方群体的记忆）的连续性是十分有效的标记。但当某人离开其所属群体前往他处定居时（这是我们可以给出的最普遍的"迁移者"定义），这种时间—空间的连续性就被会打断。从此以后，官方机构的主要问题是找到可以**重新鉴别**此人身份的方法。我们怎样才能保证某一个体就是在两个不同时刻、在相距遥远的两个地点出现的同一个人呢？似乎法国大革命引起的混乱已经向精英们明示了该问题的重要性。哲学家用最为严格的方式阐述了这一问题。第一批德意志民族理论家之一，费希特（Fichte）认为，在一个与等级社会特权阶层决裂的世界中，国家—民族的法律只有在以下条件下才可被执行，那就是每位公民无论何时、无论何地都可以作为一个特殊者被识别出来。在他看来，应该承担这项新职能的人就是警察。因此，他宣称，一个治理良好的国家的首要原则，是任何个体都不能是行政机构所不认识的。费希特认为，为了达到这一目标，警察应要求每位公民一直随身携带由最直接的权威机构签发的护照，此人身份要在这个护照上被详细写明。① 革命时期的议会辩论表明，在法国，该问题也是一个重要的政治议题。在众议员以自由的名义宣布废除护照，并宣布公民有权根据自己的意愿改名的那个阶段之后，议会又通过了一系列的措施，这些措施标志着某个进程的突然加速，而该进程的目的就是通过文书控制个体身份。为使公民身份原则能够切实落实，应该将身份鉴别实践从明显外貌的专制下解放出来，为以书面文书为中介的远距离身份识别体系铺路。所有个体都应该被文书掌控，他们的身份应该被国家登记并确定下来。这个被法国大革命低估的问题，被1792年9月20日民事信息世俗化政令以及共和历十一年第七月十

---

① J. G. Fichte, *Grundlage des Naturrechts nach Prinzipien der Wissenschaftslehre*, 1796, 转引自 Jane Caplan, "'This or That Particular Person': Protocols of Identification in 19th Century-Europ", in Jane Caplan and John Torpey (eds), *Documenting Individual Identity. The Development of State Practices in the Modern World*, Princeton, Princeton University Press (forthcoming)。

一日关于固定姓名的法律予以解决①。1791年宪法通过的几个月后，国家又颁布政令规定教区登记簿要转交给国家保存。由于有了民事信息登记，且这些信息在整个民族领土上严格地以相似的方式保留，所以从此后我们渺小的存在便有了一种书面痕迹，这种痕迹将成为警察鉴别个人身份的基本和关键元素。法国大革命就这样展示了一个令人棘手的事实：个体越是不受束缚地移动，其移动的速度越会加快，同时，国家及其公务员在远距离身份识别方面的方法也应该相应越有效。

然而，应该详细说明的是，身份鉴别的混乱并非一日之寒。费希特识别所有身份的梦想将需要警察将近一个世纪的努力才能成为现实。警察/迁移者的关系史也如是，从第一帝国到1870年代的这一阶段看上去像是一个过渡时期。法国大革命的主要成果没有遭到质疑，所以拿破仑建立的国家不可能回到1789年以前的约束形式。但是该体制的专制特点导致对所有流动个体的极端不信任。由此，一部关于护照的新法律出台了，在我看来，该法律引发了一些矛盾，这一时期的警察就这些矛盾展开了争论。为了能够正确地进行远距离身份识别，文字使用应普及社会所有阶层中，行政机构的职员应始终步调一致地进行工作，行政机构应拥有可靠而又快速的交通方式。实际上，由于工业革命的爆发，所有这些工具在19世纪已经得到发展。但是在最初阶段，这些工具只是加重了警察在执行监督任务时遇到的困难。工业和交通的发展在加快迁移者流动的同时，也使他们的数量成倍增加。然而，直到第三共和国初期，治安力量仍在继续使用此前阶段的身份识别工具，偏爱对个体的直接监督。内务部档案表明，省长越来越多地因为害怕"跟丢"民族领土上的流动人员而感到烦恼。他们向下级不断重复的命令是"紧紧盯住"以避免时间—空间上的中断，因为一旦中断，将需要进行重新鉴别，这样做还是不可能使情况完全好转。这种烦恼是有关国内护照和工人证的法律一直持续到第二帝国末期的一个主要原因。这些证件在警察看来具有辅助作用。通常，如果旅行者带有"路条"，警察会为他们指明要走的路线，并要求他前往镇长或警察局长那里申办护照签证。在旧制度时期，护照只是疏导人员流动的一个办法，尤其是为了阻止迁移者聚集在敏感地区：边境省份，尤其是巴黎。法律在

---

① 参见第十章。

国内护照和国外护照之间进行了清楚的区分①，但这两类迁移者却服从于同样的约束。这两类护照没有本质区别。随着1860年自由贸易协定的签署，人们甚至看到，来自邻国的外籍人来法国时不再需要护照，而法国人从一省到另一省却必须要申请护照。从此以后，警察再也盯不紧那些快速流动的个体了。在政治方面，共和人士强烈反对和批评有关护照的立法，他们认为这种法律已经过时，并且它象征的是帝国政权的专制主义。

第三共和国的建立是警察对迁移者的身份识别实践史的一个转折点。在几十年之内，人们的确从监督（surveillance）时代过渡到了监控（contrôle）时代。② 随着贸易保护主义政策的成功推行，1880年代起，《国籍法》在欧洲各地的社会和经济生活中越发具有核心重要性。对"内部"移民和"国际"移民的区分变得越来越明显和严格。第三共和国宣布，所有公民有权在整个民族领土上自由行走。由此，国内护照最终被取消。但是与此同时，分隔各国领土的国界线也成为越来越难以跨越的藩篱。人民主权的主要维度之一，实际上就是每个公民共同体禁止不属于它的个体进入其领土的权利。这种公民身份维度之所以在19世纪末期得到加剧，是因为劳动市场问题变得愈发重要起来。1848年革命者们主张的"劳动权"乌托邦，从1880年起随着共和国一项立法的出台得到落实，这便是关于赋予法兰西公民在劳动市场上相对于外籍人的优先权的法律。这些变化解释了影响警察/迁移者关系的根本变化。内部流动问题由于以下两个原因失去了重要性。第一个原因是政治秩序。当革命暴力在国家生活中扮演主要角色时，警察的主要职能之一却是疏导人员流动，目的是阻止革命力量在首都集聚。但随着选举民主胜利后政治风波的平息，内部迁移问题对于当权者来说越发不再是一个关键问题。第二个原因是经济与社会秩序。在第二帝国时期，警察在管理"贫困者"方面扮演着重要角色。警察力图阻止流浪和乞讨大军涌向城市，他们将这些人囚禁起来或驱赶

---

① 参见第十三章。关于国内护照，参见 H. -U. Seifert, "Aus der Franzosenzeit：die 'Registres des passeports pour l'Intérieur' im Stadtarchiv Trier", *Landeskundliche Vierteljahrsblätter* 44, Heft 4, 1998, pp. 133-152。

② 对19世纪身份鉴别的社会实践的研究所得出的结论与米歇尔·福柯在《规训与惩罚》（*Surveiller et punir*）中给出的结论完全不同。这是因为传统的个人身份鉴别体系以目视为基础，这一体系到18世纪末期开始出现危机，因为那一时代的警察机构中存在敌视的困扰。因此监督力度的加大并不像福柯想的那样，标志着一个新时代的开始。真正的断裂出现在19世纪末期，也就是建立在文档技术和身份卡基础上的间接身份识别形式取得胜利之时。

走，以阻止这些人"妨害他人"。19 世纪末标志着工薪社会的开端。从此以后，国家的主要经济职能是帮助创造就业机会，避免使公民遭受失业痛苦。这一新背景导致监督问题与个体身份鉴别问题之间越来越明显的分化。一方面，个体流动的频繁和加速不再允许警察"用眼睛盯住"迁移者；另一方面，由于第三共和国给予的所有新权利都是针对法兰西公民的，警察不仅应核实迁移者的"个人"身份，还应核查他们的"国籍"。为了满足这些需求，警察将运用工业化为国家提供的新沟通方式，创立一个更加有效的身份鉴别体系。从此以后，基础工具不再是登记簿，而是文档库（fichier）。民事信息登记簿对于前民族社会或在流动性极少时可以行得通。但登记簿在整个领土上的散布增加了警察的查询难度。另外，越来越多的不法分子对民事信息登记簿进行篡改，这样一来等于增加了新的身份。

19 世纪末期的主要革新，就是创立了一个**中央**监察场所，有了它以后，警察将可以对整个社会进行整体性监控。1880—1890 年，巴黎警察局的"大司法登记簿"（sommier judiciaire）集中了自 1833 年以来被法庭判处过罪行的所有罪犯的记录卡①，后来司法身份机构创始人阿尔封斯·贝蒂荣发明了人体测量学鉴别技术，依靠这一新技术，登记簿得到了彻底的技术调整。同时，中央文档库得到扩充，囊括了被抛弃者这一新类别，他们主要是"禁止留身"的外籍人。这些变革导致了投身于身份鉴别任务的警察数量的巨幅增长，要想理解民主国家如何将其约束施加于它所负担的个人身上，这些变革太有教益了。与费希特设想的警察国家相反，公共权力机构并不强迫公民一直随身携带一份可证实身份的"通行证"。警察的监控以**间接**方式施加于公民。实际上，中央文档库遵循一种**保护**民事共同体的逻辑。只有对社会构成危险的个体的姓名（罪犯或不受欢迎的外籍人）才会出现在该文档库中。"诚实的人"不会被国家"登记在卡片上"。尽管如此，他们还是应该能够证明自己的身份，为的是让警察核实，他们不属于中央文档库中登记的那些类别。因此，个体身份问题越来

---

① 1808 年，《罪犯训教法典》（Code d'instruction criminelle）曾创建过一部服刑人员总登记簿，其中集中了由法庭转交过来的所有判决概述。1833 年，该登记簿被中央文档库取代，该文档库收集个人数据。有意思的是，这项革新的出台紧随 1832 年取消罪犯的红铁标记的法律之后。尊重"人权"，就是拒绝由外表带来的伤害，同时使行政机构将鉴别个人身份的合法权利垄断在自己手中。

越明显地不同于个体从一个地方到另一地方的移动问题。然而，这两个维度在国际旅行的情况下仍然会结合在一起。在这种情况下，个体实际上是离开了他所拥有主权的空间。他自身已经成为"外籍人"类别，他想前往的国家的公民可能不欢迎他。1880—1890年，贸易保护政策远不是只局限于关税问题，该政策也以约束从一个国家向另一个国家的流动为目的。第一次世界大战以来，护照被重新启用，其作用得到1920年代的国际法的肯定。但是这些证件从此后将遵循完全不同于19世纪的逻辑。护照的发放是一种主权行为，该行为证明护照持有者是颁发该护照的国家的子民。这份证件只有在警察核实过个人身份并确认该人没有出现在中央文档库中之后，才能签发。接收或驱逐外籍人是国家—民族的另一种基本主权行为。个体想要前往另一个国家，光有护照还不够，还需要警察批准他进入民族领土。想要在接收国定居的移民应获得一张"居住证"，内务部和劳动部负责批准该证的发放。外籍人与公民不同，他们需要一直随身携带"居住证"，该证既可以证明他们的身份，又可以证明他们生活在这片不属于"他们的土地"上的权利。同样，尽管他们没有犯任何罪，尽管他们在法国的出现是合法的，外籍移民仍然要被警察登记。1880年代起，逐渐被内务部核心部门确立的这种证件/文档库的搭配，很快成为执行移民政策的主要途径。在1939年以前，法国这一工具的广泛性和效率是世界上任何其他国家都无法企及的，该工具还被维希政权大量使用（进行一些调整），以便为反犹主义迫害提供便利。

现在，对流动、背井离乡、"无固定住所"的个体的直接监督、对违反共和国法律的人使用身体暴力（镇压、驱逐、囚禁）依然是警察日常工作的重要方面。然而，当我们从长时段进行审视时，我们看到，警察/迁移者关系经历了相当大的变化，这些变化应归因于工业革命和国家—民族的出现。在我看来，以下这两件事是最主要的。首先，直接监督已经失去其重要性，并让位于以民事信息登记、中央文档库和身份证为基础的远距离身份识别的行政技术。在工业革命和国家—民族被行政化的同时，警察对迁移者的监控变得越来越"平和"，更加尊重人的各种权利。这种情况证实了社会学家们——从马克斯·韦伯到诺贝尔·埃里亚斯，再到皮埃尔·布尔迪约——的分析：将现代性界定为一种转变，即从以身体暴力为基础的权力关系体系到倾向于象征暴力（或"温和暴力"）的体系的转变。其次，迁移活动的制度化引起了内部迁移与国际迁移之间越来越严格的分化。第三共和国在赋予公民在国家领土内的自由流动权的同时，将对内部迁移者的监督置于警察工作中的次要位置。[①] 但是作为代价，人们为了能更加严格地监控国外移民也付出了巨大努力。1880年代，在发明合法移民的同时也创造了非法移民。此后，对"偷渡者"的追捕展开了。对于历史学家而言，研究警察对移民的身份鉴别实践可以收获很多东西，因为这是一个极端的远距离身份识别例证。实际上，"外籍人""合法"移民或"偷渡者"这些术语所指代的都是一些建立在法律标准之上的抽象类别。因此，警察不能简单地凭借对个体行为举止、面貌特征等的监视，就断定这个或那个个体属于这些类别之中的一个。警察应该监控的是可以证明个体合法的证件。因此，"身份证件"问题成为警察与迁移者冲突关系中的关键所在。以至于在治安工作中，对证件的识别越来越超过对个人的识别。于是，认为这种新的调查形式是一种羁绊的人开始找寻各种诀窍进行伪造。但是，为了不断改善监控效率，警察方面也在积累反造假技术，以期有一天真实身份与证件身份能够真正地完全吻合。正因为这些，许多身份识别工具，比如盖章、签字、水印纸、照片、指纹和基因技术、颜色，将会投入使用，以帮助警察完善工作。在这些形式问题背后所隐藏的显然是以身份指定问题为核心的全部社会斗争史，这个大有前景的研究领域……

[①] 直到19世纪中期，由于没有护照而发生的诉讼案件仍很常见，这些诉讼占用了警察很大一部分精力。